21世纪法学系列教材

刑事法系列

刑事侦查学

（第二版）

主　编　张玉镶
副主编　文盛堂　宫万路
撰稿人　（按撰写章节先后为序）
　　　　张玉镶　宫万路　陈炯中
　　　　蒋丽华　杨郁娟　门金玲
　　　　张　黎　李文伟　文盛堂
　　　　戴　蓬

图书在版编目(CIP)数据

刑事侦查学/张玉镶主编. —2 版. —北京:北京大学出版社,2022.7
21 世纪法学系列教材. 刑事法系列
ISBN 978-7-301-33041-8

Ⅰ. ①刑… Ⅱ. ①张… Ⅲ. ①刑事侦查学—高等学校—教材 Ⅳ. ①D918

中国版本图书馆 CIP 数据核字(2022)第 086221 号

书　　　名	刑事侦查学(第二版)
	XINGSHI ZHENCHAXUE(DI-ER BAN)
著作责任者	张玉镶　主编
责 任 编 辑	冯益娜
标 准 书 号	ISBN 978-7-301-33041-8
出 版 发 行	北京大学出版社
地　　　址	北京市海淀区成府路 205 号　100871
网　　　址	http://www.pup.cn
新 浪 微 博	@北京大学出版社　@北大出版社法律图书
电 子 邮 箱	编辑部 law@pup.cn　总编室 zpup@pup.cn
电　　　话	邮购部 010-62752015　发行部 010-62750672　编辑部 010-62752027
印 刷 者	北京圣夫亚美印刷有限公司
经 销 者	新华书店
	730 毫米×980 毫米　16 开本　22.25 印张　487 千字
	2014 年 5 月第 1 版
	2022 年 7 月第 2 版　2024 年 7 月第 4 次印刷
定　　　价	59.00 元

未经许可,不得以任何方式复制或抄袭本书之部分或全部内容。
版权所有,侵权必究
举报电话:010-62752024　电子邮箱:fd@pup.cn
图书如有印装质量问题,请与出版部联系,电话:010-62756370

内 容 简 介

　　本书是刑事侦查学综合型理论著作。全书共二十八章,由侦查的基本原理、侦查技术和措施、侦查程序、类案侦查方法等内容组成。作者在深入实际调查研究的基础上,依据刑事立法的最新动态,把握刑事法治进程,广泛吸收了当代刑事侦查学理论与实践的最新成果,对刑事侦查学的基本理论和重大实践问题作了全面、系统、深入的论述。本书内容丰富,学理、法理并重,具有很强的科学性、知识性和实用性,适合于刑事侦查学教学、科研工作者、侦查人员以及其他司法实际工作者、在校大学生和自学法学的人士阅读。

第二版编写说明

本书是依据教育部关于培养高层次卓越法律实务人才的相关精神而编写的,作为北京大学教材,主要供法学院学生学习刑事侦查学课程之用,也可供全国教学、科研和实务部门参考。

21世纪以来,法治国家理念深入人心,依法治国成为基本治国方略,刑事侦查学的理论研究和教学水平显著提升,许多高校和研究机构已经招收博士研究生,全国已有百余人毕业。刑事侦查实践已经朝着法治化、规范化、精细化、科学化的方向长足发展。《中华人民共和国刑事诉讼法》于2018年10月26日第三次修正实施后,相关配套司法解释、规章也相继公布施行。同期,国家监察体制改革顺利进行,相关法律法规的立法衔接工作也基本完成。为了更好地适应当前形势的需要,为教学、科研和实践服务,我们对2014年版的《刑事侦查学》教材进行了修订完善。

在编撰和修订本教材过程中,我们努力反映刑事侦查学最新理论与实践成果,力求达到学理、法理并重,科学性、知识性和实用性的统一。刑事侦查学教材的体例各有千秋,我们的水平和经验也存在局限,本书疏漏不妥之处在所难免,敬请方家指正,以便我们再版时改进。

本书第一、五、六、七、十二章由张玉镶(北京大学法学院教授、博士生导师)执笔;第二、四、十三、二十三、二十六章由宫万路(北京东卫律师事务所律师、法学博士)执笔;第三、二十五章由陈炯中执笔(北京市公安局民警、法学硕士)执笔;第八、十四、二十章由蒋丽华(北京警察学院教授、侦查系主任、法学博士)执笔;第九、十五、二十二、二十七章由杨郁娟(中国人民公安大学教授、博士生导师、法学博士)执笔;第十、十六章由门金玲(中国社会科学院大学副教授、硕士生导师,法学博士)执笔;第十一、十七、二十四章由张黎(中国人民公安大学副教授、硕士生导师、法学博士)执笔;第十八章由李文伟(山东省政法委干部、法学博士)执笔;第十九、二十八章由文盛堂(原最高人民检察院高级检察官、检察业务专家,兼任高级检察教官)执笔;第二十一章由戴蓬(中国人民公安大学教授、侦查学院院长、硕士生导师,法学硕士)执笔。本教材最后由张玉镶统稿、定稿。

编者

2022年3月

目　　录

第一章　导论 (1)
第一节　刑事侦查学的对象和体系 (1)
第二节　刑事侦查学与邻近学科的关系 (3)
第三节　刑事侦查学的研究方法 (5)

第二章　侦查的基本原理 (8)
第一节　侦查的概念 (8)
第二节　侦查权的属性和定性特征 (11)
第三节　侦查的价值、目的和任务 (16)
第四节　侦查的诉讼构造 (20)
第五节　侦查的原则 (24)

第三章　侦查的主体结构及其职能 (30)
第一节　侦查主体的类型和管辖概述 (30)
第二节　公安机关的侦查管辖 (33)
第三节　检察机关的侦查管辖 (41)
第四节　其他侦查机关的侦查管辖 (42)
第五节　侦查主体内部结构及其职能分工 (47)

第四章　侦查的客体 (50)
第一节　刑事案件的基本要素 (50)
第二节　刑事证据 (56)

第五章　侦查记录 (64)
第一节　侦查照相 (64)
第二节　录音录像与计算机记录 (68)
第三节　侦查测量 (69)
第四节　侦查登记 (71)

第六章　侦查勘验 (75)
第一节　痕迹勘验 (75)
第二节　枪弹勘验 (86)
第三节　文书勘验 (91)

第七章　侦查鉴定 (100)
第一节　侦查鉴定概述 (100)
第二节　同一鉴定 (103)
第三节　种属鉴定 (107)
第四节　事实鉴定 (109)

第八章　常规侦查措施 (110)
第一节　询问 (110)
第二节　讯问 (119)
第三节　侦查实验 (125)
第四节　侦查辨认 (131)

第九章　查缉性侦查措施 (138)
第一节　追缉、堵截 (138)
第二节　通缉、通报 (141)
第三节　查询、冻结 (145)
第四节　搜查、扣押 (149)
第五节　控制赃物 (153)

第十章　强制到案侦查措施 (155)
第一节　传唤、拘传 (155)
第二节　拘留、逮捕 (158)
第三节　取保候审、监视居住 (166)
第四节　监察机关的留置 (172)

第十一章　特殊性侦查措施 (174)
第一节　技术侦查措施 (174)
第二节　隐匿身份侦查 (177)
第三节　外线侦查 (181)
第四节　控制下交付 (184)

第十二章　现场勘查 (188)
第一节　犯罪现场的概念和种类 (188)
第二节　现场勘查的任务和基本要求 (189)
第三节　现场保护 (192)
第四节　现场勘查的组织领导 (194)
第五节　现场访问和现场勘验 (197)
第六节　现场讨论 (200)
第七节　结束勘查 (208)

目 录

第十三章 侦查的程序 ……………………………………………………（210）
- 第一节 侦查的提起 ……………………………………………………（210）
- 第二节 侦查的组织实施 ………………………………………………（214）
- 第三节 侦查的终结 ……………………………………………………（217）

第十四章 杀人案件的侦查要点 …………………………………………（227）
- 第一节 杀人案件概述 …………………………………………………（227）
- 第二节 侦查杀人案件的要点 …………………………………………（228）

第十五章 强奸案件的侦查要点 …………………………………………（233）
- 第一节 强奸案件概述 …………………………………………………（233）
- 第二节 强奸案件的一般侦查方法 ……………………………………（234）
- 第三节 强奸案件调查取证的要点 ……………………………………（237）

第十六章 抢劫案件的侦查要点 …………………………………………（240）
- 第一节 抢劫案件概述 …………………………………………………（240）
- 第二节 侦查抢劫案件的要点 …………………………………………（241）

第十七章 盗窃案件的侦查要点 …………………………………………（245）
- 第一节 盗窃案件概述 …………………………………………………（245）
- 第二节 盗窃案件的常规侦查方法 ……………………………………（247）
- 第三节 侵入民宅盗窃案件的侦查方法 ………………………………（249）
- 第四节 扒窃案件的侦查方法 …………………………………………（251）

第十八章 爆炸、投放危险物质、放火等危害公共安全案件的侦查要点 …（252）
- 第一节 危害公共安全案件概述 ………………………………………（252）
- 第二节 爆炸案件侦查的要点 …………………………………………（253）
- 第三节 投放危险物质案件侦查的要点 ………………………………（255）
- 第四节 放火案件侦查的要点 …………………………………………（259）

第十九章 重大责任事故案件的调查与侦查要点 ………………………（262）
- 第一节 重大责任事故罪调查及侦查概述 ……………………………（262）
- 第二节 重大责任事故罪案的主要查处措施 …………………………（265）
- 第三节 重大责任事故罪与职务犯罪互涉案件的查处 ………………（267）

第二十章 绑架案件的侦查要点 …………………………………………（271）
- 第一节 绑架案件概述 …………………………………………………（271）
- 第二节 侦查绑架案件的要点 …………………………………………（272）

第二十一章 涉税案件侦查的要点 ………………………………………（276）
- 第一节 逃税犯罪案件的侦查 …………………………………………（276）

第二节　虚开专用发票犯罪案件的侦查 …………………………………… (280)

第二十二章　诈骗案件的侦查要点
　　第一节　诈骗案件概述 …………………………………………………… (283)
　　第二节　诈骗案件侦查的基本方法 ……………………………………… (286)

第二十三章　走私案件的侦查要点
　　第一节　走私案件概述 …………………………………………………… (291)
　　第二节　侦查走私案件的要点 …………………………………………… (293)

第二十四章　毒品案件的侦查要点
　　第一节　毒品犯罪案件概述 ……………………………………………… (299)
　　第二节　毒品案件侦查的基础工作 ……………………………………… (300)
　　第三节　贩毒案件的侦查方法 …………………………………………… (302)
　　第四节　制造毒品案件的侦查方法 ……………………………………… (305)
　　第五节　制毒物品案件的侦查方法 ……………………………………… (307)

第二十五章　计算机网络犯罪案件的侦查要点
　　第一节　计算机网络犯罪概述 …………………………………………… (309)
　　第二节　计算机网络犯罪案件的侦查方法 ……………………………… (312)

第二十六章　洗钱案件的侦查要点
　　第一节　洗钱犯罪案件概述 ……………………………………………… (320)
　　第二节　洗钱犯罪的侦查要点 …………………………………………… (322)

第二十七章　黑社会性质组织犯罪案件的侦查要点
　　第一节　黑社会性质组织犯罪案件概述 ………………………………… (324)
　　第二节　黑社会性质组织犯罪案件的侦查方法 ………………………… (327)

第二十八章　职务犯罪案件的调查与侦查要点
　　第一节　职务犯罪案件的调查与侦查概述 ……………………………… (332)
　　第二节　职务犯罪案件的查处体系 ……………………………………… (333)
　　第三节　职务犯罪案件的查处要点 ……………………………………… (335)

第一章 导 论

第一节 刑事侦查学的对象和体系

一、刑事侦查学的对象

刑事侦查学的研究对象,是侦查机关和享有侦查权的机关或部门对刑事案件进行侦查活动时所采用的侦查技术、侦查措施和侦查方法及实施规律。

所谓侦查技术,泛指对某些具有侦查意义的客体所采用的技术,即根据侦查的特殊需要而对有关客体采用的技术方法。通常包括侦查记录技术、侦查勘验技术和侦查鉴定技术。随着科学技术的飞速发展,原来属于侦查技术重要组成部分的法医检验、司法精神病鉴定等,相继从侦查技术中分离出来,成为独立的学科。但是,在侦查实践中,法医学、司法精神病学等学科同侦查技术有着极为密切的联系。所以,广义的侦查技术中应当包括法医检验、司法精神病检验、司法化学检验、文书(笔迹)检验、司法会计检验、声纹检验等内容。

所谓侦查措施,是指侦查机关在实施个别侦查行为时的部署和所采取的各种策略手段。主要包括:常规侦查措施、查缉性侦查措施、强制到案侦查措施和特殊性侦查措施。

所谓侦查方法,是指各项侦查措施和技术方法在侦查中的综合运用。包括侦查一般方法和侦查特殊方法。侦查一般方法,是指侦查机关侦查任何刑事案件都普遍采取的方法及其规律,诸如有关立案、制订侦查计划、发现和审查犯罪嫌疑线索、收集证据以及破案、预审和侦查终结等环节要达到的目的,所采取的带有规律性的共同的侦查方法。侦查特殊方法,是指根据各种不同种类刑事案件的特点而采取的带有独特规律的针对性的侦查方法。如杀人案件的侦查方法、盗窃案件的侦查方法、抢劫案件的侦查方法、贪污案件的侦查方法等。

侦查实践中,侦查技术、侦查措施和侦查方法三者是有机结合、密不可分的。例如,为了达到现场勘查的目的,首先必须正确地进行现场实地勘验和现场访问,并且对现场勘查中所获得的材料认真分析研究,以便正确地确定侦查方向和侦查范围。同时,还需要运用侦查技术手段发现、提取、固定犯罪分子在作案时留下来的各种痕迹、物品,客观真实地记录现场情况,为揭露和证实犯罪提供可靠的证据。而侦查方法则是各种侦查措施和侦查技术的相互配合和综合运用,否则案件的侦查工作就不可能正确有效地进行。实践证明,具体案件的侦查活动能否取得成功,不仅取决于侦查人员所运用的某项侦查技术手段或侦查措施是否正确,而且还取决于其所选择的各种侦查技术手段或侦查措施能否做到有机联系,互相配合。即各种侦查技术手段或侦查措施的整体效应能否在侦查过程中得到充分有效的发挥。因此,侦查人员既要掌握侦查技术,又要精通各种侦查措施,并且要善于根据各种案件的不同特点正确运用各种侦查策略方法和技术手段,不断提高侦查艺术。

我国同刑事犯罪作斗争,历来坚持打击与防范相结合的方针。侦查机关的基本任务是对已经发生的犯罪案件积极开展侦查活动,及时准确地查明案情,揭露和证实犯罪,查获犯罪人使其受到应得的惩罚,同时还要积极主动做好防范控制工作,力争把犯罪活动制止在预谋阶段,以防止和减少犯罪案件的发生,确保国家和人民的安全。因此,刑事侦查学除了研究侦查犯罪的技术、措施和方法外,还应研究每个时期每类犯罪活动的规律特点,并针对这些规律特点提出侦查防范和控制犯罪的有效措施。

刑事侦查学是以刑事侦查实践为基础的学科,是对刑事侦查实践经验的科学总结和理论概括。但是,作为一门研究犯罪侦查的专门学科,其研究内容不能仅仅局限于当代国内的刑事侦查实践,还应深入系统地研究我国历史上和国外有关犯罪侦查的理论和方法,从中汲取和借鉴有用的东西,以便达到古为今用、洋为中用的目的,不断丰富刑事侦查学的内容。

在我国,刑事犯罪通常有两种含义:广义的刑事犯罪是指我国刑法规定的一切犯罪,既包括危害国家安全犯罪,也包括其他刑事犯罪;狭义的刑事犯罪仅指危害国家安全以外的刑事犯罪,又称普通刑事犯罪。刑事侦查学是以普通刑事犯罪的侦查技术、侦查措施和侦查方法为主要研究对象的;各类危害国家安全犯罪案件的侦查技术、侦查措施和侦查方法则由危害国家安全犯罪侦查学加以研究。二者的区分主要在于侦查主体和侦查对象的不同,但在侦查技术、侦查措施和侦查方法上大同小异,是不可能截然分开的。由此可见,刑事侦查和危害国家安全犯罪侦查都属于犯罪侦查,刑事侦查学和危害国家安全犯罪侦查学是侦查学的两个组成部分。

二、刑事侦查学的体系

刑事侦查学的体系包括学科体系和课程体系。学科体系是指刑事侦查学的全部内容及各部分内容之间的内在联系和结构形式;课程体系是指各类有关院系应设立哪些刑事侦查学方面的课程及具体课程的编、章、节、目的排列次序和相互关系。课程体系是以学科体系为基础的,但学科体系的范围要比课程体系广泛得多,它包括各分支学科。课程体系的范围,仅限于学科的某一部分内容,但其结构要比学科体系严谨。研究刑事侦查学体系,有助于了解本学科的研究对象和范围,从而弄清本学科同其他学科的联系和区别。

本书对刑事侦查学的各个分支学科的基本内容都作了概括阐述,属于概论的性质而非刑事侦查学的某一分支学科,其体系由以下五部分构成:

第一部分,导论。主要包括:刑事侦查学的对象和体系;刑事侦查学与邻近学科的关系;刑事侦查学的研究方法。

第二部分,侦查概述。主要包括:侦查的基本原理;侦查的主体结构及其职能;侦查的客体。

第三部分，侦查技术。主要包括：侦查记录技术，即侦查照相、录音录像与计算机记录、侦查测量、侦查登记等技术；侦查勘验技术，即痕迹勘验、枪弹勘验、文书勘验等技术；侦查鉴定技术，即同一鉴定、种属鉴定、事实鉴定等技术。

第四部分，侦查措施。主要包括：常规侦查措施，即询问、讯问、侦查实验、侦查辨认等；查缉性侦查措施，即追缉、堵截、通缉、通报、查询、冻结、搜查、扣押、控制赃物等；强制到案侦查措施，即拘传、传唤、拘留、逮捕、取保候审、监视居住等；特殊性侦查措施，即技术侦查措施、隐匿身份侦查、外线侦查、控制下交付等。

第五部分，侦查方法。主要包括：侦查一般方法，即现场勘查、侦查的提起、侦查的组织实施、侦查的终结。侦查特殊方法，即杀人、强奸等十几种案件的侦查方法。

第二节 刑事侦查学与邻近学科的关系

刑事侦查学是法学体系中刑事法律科学的分支学科。它与刑法学、刑事诉讼法学、犯罪学、证据学等学科有着密切联系。因此，明确刑事侦查学与有关学科的联系和区别，有助于了解本学科在法学体系中的地位和学习刑事侦查学的意义，同时也有助于根据刑事侦查学的特点，掌握正确的研究方法。

一、刑事侦查学与刑法学的关系

刑事侦查学与刑法学之间的关系极为密切。一般而言，刑法学所研究的基本内容是关于犯罪与刑罚的问题，即阐明刑法中犯罪的概念，构成犯罪的要件，以及刑罚的种类和适用方法等。简言之，刑法学的任务就是研究如何运用刑罚的方法同犯罪作斗争的问题。刑事侦查学并不直接研究犯罪与刑罚的问题，而是专门研究如何开展侦查活动，及时、准确地揭露犯罪和查获犯罪人。但是，刑事侦查学在研究如何运用侦查技术、侦查措施和方法时，必须是以某种行为构成犯罪为前提的。如果某种行为根本不构成犯罪，那就谈不上立案侦查的问题。此外，刑法所规定的目的和任务也需要通过一系列侦查活动来实现。因为没有强有力的刑事侦查工作，犯罪事实就不可能被查清，犯罪人就不可能被查获，当然也就不可能运用刑法对犯罪人进行定罪科刑。由此可见，刑事侦查学所研究的侦查技术、侦查措施和侦查方法是实现刑法规范的重要工具，而刑法学所研究的犯罪与刑罚的问题，则是研究侦查技术、侦查措施和侦查方法的法律依据。因此，侦查人员，必须认真学习刑法，搞清楚罪与非罪，此罪与彼罪的界限，明确各种犯罪的构成要件及刑罚的种类和适用方法，只有这样，才能对各种犯罪正确地开展侦查活动，及时准确地揭露和证实犯罪，保证无罪的人不受刑事追究。

二、刑事侦查学与刑事诉讼法学的关系

刑事侦查学与刑事诉讼法学有更为密切的联系。我国刑事诉讼法是规定人民法

院、人民检察院、公安机关等享有法定司法权的机关办理刑事案件应当遵守的原则、制度和程序,以及公安、检察、法院等机关的关系和诉讼参与人的权利义务的法律。刑事诉讼法学主要是研究如何从诉讼程序上保证准确及时地查明犯罪事实和查获犯罪人,在侦查过程中,必须严格依照刑事诉讼法规定的程序进行活动。但是,侦查工作所包括的内容是极其丰富的,刑事诉讼法作为一门程序法,它只规定进行侦查活动的程序、规则、制度,并不具体规定进行侦查活动应采取的各种措施、方法和技术手段。例如,我国《刑事诉讼法》第135条规定:"为了查明案情,在必要的时候,经公安机关负责人批准,可以进行侦查实验。侦查实验的情况应当写成笔录,由参加实验的人签名或者盖章。"这里,法律只规定了进行侦查实验的程序和原则,并没有具体规定如何进行侦查实验,即进行侦查实验的步骤和策略方法,以及对侦查实验结果如何进行评判和运用。而这些正是刑事侦查学所要研究的内容。由此可见,刑事侦查学同刑事诉讼法学是既有联系、又有明显区别的两个独立的法律学科。具体地说,刑事诉讼法学主要是研究侦查、起诉、审判活动的诉讼程序;而刑事侦查学所研究的则是侦查活动的具体技术、措施和方法。

三、刑事侦查学与犯罪学的关系

犯罪学是研究犯罪原因和犯罪预防的科学。它的主要任务是研究犯罪现象产生的原因及其发展、变化的规律,探求预防、减少以至消灭犯罪的途径。刑事侦查学也是研究犯罪现象的科学,它的任务是研究如何运用有效的侦查技术、侦查措施和方法,及时、准确地侦查犯罪案件,抓获犯罪人,以实现保护人民、惩罚犯罪和防范犯罪的目的。由此可见,刑事侦查学与犯罪学之间存在着内在联系。犯罪学的研究成果,诸如犯罪人个性特征、犯罪环境的特点、犯罪的动机等,为刑事侦查学研究提供了丰富的事实材料和理论依据。另外,刑事侦查学在研究各类案件侦查方法时所形成的各种典型案例和经验总结等,也为犯罪学研究提供重要资料。因此,二者可以相互借鉴和运用对方的研究成果,促进两个学科的共同繁荣发展。

四、刑事侦查学与证据学的关系

证据学是以诉讼证据为研究对象的专门科学。它的基本任务是研究有关诉讼证据的法律制度和司法机关运用证据的实践经验。刑事侦查学作为侦查犯罪的科学,其研究核心是如何依法运用技术手段发现、固定、提取和检验证据,以揭露和证实犯罪,查获犯罪人。所以,刑事侦查学与证据学之间有着十分密切的联系,而且其中有些内容必然会发生交叉或重叠。但是,刑事侦查学和证据学研究诉讼证据的角度是不同的。证据学侧重研究证据的概念、种类、作用及收集、运用证据的法律制度和基本原则,而刑事侦查学则着重研究收集证据的策略和方法,以及如何利用自然科学的原理和方法发现、固定、提取和检验、鉴定可疑痕迹和其他可疑物质、物品。同时,刑事侦查学仅研究刑事诉讼中的证据,而证据学则要对刑事、民事和行政诉讼中如何运用证据进行全面研究,其范围要广泛得多。因此,二者尽管都以诉讼证据为研究对象，但各有研究重点和范围，从而形成两个独立的学科。证据学的研究成果可以为刑事侦查学提供理论依据，而证据学在研究司法机关运用证据的经验时，可以汲取或借鉴刑事侦查学的理论和方法。

五、刑事侦查学与犯罪心理学的关系

心理学是以心理现象及其变化规律为研究对象的科学，犯罪心理学作为心理学的一个分支学科与刑事侦查学有着极为密切的联系。狭义犯罪心理学把犯罪人实施犯罪行为的心理及其客观规律作为研究对象，包括犯罪心理产生的原因，犯罪心理形成变化规律，犯罪人的犯罪心理在犯罪前、犯罪时、犯罪后的不同表现和特征，不同犯罪人的犯罪活动的心理，等等。广义犯罪心理学把与犯罪有关的心理现象都作为研究对象，诸如被害人心理、证人心理、侦查心理、审判心理、犯罪改造心理，等等。对犯罪实施侦查，是一个及其艰巨复杂的过程。其中除了侦查主体（侦查员）和侦查对象（犯罪人）的活动以外，还有相关的各种人员（如被害人、证人等）的活动。研究这些人的心理现象产生、发展的规律，并根据这种规律制订影响侦查活动中各种人心理活动的方法，有针对性地优化和强化侦查的心理对策，就能够有效地提高侦查能力。由此可见，心理学的理论和方法，对于刑事侦查学有着重要的意义。

随着现代科学的发展，近年来许多心理学和刑事侦查学研究人员和实际工作者将心理学的原理和方法具体运用到侦查实践，使心理学与刑事侦查学相互交叉、渗透而形成了一门新的边缘学科，即侦查心理学。这就进一步深化了刑事侦查学的研究内容，并拓宽了它的研究领域。

第三节　刑事侦查学的研究方法

侦查涉嫌犯罪案件，是一场极其尖锐复杂的斗争。犯罪分子进行犯罪活动的手段往往是隐蔽的，他们惯于披上各种合法的外衣，伪造犯罪现场，制造各种假象，千方百计转移侦查视线或嫁祸于人。而且有些犯罪案件往往与其他事件相互交织，一时真假难分。因此，研究刑事侦查学必须从实际出发，运用辩证唯物主义和历史唯物主义理论，仔细研究犯罪活动的规律特点和侦查实践经验，并以此为根据，制订出行之有效的侦查措施和策略方法。

一、理论联系实际的方法

刑事侦查学的各项侦查措施、技术手段和策略方法都是在总结侦查实践经验的基础上形成的。实践是检验真理的唯一标准。侦查的理论和方法是否正确有效，就看它是否能正确地反映侦查实践经验，并且能否经受住侦查实践的检验。辩证唯物主义认为，客观事物是发展变化的。随着国际国内政治经济形势的发展，侦查实践中会不断出现新情况、新问题。这就要求刑事侦查学的研究工作必须紧密结合侦查实践，深入了解侦查实践中运用侦查措施、手段和策略方法的情况，及时总结侦查实践中所创造的新经验,将其升华为理论及时指导侦查实践。对侦查实践中出现的新情况、新问题,更需要通过深入系统的调查研究,切实查明因果,确定对策,从理论与实践结合上作出科学的回答。只有这样,刑事侦查学才能够在更好地为侦查实践服务的同时不断丰富和发展。

二、案例分析的方法

刑事侦查主体所破获的各类犯罪案件,是各种侦查措施、技术手段和方法在侦查实践中成功运用的结果。这就为刑事侦查学研究提供了极其丰富生动的实际资料。通过对大量典型案例的分析研究、归纳综合,就能够从中具体了解犯罪活动的规律特点,总结出侦查的成功经验和失败教训。在此基础上,可以进一步制订一系列新的侦查措施和策略方法。这种从个别到一般、从个性到共性的方法,是符合人们认识客观事物的规律的,也是研究刑事侦查学经常采用的方法。

三、科学实验的方法

在侦查实践中经常遇到复杂多样的技术性问题,仅凭一般的调查研究和实地观察是不可能找到答案的,而需要运用现代科学技术手段进行科学实验,以揭示事物本身的各种矛盾及其内在联系,为查明案情提供依据。科学实验的方法不仅对研究侦查技术手段是需要的,而且已被广泛应用于刑事侦查学的各个领域,例如侦查实验,就是利用科学实验的方法解决侦查中的专门性问题。

四、与有关学科相联系的方法

在侦查过程中所遇到的技术问题是形形色色、复杂多样的,涉及自然科学的各个门类,很难说哪一门自然科学是与刑事侦查无关的。另外,社会科学中的哲学、逻辑学、社会学、语言学等学科的理论和方法对于研究刑事侦查学也具有重要意义。因此,对刑事侦查学绝不能孤立地、封闭式地研究,而应当与其他各有关学科联系起来研究,广泛地吸取和运用相关学科的研究成果。但必须明确,刑事侦查学吸收和运用其他学科的研究成果并不是简单地照搬其理论和方法,而是要根据刑事侦查的特点对这些理论和方法进行科学的再加工和实验,使之适合于侦查工作的客观要求。

五、比较借鉴的方法

有比较才有鉴别,比较研究的方法是人们认识客观事物的一种科学方法。刑事侦查学作为我国法学的一个组成部分,当然应当以研究我国现当代的侦查实践为主,但绝不能忽视对外国的和我国历史上的侦查制度及其有关理论和方法进行深入研究。任何一门科学的建立和发展都不可能是孤立的,必然要从人类文明的宝库中汲取有益的成果。对于刑事侦查学来说更不例外。随着改革开放的深入,对外交流日益广泛,国外的犯罪类型、犯罪手法,正在日益渗入我国,国内犯罪已呈现国际化的趋势。我国早已加入国际刑警组织,更有必要深入了解和研究外国刑事警察机构设置及各国侦查技术、手段的发展和实际运用情况。尤其应当高度注重的是:当代中国的刑事侦查学具有极为深厚的本土根基,对数千年持续发展和丰富的侦查理论与实践经验所形成的取之不尽、用之不竭的宝藏,务必珍惜并精心挖掘,在继往开来的创新中进一步丰富和发展刑事侦查学。总之,刑事侦查学研究应该广泛吸取和借鉴我国历史上和当今世界各国的成功经验,通过分析比较,择其精华,去其糟粕,洋为中用,古为今用。只有这样,才能使刑事侦查学适应客观形势发展的需要。

第二章 侦查的基本原理

第一节 侦查的概念

一、"侦查"一词在我国的生成与运用

古汉语中未见"侦查"词条,却有"侦察"一词。古今汉语中有关"侦"的词条,多数与军事有关,其余则用于政治术语,均不是法律术语。我国侦查概念的提出是法制近代化的产物。

1911年1月24日,修订法律大臣沈家本向宣统皇帝上奏的《大清刑事诉讼律草案》是聘请日本法学家冈田朝太郎以日本1890年《刑事诉讼法》为蓝本制定的①。日本1890年《刑事诉讼法》第三编是"犯罪之侦查、起诉及预审",其第一章是"侦查"②。但日语中并无"侦查"这一汉字词组,词义与之对应的日文汉字词语是"搜查",相关汉字词语有"调查""探侦"。而法律意义上的"搜查",对应的日汉字词语是"搜索"③。在20世纪第一个十年,中文文献才出现"侦查"一词④,直到《大清刑事诉讼律草案》中,"侦查"才首次见诸法律条文中。⑤ 由此看来,"侦查"这一术语显然是在引进日本刑事法律时,结合中文的"侦"与"查"的字义组合起来的新词,用以译指"侦查员认为有犯罪发生时开展的秘密和公开的调查、访问、勘验等收集和保全犯罪证据,以及保全犯罪嫌疑人人身的活动的总称"⑥。其目的自然有将"侦查"这一法律术语与其他军事和政治术语分开的意愿。此后,我国学者在有关刑事诉讼、司法警察、刑事警察的立法和著述中,逐渐习惯沿用"侦查"这一术语。因而,"侦查"一词的生成与使用,伴随着中国近现代法治发展的脉络,"侦查"为我国社会和法律所承认过程,也就蕴含着法治的精神。

二、我国现行法律对侦查的定义

我国《刑事诉讼法》第108条第1项明文规定:"'侦查'是指公安机关、人民检察

---

① 参见张晋藩:《中国法律的传统与近代转型》,法律出版社1997年版,第458—459页。
② 参见法学教材编辑部《外国法制史》编写组:《外国法制史资料选编》,北京大学出版社1982年版,第762页。
③ 参见日本犯罪学研究会编:《犯罪学辞典》,日本成文堂1982年版,第343页。
④ 光绪三十三年(1907年)二月二十六日《内城(京师)探访局摘报汇呈》载"藉以侦查住房",此后探访局的《汇呈》多次习惯用"侦查"这一术语,参见陈克等编辑:《北洋军阀史料·徐世昌卷》(2)第585页、(6)第376页,天津古籍出版社1996年版。
⑤ 该法第一编"总则"第三章第三节中多次出现"侦查"一词,第二编"第一审"专门有"第二节侦查处分"。
⑥ 参见日本犯罪学研究会编:《犯罪学辞典》,日本成文堂1982年版,第343页。

院对于刑事案件，依照法律进行的收集证据、查明案情的工作和有关的强制性措施"。

从上述规定中可以看出，侦查包括以下几层意思：

第一，侦查是专门机关的专有职权。在我国，侦查权主要属于公安机关、国家安全机关、人民检察院、军队保卫部门、中国海警局、监狱，法无明文规定的任何其他机关、团体或者公民个人都无权实施侦查。如果其他机关、团体或者公民个人擅自实施侦查，私设公堂，非法捕人、关人、搜查等，就是违法行为，应负相应的法律责任。

第二，侦查的对象是已经确定立案的刑事案件。没有立案的，不能对其实施侦查。按照我国《刑事诉讼法》第19条对刑事案件管辖的分工的规定，刑事案件的侦查由公安机关进行，法律另有规定的除外。人民检察院在对诉讼活动实行法律监督中发现的司法工作人员利用职权实施的非法拘禁、刑讯逼供、非法搜查等侵犯公民权利、损害司法公正的犯罪，可以由人民检察院立案侦查。对于公安机关管辖的国家机关工作人员利用职权实施的重大的犯罪案件，需要由人民检察院直接受理的时候，经省级以上人民检察院决定，可以由人民检察院立案侦查。

第三，侦查要使用收集证据、查明案情的专门措施。它主要包括：讯问犯罪嫌疑人、询问证人、勘验、检查、搜查、扣押、鉴定、通缉等侦查行为及侦查措施。作为侦查行为的专门调查工作既不同于行政调查，也不同于一般的诉讼调查，而是一种特殊的调查工作。其特殊性主要表现在：一是调查的主体是公安机关、国家安全机关、人民检察院等机关的侦查人员。其他人员（包括侦查机关中的非侦查人员）无权进行此种专门调查工作，但可以被邀请或者受委托参与有关专门调查工作，或者协助侦查人员进行有关专门调查活动。二是调查的目的是为了收集证据，揭露和证实犯罪，查获犯罪分子。三是调查的对象是已立案、处在侦查阶段的犯罪事件。四是调查的方法既可采用公开形式调查，也可采用秘密形式调查，并且具有法律强制性。五是调查的程序和期限有着具体的法律规定。六是调查的结果是刑事诉讼的证据。

第四，侦查要采取强制性措施。侦查中的强制性措施，包括拘传、取保候审、监视居住、拘留和逮捕等五种。这是依法强行剥夺或者限制被告人人身自由的不同方法。目的是为了防止被告人、现行犯或者重大嫌疑分子逃跑，自杀，隐匿、毁灭、伪造证据或者串供以及制止继续犯罪，保障侦查、起诉和审判的顺利进行。

第五，侦查是一种诉讼活动。侦查是一种诉讼活动，同时又是刑事诉讼程序中的一个重要阶段，具有严格的法律规范性。侦查机关办理案件必须严格依法进行，禁止用非法的方法进行侦查和获取证据。

上述五个方面是统一的，有机联系着的。只有全面地了解侦查的内容，才能对刑事侦查的概念有正确的理解。

三、对侦查含义的全面理解

综上可见，侦查是专门机关在其职权范围内依法进行的专门活动，仅适用于刑事案件范围。以上是法条规定的关于侦查的定义。但是，要从整体性全面性上去理解侦查的含义，还必须结合法律的其他有关规定来研究和认识。如结合我国《刑事诉讼法》第 4 条和第 308 条来研究,就可以明显地看出有权进行侦查活动的并非仅限于第 108 条第 1 项规定的公安机关和人民检察院,还包括第 4 条规定的国家安全机关、第 308 条规定的军队保卫部门、中国海警局和监狱。应当指出,人民法院为了调查核实证据,按照法律规定也可以进行勘验、检查、扣押、鉴定、冻结、查封等活动,但由于我国实行控诉与审判相分离的制度,法院为审查核实证据所进行的这些调查活动不属于侦查的性质。

因此,为了完整准确地理解和认识侦查的含义,除了掌握侦查的法律定义外,还应该将侦查的含义理解为:有侦查权的国家机关和部门在其职权范围内,对已经确定立案的刑事案件,依照法律进行的收集证据、查明案情的工作和采取有关的强制性措施的活动。

四、侦查含义的适用范围

我国侦查机关在办理刑事案件的过程中,将侦查阶段分为侦查破案和预审两个环节。前者从立案开始到对犯罪嫌疑人采取强制措施时止。其主要任务是:查清主要犯罪事实,收集犯罪证据,证实和查获犯罪嫌疑人。后者是从破案起到侦查终结止。其主要任务是:进一步收集和审查证据,查明犯罪嫌疑人的全部犯罪事实,并作出起诉或者撤销案件的决定。这两个环节是相互衔接,不可分割的,统称为刑事诉讼中的侦查阶段。不能把侦查仅仅理解为是破案前的活动。

五、国外对侦查的界说

日本理论界认为,不同的"侦查观"的持有者对于侦查的界说也不同。控辩的侦查观认为,侦查不仅是侦查机关独自的准备活动,犯罪嫌疑人也单独准备。为了将来的审判(即为了确保被告人与证据),实行强制处分就是为了在审判时把被告人交送法院,因此对犯罪嫌疑人实施强制应由法院单独进行。纠问的侦查观认为:"侦查,本来是侦查机关调查犯罪嫌疑人的程序,因此承认强制"[①]。基于折中主义的诉讼上的侦查观认为:"侦查是侦查机关以达到提起公诉及实行公诉为目的而发现犯罪人和收集证据的程序。"[②]或称"所谓侦查,就是保全犯罪证据、保全犯罪嫌疑人人身。"[③]因而在诉讼的侦查观理念下,"所谓侦查程序,就是检察官为了决定起诉或不起诉,以查明事实关系、有无诉讼条件而进行的一系列程序。"[④]日本学者认为,在现代侦查程序中,纠问主义要素与控辩主义要素并存,关键是看倾向于纠问主义还是控辩主义,因而基于"诉讼上的侦查观"而对侦查的界说是当前日本的通说。

英语中"侦查"(investigation)一词起源于拉丁语"Vestigar",其字面含义是"寻迹

---

① 参见〔日〕平野龙一:《刑事诉讼法》,日本有斐阁 1958 年版,第 83 页以下。
② 肖贤富主编:《现代日本法论》,法律出版社 1998 年版,第 462 页。
③ 〔日〕田口守一:《刑事诉讼法》,刘迪等译,法律出版社 2000 年版,第 24 页。
④ 〔日〕井户田侃:《刑事诉讼法要说》,日本有斐阁 1993 年版,第 25 页;〔日〕石川才显:《刑事诉讼法讲义》,日本评论社 1974 年版,第 93 页。

跟踪或追踪"①。刑事侦查是指侦查人员研究并判明与具体案件相关的所有事实并判明真相：发生了什么事以及谁应对此承担责任。或刑事侦查就是全面、客观地搜寻犯罪案件事实真相的过程。侦查程序就是指"发现、收集、准备、辨认以及在法庭上出示证据以证明争论中的法律问题的真实性或虚假性的过程或程序"②。根据《简明不列颠百科全书》的解释，"刑事侦查（criminal investigation），指研究犯罪和抓捕罪犯的各种方法的总和"③。

法国有论著认为，侦查（information，也称"正式侦查"）是指，在决定是否将犯罪嫌疑人提交审判法庭进行审判之前，由预审法官受理案件并对案件进行深入调查。此前司法警察（官）和检察官对案件的调查行为称为"预侦"。④

可见，由于世界各国的法律传统和现行法律制度不同，对侦查的界定存在着差异。但侦查程序在世界各国都是刑事诉讼程序，侦查活动都是刑事诉讼活动。综合各种界说，对侦查的界定一般包括如下共同要素：

第一，侦查主体。世界各国均认为侦查活动是侦查主体代表国家的行为。

第二，侦查的适用范围。当今世界各国绝大多数都通过法律把侦查阶段纳入刑事诉讼程序，正是因为刑事诉讼程序对侦查权的制约具有重要的意义。

第三，侦查的目的。侦查是侦查主体的理性行为，侦查活动都有其既定的目标。尽管各国对侦查目的的界定不同，但都与查明案情、收集证据、控制犯罪嫌疑人、服务于公诉和审判的诉讼目的有关。

第四，侦查的手段。实现侦查目的需要手段。无论具体表述如何，世界各国均无一例外地将强制的、专门的侦查手段的执行权赋予侦查主体。

综上，世界各国均把侦查描绘成侦查主体在刑事诉讼程序中，为实现特定的诉讼目的，而采用的特定手段的过程。但在侦查这一诉讼过程中，不仅仅有侦查主体的独立活动，而是众多诉讼主体的活动的总和。

第二节 侦查权的属性和定性特征

所谓侦查权，是指依法收集证据，揭露和证实犯罪，查缉犯罪人，以及实施必要强制性措施的权力。

从侦查权的起源及其国家权力化入手，可以较为清晰地厘清其属性与定性特征。

---

① Wayne W. Bennett, Karen M. Hess, *Criminal Investigation*, West\Wadsworth Publishing Company, 1998, p.8.
② 参见〔美〕韦恩·贝尼特、凯伦·M.希斯：《犯罪侦查》，但彦铮等译，群众出版社2000年版，第6页和作者前言第2页。
③ 《简明不列颠百科全书》第8卷，中国大百科全书出版社1986年版，第669页。
④ 〔法〕卡斯东·斯特法尼等：《法国刑事诉讼法精义》，罗结珍译，中国政法大学出版社1999年版，第518页。

一、侦查权的属性

（一）侦查权具有国家权力属性

随着社会的发展，犯罪的行为方式由简单向复杂演化，同犯罪作斗争已非个人和小群体的能力所及，必须依赖全社会的整体合力和专司其职的权力主体方能行之有效。控制犯罪越来越成为统治集团和全体社会成员的共同利益，侦查职能的产生及其国家权力化就成了历史的必然。

在人类社会漫长的历史进程中，侦查职能历经了与军事职能、审判职能和行政职能（尤其是治安职能）的分离，发展成为一种相对独立的国家职能。但是由于各国历史传统和社会制度的差异，当代世界各国的侦查职能仍然不同程度地反映出军事职能、审判职能和行政职能的历史烙印。纠问程序虽然使人们认识到追究犯罪并非受害人的私事，而是国家的职责，但其严重错误则在于将追究犯罪的任务交给法官，从而使法官与当事人合为一体。而被控人面对具备法官绝对权力的追诉人却束手无助。正是在检察官作为维护公益的使者，代表国家对犯罪进行追诉形成制度后，侦查职能才真正与审判职能较为全面地脱离而独立出来。

在法治国家，侦查主体非是以民法上的"所有权"的观念来理解侦查行为，而是指在法律观念上侦查权能的执行主体。当前，世界各国一般都由检察官、司法警察（或具有司法警察身份的主体）和预审法官（少数国家）来承担侦查职能，且检察官居于侦查的主导地位。我国的侦查主体也是由检察官和司法警察（包括军事警察）构成，但目前的侦查权能构造中，并未体现出检察官居于侦查的主导地位。

（二）侦查权具有司法权与行政权双重属性

从国家权力构造的角度分析，在当代世界有的国家侦查权属于行政权。但由于侦查权所显现的与其他行政权不同的特点，关于侦查权的定性，就有了司法权说、行政权说和司法权与行政权双重属性说，我们赞同司法权与行政权双重属性说。因为单纯的行政权说或司法权说都不能准确地定位侦查权的性质：

第一，对于侦查主体而言，检察官的司法官与行政官定位之争由来已久，至今也难分胜负，包括"司法官说""行政官说""积极性准司法官说""消极性准司法官说""公益辩护人说"之争，但最终妥协的结果大多是承认检察官作为行政管理上的行政官署具有司法官的性质[①]，他们都是在刑事诉讼中为实现维护公益的目的，却与绝对的司法审判目的又不同；社会秩序实际受到扰乱，行政警察只能通过其权力范围内的手段部分恢复秩序，如果有人实行了某种犯罪，就有必要查找谁是犯罪行为人，以便对其进行追究。这种调查已不再属于预防性质，而属于制裁性质（或者更确切地说，具有对制裁给予合作的性质）。这一调查职责是司法警察应当履行的职责，它明显不同于

[①] 参见朱朝亮：《检察官在刑事诉讼之定位》，载《东海大学法学研究》2000年第15期；林钰雄：《检察官在诉讼法上之任务与义务》，载《法令月刊》2001年第10期。

行政警察的职责。① 刑事警察是依据刑事诉讼法通过调查案情、控制、保全犯罪嫌疑人和证据为最终实现刑事诉讼的目的服务,因而刑事警察权应从属于刑事司法权;行政警察则是依据行政法规,通过维护社会治安达到行政管理的目的,因而行政警察权应从属于行政管理权。

第二,侦查程序是刑事诉讼程序的一部分,不同于纯粹的行政程序,侦查程序的程序规范必须符合宪法上的要求,只能将其理解为法律程序,而不能理解成检察官或司法警察所拥有的程序,为了能使这一程序规范符合刑事诉讼控制犯罪与保障人权相统一的目的要求,应设立侦查法官。② 从发动行为的方式上看,侦查程序发动以被动型发动为主,主动型发动为辅,而被动型发动即不告不理是刑事审判程序发动的基本原则,因而侦查的发动有较强的司法性。当然,尚有侦查主体为完成对少数特殊类型的犯罪案件的侦查任务,主动启动侦查,甚至于提供犯罪机会进行"诱惑侦查",但其目的是追诉而非行政管理。

第三,从侦查行为的实施上看,侦查权力的运行必须遵循相当于司法程序的行为准则,侦查手段必须保持在必要的限度以内;为实现侦查目的,侦查行为虽然追求效益,但以公平正义价值为最基本前提。这一点突出体现在强制侦查行为的运作上。即侦查权运作不仅要符合目的性,更要符合合法性,强调侦查行为接受司法审查和抑制。但侦查行为常常与行政警察的治安管理行为交织在一起,多数的任意侦查行为与治安管理行为几乎是相同的形式,很难绝对区分。

综上,我们认为法治国家的侦查程序不是单纯的行政程序或司法程序,侦查权能兼有行政和司法双重属性,都要求对政府的侦查权力加以限制,侦查手段必须保持在必要的限度以内。

二、侦查权的定性特征

(一)国家公权力的固有属性特征

1. 侦查权具有法定性

侦查权的法定性主要表现在以下方面:

(1)侦查权的取得及其运作都是由国家法律加以规定的。国家通过宪法、刑事诉讼法和其他法律赋予特定的主体以侦查权,承担侦查职能,非经授权的主体无权行使侦查权。侦查权的执行主体作为侦查权的授权客体,必须具备相应的条件方能承担起执行侦查权的职责。综观世界各国侦查主体的条件,一般都应具备组织条件、成员条件和物质基础。首先,侦查主体必须是根据现代国家体制在国家机构中承担追诉犯罪职能的机关,且具备特定的组织形式。就全国范围而言,侦查主体应有侦查级别管辖分工及纵向管理、指导、协调的组织系统;就协作机制而言,侦查主体应有跨辖区横向侦查互助的组织建制;就一级侦查主体内部而言,侦查主体应有侦查指挥、专

---

① 参见〔法〕卡斯东·斯特法尼等:《法国刑事诉讼法精义》,罗结珍译,中国政法大学出版社1999年版,第304页。

② 参见陈志龙:《法治国检察官之侦查与检察制度》,载《台大法学论丛》1998年第3期。

业分工及对上、对下负责的组织建制。这样的主体方能有效地承担起执行国家侦查权的职责。其次,侦查主体必须有专门化的侦查人员。即要求侦查人员必须有良好的个人修养、健康的体魄和过硬的政治道德素质;要求侦查人员应具备法学基础知识,尤其应掌握宪法、刑法、刑事诉讼法及其他相关法律知识;要求侦查人员应掌握侦查学的基本理论,掌握侦查破案的业务知识,能够依法灵活运用侦查手段和技能。最后,侦查主体必须依托一定的物质力量。即要有适应对付犯罪演化的科技装备,有发现、提取、固定、保全证据的技术手段;要有有效控制犯罪嫌疑人的武器、警具、戒具;要有快速、高效反应的后勤保障。满足了上述条件,才能具备侦查权主体的资格,才能经国家最高立法机关制定的法律来授权。

(2) 侦查行为运作的结果即侦查终结具有一定的法律效力:对于侦查终结移送起诉处分而言,该处分具有对犯罪嫌疑人和案件继续追诉的法律效力;对于侦查终结撤销案件处分而言,在程序上该处分具有结束本案程序,放弃对犯罪嫌疑人和案件追诉的法律效力。

2. 侦查权具有强制性

侦查权的实施是以国家强制力为后盾的,在侦查活动中,查缉犯罪嫌疑人,搜集物证、书证等职权行为都可以借助国家强制力。侦查权的国家权力化就已表明侦查活动的非均势对抗性。这集中表现在国家通过法律明确赋予了侦查主体执行强制侦查手段的权力(如搜查、扣押、通缉、拘传、拘留、逮捕等),必要时甚至可以使用武器。因此,侦查权本质上具有强制性。即使在实行所谓"双轨制侦查"制度的国家,律师或民间侦探组织在办案过程中,也无权使用搜查、拘传及其他强制侦查手段,若需使用,必须由国家侦查机关组织实施。因此,侦查权的强制性是其作为国家公权力与民间证据调查权相区别的重要标志。

3. 侦查权具有专门性

侦查权作为国家追诉权,必须由专门机关的专门职能部门及其具有侦查员资格的侦查人员来执行,其他任何机关、团体和个人或侦查机关的非侦查职能部门及不具备侦查员资格的工作人员都无权行使侦查权,否则就是违法侦查。实现侦查权的手段是由国家法律专门规定并赋予侦查主体的,这些手段集专门性、强制性于一体,与民事调查或行政执法调查手段有显著的区别。侦查权的实现过程又是一种专门的职业技巧,是一种专门化的斗争艺术,侦查主体通过侦查策略的运筹,灵活地组织使用侦查措施和技术手段,形成对个案、类案的特殊与一般、微观与宏观的侦破方法体系。侦查的专门化也是适应现代社会分工日渐专业化、细密化的历史潮流的。

4. 侦查权具有职责性

侦查权作为国家权力,对于侦查主体而言,既是职权,又是职责,不能放弃。首先,侦查主体代表国家执行侦查权,决定了侦查主体并非侦查完全意义上的处分主体,侦查处分权属于国家。而侦查主体只是执行主体,具有绝对不可放弃执行的义务,因而,这种权力不同于普通权利主体的可以放弃的"权利"。而在刑事诉讼中,刑事自诉人、刑事附带民事诉讼的原告人、犯罪嫌疑人则可以选择放弃法定权利。其次,国家法律赋予侦查主体以侦查权,同时也就意味着侦查主体负有对犯罪的追诉职责。即只要符合启动侦查的条件,侦查主体就必须依法开展侦查活动,维护国家和社会的利益,忠实地履行自己的职责。否则,就是失职,应承担相应的法律责任。这与私人侦探或其他民间证据调查组织的证据调查权由调查者主观愿望决定开展调查工作是有本质区别的。

(二) 司法权属性的独立性特征

侦查程序作为刑事诉讼的初始程序,侦查权能是否独立对于保障司法机关独立、司法程序不受不适当或无根据的干涉原则具有重要意义。如果一宗案件在审判前阶段不能保证国家司法主体依法独立行使职权,任由行政权力和特殊个人的干涉,则所谓的"审判独立"会沦为无源之水、无本之木。侦查权的独立性是指执行侦查权本身是侦查主体的职权,它属于侦查法所调整的空间,不可由其他外部力量取代。因而,侦查权的独立性也是一个国家司法制度现代化程度的重要标志之一。

为了保证检察机关侦查权的独立性,不受来自现实政治权力对检察官行使职权的影响,联合国预防犯罪和罪犯待遇大会通过了《关于检察官作用的准则》,各国的立法一般从资源、身份、资质、权利等方面来加以保障。在资源保障方面,规定检察机关独立于其他国家政权机构,享有独立地位,保证检察机关的人力、物力、财力供给完全独立;在身份保障方面,对检察官的经济待遇要比普通公务员高,有的国家甚至与法官相同,检察官的职务升迁也独立、公正进行,对检察官的惩戒必须以法律规定的程序公正进行;在资质保障方面,一般要求检察官原则上应取得法官或律师资格,有较高的法律知识水平,提倡检察官精英化;在权利保障方面,对于检察官及其家属的人身安全给予充分保护,并确保检察官在没有任何恐吓、阻碍、侵扰不正当干预或不合理地承担民事、刑事或其他责任情况下履行其专业职责。[①]

关于警察侦查权的独立,虽然各国对刑事警察的身份都没有比照法官或检察官的身份予以司法化的保障,但对于刑事警察的侦查权都肯定其相对独立性。英国学者认为,警察是一个"公共职位",是"正义之官",不需要服从警察力量以外的任何行政权力,各个警察局长有权在各自管辖区域内独立地组织侦查资源,不受政治影响,中央政府或地方政府只对警察规章制定权和经费决定权,具体案件的逮捕或起诉决定,均属于各个警察的职责。[②] 英国前上诉法院院长丹宁勋爵在谈到大伦敦市警察总监的法律地位时明确指出:"他应是独立于行政机关之外的。他不受国务大臣的命令约束,……除了法律之外,他不是任何人的仆人。没有哪个部长能够告诉他应当或不应当监视某个地方,应当或不应当起诉某个人,……他必须对法律并且仅仅对法律负责。"[③]

肯定侦查权司法权属性的相对独立性,并不排除对侦查权的运作进行事前、事中和事后的司法审查,侦查权的独立性是针对政府和政党及其他社会力量对侦查的非

---

① 参见王以真主编:《外国刑事诉讼法学参考资料》,北京大学出版社 1995 年版,第 7 页。
② 参见 H. W. R. Wade, *Administrative Law*, 5th ed., Oxford, 1984, pp. 131-133.
③ 参见 R. v. Metropolitan Police Commssioner ex p. Blackburn [1986]2Q. B. 118, p. 135.

法干预而言的。

（三）行政权属性决定的侦查程序推进主动性特征

侦查权作为国家追诉权，具有积极的主动性。首先，只要侦查主体对自行发现或者报案、举报、控告的犯罪嫌疑事件经判断认为有侦查的必要，就应开始侦查追诉活动，行使侦查权。由于侦查权的提起与具体实施都是由侦查主体代表国家主动实行的，这就与刑事自诉、民事和行政诉讼中的证据调查工作是由有关社会个体提起的有根本的区别，也与审判活动所贯彻的不告不理原则有本质的区别。其次，诸如搜查、追缉等实现侦查目的的手段具有主动性，侦查中使用的各种侦查手段是以主动进攻、查明犯罪嫌疑、收集证据、缉捕犯罪嫌疑人为直接目标指向的。最后，侦查的地位具有主动性，侦查以国家强制力为后盾，以同犯罪作斗争的正义使命为己任，得到国家和社会的支持。而作为对立面的犯罪分子则处于被动的、劣势的地位，即使是犯罪集团或黑社会组织，其能量与代表国家权力的侦查权相比，也是相差悬殊的。因而，侦查职能最能体现追诉职能，也最能反衬出刑事诉讼中犯罪嫌疑人、辩护人的防御职能。

第三节 侦查的价值、目的和任务

一、侦查的价值

侦查作为一种法律现象，既要体现法律，尤其是刑事法律的基本价值，也要体现其特有的价值。以罪刑法定主义和无罪推定主义的刑事法治基本理念为前提，侦查的基本价值蕴含体现在如下三个方面：

第一是公正价值。公正是法的本性，侦查的实施过程及其结果，体现司法公正，侦查的一切原理都应立足于公正。侦查的公正价值要求关于侦查的立法公正和侦查的司法公正。侦查的立法公正要求关于侦查的立法必须不偏不倚，既要保证有效地追究真正的犯罪嫌疑人，保护被害人；又要切实保障犯罪嫌疑人的合法权益，保障无辜的人不受诉累。侦查的司法公正要求侦查主体严格执行侦查规范，不能消极侦查放纵犯罪人而置被害人的合法权益和侦查职责于不顾；也要求侦查主体不能过于"积极"侦查而不择手段，为求既定侦查结果而侵犯犯罪嫌疑人的合法权益甚至于冤枉无辜。

第二是秩序价值。法律是基于国家、社会及其一般成员的某些普遍的、特定的需要而产生和存在的。因而，无论是专制制度下的法律，还是法治制度下的法律，消除因犯罪行为引起的社会混乱，恢复法治秩序、社会秩序及政治、经济、生活秩序并使社会在有序中发展，是侦查的基本价值体现。侦查一旦提起，被害人及其关系人的对犯罪人私力报复的心理就得到缓解并一步步得到控制，犯罪造成的混乱不再发展；侦查程序的进展过程，也是将包括被害人在内的社会公众对犯罪的仇恨疏导入对侦查程序活动的关注过程；一旦侦查终结，将犯罪嫌疑人控制并送交法庭审判，则原有的社会秩序将得以基本恢复,公众对国家司法权威的信任与敬畏必然加强。

第三是效益价值。对于某一犯罪嫌疑事件,侦查的结果有四种可能:一是该事件属于犯罪事件,依法需追究刑事责任;二是该事件虽属于违法事件,但依法不需追究刑事责任,需追究行政或民事责任;三是该事件属于违法事件,但不需追究法律责任;四是该事件不属于违法事件,不需追究法律责任。可见,侦查的过程是一个排除过程,是对被疑事件进行去伪存真、去粗取精的认识活动,它可以保证针对特定的事件准确适用特定法律或不适用法律,从而实现以最小的法律支出获得最大的社会效益。

二、侦查的目的

侦查的目的是侦查行为存在与实施的动因和所追求的结果。在国外,传统上认为侦查程序是为公判作准备的,关于侦查目的就有了公判准备说。后来,由于起诉状一本主义的推行,侦查的目的又进一步发展为公诉准备说。随着世界范围内刑事诉讼的目的定格在控制犯罪与保障人权的统一上,刑事诉讼的职权主义色彩开始淡化,而当事人主义色彩越加浓厚,关于侦查目的的界定也出现了适应这一变化的趋势,如"侦查系以确定刑罚权之有无及其范围,而调查犯人及搜集并保全证据为其目的"①。20世纪80年代,联邦德国刑事诉讼法学家汉凯鲁和凯伦提出了侦查独立说的主张,认为侦查的目的是为了明确嫌疑的有无,进而决定起诉与不起诉。② 这一学说遵循无罪推定主义和罪刑法定主义的现代刑事法学基本精神,主张切实地保障犯罪嫌疑人的地位和权利,旨在以犯罪嫌疑的不存在、不起诉等理由,撤销没有必要提起的公诉案件,在侦查终结阶段就及时将不必提起公诉的犯罪嫌疑人从诉累中解放出来(就侦诉合一而言),从而实现侦查的独立法律价值。依据这一侦查目的构建的侦查构造,被称为诉讼的侦查构造。③ 侦查独立说不仅符合现代刑事法学精神,而且还解决了公诉准备说无法解释的矛盾,因而具有进步性和生命力,现已在欧美国家和日本,成为新的通说。

关于侦查的目的,国内较为经典的界说是"其目的在于查明案件的全部情况,确定是否构成犯罪,依法应否追究刑事责任,并为提起公诉做好准备"④。这一界说肯定了侦查目的的双重性,把查明案件的全部情况作为侦查的首要目的,而案件的全部情况则包含着构成犯罪与不构成犯罪两种可能,在确定构成犯罪后,再确定是否追究刑事责任,若应追究刑事责任,就应为提起公诉做好准备。显然,这一界说是介于"公诉准备说"和"侦查独立说"之间的混合说。20世纪末以来,罪刑法定原则和无罪推定原则已成为中国刑事法律的基本原则,即关于犯罪的确定在刑法、刑事证据法和刑事

---

① 陈朴生:《刑事诉讼法论》,台湾正中书局1971年版,第142页;刁荣华:《刑事诉讼法释论》(上),台湾汉苑出版社1978年版,第281页。
② 转引自李心鉴:《刑事诉讼构造论》,中国政法大学出版社1992年版,第180页。
③ 关于侦查构造的理论有"控辩的侦查观""纠问的侦查观"和"诉讼的侦查观"。不同的"侦查构造"观的持有者对于侦查目的的界说也不同。参见〔日〕田口守一:《刑事诉讼法》,刘迪等译,法律出版社2000年版,第24—28页。
④ 《中国大百科全书·法学》,中国大百科全书出版社1984年版,第741页。

诉讼法上统一起来,确定犯罪既要具有实质要件(刑事实体法上),也要具有证据要件(刑事证据法上),还要具有形式要件(刑事程序法上)。实质要件就是犯罪行为的客观存在,一个人在实施了犯罪行为后,准确地说是实施了犯罪的预备行为后,该人在实质上就已经犯罪;证据要件是有证据证明的才是犯罪,没有证据证明的就不是犯罪;形式要件是人民法院的生效判决,判决犯罪嫌疑人、被告人犯了什么罪及处以什么样的刑罚,这就从法律上最终确定了一个人有罪。犯罪的实质要件是犯罪的形式要件的基础,犯罪的形式要件是犯罪实质要件的最终确认。犯罪的证据要件则起到了对犯罪实质要件与形式要件的联结作用,因而侦查取证也成为侦查行为的中心任务。在犯罪的证据要件不具备时,对犯罪的实质要件的证明具有一定程度的盖然性(否则无法解释无罪判决),而侦查程序的目的,显然包含使这种盖然性尽量接近实质的内容。因而,在侦查的目的的界定方面,应肯定侦查中对犯罪构成的确定的盖然性,即只能确定犯罪嫌疑,而不能绝对确定构成犯罪;进而,关于追究刑事责任的确定,也只能确定是否追究刑事责任的可能性。

可见,侦查的目的是查明案件的全部情况,确定是否存在犯罪嫌疑,确定是否存在应追究刑事责任的可能性,并为提起公诉或不提起公诉做好准备。

三、侦查的具体任务

为了实现侦查的目的,侦查中必须依法完成以下具体任务:

(一)收集证据

收集证据是侦查的一项重要任务,是全部侦查活动的中心环节。各种侦查措施和各种侦查技术手段的运用,其主要目的都是为了获取诉讼证据。证据的获取主要包括四个方面的内容:

(1)发现证据。犯罪事件都是已经发生的事实,而且这些事件又是和许多其他事件同时发生、相互交错的,那些能够证明犯罪事件的事实,经常是零散地被淹没在许多其他事件之中,有时还会被自然的因素和人为的因素加以破坏或掩盖,不容易被发现。因此在侦查过程中,首先必须采取各种有效的措施和技术手段,及时、准确地找到能够证明案件真实情况的一切事实,即发现证据。比如,利用科学技术方法发现犯罪分子遗留在现场的无色汗垢手印、恢复武器上被锉掉的号码等,通过搜查发现犯罪分子藏匿的赃物和作案工具等,通过询问被害人和证人了解与犯罪有关的各种事实情节等,这都是发现证据。

(2)固定和收取证据。要想使被发现的证据能够在刑事诉讼中真正起到证据的作用,还必须把这些事实材料加以固定并收取下来。否则,尽管所发现的事实材料对于证明案件事实很有价值,也不能起到诉讼证据的作用。固定和提取证据的方法,通常有照相、绘图、制作模型、制作各种笔录以及录音、录像等,必要时,经批准并征得有关事主同意,可以提取具有证据意义的物品或文件。

(3)对某些专门性问题进行鉴定。在侦查过程中,经常需要解决案件中某些专门性问题。如确定死亡的原因,损伤的性质,某种物品的化学成分或物理属性,现场文书是何人制作及从现场提取的形象痕迹是哪一个客体所遗留等等,都必须正确地指定和进行鉴定,以取得证明案情的鉴定证据。

(4) 审核评断证据。各种证据必须经过查证属实,才能作为定案的根据。因此,侦查人员对于侦查过程中所发现和提取的每一个证据,都必须认真地进行审查核实,以鉴别其真假,查明它们之间的相互联系,以及每项证据材料对证明案件事实的实际意义。最后,还应当在综合分析研究证据材料的基础上,对案件情况作出正确的判断。

(二) 查明犯罪事实并确定犯罪嫌疑人

查明犯罪事实,弄清案件的全貌,准确地确定犯罪嫌疑人,这是侦查的一项最基本的任务。实践表明,只有把案件事实查清楚了,才能正确地适用法律,做到定性准确,使犯罪分子受到应得的惩罚,使无罪的人不受刑事追究。所谓犯罪事实,就是指犯罪分子实施犯罪行为的时间、地点、手段、罪过形式、侵害的对象和所造成的危害后果,以及作案人实施犯罪行为时的年龄、精神状态等。总之,凡是根据我国刑法的规定已构成犯罪,并且应当追究刑事责任的各种事实,在侦查过程中都必须查得清清楚楚。除此之外,那些与案件无关的事实,或者人们的主观印象、怀疑、猜想、推测和看法等,都不能认为是犯罪事实,当然不能作为处理案件的根据。

(三) 对犯罪嫌疑人采取必要的强制措施

对犯罪嫌疑人采取必要的强制措施的目的是防止犯罪嫌疑人逃避侦查和审判,这也是侦查工作的基本要求。在侦查过程中,如果发现犯罪嫌疑人可能逃跑、躲藏、串供、毁灭证据、自杀或进行新的犯罪活动等紧急情况,就应积极主动地采取强制措施加以制止,以避免国家和人民的利益遭受损失。侦查机关在决定是否采取强制性措施以及采取何种强制性措施时,应考虑犯罪嫌疑人罪行的轻重、人身危险性的大小、罪证是否确凿。如果犯罪嫌疑人已经逃跑,则应立即采取侦缉措施,将其缉拿归案。由于采用强制性措施直接关系到公民的人身权利和民主权利,因而必须持严肃、慎重态度。要坚决防止随意捕人、拘人等滥用职权的违法行为。另外,在侦查过程中,如果案情有了发展变化,对于原先采取的强制性措施,应根据新的情况,分别予以撤销或变更。

(四) 保障无罪的人不被追究刑事责任

侦查作为有侦查权的国家机关和部门的一项专门工作,它的任务不仅要查明犯罪嫌疑人的全部犯罪事实,追查一切应当追究刑事责任的人,而且还要保障无罪的人不受刑事责任追究。众所周知,犯罪分子是非常狡猾的。他们在作案后,为了逃避侦查,往往制造假象,转移视线,嫁祸于人,甚至故意捏造假材料,提供假证据,诬告陷害他人。由于斗争的复杂性,即使侦查工作进行得比较周密细致,有时也难免出现这样或那样的疏忽和错误。在已逮捕、拘留或已采取其他强制性措施的人中,可能会有极少数是属于无罪的人。即使是被拘捕的有重大犯罪嫌疑的人,也存在着有罪和无罪这两种可能性。这就要求侦查人员在侦查过程中,特别是在审讯中,必须认真检验核实侦查材料的真伪,注意发现侦查工作中的疏忽和错误,及时地进行补救和纠正。为了保证既不放纵一个犯罪人，又不冤枉一个好人，在侦查中，不但要注意获取能够证明犯罪嫌疑人有罪的材料和口供，也要注意收集能够证明犯罪嫌疑人无罪的材料，认真听取犯罪嫌疑人无罪的辩解。经过查证，发现凡是不应该立案侦查的，应立即停止侦查；凡是属于错拘、错捕的，必须依照法律规定，立即予以释放，并做好善后工作。

长期以来，侦查学界一直在争论侦查是以侦查犯罪为主还是以预防犯罪为主的问题。我们认为，侦查的任务应以侦查犯罪为主，这是侦查性质决定的，也符合侦查实际。应明确以下问题：一是侦查犯罪与预防犯罪的关系问题。毫无疑问，侦查犯罪可起到震慑和预防犯罪的作用，也可以教育人们遵纪守法，但预防犯罪毕竟不等于侦查犯罪，侦查犯罪是专门机关的专门工作，而预防犯罪则不光是专门机关的任务，还要动员全社会综合治理。把预防犯罪作为侦查人员的主要任务，在理论上说不通，实践中也行不通。二是侦查与治安管理的关系问题。侦查的对象是具体涉嫌犯罪的刑事案件，目的是通过专门调查工作和采取必要的控制、强制措施收集证据，查明犯罪事实，查获犯罪人。治安管理是以维护良好的社会治安秩序，减少可被犯罪人利用的客观条件为主要工作内容，目的在于通过公开的形式严密各项管理制度，加强安全措施，堵塞漏洞，减少可被犯罪人利用的犯罪机会，达到使社会治安秩序良好的目的，预防和减少犯罪。虽然侦查与治安管理二者互为作用，互为补充，但二者毕竟不是一回事。三是侦查防范的含义问题。侦查防范是指运用各种侦查手段和力量，对有正当理由怀疑是实施了犯罪的人或可能要实施犯罪的人监视控制。目的是将可能实施了犯罪的人控制在侦查视野内，通过积极发现和收集证据，及时将其抓获归案；对怀疑可能要实施犯罪的人，则通过积极侦查，防止其犯罪意向的实施，即在尚未发生侵害结果前，消除其犯罪意图、适时防止犯罪的发生。显然，侦查防范是侦查犯罪的一个重要方面，与一般意义的预防犯罪不同，与治安管理也有区别。

第四节　侦查的诉讼构造

侦查构造是侦查监控主体、案件侦查主体以及被害人、辩护人和犯罪嫌疑人三方在侦查的价值目标指引下形成的法律关系的总称。世界各国因法律传统、历史背景和现行社会制度不同，在侦查构造的模式方面有所区别。

一、侦查监控模式之比较

侦查权依其内容可划分为案件侦查权和侦查监控权两个层次。这里采用"侦查监控"而不采用"侦查监督"这一范畴，是因为就侦查监督而言，既包括立法机关对侦查机关的监督，又包括专门机关对侦查机关的监督、上级侦查机关对下级侦查机关的监督、侦查机关内部的互相监督、政党对侦查机关的监督，以及社会公众对侦查机关的监督等方方面面。这些方面对侦查监督的强度、深度、广度都有所不同，不可一概而论。由于权力属性的不同，一般意义上的侦查监督权不能作为侦查权的内容。而就对侦查权的制约而言，最为直接、最为有效的方式应具有可以同步洞察侦查权的运作,积极促进侦查权作为追诉犯罪职能的执行,并保障侦查权在法律规定的范围内按既定程序运作,且在必要时可以通过自行执行侦查权而管理或影响侦查权的运作等方面的效能。一般意义上的侦查监督显然不具备上述效能,而"监控"则兼采监督与控制的词义,首先是"察看并督促";其次是"掌握住不使任意活动或超出范围,操纵";最后是"使处于自己的占有、管理或影响之下"。可见,侦查监控权以拥有案件侦查权为前提,又高于案件侦查权。因而这种权力在属性上有侦查权的成分。世界各国的侦查监控模式大体可分为五种类型:

第一,英美法系国家的当事人主义强监控模式。其特点是强调从立法和司法全方位地对侦查活动实施高标准的控制;犯罪追诉当事人化,检察官只是从追诉的角度对侦查进行指导、指示与推动;绝对的控制权由法官以司法令状和证据可采性的判断的方式来进行,但法官中立化,不可自行侦查。

第二,大陆法系国家的职权主义强监控模式。其特点是强调依法追诉犯罪的职权活动;强制侦查和技术侦查手段,以及其他可能侵犯被侦查对象权利的侦查手段都必须取得法官的司法令状;法官领导检察官,检察官领导司法警察进行侦查的领导序列,法官可自行侦查;提起侦查和侦查终结处分权一般归于法官。

第三,日本和意大利的折中主义监控模式。其特点是侦查手段分为任意侦查和强制侦查两种性质的手段(日本对于侦查手段的性质有明确的划分,意大利虽未明文规定,但立法也体现了这一点),任意侦查手段由检察官监控,强制侦查手段由法官通过签发司法令状来实施监控;提起侦查和侦查终结处分权归由检察官或由其监控;兼采英美法系国家严格的证据规则;法官中立化,不可自行侦查。

第四,一些东欧和独联体国家所采用的以检察长为主的监控模式。其特点是法官对侦查权无任何监控权,监控职能主要由检察长执行;侦查人员非经检察长批准不得采取羁押的强制处分和不得进行搜查和扣押邮件、电报;检察长对调查、侦查机关在侦查活动中的违法行为,有权采取措施直接加以纠正,可以撤销、变更侦查员和预审员所作出的违法决定,可以就具体的侦查行动发布书面指示。

第五,我国尚不完善的侦查监控模式。其特点是法官对侦查权无任何监控权;检察机关在法律名义上可对侦查权的一切运作行为实行监控,但实质上只能通过立案监督、审查批捕(羁押)、审查起诉等方式来实行较为片面的弱化式的监控;县级以上警察机关侦查部门主管和法制部门自行对本机关的大量侦查活动进行监控。

二、案件侦查主体和被害人在侦查构造中的角色

英美法系国家的侦查主体包括检察人员和警察人员。英国警察机关负责除重大、复杂的欺诈犯罪案件外的其他案件的侦查,并直接负责一些案件的起诉。美国的案件侦查工作主要由联邦和地方的刑事警察机构负责。英美都实行审检分署制,警、检分立,检察机关是隶属司法部的行政机关,警察机关是隶属各级政府的行政机关。英国检察官在侦查中对警察的制约较弱;美国的检察官被习惯地称为"公诉律师",一般不直接参与案件侦查工作,而是负责公诉,警察在侦查中接受检察官的监督和指

导。由于有大量私人侦探所等民间证据调查组织的存在,英美法系国家刑事案件中的被害人及其亲属都可以雇用私人侦探为自己收集证据。

具有代表性的大陆法系国家法国、德国,都实行审检合署制,但检察机关归属司法部,属于行政机关。检察官享有广泛的案件侦查权并在侦查中调动、指挥、监督司法警察的活动。但在实践中,警察常常自主地将侦查程序进行到底,然后才向检察机关移送侦查结果,检察机关一般只侦查贪污、贿赂、经济欺诈等所谓"职务犯罪"或"白领犯罪"案件。对于其他犯罪案件的侦查,主要由司法警察具体实施,检察机关主要发挥指导、指挥和监督作用。预审法官享有侦查权是大陆法系国家的司法传统之一,具有代表性的是法国和德国。在这两个国家,预审法官领导和指挥检察官和司法警察对现行重罪和轻罪的侦查,批准使用强制侦查和技术侦查手段。法国、德国被害人都可以提起自诉,并可借助法定的民间证据调查机构收集证据。

日本是实行混合式刑事诉讼制度的典型国家,第二次世界大战后实行审检分署制度,检察机关是隶属法务省的行政机关。检察官侦查犯罪的权限是没有定量的,在实行上大体是任意的,但检察官在侦查活动中通常是处于第二线的,第一线的侦查责任在于司法警察。意大利原是典型的大陆法系国家,刑事诉讼制度由于引入了当事人主义色彩而向混合式诉讼制度转型,1988年9月22日通过的《刑事诉讼法典》,引入了当事人主义的对抗式诉讼制度,明确规定预审法官职权与侦查的分离。[①] 检察官直接参与、指挥侦查,大量的案件侦查工作由司法警察负责。日本和意大利都采取国家追诉主义,无被害人自诉程序。

俄罗斯目前仍大体上继承了原苏联的侦查构造,案件侦查主体是检察机关、内务部和国家安全机关的侦查人员,具有调查机关主体资格的民事警察机关、军队的首长、国家安全机关、税务调查机关和海关等机关可负责对管辖范围内的案件的实际侦缉措施,以发现犯罪和犯罪人。[②] 俄罗斯刑事诉讼法没有自诉程序,但俄罗斯允许私人侦探的存在,并允许他们调查一般的案件证据。独联体其他国家和除我国以外的其他社会主义国家与俄罗斯的侦查体制大体相近。

我国的侦查主体主要由检察官和警察人员构成。根据我国《宪法》和《刑事诉讼法》《人民检察院组织法》《国家安全法》《人民警察法》以及其他法律的规定,公安机关、检察机关、国家安全机关、军队保卫部门、中国海警局和监狱都有侦查权。我国法律规定了被害人的当事人地位,但未明确民间证据调查组织可以为被害人因侦查机关消极办案而自行收集证据提起自诉时提供取证帮助。

三、辩护人和犯罪嫌疑人在侦查构造中的角色

律师参与侦查程序并进而影响整个刑事诉讼的过程是20世纪刑事诉讼的重大变革之一。在英美法系的英国和美国,律师参与侦查早已作为"正当法律程序"的内

---

① 参见《意大利刑事诉讼法典》,黄风译,中国政法大学出版社1994年版,第117页。
② 参见《俄罗斯联邦刑事诉讼法典》,苏方遒等译,中国政法大学出版社1999年版,第170—172页。

容之一,通过习惯法所确认。20世纪60年代引起美国"正当法律程序革命"的米兰达案件创立了一个证据规则:对于律师不在场时犯罪嫌疑人所作的供述予以排除,且"犯罪嫌疑人在侦查中必须有律师"。十多年后,英国也将犯罪嫌疑人在警察拒绝批准他接触律师之后所作的供述从证据中予以排除。英美的辩护律师有权在警察讯问犯罪嫌疑人时始终在场,并可以代犯罪嫌疑人行使各项诉讼权利,如申请保释、申请就羁押问题进行司法审查以及参加法官就一些涉及犯罪嫌疑人权利的事项举行的听审程序等。但是,英美的侦查构造从程序上看并没有像审判程序那样完全贯彻"平等武装"原则,侦查机关总是处于优势地位,犯罪嫌疑人除沉默权、律师辩护权和保释权外,并没有实质性的"对抗"权利,也没有大陆法系嫌疑人和律师的某些权利。

作为典型的大陆法系国家,法国和德国的刑事诉讼法典中都明确规定了律师介入侦查活动的制度,有权要求检察官或预审法官采取某些侦查行为而保全证据,在案件起诉以前可以广泛地查阅控方的案卷。犯罪嫌疑人享有要求检察官或预审法官采取某些侦查行为而保全证据的权利。法国没有明文规定犯罪嫌疑人享有沉默权,但规定犯罪嫌疑人只有律师在场时方可接受侦查机关的讯问。[①] 德国的法律明文规定犯罪嫌疑人在整个刑事诉讼过程中都享有不受限制的沉默权。

在日本,嫌疑人有随时委托和会见辩护人的权利,宪法和刑事诉讼法中都对犯罪嫌疑人的沉默权予以高度尊重,此外,嫌疑人还享有请求保全证据的权利。[②] 在意大利,犯罪嫌疑人可随时委托和会见辩护人,有权不回答侦查人员的讯问,除非在特殊地点和紧急情况下,辩护人不在场不能对犯罪嫌疑人进行讯问。[③]

《俄罗斯联邦刑事诉讼法典》明文规定犯罪嫌疑人享有辩护权,被决定或执行逮捕之时起,律师必须参与刑事诉讼,有权会见犯罪嫌疑人且不受时间和次数的限制。在侦查终结之后,辩护人有权了解案件的一切材料和摘录必需的资料。[④] 20世纪70年代以后,东欧国家也先后在法律上赋予犯罪嫌疑人在整个诉讼期间委托律师的权利,有些国家还特别规定了辩护律师在侦查程序中的一系列权利。但这些国家尚未明文规定犯罪嫌疑人在侦查程序中的沉默权。

我国现行《刑事诉讼法》第34条规定:"犯罪嫌疑人自被侦查机关第一次讯问或者采取强制措施之日起,有权委托辩护人",并且侦查机关同时有告知其有权委托辩护人的义务。但该法第120条中规定:"犯罪嫌疑人对侦查人员的提问,应当如实回答"。

总之,各国侦查构造呈现出的特点是:职权主义浓厚的国家加强了对犯罪嫌疑人沉默权、律师帮助权和程序参与权的保障,同时当事人主义国家也在某种程度上强化了侦查机关的权力。不同的侦查构造有逐步接近的趋势,混合式也许是最科学的侦查构造。

---

① 参见《法国刑事诉讼法典》,余叔通、谢朝华译,中国政法大学出版社1997年版,第55页。
② 参见《日本刑事诉讼法典》,宋英辉译,中国政法大学出版社2000年版,第10、40、71页。
③ 参见《意大利刑事诉讼法典》,黄风译,中国政法大学出版社1994年版,第26、125页。
④ 参见《俄罗斯联邦刑事诉讼法典》,苏方遒等译,中国政法大学出版社1999年版,第32—33页。

第五节 侦查的原则

侦查权作为一种国家公权力,侦查程序作为刑事诉讼程序的重要阶段,必须遵守法治国家宪法和刑事诉讼法确立的基础性法治原则,即国家权力的合法、有限原则和正当法律程序原则、无罪推定原则等原则外,还需遵循其特有的法治原则。

一、适用宏观侦查程序的法治原则

(一)侦查适度公开原则

侦查适度公开原则是指适度公开的同时保守秘密,以维护犯罪嫌疑人及其关系人、被害人及其关系人的权益,并且保障案件侦查工作的顺利进行。

依据无罪推定原则的精神,任何涉嫌犯罪者直到判决确定有罪之前,均应推定其为无辜。所以,不但整个侦查行动应当秘密进行,而且刑事侦查主体对于侦查所得知的内容,也应当保守秘密而不得公开,特别应防止新闻媒体得知。否则,因为侦查情报走漏,将会发生毁灭证据、勾串共犯或伪证,或使犯罪嫌疑人或其他共犯逃匿等徒增刑事追诉的困难,而足以妨碍侦查程序的进行。同时,因为侦查尚属犯罪嫌疑的查证探索阶段,若予以公开,将会造成犯罪嫌疑人(单位)名誉、经济上莫大的损伤,甚至引发全社会范围内的混乱。

侦查程序应当保守侦查秘密、案情秘密、身份秘密、名誉秘密。保守侦查秘密要求侦查主体在调查访问受保护管束的人或有前科的人员时,应当以隐蔽的方式进行,避免其雇主或同事及其他人员知悉其身份,以保障其工作与生活。保守案情秘密要求谨言慎行不泄露侦查工作动态。保守身份秘密要求对于检举或提供破案线索的人应保守其身份秘密,不得损害其名誉与信用。保守名誉秘密要求保全犯罪嫌疑人、被害人及其他关系人的名誉,维护公民权益(尤其对于性犯罪)。

(二)侦查法定原则与侦查权宜原则

1. 侦查法定原则

法定侦查原则,是指侦查主体根据刑事诉讼的职权原则与控诉原则的精神,对于犯罪嫌疑案件必须及时展开侦查工作,负有侦查的义务。侦查后若发现有足够的犯罪嫌疑的,则检察官有控诉的义务,而无选择或裁量的余地。这样才能避免侦查主体的任意擅断,保证侦查的公平与平等。对于每一个犯罪事件,不论其犯罪的性质及行为后果,而且不论其行为人是什么人,侦查主体均应开始侦查,发动追诉,进而使其被提起公诉和审判,以建立一般社会成员对于刑事司法的信任感。法定原则认为侦查主体对于所有发生的犯罪行为,不必做符合目的性的考虑,而因负有侦查义务,只有及时开始侦查工作,其目的在于保证国家机关在行使刑罚权时的一致性的法律适用,并进而确保法律面前人人平等。

2. 侦查权宜原则

侦查权宜原则,是指基于程序经济原则及侦查目的性与有效性的考虑,而赋予侦查主体某种程度的裁量权,使其对于某些具备起诉要件的刑事案件,本其职权加以权衡,而放弃追诉。可以适用侦查权宜原则的案件大多数属于轻微案件,而其行为人大多属于偶犯或初犯。如果对这些案件全部进行彻底侦查并予以起诉,不但徒增讼累,而且无刑事政策上的实益;况且,就刑事政策的观点而言,刑罚权的行使并非国家的本能反应,而是国家机关具有目的性的行为,国家机关行使刑事追诉权,应有合目的性的考虑。因此,凡是与目的性相悖的刑事追诉,宁可舍弃不为,并非毫无妥协而不计代价地侦查到底,无须固守有罪必罚的传统原则,而应讲求刑事追诉在刑事政策上的实效与追诉利益。

3. 侦查法定原则与侦查权宜原则的关系

侦查法定原则与侦查权宜原则两者的关系,是"正义原则"与"诉讼理智原则"的对立,也是刑事诉讼中绝对主义哲学观与相对主义哲学观的对立。基于正义的理念,当然对于所有犯罪行为,一律均应侦查,但这样会造成侦查主体与诉讼理智原则不相符合的诉讼行为。因此,最理想的方法是应在此两个对立的原则中找出折中的中庸之道,一方面既能符合正义的理念,另一方面又不至于因履行法定原则,而对于法治社会造成弊多利少或欠缺追诉利益的刑事追诉。

(三) 侦查效益原则

侦查效益原则,要求侦查行为既要有效,又要经济,以最小的投入取得最大的效益。侦查职能的独立化、专业化、协同化发展本身,就体现了诉讼经济也即效益原则的客观要求。侦查效益原则派生出如下子原则:

第一,确保质量的原则。侦查质量是侦查效益的基础,也就是侦查工作所应努力实现的目标——控制犯罪与保障人权。通过正当程序发现案件真实,既包括证明犯罪嫌疑人有罪嫌疑的案件事实,也包括证明犯罪嫌疑人无罪的案件事实。就个案而言,衡量质量高低的标准主要有:法律手续是否完备;犯罪嫌疑事实是否调查清楚;犯罪嫌疑人是否得到控制以供法庭审判;收集到的证据是否全面且确实具有证明力;对犯罪性质与罪名的初步判断是否准确等等。个案侦查的总体质量是由侦查的每个局部工作质量凝聚而成的,为了保证总体质量,必须重视侦查过程中的各个环节。

第二,迅速及时的原则。迅速及时是基于四方面要求。一是迅速及时惩罚犯罪是人类社会基于对犯罪的报应观念的一种诉求,而迅速侦查原则也是迅速审判原则的前提。二是迅速及时惩罚犯罪也是基于刑事政策的需要。正如贝卡里亚曾精辟论述的:"惩罚犯罪的刑罚越是迅速和及时,就越是公正和有益。"因为"犯罪与刑罚之间的时间隔得越短,在人们心中,犯罪与刑罚这两个概念的联系就越突出、越持续,因而,人们就很自然地把犯罪看作起因,把刑罚看作不可缺少的必然结果。"[①]依此立论,侦查速度是侦查效益的关键,也是刑事诉讼效益的关键。三是基于刑事犯罪案件时间性强,大多具有预谋时间短、作案快、销赃和毁灭罪证快、逃跑快的特点,要求侦查工作必须迅速敏捷,以快制快。四是基于刑事诉讼法关于侦查羁押期限规定的要求。

---

① 〔意〕贝卡里亚:《论犯罪与刑罚》,黄风译,中国大百科全书出版社1993年版,第56—57页。

第三,有限投入原则。侦查投入是侦查效益的必要条件。侦查办案除了时间消耗之外,还必须有一定的人力、物力和财力等的投入,这是保障侦查工作顺利开展的必要条件。只强调发挥侦查人员的主观能动性而忽视必要的投入,这样的侦查工作不可能是高效的。同时,还要力求精简节约,以较少的耗费,获得最佳的效益。

第四,团队和科学原则。侦查犯罪是侦查主体的共同任务,侦查人员应互相信任与尊重,竭诚合作,不争功、不透过,并应密切联系、协调配合,发挥团队精神,凝聚出整体侦查功能。只有这样,才能顺利完成侦查任务,实现侦查目标。实施侦查,必须以科学精神为指导,每一个行动过程必须保持冷静,审慎思考,并且坚持存疑取证与虚心求证的科学精神,切忌先入为主的主观臆断而疏忽情报资料的价值运用。科学证据、科学证明已成为现代刑事诉讼的最主要特点,这也是刑事侦查学存在的重要现实根据。实施侦查,还必须运用科学器材与方法,细心勘查,切实调查,深入研析,发掘线索,合法取证,并配合刑事科学鉴识技术证明犯罪事实及确定犯罪嫌疑人。

(四)被动型为主的侦查启动原则

被动型侦查,是指在犯罪案件发生后才着手收集犯罪证据与线索,寻找犯罪嫌疑人,证实犯罪嫌疑人的侦查方式。主动型侦查,是指对正在进行或者将要实施的犯罪,通过监控或通过精心设计为犯罪嫌疑人提供犯罪机会的方法,查获并缉捕犯罪嫌疑人的侦查方式。主动型侦查方式包括跟踪监视、电子监控、监听通信、开拆邮件、化装打入、设计购买、控制下交付,等等。现代国家对于这两类侦查行为的基本立场是要求以被动型侦查为主、以主动型侦查为辅,即原则上侦查只能针对已经发生的犯罪行为追究行为人的刑事责任而进行,只有在被动侦查已经失败或者很难甚至不可能取得成效的情况下,才能在严格的限制条件下经过法定批准程序后依法定的程序进行主动型侦查。被动型侦查是基于侦查资源和侦查主体认知的有限性,也是基于普通刑事案件犯罪行为后果的外在表现相对明显,通过一般的侦查手段可以达到侦查目的。主动型侦查在实践中运用是较少的。但若是针对诸如智能化、隐蔽化的洗钱罪、计算机犯罪、金融诈骗犯罪等白领犯罪,以及组织严密、暴力性明显、背景深厚的有组织犯罪的个案侦查,则不应强调被动型侦查为主、主动型侦查为辅。因为对于这些类型的案件,一般的侦查手段很难发挥有效的作用,而主动型侦查则是启动侦查的必需手段和进一步侦查取证关键(有时是唯一)的措施。实际上,主动型侦查并不仅仅是侦查当前之罪,同其他普通侦查手段一样,多数情况下是为侦查已然之罪。

之所以提出强调被动型侦查为主、主动型侦查为辅,主要是担心主动侦查可能会诱发犯罪。对于没有犯意的人引诱其产生犯意并实施犯罪行为,从而启动对他的侦查,当然应属侦查法治原则所禁止的。因而,对于特定案件适用主动型侦查手段或被动型侦查手段,只要遵循令状原则、必要性原则等侦查法治原则,应无主、辅之分。而对于侦查的启动,应强调侦查主体不能"制造案件"来侦查。这是被动型为主侦查启动原则题中应有之义。

二、侦查手段的适用原则

在法治国家,对于任何犯罪嫌疑人适用侦查手段都是有条件的,以免使公民的合法权益受到侵害。因此,世界各国在刑事诉讼法中赋予侦查主体使用侦查手段的权力的同时,都相应规定了这些侦查手段的适用原则。

(一)任意侦查原则——盾对矛的选择权

任意侦查并非是指侦查主体"任意"实施侦查行为,而是侦查行为的选择实施以尊重被侦查对象的意志为前提,不采用强制手段,不对相对人的生活权益强制性地造成损害,以受侦查人同意或承诺为前提而进行的侦查。任意侦查原则有以下三层含义:一是凡侦查活动应尽可能采取受侦查人自愿的方式;二是即使是任意侦查,也不是随意的、完全自由的,而必须在必要的限度内进行;三是强制措施仅仅是法定的情况下经事先签发证件例外地允许采取的。在实施侦查行为时,强调任意原则,体现了国家权力对公民权利的一种尊重,体现了侦查法治的人文关怀精神。对于任意侦查行为,法律没有特别限制,即使法律没有明文规定,原则上也可以采取适当的方式进行。常见的任意侦查行为有:获得犯罪嫌疑人或其他人自愿提供的书面材料,经犯罪嫌疑人和知情人同意后听取其陈述,经被搜查人同意后对其人身或住所进行搜查,经犯罪嫌疑人同意后对其进行测谎实验,等等。

在各法治国家的立法中,无论是英美法系还是大陆法系的任意侦查原则,在程序上最重要的表现是彻底否定犯罪嫌疑人的"供述义务",赋予犯罪嫌疑人在面临侦查机关讯问时的沉默权,严禁以物理强制或精神强制的方法对嫌疑人进行讯问,逼取口供。所谓"任意自由原则"就是对侦查机关采用讯问犯罪嫌疑人这一侦查手段时必须保证供述的任意性、自愿性的要求。但是任意侦查原则并不限制侦查人员听取嫌疑人的自愿陈述,也不禁止侦查人员在不违反法律的前提下采取适当的讯问方法,说服犯罪嫌疑人放弃沉默权而自愿供述,以在审判时获得一定的优待,从而鼓励犯罪嫌疑人自愿作出供述。① 日本学者还着重指出:即使是任意侦查,也要对照必要性、紧急性、适当性这三个标准来判断这种任意侦查能否允许。对于同意、承诺与任意侦查,因为自由权与财产权是可放弃的权利,只要被处分者同意,可以进行任意侦查。但是,考虑到也存在屈服于政府官员放弃权利的要求,因此主张任意放弃只有在追诉方面积极地给予证明时才具有合法性。但是,承诺搜查、搜查妇女身体,一般情况下是不会任意承诺的,所以不应该进行任意侦查。承诺拘留,即使真的获得任意承诺,因为关系到人的尊严这一不可放弃的权利,一般不能允许。②

(二)强制侦查令状原则——司法审查对侦查的监控

强制侦查令状原则,即强制侦查只有在符合法律规定的实体要件和程序要件,并且一般应在司法官的事先批准后才能进行,它是正当法律程序原则在侦查阶段的具体体现。强制侦查的范围,分为对人的强制措施和对物的强制措施。前者包括:拘留、逮捕、羁押、搜查身体、检查身体、鉴定、扣留、监听、讯问、询问等;后者包括:搜查、查封、扣押、勘验、鉴定等。

---

① 参见孙长永:《侦查程序与人权——比较法考察》,中国方正出版社2000年版,第26页。
② 〔日〕田口守一:《刑事诉讼法》,刘迪等译,法律出版社2000年版,第31—32页。

对于强制侦查行为,大陆法系国家通过成文法明确规定,只有在符合法律规定的实体要件和程序要件,并且一般应当经司法官批准后才能进行。法官对于侦查行为的控制主要表现为事先的批准,而不是事后的审查,因而属于一种"静态抑制"的方式。

在英美法及日本法中,强制侦查令状原则表现为"令状主义",它原产生于英国普通法,旨在通过令状的方式实施法律上的强制处分,并对个人权利给予适当救济,本质上是一种权利救济原则。英美法系国家对于强制侦查行为的控制采取"动态抑制"的方式,不仅原则上必须事先经过法官批准,要求令状本身必须具备"特定性"而且在执行令状后仍须受到法官的审查。不过,在英美法和日本法中,令状主义也并非绝对的。例如,英美法上普遍认可警察在紧急情况下不依令状也可实施无证搜查、无证扣押等侦查行为,而日本法上作为例外,也承认不依令状的强制侦查行为。如日本《刑事诉讼法》第 210 条规定的紧急逮捕,第 213 条规定的逮捕现行犯,第 220 条规定的不依据令状的查封、搜查、勘验等。①

(三)比例原则——目的与手段的统一

比例原则是导源于法治国原则的一个宪法原则,包括适当性、必要性与相当比例性三个原则。比例原则是国家在主权措施上,是否妥适、有无必要采用强制手段,若属于适当而有必要的情形,则应采取何种强制手段以及达到何种程度的强制等问题的决定,必须与实施这种措施所欲达成的目的以及事件具体情况的轻重缓急成相当比例;一切超出相当比例的强制手段或强制程序,均应列在禁止使用的范围内,即所谓的"超量禁止"。依据比例原则,侦查主体操作法律机制中的工具,而从事犯罪侦查工作,其所使用的侦查手段不得与其所达成的侦查目的明显不相当。只有犯罪嫌疑人涉嫌所犯的行为越重大,且其犯罪嫌疑越高时,才可使用侵害性越高的侦查手段。

比例原则在有关侦查程序的成文法中,无明文的一般性规定,但对于各种强制手段的使用或强制力的使用,各国法律都明确规定"必要性"或其他相关"适当性"的考虑或限制。对于实施强制侦查行为的比例原则,历来为各国立法和实践所强调。

任意侦查行为虽然不使用强制手段,但仍然可以给利害关系人的权益带来损害。因此在实施任意侦查行为时同样应遵守比例原则。日本《刑事诉讼法》第 197 条第 1 款规定:"为了实现侦查的目的,可以进行必要的调查。但除本法有特别规定的以外,不得进行强制处分。"②这就是对于任意侦查比例原则的明文规定。但对于任意侦查比例原则的界限各国适用的标准不完全相同。例如英国法和美国法中规定并且在侦查实务中被广泛运用的"同意搜查"的方法,就是以被搜查人的同意为前提的,并且受到被搜查人同意范围的严格限制,超出同意的范围,就超出了搜查行为的界限。

(四)禁止先行传讯原则——防范刑讯的堤岸

禁止先行传讯原则旨在强调犯罪的调查与证据的收集应重在其他人证与物证,

---

① 参见《日本刑事诉讼法》,宋英辉译,中国政法大学出版社 2000 年版,第 50—52 页。
② 同上书,第 46 页。

而非重在犯罪嫌疑人的口头供述。所以侦查主体侦查犯罪时,并非必须先行讯问或询问犯罪嫌疑人。侦查主体假如就其他方法所得到的证据,已足以确认犯罪嫌疑人有犯罪嫌疑,即使不讯问犯罪嫌疑人也可以提起公诉。侦查主体在侦查开始时就先行传讯犯罪嫌疑人,可能产生如下不良后果:

第一,损害犯罪嫌疑人的名誉及其他合法权益。侦查之初,犯罪嫌疑人只是涉嫌犯罪而已,在未收集到犯罪证据之前,就传讯犯罪嫌疑人,不但于侦查工作的开展无促进作用,而且可能使无辜者受到诉讼之累影响其名誉及其他合法权益。侦查之初,对于无辜者的讯问,由于侦查主体"治罪观"或"犯罪嫌疑观"的思维定式,极易导致对无辜的"犯罪嫌疑人"强求口供,从而埋下刑讯逼供的祸根。

第二,增加侦查工作的难度。在案情尚未充分了解或只掌握有限的证据时,即对犯罪嫌疑人进行传讯,往往会打草惊蛇,造成犯罪嫌疑人逃亡或湮灭证据,或走漏消息,与共犯串供,以致不但不能达到侦查的目的,反而增加侦查的困难。

第三,造成滥行羁押后求证的不良后果。在只收集了有限证据时,即先行传讯犯罪嫌疑人,往往容易导致滥行羁押措施的不良后果。因为传讯后,为了防止犯罪嫌疑人逃亡或串供,只好提请对其进行羁押,以使其处于侦查机关的"掌握之中",造成了先抓人、押人,后找证据的侦查模式,而一旦犯罪嫌疑人过早地控制在侦查机关手中,必然会增加侦查机关对讯问犯罪嫌疑人口供的过分依赖,不重视去收集其他客观证据。这样,不仅会严重滥用羁押本身侵犯人权,其造成的刑讯逼供连锁反应更与侦查法治的理想相背离。

为了防患于未然,必须建立禁止先行传讯的侦查法治原则。一些法域的刑事诉讼法都明确规定了这一原则。如我国台湾地区"刑事诉讼法"第228条规定:"实施侦查非有必要,不得先行传讯被告。"依此原则,侦查中应先从犯罪客观证据的调查与收集入手,已经掌握相对确实的物证与人证之后,才应传讯犯罪嫌疑人。对于这一规则,各国和地区刑事诉讼法一般只是从严格控制(传唤、拘留、逮捕)强制犯罪嫌疑人到案的条件的方式,间接予以保障。

第三章 侦查的主体结构及其职能

第一节 侦查主体的类型和管辖概述

一、侦查主体的类型

侦查主体,是指在刑事诉讼活动中,享有法定的侦查权力,可以依法定程序收集案件证据材料,查获犯罪嫌疑人的机关,包括侦查机关中具体从事侦查工作的人员。根据刑事诉讼法及相关法律规定,我国享有侦查权的主体包括:公安机关、人民检察院、国家安全机关、军队保卫部门、海警机构、监狱。

公安机关是最主要的侦查机关,承担着对绝大多数刑事案件的侦查任务,所以我国《刑事诉讼法》第19条第1款明确规定"刑事案件的侦查由公安机关进行,法律另有规定的除外"。

人民检察院承担着我国《刑事诉讼法》第19条第2款规定的"在对诉讼活动实行法律监督中发现的司法工作人员利用职权实施的非法拘禁、刑讯逼供、非法搜查等侵犯公民权利、损害司法公正的犯罪"的立案侦查工作。根据上述规定,对于公安机关管辖的国家机关工作人员利用职权实施的重大犯罪案件,需要由人民检察院直接受理的时候,经省级以上人民检察院决定,可以由人民检察院立案侦查。

我国《刑事诉讼法》第4条规定:"国家安全机关依照法律规定,办理危害国家安全的刑事案件,行使与公安机关相同的职权。"我国《国家安全法》第42条第1款规定:"国家安全机关、公安机关依法搜集涉及国家安全的情报信息,在国家安全工作中依法行使侦查、拘留、预审和执行逮捕以及法律规定的其他职权。"我国《反间谍法》第3条、第8条规定,国家安全机关是反间谍工作的主管机关,国家安全机关在反间谍工作中依法行使侦查、拘留、预审和执行逮捕以及法律规定的其他职权。

军队保卫部门根据我国《刑事诉讼法》第308条第1款规定,对军队内部发生的刑事案件行使侦查权。此外,我国《国家安全法》第42条第2款规定:"有关军事机关在国家安全工作中依法行使相关职权。"

海警机构根据我国《刑事诉讼法》第308条第2款及《海警法》第12条、第38条规定,对海(岛屿)岸线以外我国管辖海域内发生的刑事案件行使侦查权。

监狱根据我国《刑事诉讼法》第308条第3款规定,对罪犯在监狱内犯罪的案件进行侦查。

二、公安机关侦查机构设置

目前,我国公安机关刑事侦查工作机构设置如下:

公安部设刑事侦查局、经济犯罪侦查局、反恐怖局和禁毒局。作为公安部的职能部门,刑事侦查局、经济犯罪侦查局、反恐怖局和禁毒局是管理和指导全国刑事犯罪侦查、经济犯罪侦查和同恐怖主义犯罪、毒品犯罪作斗争的最高行政机构。其主要职责是:组织、指导、监督地方公安机关开展对相关刑事犯罪的侦查工作;依据法律规定和维护安全稳定需要,起草、制定刑事侦查工作方针、规章等;通过调查研究,提出刑事侦查工作计划、规划、总结、对策等;指导、协调全国刑事案件的侦查破案工作,直接参与、指导部分特大刑事案件的侦查破案和跨省刑事大要案的并案侦查工作等。

省、直辖市、自治区公安厅(局)设刑事侦查总队和相应的经济犯罪侦查、反恐怖与禁毒机构。作为公安厅(局)的职能部门,其主要职责是:负责本行政区相关刑事犯罪情况的调查研究,刑事侦查工作的规划、管理和宏观指导,为领导决策当好参谋;办理公安部和省、自治区、直辖市党委、政府交办的大要案;组织协调有关支队侦破跨市的大要案;为下级对口刑事侦查部门提供信息、技术等方面的服务等。

省辖市公安局、地区公安处设刑事侦查支队和相应的经济犯罪侦查、反恐怖与禁毒机构。主要负责跨地区的重大刑事犯罪案件的侦破,指导下级公安机关侦破有困难的案件,在业务上接受省(自治区、直辖市)公安厅(局)对口职能部门的指导。其主要职责是:负责对本辖区犯罪情况的调查研究,为领导决策服务,主办本辖区重大涉外犯罪、重大经济犯罪和重大集团性犯罪案件,指导、协调县(市)、区对口侦查部门侦破跨区域大要案件和疑难案件;指导、检查、督促开展侦查破案和业务建设;为县(市)、区对口侦查部门提供信息、技术和业务培训等方面的服务。

县(市)、区公安机关设刑事侦查大队、经济犯罪侦查大队、禁毒大队等侦查部门,是刑事侦查系统的基层机构。根据本地实际情况和需要,大队下设若干专业队,负责侦破专业性、流窜性犯罪和刑事技术、犯罪情报等工作。其主要职责是:负责侦破本辖区发生的重大疑难案件、系列案件、有组织犯罪案件;组织协调刑侦中队侦破跨责任区的刑事案件;指导刑侦中队搞好基础业务建设,提供信息、技术、业务培训等方面的服务。

刑侦大队下设责任区刑侦中队,是刑事侦查系统最基层的战斗实体。城市公安分局和县(市)公安局根据本辖区行政区域面积、人口数量、治安状况等因素划分若干侦查破案责任区,每个责任区建立一个刑侦中队,承担责任区内刑事案件的侦破任务,负责阵地控制、刑嫌调控等基础工作。责任区刑侦中队根据辖区内的发案情况设若干探组,探组为侦破个案的最小作战单元,每个探组设探长一人,探组采取搭档制,探长与探员之间、搭档之间实行双向选择。探长对侦查破案拥有指挥权(探长属非领导职务,实行任命制)。

此外,各级公安机关政治安全保卫、网络安全保卫、食品药品犯罪侦查、治安管理、交通管理等部门负责相应刑事案件的侦查。纳入公安部机构序列,由公安机关与相关署(局)实施双重领导的民航公安部门、海关缉私部门设置相应的刑事侦查工作机构,负责管辖业务范围内刑事案件的侦破工作,接受本系统上级业务部门和当地上级刑事侦查部门的双重业务指导。纳入公安部机构序列,由公安部铁路公安局实施垂直领导的铁路公安部门设置相应的刑事侦查工作机构,负责管辖业务范围内刑事案件的侦破工作,接受本系统上级业务部门的业务指导。

三、侦查管辖概述

(一)侦查管辖的概念及确立原则

侦查管辖是指有侦查权的机关因其种类、级别及根据法律规定的刑事案件的特征的不同,所确定的各自直接侦查的权限范围。在我国,除法院直接受理刑事案件的情形外,立案即侦查开始的程序。因此,侦查管辖一般是指侦查立案的管辖。侦查管辖是侦查主体职能分工的重要依据之一。

根据案件性质、案情轻重、发案地点、社会影响大小等因素以及侦查机关的性质和职责,确立侦查管辖一般遵循以下原则:一是及时高效原则。即侦查管辖的确立应有利于侦查机关准确、及时开展侦查活动,保证其依法、高效完成侦查任务,确保刑事诉讼活动的顺利进行,实现惩治犯罪和保障人权的根本目的。二是分工负责原则。我国现行侦查机关的性质职责各有不同,各有侧重。如国家安全机关是主管反间谍工作的政府重要组成部门,其主要负责对危害国家安全活动中的间谍活动的侦查;又如检察机关主要负责对司法工作人员利用职权实施的非法拘禁、刑讯逼供、非法搜查等14种侵犯公民权利、损害司法公正的犯罪的侦查。三是属地管辖原则。一般犯罪活动原则上由犯罪实施地侦查机关管辖。个别情况下,从有利于侦查破案、诉讼进程、震慑犯罪、维护群众安全感等因素出发,也可以依法由发现犯罪地或者犯罪嫌疑人所在地等非犯罪实施地侦查机关管辖。

(二)侦查管辖的分类

我国目前实行侦诉分离的诉讼制度,总体而言,侦查职能管辖的特点较为突出,但也有一些侦查程序管辖的特点。实践中,我国的侦查管辖主要有以下类别:

(1)职能管辖。职能管辖是各侦查机关及其内部各部门,根据自身职能特点所划分的管辖。我国的侦查机关包括公安机关、人民检察院、国家安全机关、军队保卫部门、海警机构、监狱等。其中,侦查机关内部又有负责对不同类别的刑事案件进行侦查的业务部门,如公安机关内部又细分为普通刑事侦查、经济犯罪侦查、毒品犯罪侦查、网络犯罪侦查等业务部门。

(2)地域管辖。地域管辖是关于同级侦查机关之间刑事案件管辖范围的分工。刑事案件一般由犯罪地的侦查机关管辖。如果由犯罪嫌疑人居住地的侦查机关管辖更为适宜的,可以由犯罪嫌疑人居住地的侦查机关管辖。几个侦查机关都有权管辖的刑事案件,由最初受理的侦查机关管辖。必要时,不同地域的侦查机关对于涉及各自辖区的有必然联系的个案或系列案件,可以实施联合侦查。

(3)级别管辖。级别管辖是根据案件的性质、种类、危害后果、影响范围以及侦查机关的级别而划分的管辖。不同性质、不同危害后果的案件分别由不同级别的侦查机关立案侦查。

(4)专门管辖。由于有些刑事案件具有较为明显的地域特征或行业特征,我国

《刑事诉讼法》等法律规定了刑事案件侦查的专门管辖,如铁路、民航等行业公安机关以及国家安全机关、军队保卫部门、海警机构、监狱分别负责各自领域内相关刑事案件的侦查工作。

(5) 协商管辖。协商管辖是指对管辖权不明确的案件,由有关侦查机关进行协商,从有利于办案出发,协商确定管辖的机关。

(6) 指定管辖。指定管辖是指上级侦查机关在其辖区范围内指定下级侦查机关管辖某一案件。其实质是赋予上级侦查机关在一定情况下变更或确定案件管辖的机动权,避免因管辖争议影响侦查工作的正常开展。

第二节 公安机关的侦查管辖

公安机关的侦查管辖,是指各级公安机关以及本级公安机关各部门之间,在受理刑事案件范围上的分工。根据《公安机关办理刑事案件程序规定》等规章、制度规定,结合工作实践,公安机关的侦查管辖主要可分为:部门管辖、地域管辖、级别管辖、专门管辖等。

一、公安机关侦查的部门管辖

公安机关内部行使侦查权的不同专业部门对刑事案件的侦查分工和公安机关派驻机构对案件的侦查分工,称为部门管辖。按照《公安部刑事案件管辖分工规定》要求,公安部各职能部门之间侦查管辖具体分工如下:

(一) 政治安全保卫局

管辖我国《刑法》分则第一、二、四、六、七、九章中规定的背叛国家,分裂国家,颠覆国家政权,间谍,宣扬极端主义,诽谤(告诉才处理的除外),非法获取国家秘密,侮辱国旗、国徽,拒绝提供间谍犯罪、极端主义犯罪证据,战时故意提供虚假敌情,故意泄露国家秘密等 30 种案件。

(二) 经济犯罪侦查局

管辖我国《刑法》分则第二、三、五、六章中规定的帮助恐怖活动,走私假币,虚报注册资本,虚假出资、抽逃出资,伪造货币,高利转贷,集资诈骗,信用卡诈骗,保险诈骗,逃税,虚开发票,损害商业信誉、商品声誉,虚假广告,合同诈骗,非法经营,提供虚假证明文件,职务侵占,挪用资金,虚假诉讼等 77 种案件。

(三) 治安管理局

管辖我国《刑法》分则第二、三、四、五、六、七章中规定的违规制造、销售枪支,非法携带枪支、弹药、管制刀具、危险物品危及公共安全,重大责任事故,走私淫秽物品,强迫交易,强迫劳动,故意毁坏财物,破坏生产经营,聚众扰乱社会秩序,聚众斗殴,寻衅滋事,聚众淫乱,赌博,开设赌场,故意损毁文物,妨害传染病防治,强迫卖血,组织卖淫,强迫卖淫,传播淫秽物品,故意提供不合格武器装备、军事设施,聚众冲击军事禁区,战时拒绝、逃避服役等 76 种案件。此外,治安管理局指导长江航运公安机关,办理长江干线跨区域的中央管理水域发生的刑事案件。

（四）防范和处理邪教犯罪工作局

管辖我国《刑法》分则第六章中规定的组织、利用会道门、邪教组织、利用迷信破坏法律实施，组织、利用会道门、邪教组织、利用迷信致人重伤、死亡等2种案件。

（五）刑事侦查局

管辖我国《刑法》分则第二、三、四、五、六、七章中规定的放火，决水，爆炸，投放危险物质，破坏交通工具，走私武器、弹药，走私文物，故意杀人，故意伤害，强奸，绑架，抢劫，盗窃，诈骗，抢夺，敲诈勒索，妨害公务，煽动暴力抗拒法律实施，招摇撞骗，伪造、变造、买卖国家机关公文、证件、印章，投放虚假危险物质，组织、领导、参加黑社会性质组织，传授犯罪方法，伪证，妨害作证，打击报复证人，拒不执行判决、裁定，脱逃，破坏永久性测量标志，倒卖文物，阻碍军人执行职务，阻碍军事行动，冒充军人招摇撞骗，伪造、变造、买卖武装部队公文、证件、印章等119种案件。

（六）反恐怖局

管辖我国《刑法》分则第二、六章中规定的组织、领导、参加恐怖组织，准备实施恐怖活动，宣扬恐怖主义、煽动实施恐怖活动，强制穿戴宣扬恐怖主义服饰、标志，非法持有宣扬恐怖主义物品，拒绝提供恐怖主义犯罪证据等7种案件。

（七）食品药品犯罪侦查局

管辖我国《刑法》分则第三、六章中规定的生产、销售伪劣产品，生产、销售假药，生产、销售有毒、有害食品，生产、销售不符合标准的医用器材，假冒注册商标，假冒专利，侵犯商业秘密，妨害动植物防疫，污染环境，非法捕捞水产品，非法狩猎，非法采矿，非法采伐、毁坏国家重点保护植物，盗伐林木等33种案件。

（八）网络安全保卫局

管辖我国《刑法》分则第四、六章中规定的侵犯公民个人信息，组织考试作弊，非法侵入计算机信息系统，非法获取计算机信息系统数据、非法控制计算机信息系统，提供侵入、非法控制计算机信息系统程序、工具，破坏计算机信息系统，拒不履行信息网络安全管理义务，非法利用信息网络，编造、故意传播虚假信息等11种案件。

（九）交通管理局

管辖我国《刑法》分则第二章中规定的交通肇事、危险驾驶等2种案件。

（十）禁毒局

管辖我国《刑法》分则第六章中规定的走私、贩卖、运输、制造毒品，非法持有毒品，包庇毒品犯罪分子，窝藏、转移、隐瞒毒品、毒赃，非法生产、买卖、运输制毒物品、走私制毒物品，非法种植毒品原植物，引诱、教唆、欺骗他人吸毒，强迫他人吸毒，容留他人吸毒，非法提供麻醉药品、精神药品等11种案件。

（十一）国家移民管理局

管辖我国《刑法》分则第六章中规定的组织他人偷越国（边）境，骗取出境证件，运送他人偷越国（边）境，偷越国（边）境，破坏界碑、界桩等7种案件。

地方公安机关各职能部门之间侦查管辖具体分工参照公安部刑事案件管辖分工

规定。

这里需要注意的是,根据我国《监察法》《刑事诉讼法》和有关改革要求,公安机关管辖的有关罪名作了调整:一是变更由监察机关管辖的罪名。主要涉及公安机关经侦部门管辖的国有公司、企业、事业单位人员滥用职权罪等有关犯罪。二是与监察机关共同管辖的罪名。即公职人员实施的,由监察机关调查;公职人员以外人员实施的,由公安机关侦查。此类情况主要涉及公安机关经侦部门管辖的利用未公开信息交易罪等有关犯罪,治安管理部门管辖的重大责任事故罪等有关犯罪,刑侦部门管辖的破坏选举罪等有关犯罪。

二、公安机关侦查的地域管辖

公安机关侦查的地域管辖,是关于同级公安机关之间刑事案件管辖范围的分工。具体规定为:

(一)刑事案件由犯罪地的公安机关管辖

犯罪地包括犯罪行为发生地和犯罪结果发生地。犯罪行为发生地,包括犯罪行为的实施地以及预备地、开始地、途经地、结束地等与犯罪行为有关的地点;犯罪行为有连续、持续或者继续状态的,犯罪行为连续、持续或者继续实施的地方都属于犯罪行为发生地。犯罪结果发生地,包括犯罪对象被侵害地及犯罪所得的实际取得地、藏匿地、转移地、使用地、销售地。行驶中的交通工具上发生的刑事案件,由交通工具最初停靠地公安机关管辖;必要时,交通工具始发地、途经地、目的地公安机关也可以管辖。在中华人民共和国领域外的中国航空器内发生的刑事案件,由该航空器在中国最初降落地的公安机关管辖。暂时无法查明犯罪地的案件,由最初受理的公安机关先行管辖。查明犯罪地后,对于不属于本机关管辖的,应当移交犯罪地公安机关管辖。

如果由犯罪嫌疑人居住地的公安机关管辖更为适宜的,可以由犯罪嫌疑人居住地的公安机关管辖。犯罪嫌疑人的居住地包括户籍所在地、经常居住地。经常居住地是指公民离开户籍所在地最后连续居住一年以上的地方,但在医院住院就医的除外。单位登记的住所地为其居住地。主要营业地或者主要办事机构所在地与登记的住所地不一致的,主要营业地或者主要办事机构所在地为其居住地。由犯罪嫌疑人居住地的公安机关管辖更为适宜的情况主要是:犯罪嫌疑人流窜作案,主要犯罪地难以确定,而居住地群众更为了解其犯罪情况的;犯罪嫌疑人在居住地有一定民愤,在其居住地进行审判会收到更好社会影响的;可能对犯罪嫌疑人判处管制或者适用缓刑,应当在犯罪嫌疑人居住地监督、考察的。

除犯罪地、犯罪嫌疑人居住地外,其他地方公安机关不得对犯罪案件立案侦查,但对于公民扭送、报案、控告、举报或者犯罪嫌疑人自首的,都应当立即接受,经审查认为有犯罪事实的,移送有管辖权的公安机关处理。

(二)几个公安机关都有权管辖的刑事案件由最初受理的公安机关管辖

受理的先后顺序按照制作《接受刑事案件登记表》等受案材料的时间确定。必要时,可以由主要犯罪地的公安机关管辖。实践中,按照地域管辖的原则,经常会出现同一刑事案件几个公安机关同时都具有管辖权的情况。为了避免有管辖权的公安机关对同一刑事案件争着立案或者相互推诿,都不立案,《公安机关办理刑事案件程序规定》要求,几个公安机关都有管辖权的刑事案件,由最初受理的公安机关管辖。当最初受理地与主要犯罪地不一致时,或者主要犯罪地的公安机关要求管辖的,经双方协商,最初受理的公安机关可以将案件移交主要犯罪地的公安机关管辖。

（三）协商管辖和指定管辖

公安机关在办理刑事案件时,经常出现管辖权不明的情况,如犯罪案件发生在两个公安机关辖区的交界处,或者犯罪地不能确定,犯罪嫌疑人又无固定居住地等。这种情况下,《公安机关办理刑事案件程序规定》第22条明确规定:"对管辖不明确或者有争议的刑事案件,可以由有关公安机关协商。协商不成的,由共同的上级公安机关指定管辖。对情况特殊的刑事案件,可以由共同的上级公安机关指定管辖。……"这一规定确定了解决管辖权争议的两种原则。一是协商管辖,即对管辖不明确或者有争议的刑事案件,由有关公安机关进行协商,从有利于办案出发,协商确定管辖的机关。二是指定管辖,即上级公安机关在其辖区范围内指定下级公安机关管辖某一案件,其实质是赋予上级公安机关在一定情况变更或确定案件管辖的机动权。公安机关在办理刑事案件中,有时会出现管辖上的争议,如刑事案件的发生地与结果地不在同一地区。至于情况特殊的刑事案件,主要是指公安机关在办理刑事案件中出现的一些意外情况,使有管辖权的公安机关不适宜开展侦查活动,如犯罪嫌疑人是有管辖权公安机关的负责人、犯罪嫌疑人在当地的社会影响比较大等。这种情况下,由上级公安机关指定管辖,有利于保证刑事案件侦查活动的顺利进行,保证公安机关侦查犯罪的力度。

上级公安机关指定管辖的,应当将指定管辖决定书分别送达被指定管辖的公安机关和其他有关的公安机关,并根据办案需要抄送同级人民法院、人民检察院。原受理案件的公安机关,在收到上级公安机关指定其他公安机关管辖的决定书后,不再行使管辖权,同时应当将犯罪嫌疑人、涉案财物以及案卷材料等移送被指定管辖的公安机关。对指定管辖的案件,需要逮捕犯罪嫌疑人的,由被指定管辖的公安机关提请同级人民检察院审查批准；需要提起公诉的,由该公安机关移送同级人民检察院审查决定。

（四）其他需要注意事项

《公安机关办理刑事案件程序规定》第20条规定:"中国公民在中国驻外使、领馆内的犯罪,由其主管单位所在地或者原户籍地的公安机关管辖。中国公民在中华人民共和国领域外的犯罪,由其入境地、离境前居住地或者现居住地的公安机关管辖；被害人是中国公民的,也可由被害人离境前居住地或者现居住地的公安机关管辖。"

《公安机关办理刑事案件程序规定》第21条第2款规定:"具有下列情形之一的,公安机关可以在职责范围内并案侦查:（一）一人犯数罪的;（二）共同犯罪的;（三）共同犯罪的犯罪嫌疑人还实施其他犯罪的;（四）多个犯罪嫌疑人实施的犯罪存在关联,并案处理有利于查明犯罪事实的。"一般而言,共同犯罪和案件性质互相交叉的刑事案件管辖,属于共同犯罪的,以主犯或者犯罪性质确定管辖;属于犯罪性质互相交叉和一人犯数罪的,以重罪确定管辖。流窜犯罪案件的管辖问题则应区别不同情况处理。对罪该逮捕的犯罪嫌疑人,原则上由抓捕地处理,流窜地和其他犯罪地公安机关应负责向抓获地公安机关提供有关违法犯罪证据材料;抓获的在逃未决犯、通缉案犯、已批准逮捕、刑事拘留在逃的案犯,除重新犯罪行为特别严重由抓获地处理外,原则上由原办案单位处理。

三、公安机关侦查的级别管辖

级别管辖,是指不同级别的公安机关对刑事案件的侦查分工。与人民法院审判管辖中的级别管辖不同的是公安机关上下级为领导和被领导的关系。上级公安机关认为有必要的,可以侦查下级公安机关管辖的刑事案件,也可以指定下级公安机关将管辖的案件移送其他下级公安机关管辖;下级公安机关认为案情重大需要上级公安机关侦查的刑事案件,可以请求上一级公安机关管辖。上级公安机关可以管辖,也可以指定其他下级公安机关管辖。下级公安机关侦破有困难的重大刑事案件,主要是指案件涉及面广、案情比较复杂,或者涉及其他市县等,由下级公安机关侦破将遇到很大的困难,由上级公安机关管辖将更有效地侦查犯罪、提高破案效率的案件。

通常情况下,公安机关侦查的级别管辖是:

其一,县级公安机关负责侦查发生在本辖区内的刑事案件。无论是一般、重大,还是特大刑事案件,原则上都由县级公安机关负责立案侦查。县级公安机关是侦查破案的主力军。

其二,设区的市一级以上公安机关负责重大的危害国家安全犯罪、恐怖活动犯罪、涉外犯罪、经济犯罪、集团犯罪、跨区域犯罪的侦查。其中,涉外犯罪案件包括外国人犯罪的案件和其他重大的涉及外国人或者需要与外国交涉的犯罪案件。重大涉外犯罪案件包括犯罪嫌疑人的犯罪行为性质比较恶劣,可能判处10年以上有期徒刑、无期徒刑或死刑的案件,或涉嫌犯罪的外国人的身份比较特殊的案件等。所谓重大经济犯罪,是指犯罪嫌疑人所涉嫌金融领域的犯罪金额比较巨大,给社会、他人造成较大的损失等。所谓重大集团犯罪,是指黑社会性质组织犯罪、走私集团犯罪、毒品集团犯罪等。

其三,省级公安机关负责涉及多地、市和全省性的上述重大案件和特别重大案件的侦查。

其四,公安部负责涉及多省、直辖市、自治区或全国性的重大案件和特别重大案件的侦查。公安部负责跨省、自治区、直辖市刑事案件的侦查,其主要职责是负责组织、协调和指导,一般情况下不直接参与刑事案件的侦查工作。

另外,派出所办理辖区内发生的因果关系明显、案情简单、无需专业侦查手段和跨县、市进行侦查的下列刑事案件:犯罪嫌疑人被派出所民警当场抓获的;犯罪嫌疑人到派出所投案自首的;群众将犯罪嫌疑人扭送到派出所的;派出所民警获取线索可直接破案的;其他案情简单、派出所有能力侦办的刑事案件。派出所在办理上述几类案件过程中,发现需要开展专门侦查工作的线索,应当及时将案件移交刑侦部门或其他专业部门办理。派出所对发生在辖区内的故意杀人、故意伤害等重大复杂、需要专业侦查手段侦办的刑事案件,应当第一时间进行现场先期处置,及时移交有管辖权的其他部门办理,并积极协助、配合做好侦查调查工作。

四、公安机关侦查的专门管辖

公安机关侦查的专门管辖,是指行业公安机关之间,以及行业公安机关与普通公安机关对刑事案件受理范围上的分工。为保障某些关系国计民生的特殊行业的安全运营,有效侦查这些行业的内部犯罪,公安机关与其他相关机关联合组建了特殊行业的公安部门,由公安机关与相关部门实施双重领导,主要包括:民航公安机关以及海关缉私部门。此外,按照中央关于深化党和国家机构改革的总体部署和中央批准的机构改革方案,作为行业公安机关的铁路公安机关已经改由公安部统一领导。

(一)铁路公安机关的侦查管辖

铁路公安机关管辖铁路系统的机关、厂、段、院、校、所、队、工区等单位发生的刑事案件;车站工作区域内、列车内发生的刑事案件;铁路沿线发生的盗窃或者破坏铁路、通信、电力线路和其他重要设施的刑事案件;内部职工在铁路线上工作时发生的刑事案件;铁路系统的计算机信息系统延伸到地方涉及铁路业务的网点,其计算机信息系统发生的刑事案件。此外,铁路公安机关还具体管辖我国《刑法》分则第二章危害公共安全罪中的铁路运营安全事故案件。对倒卖、伪造、变造火车票的案件,由最初受理案件的铁路公安机关或者地方公安机关管辖。必要时,可以移送主要犯罪地的铁路公安机关或者地方公安机关管辖。在列车上发生的刑事案件,犯罪嫌疑人在列车运行途中被抓获的,由前方停靠站所在地的铁路公安机关管辖;必要时,也可以由列车始发站、终点站所在地的铁路公安机关管辖。犯罪嫌疑人不是在列车运行途中被抓获的,由负责该列车乘务的铁路公安机关管辖;但在列车运行途经的车站被抓获的,也可以由该车站所在地的铁路公安机关管辖。在国际列车上发生的刑事案件,根据我国与相关国家签订的协定确定管辖;没有协定的,由该列车始发或者前方停靠的中国车站所在地的铁路公安机关管辖。铁路建设施工工地发生的刑事案件由地方公安机关管辖。

(二)民航公安机关的侦查管辖

民航公安机关管辖民航系统的机关、厂、段、院、校、所、队、工区等单位、机场工作区域内、民航飞机内发生的刑事案件。重大飞行事故刑事案件由犯罪结果发生地机场公安机关管辖。犯罪结果发生地未设机场公安机关或者不在机场公安机关管辖范围内的,由地方公安机关管辖,有关机场公安机关予以协助。

(三)海关缉私部门的侦查管辖

1999年1月5日,海关总署走私犯罪侦查局在北京成立,与此同时,国家海关缉私警察队伍也一同诞生。2003年1月1日,全国各海关走私犯罪侦查机构全部更名为"缉私"机构。根据有关规定,海关缉私部门管辖中华人民共和国海关关境内走私普通货物、物品案件,发生在海关监管区内的走私武器、弹药、核材料、假币、文物、贵重金属、珍贵动物及其制品、淫秽物品、废物、毒品、制毒物品案件,以及我国《刑法》分则第三、六章规定的逃避商检、妨害国境卫生检疫、妨害动植物检疫案件。走私犯罪案件复杂,环节多,其犯罪地可能涉及多个犯罪行为发生地,包括货物、物品的进口(境)地、出口(境)地、报关地、核销地等。如果发生我国《刑法》第153条、第154条规定的走私犯罪行为的,走私货物、物品的销售地、运输地、收购地和贩卖地均属于犯罪行为的发生地。对有多个走私犯罪行为发生地的,由最初受理的海关缉私部门或者由主要犯罪地的海关缉私部门管辖。对管辖有争议的,由共同的上级机关指定管辖。对发生在海(水)上的走私犯罪案件,由该辖区的海关缉私部门管辖,但对走私船舶有跨辖区连续追缉情形的,由缉获走私船舶的海关缉私部门管辖。

需要注意的是,对海关关境内、海关监管区外发生的非涉税走私犯罪案件,除由海警机构依法管辖的外,大部分由公安机关其他部门管辖。其中,走私武器、弹药、核材料、文物、贵重金属、废物犯罪案件,由刑事侦查部门管辖;走私假币犯罪案件,由经济犯罪侦查部门管辖;走私淫秽物品犯罪案件,由治安管理部门管辖;走私毒品、制毒物品犯罪案件由禁毒部门管辖;公安出入境边防检查部门在边境管理区和沿海地区查获的走私毒品、制毒物品案件,由公安出入境边防检查部门管辖。

五、几种常见刑事案件的侦查管辖规定

(一)伤害案件

一是轻伤(含)以下的伤害案件由公安派出所管辖。

二是重伤及因伤害致人死亡的案件由公安机关刑事侦查部门管辖。

三是伤情不明、难以确定管辖的,由最先受理的部门先行办理,待伤情鉴定后,按上述两种管辖规定移交主管部门办理。

四是被害人有证据证明的故意伤害(轻伤)案件,应当告知被害人可以直接向人民法院起诉。如果被害人要求公安机关处理的,公安机关应当受理。

五是人民法院直接受理的故意伤害(轻伤)案件,因证据不足,移送公安机关侦查的,公安机关应当受理。

(二)经济犯罪案件

一是非国家工作人员利用职务上的便利实施经济犯罪的,由犯罪嫌疑人工作单位所在地公安机关管辖。如果由犯罪行为实施地或者犯罪嫌疑人居住地的公安机关管辖更为适宜的,也可以由犯罪行为实施地或者犯罪嫌疑人居住地的公安机关管辖。

二是主要利用通信工具、互联网等技术手段实施的经济犯罪案件,由最初发现、受理的公安机关或者主要犯罪地的公安机关管辖。对跨区域性涉众型经济犯罪案件,犯罪地公安机关应当立案侦查,并由一个地方公安机关为主侦查,其他公安机关应当积极协助。必要时,可以并案侦查。

三是以窃取、收买等手段非法获取他人信用卡信息资料后在异地使用的信用卡诈骗犯罪案件,可以由持卡人信用卡申领地的公安机关管辖。

(三)毒品案件

一是毒品犯罪案件犯罪地,包括犯罪预谋地,毒资筹集地,交易进行地,运输途经地,毒品生产地,毒资、毒赃和毒品的藏匿地、转移地,走私或者贩运毒品的目的地以及犯罪嫌疑人被抓获地等。

二是查获地公安机关对怀孕、哺乳期妇女走私、贩卖、运输毒品案件,认为移交居住地公安机关管辖更有利于采取强制措施和查清犯罪事实的,可以报请共同的上级公安机关批准,移送犯罪嫌疑人居住地公安机关办理。查获地公安机关应当继续配合。

三是毒品犯罪案件犯罪嫌疑人居住地包括其经常居住地、户籍所在地及临时居住地。

(四)网络犯罪案件

一是网络犯罪案件由犯罪地公安机关立案侦查。必要时,可以由犯罪嫌疑人居住地公安机关立案侦查。网络犯罪案件的犯罪地包括用于实施犯罪行为的网络服务使用的服务器所在地,网络服务提供者所在地,被侵害的网络信息系统及其管理者所在地,以及犯罪过程中犯罪嫌疑人、被害人使用的网络信息系统所在地,被害人被侵害时所在地和被害人财产遭受损失地等。网络赌博犯罪案件的犯罪地,还包括赌博网站代理人、参赌人实施网络赌博行为地。涉及多个环节的计算机网络犯罪案件,犯罪嫌疑人为计算机网络犯罪提供帮助的,其犯罪地或者居住地公安机关可以立案侦查。

二是有多个犯罪地的计算机网络犯罪案件,由最初受理的公安机关或者主要犯罪地公安机关立案侦查。有争议的,按照有利于查清犯罪事实、有利于诉讼的原则,由共同上级公安机关指定有关公安机关立案侦查。

三是具有下列情形之一的,有关公安机关可以在其职责范围内并案侦查,需要提请批准逮捕、移送审查起诉、提起公诉的,由该公安机关所在地的人民检察院、人民法院受理:(1)一人犯数罪的;(2)共同犯罪的;(3)共同犯罪的犯罪嫌疑人、被告人还实施其他犯罪的;(4)多个犯罪嫌疑人、被告人实施的犯罪存在关联,并案处理有利于查明案件事实的。对移送人民检察院审查起诉或者人民法院受理的网络犯罪案件,发现犯罪嫌疑人、被告人还有犯罪被其他公安机关立案侦查的,经人民检察院通知,有关公安机关根据案件具体情况,可以对犯罪嫌疑人所犯其他犯罪并案侦查。

四是对因网络交易、技术支持、资金支付结算等关系形成多层级链条、跨区域的计算机网络犯罪案件,共同上级公安机关可以按照有利于查清犯罪事实、有利于诉讼的原则,指定有关公安机关一并立案侦查。

五是具有特殊情况,由异地公安机关立案侦查更有利于查清犯罪事实、保证案件公正处理的跨省(自治区、直辖市)重大计算机网络犯罪案件,可以由公安部商最高人民检察院和最高人民法院指定管辖。

第三节　检察机关的侦查管辖

一、检察机关侦查的职能管辖

根据我国《刑事诉讼法》第19条第2款以及最高人民检察院《关于人民检察院立案侦查司法工作人员相关职务犯罪案件若干问题的规定》第1条的规定，人民检察院管辖的刑事案件主要有以下14种：非法拘禁罪(《刑法》第238条)(非司法工作人员除外)；非法搜查罪(《刑法》第245条)(非司法工作人员除外)；刑讯逼供罪(《刑法》第247条)；暴力取证罪(《刑法》第247条)；虐待被监管人罪(《刑法》第248条)；滥用职权罪(《刑法》第397条)(非司法工作人员滥用职权侵犯公民权利、损害司法公正的情形除外)；玩忽职守罪(《刑法》第397条)(非司法工作人员玩忽职守侵犯公民权利、损害司法公正的情形除外)；徇私枉法罪(《刑法》第399条第1款)；民事、行政枉法裁判罪(《刑法》第399条第2款)；执行判决、裁定失职罪(《刑法》第399条第3款)；执行判决、裁定滥用职权罪(《刑法》第399条第3款)；私放在押人员罪(《刑法》第400条第1款)；失职致使在押人员脱逃罪(《刑法》第400条第2款)；徇私舞弊减刑、假释、暂予监外执行罪(《刑法》第401条)。

其他需要由人民检察院直接受理的案件。必须具备以下条件：第一，必须是公安机关管辖的国家机关工作人员利用职权实施的重大犯罪案件；第二，必须是上述14种案件以外的其他重大犯罪案件；第三，需要由人民检察院直接受理；第四，需经省级以上人民检察院决定才能受理并立案侦查。

二、检察机关的其他侦查管辖

(一)检察机关侦查的级别管辖

人民检察院对直接受理的案件实行分级立案侦查制度。根据最高人民检察院《关于人民检察院立案侦查司法工作人员相关职务犯罪案件若干问题的规定》第2条的规定，上述14种犯罪案件，由设区的市级人民检察院立案侦查。基层人民检察院发现犯罪线索的，应当报设区的市级人民检察院决定立案侦查。设区的市级人民检察院也可以将案件交由基层人民检察院立案侦查，或者由基层人民检察院协助侦查。最高人民检察院、省级人民检察院发现犯罪线索的，可以自行决定立案侦查，也可以将案件线索交由指定的省级人民检察院、设区的市级人民检察院立案侦查。上述犯罪案件，由人民检察院负责刑事检察工作的专门部门(主要为刑事执行检察部门)负责侦查。

(二)检察机关侦查的地域管辖

国家工作人员职务犯罪案件，由犯罪嫌疑人工作单位所在地的人民检察院管辖；如果由其他人民检察院管辖更为适宜的，可以由其他人民检察院管辖。几个人民检察院都有权管辖的案件，由最初受理的人民检察院管辖。必要时，可以由主要犯罪地的人民检察院管辖。

（三）检察机关侦查的协商管辖和指定管辖

对管辖不明确的案件，可以由有关人民检察院协商确定管辖。对管辖有争议的或者情况特殊的案件，由共同的上级人民检察院指定管辖。上级人民检察院可以指定下级人民检察院立案侦查管辖不明或者需要改变管辖的案件。人民检察院在立案侦查中指定异地管辖，需要在异地起诉、审判的，应当在移送审查起诉前与人民法院协商指定管辖的相关事宜。此外，设区的市级以上人民检察院侦查终结的案件，可以交有管辖权的基层人民法院相对应的基层人民检察院提起公诉；需要指定其他基层人民检察院提起公诉的，应当与同级人民法院协商指定管辖；依法应当由中级人民法院管辖的案件，应当由设区的市级人民检察院提起公诉。

（四）检察机关的专门管辖

这里主要是指军事检察院对军队内部发生的特定刑事案件的管辖。军事检察院是国家设在军队中的法律监督机关，在中央军委政法委和最高人民检察院领导下，依法独立公正行使检察权。军事检察院是我国检察机关的重要组成部分，属于专门人民检察院。具体分三级设置，第一级为解放军军事检察院，第二级为战区和解放军总直属军事检察院，第三级为上海、南京等25家区域军事检察院以及解放军直属军事检察院。军事检察院列入军队建制，实行双重领导体制，解放军军事检察院在中央军委政法委和最高人民检察院的领导下进行工作；其他各级军事检察院在中央军委政法委和上级军事检察院领导下进行工作。上级军事检察院在必要的时候，可以直接侦查下级军事检察院管辖的刑事案件，也可以将本级管辖的刑事案件交由下级军事检察院侦查。

根据我国《刑事诉讼法》第19条及中国人民解放军总政治部、军事法院、军事检察院《关于〈中华人民共和国刑法〉第十章所列刑事案件管辖范围的通知》（〔1998〕军检字第17号）规定，军事检察院直接受理擅自、玩忽军事职守，指使部属违反职责，违令作战消极，拒不救援友邻部队，过失泄露军事秘密，擅自改变武器装备编配用途，擅自出卖、转让军队房地产，虐待部属，战时拒不救治伤病军人等9种案件。另外，军官、警官、文职干部利用职权实施的其他重大的犯罪案件，需要由军事检察院受理的时候，经解放军军事检察院决定，可以由军事检察院立案侦查。

第四节　其他侦查机关的侦查管辖

一、国家安全机关的侦查管辖

根据我国《刑事诉讼法》《国家安全法》《反间谍法》的相关规定，国家安全机关作为反间谍工作的主管机关，在办理间谍案件等危害国家安全的刑事案件中，依法行使侦查、拘留、预审和执行逮捕以及法律规定的其他职权。我国《反间谍法》第38条对间谍行为作了明确界定：间谍组织及其代理人实施或者指使、资助他人实施，或者境内外机构、组织、个人与其相勾结实施的危害中华人民共和国国家安全的活动;参加间谍组织或者接受间谍组织及其代理人的任务的;间谍组织及其代理人以外的其他境外机构、组织、个人实施或者指使、资助他人实施,或者境内机构、组织、个人与其相勾结实施的窃取、刺探、收买或者非法提供国家秘密或者情报,或者策动、引诱、收买国家工作人员叛变的活动;为敌人指示攻击目标的;进行其他间谍活动的。国家安全机关对发生的上述间谍案件以及其他危害国家安全的刑事案件具有侦查管辖权。

二、军队保卫部门的侦查管辖

我国的军队保卫部门是军内主要侦查部门,一般随军队管理机关逐级设立。根据我国《刑事诉讼法》第 308 条第 1 款及中国人民解放军总政治部、军事法院、军事检察院《关于〈中华人民共和国刑法〉第十章所列刑事案件管辖范围的通知》的规定,军队保卫部门对军队内部发生的刑事案件行使侦查权。

军队内部发生的刑事案件,是指部队营区内发生的刑事案件和军人犯罪的案件。这里的军人,是指中国人民解放军的现役军官、文职干部、士兵及具有军籍的学员和中国人民武装警察部队的现役警官、文职干部、士兵及具有军籍的学员;军人的身份自批准入伍之日获取,批准退出现役之日终止。军队文职人员、非现役公勤人员、在编职工、由军队管理的离退休人员,以及执行军事任务的预备役人员和其他人员,按照军人确定管辖。

军队保卫部负责侦查下列案件:战时违抗命令案,隐瞒、谎报军情案,拒传、假传军令案,投降案,战时临阵脱逃案,阻碍执行军事职务案,军人叛逃案,非法获取军事秘密案,为境外窃取、刺探、收买、非法提供军事秘密案,故意泄露军事秘密案,战时造谣惑众案,战时自伤案,逃离部队案,武器装备肇事案,盗窃、抢夺武器装备、军用物资案,非法出卖、转让武器装备案,遗弃武器装备案,遗失武器装备案,战时残害居民、掠夺居民财物案,私放俘虏案等。

由于军队性质、任务和体制上的特殊性,军队保卫部门侦查管辖的原则与普通侦查机关有所区别。首先,军队侦查管辖以属人管辖为主,同时对虽发生在军队管辖区域外,但犯罪结果严重危害国家军事利益或军人合法权益的案件,以保护性管辖原则为补充;其次,对于军人犯罪的案件,确定侦查管辖时还坚持职务管辖原则,即根据犯罪嫌疑人的行政、技术级别,确定不同级别的保卫部门立案侦查。

属于军队保卫部门管辖的刑事案件,涉及两个以上单位的,涉案单位的保卫部门应当共同查清犯罪事实,由犯罪嫌疑人所在单位的保卫部门依法处理。管辖有争议的,由争议双方共同的上级保卫部门指定管辖。

上级保卫部门在必要的时候,可以直接侦查下级保卫部门管辖的刑事案件,也可以将本级管辖的刑事案件交由下级保卫部门侦查。未设立保卫部门的军级以上单位和军队院校政治部负责保卫工作的机构办理刑事案件时,在上级保卫部门的组织指导下,依法行使相应的侦查权。

三、监狱的侦查管辖

监狱作为国家实现刑罚权的最主要的场所,其监管秩序不仅直接影响到刑罚执行的有效性,而且会直接影响到社会公众对刑罚的效力与价值的评价。所以,预防和侦破狱内又犯罪案件是国家刑事诉讼活动重要的组成部分。然而,监狱的特殊隔离环境和严格的管控制度,使其他国家机关对狱内刑事案件行使侦查权有极大的障碍。因此,国家把对狱内又犯罪案件的侦查权授予监狱来专门行使。监狱除了有权侦破在押犯服刑期间在监管场所进行的狱内又犯罪案件,还有权侦破在押罪犯脱逃捕回后,发现其脱逃期间在社会上的又犯罪案件和罪犯在判刑之前的漏罪。对于在押罪犯脱逃后,由犯罪地发现的,在社会上又犯罪的案件,其侦查权属于地方公安机关,但监狱有积极配合的义务。

我国现行狱内侦查机构分为四级管理体制,即司法部监狱管理局设立狱内侦查处,省、自治区、直辖市监狱管理局设立狱内侦查处(总队),各监狱、未成年犯管教所设立的狱内侦查科(支队),监区、分监区设立的专职狱侦干警。

司法部监狱管理局狱内侦查处,掌握全国在押犯的特大、重大和恶性案件的发、破案情况,以及其他重大犯罪活动情况;督促、检查、指导侦查破案工作,必要时派人直接参与和指导某些特大狱内案件的侦破工作,向全国监狱机关通报狱内又犯罪情况,向基层提供有关狱内侦查工作信息支援和咨询服务。

省、自治区、直辖市监狱管理局狱内侦查处(总队),负责侦破管辖区内发生的涉及两个以上监管单位的重大案件,以及涉外案件,并报司法部监狱管理局和省、自治区、直辖市司法厅(局)备案;掌握其他重大的又犯罪活动情况,检查、指导、参与侦破有关案件。

各监狱、未成年犯管教所狱内侦查科(支队),负责侦破本单位狱内重大案件并报省、自治区、直辖市监狱局备案,承办上级交办的案件和有关事项。

监区、分监区狱侦干警,在监狱狱内侦查科(支队)的指导下,直接查处一般案件,并承办上级交办的有关事项。

四、海警机构的侦查管辖

海警机构包括中国海警局及其海区分局和直属局、省级海警局、市级海警局、海警工作站。根据我国《海警法》第 44 条规定,海警工作站负责侦查发生在本管辖区域内的海上刑事案件。对于发生在沿海港岙口、码头、滩涂、台轮停泊点等区域的刑事案件,由公安机关管辖。市级海警局以上海警机构负责侦查管辖区域内的重大的危害国家安全犯罪、恐怖活动犯罪、涉外犯罪、经济犯罪、集团犯罪案件以及其他重大犯罪案件。上级海警机构认为有必要的,可以侦查下级海警机构管辖范围内的海上刑事案件;下级海警机构认为案情重大需要上级海警机构侦查的海上刑事案件,可以报请上级海警机构管辖。作为新成立的侦查机构,海警机构侦查管辖的具体规定及做法在很多方面参考了公安机关侦查管辖相关规定及做法,在此不作赘述。

五、侦查机关互涉案件的侦查管辖

由于很多不同类型的刑事案件在案件结构要素上往往存在特定的联系,而这些案件经常由不同的侦查机关管辖,形成侦查职能管辖的冲突,需要有管辖权的侦查机关协调解决。

（一）公安机关、检察机关、国家安全机关、监狱互涉案件的侦查管辖

根据最高人民法院、最高人民检察院、公安部等六部门《关于〈中华人民共和国刑事诉讼法〉实施中若干问题的规定》要求,公安机关侦查刑事案件涉及人民检察院管辖的贪污贿赂案件时,应当将贪污贿赂案件移送人民检察院;人民检察院侦查贪污贿赂案件涉及公安机关管辖的刑事案件,应当将属于公安机关管辖的刑事案件移送公安机关。在上述情况中,如果涉嫌主罪属于公安机关管辖,由公安机关为主侦查,人民检察院予以配合;如果涉嫌主罪属于人民检察院管辖,由人民检察院为主侦查,公安机关予以配合。另外,具有下列情形之一的,人民法院、人民检察院、公安机关可以在其职责范围内并案处理:第一,一人犯数罪的;第二,共同犯罪的;第三,共同犯罪的犯罪嫌疑人、被告人还实施其他犯罪的;第四,多个犯罪嫌疑人、被告人实施的犯罪存在关联,并案处理有利于查明案件事实的。

对在押犯罪嫌疑人与监狱内部职工、就业人员或社会上犯罪分子勾结的案件,主犯是在押犯罪嫌疑人的,侦查工作以监狱为主,涉案地公安机关配合;主犯是职工、就业人员或社会人员的,侦查工作以涉案地公安机关为主,监狱配合。对监狱在押罪犯与境内外敌对势力勾结的案件,监狱要配合国家安全机关或未设国家安全机关的涉案地公安机关进行侦查。

与境外敌对势力勾结的危害国家安全的案件,要在国家安全机关或公安机关统一部署下进行侦查。

（二）检监互涉案件的侦查管辖

人民检察院立案侦查其管辖的犯罪案件时,发现犯罪嫌疑人同时涉嫌监察委员会管辖的职务犯罪线索的,应当及时与同级监察委员会沟通,一般应当由监察委员会为主调查,人民检察院予以协助。经沟通,认为全案由监察委员会管辖更为适宜的,人民检察院应当撤销案件,将案件和相应职务犯罪线索一并移送监察委员会;认为由监察委员会和人民检察院分别管辖更为适宜的,人民检察院应当将监察委员会管辖的相应职务犯罪线索移送监察委员会,对依法由人民检察院管辖的犯罪案件继续侦查。人民检察院应当及时将沟通情况报告上一级人民检察院。沟通期间,人民检察院不得停止对案件的侦查。监察委员会和人民检察院分别管辖的案件,调查(侦查)终结前,人民检察院应当就移送审查起诉有关事宜与监察委员会加强沟通,协调一致,由人民检察院依法对全案审查起诉。

（三）军地互涉案件的侦查管辖

发生在营区的案件,由军队保卫部门或者军事检察院立案侦查,其中犯罪嫌疑人不明确且侵害非军事利益的,由军队保卫部门或者军事检察院与地方公安机关或者

国家安全机关、人民检察院,按照管辖分工共同组织侦查,查明犯罪嫌疑人属于地方管辖的,移交地方公安机关或者国家安全机关、人民检察院处理。发生在营区外的案件,由地方公安机关或者国家安全机关、人民检察院立案侦查;查明犯罪嫌疑人属于军队管辖的,移交军队保卫部门或者军事检察院处理。

军队和地方共同使用的营房、营院、机场、码头等区域发生的案件,发生在军队管理区域的,按照在营区发生的案件确定管辖。发生在地方管理区域的,按照在营区外发生的案件确定管辖。管理区域划分不明确的,由军队和地方主管机关协商办理。

军队在地方国家机关和单位设立的办公场所、对外提供服务的场所、实行物业化管理的住宅小区,以及在地方执行警戒勤务任务的部位、住处发生的案件,按照在营区外发生的案件确定管辖。

营区,是指由军队管理使用的区域,包括军事禁区、军事管理区以及军队设立的临时驻地等。

军人入伍前涉嫌犯罪需要依法追究刑事责任的,由地方公安机关、国家安全机关、人民检察院提供证据材料,送交军队保卫部门、军事检察院审查后,移交地方公安机关、国家安全机关、人民检察院处理。

军人退出现役后,发现其在服役期内涉嫌犯罪的,由地方公安机关、国家安全机关、人民检察院处理;但涉嫌军人违反职责罪的,由军队保卫部门、军事检察院处理。

军地互涉案件管辖不明确的,由军队保卫部门、军事检察院与地方省级公安机关、国家安全机关、人民检察院协商确定管辖;管辖有争议或者情况特殊的案件,由中央军委政法委保卫局与公安部、国家安全部协商确定,或者由解放军军事检察院报请最高人民检察院确定。

军人在营区外作案被当场抓获或者有重大犯罪嫌疑的,地方公安机关、国家安全机关、人民检察院可以对其采取紧急措施,24小时内通知军队有关部门,及时移交军队保卫部门、军事检察院处理;地方人员在营区作案被当场抓获或者有重大犯罪嫌疑的,军队保卫部门、军事检察院可以对其采取紧急措施,24小时内移交地方公安机关、国家安全机关、人民检察院处理。

地方人员涉嫌非法生产、买卖军队制式服装,伪造、盗窃、买卖或者非法提供、使用军队车辆号牌等专用标志,伪造、变造、买卖或者盗窃、抢夺军队公文、证件、印章,非法持有属于军队绝密、机密的文件、资料或者其他物品,冒充军队单位和人员犯罪等被军队当场查获的,军队保卫部门可以对其采取紧急措施,核实身份后24小时内移交地方公安机关处理。

战时发生的侵害军事利益或者危害军事行动安全的军地互涉案件,军队保卫部门、军事检察院可先行对涉嫌犯罪的地方人员进行必要的调查和采取相应的强制措施。查清主要犯罪事实后,移交地方公安机关、国家安全机关、人民检察院处理。

军队保卫部门、军事检察院办理案件,需要在营区外采取侦查措施的,应当通报地方公安机关、国家安全机关、人民检察院,地方公安机关、国家安全机关、人民检察院应当协助实施。地方公安机关、国家安全机关、人民检察院办理案件,需要在营区采取侦查措施的,应当通报军队保卫部门、军事检察院,军队保卫部门、军事检察院应当协助实施。

军队保卫部门、军事检察院和地方公安机关、国家安全机关、人民检察院对于军地互涉案件的报案、控告、举报或者犯罪嫌疑人自首的,都应当接受。对于不属于自己管辖的,应当移送主管机关处理,并通知报案人、控告人、举报人;对于不属于自己管辖而又必须采取紧急措施的,应当先采取紧急措施,然后移送主管机关处理。

军队保卫部门、军事检察院和地方公安机关、国家安全机关、人民检察院对共同犯罪的军人和地方人员分别侦查的,应当及时协调,依法处理。

地方公安机关和武装警察部队互涉刑事案件的管辖分工依照公安机关和军队互涉刑事案件的管辖分工的原则办理。

(四)公监互涉案件的侦查管辖

根据公安部《公安机关办理刑事案件程序规定》第29条规定,公安机关侦查的刑事案件的犯罪嫌疑人涉及监察机关管辖的案件时,应当及时与同级监察机关协商,一般应当由监察机关为主调查,公安机关予以协助。

第五节 侦查主体内部结构及其职能分工

侦查工作是一项系统工程,需要侦查机关内部进行合理分工,既要有专业侦查力量直接开展侦查活动,同时也需要有相应的配合、辅助侦查机构,一方面可以提高侦查工作的效率,另一方面也有利于通过提前介入、审核把关等,对侦查活动进行内部监督,保证侦查工作的质量。以公安机关为例,侦查主体内部可以细分为侦查部门、情报部门、法律审核部门等,不同部门之间有不同的职能分工。

一、侦查部门

刑侦部门是公安机关办理刑事案件的主力军,负责大多数普通刑事案件的侦查;经济犯罪侦查部门主要负责破坏金融、财税等经济秩序刑事案件的侦查;政治安全保卫部门负责侦查危害国家安全犯罪案件中不归国家安全机关管辖的刑事案件,以及和民族有关的危害国家政治稳定的刑事案件;禁毒、治安、反恐、交管、网安等其他可以行使侦查权的部门,分别负责在本部门业务范围内的刑事案件的侦查。如公安交通管理部门主要负责有关道路交通事故刑事案件的侦查。侦查部门的主要职能任务在前面已经介绍,这里不再重复。

二、情报部门

在以情报信息主导警务的今天,情报信息主导侦查的理念正逐步成为侦查机关的共识。近年来,各级公安机关从实战需要出发,不断完善情报工作机制,收集、传输、分析研判和运用情报的能力和水平逐步提高,为侦查工作的顺利开展提供了有力支撑。目前,各级公安机关、各警种都成立了专司情报工作的综合性机构和部门。如公安部成立了情报指挥中心,依托情报信息综合应用平台,利用多种方式采集整合情报信息资源;对采集的情报信息进行综合研判,为领导和有关部门提供综合性、阶段性和专题性研判成果和对策建议;对全国公安机关情报工作进行规划指导。具体职责为:负责全国情报信息的收集、整合;根据情报分析研判的需求,整合公安内部情报信息资源,收集、综合公安外部情报信息资源,通过科学的整理,形成综合情报信息库;负责研判和预测涉及国家安全、政治稳定、经济安全、刑事犯罪、重大社会治安问题、公众舆论的重要动向和主要趋势,为领导决策服务;将研判成果及时报告上级领导,通报相关部门和地区;对各地公安机关情报信息中心工作的指导;负责部际之间的情报信息交流、交换以及与境外警察机关、相关国际组织的情报信息交流等。各地公安机关已经建成初具规模的"条""块"结合的情报体系。"条"方面,如在省、市级公安机关成立网络安全保卫、技术侦察部门,专门提供情报支持。另外,在刑侦、政保、禁毒、经侦等主要业务部门设有专门的情报收集分析机构,在区、县各刑侦、政保、禁毒、经侦支(大)队也设有相应情报部门或专职情报民警。"块"方面,在地级市(州、地区)公安局、处以及各区(县)局设立情报信息中心,指导各业务部门开展情报工作,负责本行政区内情报的分析汇总并及时上报。

公安情报的来源主要有以下途径:

(1) 公安文献档案。公安文献档案主要是指公安图书文献、公安文件、公安法律法规、公安业务档案资料等。

(2) 公安信息数据库。公安信息数据库主要是指公安网内的信息数据库资源。随着"金盾工程"的实施,全国违法犯罪人员数据库、全国在逃人员数据库、常住人口数据库、外来流动人口暂住务工人口数据库、旅馆业数据库、出入境管理数据库、车辆驾驶员信息数据库以及指纹、DNA、枪弹等刑事科学物证数据库等相继建成,这些数据库是功能强大的重要情报源,以高科技为后盾,多采用光纤连接,在日常工作中不断地采集和录入信息,许多以前的纸质公安档案材料在一些条件比较好的公安机关也正在被转化为电子档案加入数据库,从而内容不断丰富,检索比对起来非常便捷。

(3) 基层基础业务工作。公安机关在日常的行政管理、行政执法以及刑事司法过程中,通过对特情、耳目的经营,对重点人口的管理,对刑嫌的调控等方式,可以获得大量有价值的公安情报。另外,侦查部门在进行阵地控制过程中,也能及时发现或获取各种公安情报信息。

(4) 网络安全保卫部门、技术侦察部门。网络安全保卫部门和技术侦察部门主要在隐蔽战线从事业务工作,秘密地进行情报收集、分析研判。它们能够直接获取最原始的情报,更有针对性、时效性。

(5) 其他政府部门。诸如政府信访部门、政法机关、市场监督管理、税务、外事、城管等,也是情报的重要来源。它们在日常工作中会有很多工作跟公安工作相衔接或相联系,特别是政府信访部门在工作过程中,可以直接向公安机关提供线索、移交案件或提供有价值的情报资料。

(6) 国际合作交流。世界范围内的警察同行和情报安全机关之间的交流合作,也是情报的重要渠道，特别是在一些跨国、涉外重特大案件侦查方面，体现得更为明显。

三、法律审核部门

公安机关法律审核部门分公安部法制局、省级公安机关法制总队、地市级公安机关法制支队、县（区）级公安机关法制大队四级设置。其中，公安部法制局主要负责参与研究、处理重大、疑难案件，提出法律意见和建议；参与内地与港澳台警务合作协议的起草、磋商和重大案件处置等涉港澳台法律事务；参与引渡条约、刑事司法协助条约、国际警务合作协议的起草、谈判和重大涉外案件处置等涉外法律事务。省、地（市）、县级公安机关法制部门主要负责参与研究、处理辖区范围内重大、疑难案件，提出法律意见和建议。

公安法制部门对审核的案件实行登记管理制度和重大、疑难、复杂案件集体审议制度，落实工作责任，确保办案质量，有针对性地解决案件审核中发现的问题；重点对立案、管辖是否合法，事实是否清楚，证据是否确实、充分，定性是否准确，处理意见是否适当，适用法律是否正确，程序是否合法，法律文书是否规范、完备以及其他与案件质量有关的事项进行审核，提出审核意见，报本级公安机关负责人决定。公安法制部门审核刑事案件一般采取网上审核、书面审核方式进行。对涉嫌非法取证，仅通过网上审核、书面审核难以准确核实判断证据的案件，审核人员可以通过调取讯问录音录像、执法记录仪视频、向案件当事人当面核实等方式，对取证的合法性、真实性进一步调查核实。审核案件后，根据不同情况，分别作出如下处理：案件事实清楚、证据确实充分、定性准确、处理意见适当、适用法律正确、程序合法、法律文书完备的，签署审核同意意见后，报审批人审批；案件事实不清、证据不足或者需要查清其他违法犯罪问题的，提出补充调查取证意见，将案卷退回侦查办案部门补充调查；案件定性不准、处理意见不适当、违反法定程序或者相关法律手续、法律文书不完备的，提出纠正处理意见，报经审批人批准后退回侦查办案部门依法处理；发现实体或者程序方面存在瑕疵，可以及时补正的，向侦查办案部门出具补正意见建议，发现非法证据的，经报公安机关负责人批准，依法予以排除。如果侦查办案部门与公安法制部门意见不一致，应当协商处理。协商无法达成一致意见的，可以提请集体议案或者报公安机关负责人决定。通过公安法制部门对刑事案件的审核，及时发现和纠正执法办案中存在的问题和瑕疵，确保公安机关提请批准逮捕和移送审查起诉、不追究刑事责任等案件符合法定标准，防止案件"带病"进入起诉、审判环节或者降格处理。

第四章　侦查的客体

侦查客体是刑事侦查理论的基础性问题,但其研究历来纷争不断,且我国在这方面的研究还相当滞后,甚至关于侦查客体概念的定义尚未形成共识。如一些院校的教科书多将"刑事犯罪"表述为侦查客体,也有一些学者认为侦查活动指向的客体是"刑事案件""案件事实"等等,仁智异见而未达共识。侦查客体毋庸置疑包括犯罪案件,但若仅限于此就对经侦查终结不构成犯罪的情形无法解释。至于"刑事案件说"抑或"案件事实说"似可深入研究论证。限于篇幅,本书只对同侦查客体密不可分的刑事案件要素和刑事证据进行概述。

第一节　刑事案件的基本要素

每一个刑事案件都是一个事件,因而都有犯罪主体、犯罪对象、犯罪行为、犯罪时间、犯罪空间等五个方面构成要素。

一、犯罪主体

犯罪主体在侦查阶段被称为犯罪嫌疑人,而在审查起诉和审理判决时则被称为被告人。根据我国刑法的有关规定,犯罪主体是指具有刑事责任能力、实施了犯罪行为、依法应当追究刑事责任的自然人或单位。其中,自然人构成了我国犯罪主体的绝大多数。在我国,已满16周岁的人犯罪,应当负刑事责任,成为犯罪主体。另外,已满14周岁不满16周岁的人,犯故意杀人、故意伤害致人重伤或者死亡、强奸、抢劫、贩卖毒品、放火、爆炸、投放危险物质罪的,应当负刑事责任,成为犯罪主体。已满12周岁不满14周岁的人,犯故意杀人、故意伤害罪,致人死亡或者以特别残忍手段致人重伤造成严重残疾,情节恶劣,经最高人民检察院核准追诉的,应当负刑事责任,成为犯罪主体。

(一)犯罪主体的形态

在侦查实践中,犯罪主体主要有以下基本形态:

(1)犯罪集团。犯罪集团是指由三人(包括自然人和单位)以上结成的有严密的纪律、明确的目标的犯罪组织形式。犯罪集团的犯罪能量大,内部有严密的组织分工。一些重大的诈骗、贩毒、走私、黑社会案件的犯罪组织形式主要是犯罪集团。

(2)犯罪团伙。犯罪团伙是指由二人(包括自然人和单位)以上结成的比较松散的犯罪组织。犯罪团伙的成员一般不固定,实施犯罪具有一定的随机性,犯罪能量远不如犯罪集团大,也无强大的经济势力,如盗窃、抢劫的犯罪团伙等。犯罪团伙若得不到及时追诉,也可能发展为犯罪集团。

(3)单个犯罪嫌疑人。单个犯罪嫌疑人是指一个自然人故意或过失实施犯罪行为的情形。单人犯罪虽能量较小,但隐蔽性、智能性更强,常常发展成为惯犯、累犯。

(4)单位犯罪嫌疑人。单位犯罪嫌疑人是指公司、企业、事业单位、机关、团体实施应负刑事责任的犯罪行为的情形。随着市场经济的发展,单位作为犯罪主体已成为普遍的现象。

(二)明确犯罪主体的意义

根据侦查的不同情形,在由事到人的刑事案件的侦查中,犯罪主体是侦查工作所要查找的对象;在由人到事的刑事案件的侦查中,犯罪主体则是侦查工作所要审查的对象。犯罪主体是刑事侦查、起诉、审判的最终对象,案件的其他要素如果不能与之形成证明关系,则无法完成追诉刑事责任的目的。对于不同的犯罪主体还要适时调整侦查策略与方法以及适用恰当的强制措施,以控制保全被追诉人承担刑事责任。

二、犯罪对象

犯罪对象是指犯罪嫌疑人实施犯罪行为所指向的具体的人或物。犯罪对象不同于犯罪客体,它不是刑法所保护而又为犯罪行为所侵犯的、抽象的社会关系,而是这种社会关系的主体或物质表现。刑事案件侦查中,犯罪对象最主要是被害人、赃物和其他有形无形的利益。

(一)被害人

被害人又称刑事被害人,是指人身或财产受到犯罪损害的人或单位。被害人陈述是法定诉讼证据。在刑事案件侦查中,被害人提供的情况以及通过调查所获取的被害人的社会关系(如仇怨关系、奸情关系等)、经济收支、活动情况等都是侦查工作的重要线索。有些刑事案件中没有一般意义上的被害人,如贪污、贿赂、走私、逃税案件被害人不明显,其侵害的对象是国家利益。

被害人在刑事诉讼中的地位比较特殊,它既不同于证人,又不同于其他当事人。由于被害人是犯罪行为的直接受害者,对犯罪情况一般知道得比较详细、具体。杀人、伤害、强奸、抢劫、诈骗、拐卖人口等案件的被害人,由于他们同犯罪嫌疑人有过正面接触,可以提供犯罪嫌疑人的体貌特征、衣着打扮和方言口音等,有的甚至能够指认出犯罪嫌疑人。同时,由于被害人遭受犯罪行为的直接侵害,因而一般能够提供案件的有关情况。因此,在刑事案件侦查中,被害人是侦查工作的重要依靠力量。

(二)赃物

赃物是指犯罪嫌疑人犯罪非法所得之物。由于贪利已成为犯罪嫌疑人实施犯罪的主要趋向,多数刑事案件都直接或间接地与经济利益有关联,因此,赃物在刑事案件侦查中的地位和作用不可忽视。

赃物具有各不相同的使用价值和存在形态。犯罪嫌疑人不但有获取赃物的各种手段和方法,而且有着各自不同的处置赃物的手段和方法。因此,赃物对于侦查工作就有着多方面的意义。它既可以反映出犯罪嫌疑人实施犯罪的动机和目的,反映犯罪嫌疑人的需求和兴趣,还可以通过其数量,结合运赃方式和犯罪时间等,推断出实施犯罪嫌疑人的人数。由于赃物持有者多是犯罪嫌疑人或与犯罪嫌疑人有着直接或间接的联系,因此,控制和发现赃物,通过赃物顺迹追踪犯罪嫌疑人就成了侦查有赃物的刑事案件的一条基本思路。通过各种侦查措施和手段查获的赃物以及查证核实的犯罪嫌疑人获取和处置赃物活动的证言、供词在刑事诉讼中都可以作为揭露证实犯罪的证据。

(三) 利益

尽管犯罪对象并不是所有犯罪必须具备的构成要件,如刑法规定的脱逃罪、偷越国(边)境罪即没有犯罪对象。但犯罪嫌疑人所侵害的法益是广泛的,并不仅仅只局限于被害人和赃物两个方面。如环境犯罪侵犯的是国家和不特定多数民众的公共利益,危害国家安全犯罪侵犯的是属于全民的国家安全利益等。侦查工作应当善于发现和利用犯罪对象为侦查工作服务。

三、犯罪行为

犯罪行为是刑事案件结构要素中最核心的内容。任何犯罪行为都有一定的起因,都有一定的形态,都有一定的结果。

(一) 犯罪原因

1. 犯罪原因的多层性

就具体犯罪行为的原因分析,既有政治因素、经济因素、文化因素、科技因素等宏观社会环境的影响,如经济政策失误及管理、监督体制的缺陷易诱发经济领域犯罪、文化领域中消极因素对社会造成污染也会对犯罪起催化剂影响等;同时,犯罪行为也会受社会微观因素的制约,如家庭环境、学校环境、街区环境、职业环境等,它们分别从不同方面影响着犯罪的发生;还有,犯罪行为也会受犯罪主体个人的遗传、性格、经历等个体差异和饮酒、吸毒等偶然因素影响。

2. 犯罪目的和动机

犯罪目的是指犯罪嫌疑人实施犯罪行为希望达到的结果,它只存在于直接故意的犯罪中。凡属直接故意犯罪,都是犯罪嫌疑人基于某一特定目的而实施的。间接故意犯罪和过失犯罪都无犯罪目的。犯罪动机则是指推动或促使犯罪嫌疑人实施犯罪行为的内心起因。犯罪动机和犯罪目的是密切联系、互相作用的,但又互有区别,不能混为一谈。动机是目的的内在起因,目的是动机的具体指向。犯罪的动机和目的是侦查工作首先要判明的重要问题。犯罪的动机和目的是确定刑事案件性质的基础。侦查中确定刑事案件性质的主要因素就是犯罪的动机和目的。如盗窃案件的性质按犯罪动机和目的可分为政治性盗窃和经济性盗窃,放火案件的性质依犯罪嫌疑人的犯罪动机有报复社会放火、私仇报复放火、放火灭迹(如灭杀人之迹、灭盗窃或贪污之迹)等。犯罪动机和目的也是确定侦查方向和范围的重要依据。犯罪的动机和目的可以反映出犯罪嫌疑人和被害人之间有无特定的因果联系,有无利害冲突,从而为确定侦查方向和侦查范围提供依据。

(二) 犯罪形态

犯罪形态是指犯罪行为的外部物质表现形式。犯罪形态包括以下几个方面的内容：

1. 犯罪的预备

我国《刑法》第 22 条规定："为了犯罪，准备工具，制造条件的，是犯罪的预备。"刑事案件，不管是未遂的还是已遂的，大多有预备形态。除了准备工具，犯罪嫌疑人在正式实施犯罪前常常进行下列预备行为：（1）准备犯罪的手段。如为盗窃机动车而准备解码器，为实施扒窃而学习扒窃。（2）为实施犯罪而事先进行调查。如窥测犯罪地点，打探被害人行踪等。（3）清除实施犯罪的障碍。如为深夜行窃，事先将被害人家中的狗毒死。（4）引诱、胁迫他人进行犯罪。（5）共同犯罪的，还要拟定共同犯罪的计划，进行组织分工，等等。

2. 犯罪工具

犯罪工具是指犯罪嫌疑人在实施犯罪过程中为达犯罪目的而所借助的物。其中，造成他人人身伤害的犯罪工具一般被称为凶器。犯罪工具的选择和使用集中体现犯罪手段方式。由于犯罪嫌疑人实施犯罪的手段方式多种多样，因此，被犯罪嫌疑人利用的犯罪工具也形形色色。从来源分，有犯罪嫌疑人在实施犯罪前预先准备的，如专用于走私的大型船舶、运输车辆以及盗窃轿车的电子解码器等；有在实施犯罪时在犯罪现场周围或在犯罪现场就地获取的，如入室盗窃杀人用的菜刀。从功能上分，有破坏障碍物的工具（如撬压工具），有侵害人身的凶器，有掩盖犯罪的工具（如手套、汽油等），有实施犯罪的辅助工具（如照明工具、搬运工具）等。犯罪工具的判定对案件侦查有着多方面的意义，如刻画出犯罪嫌疑人有获取某种工具的条件，有使用某种工具的特殊技能，可能居住在某一特定区域或在某一特定行业工作等。犯罪工具及其痕迹还是刑事案件侦查中并案侦查的主要依据之一，也是搜查、勘验、鉴定、警犬追踪等侦查措施实施的目标和基础。

3. 犯罪侵害形态

不管是对人的侵害，还是对物的侵害，犯罪嫌疑人对犯罪对象的侵害形态主要有两种，一种是直接的暴力侵害形态，另一种是隐秘的非暴力侵害形态。对犯罪侵害形态的分析是一个综合而又复杂的问题，如对犯罪嫌疑人接近犯罪对象的方法、侵害犯罪对象的方法、逃离犯罪现场的方法等，需结合现场情况和被害人陈述、证人证言等全面研究。

4. 犯罪的后续形态

犯罪的后续形态是指犯罪嫌疑人对犯罪对象实施了侵害、达到犯罪目的后实施的与其犯罪行为有关的活动，是其犯罪行为的延续。如处置赃物的行为，毁灭证据、与他人订立攻守同盟的行为，刺探侦查工作情况的行为，隐匿逃窜的行为，自首的行为等。对犯罪后续形态的分析判定是发现侦查线索和缉捕犯罪嫌疑人的基础。

（三）犯罪结果

犯罪结果是指犯罪嫌疑人实施犯罪行为所达到的最后危害状态。犯罪结果既有物质性的，也有精神性的，前者如人身伤亡、财产损失，后者如政治影响、社会影响等。

在刑事案件侦查中，犯罪结果是确定案件级别、实行侦查分级管理的主要依据。

刑事案件依据其危害结果分为一般案件、重大案件和特别重大案件。根据案件分级管理的有关规定,它们分别归属于不同级别的侦查机关负责侦查。其中,那些犯罪结果严重,特别是重特大案件,是刑事案件侦查的主攻目标。

犯罪结果也是认识刑事案件的起点和基础。刑事侦查认识活动的基本特点之一就是逆向性。在刑事案件侦查中,侦查人员首先接触到的往往是犯罪行为的全部或者部分危害结果,如某人被杀、某物被盗等,侦查工作就是要从这些犯罪结果出发,查明犯罪的原因和案件的形成情况,进而查获犯罪嫌疑人。

潜在的犯罪结果是侦查工作需要追寻的目标,现实的犯罪结果是核实和印证犯罪嫌疑人供述的重要依据。侦查工作首先接触的并不一定都是某一犯罪结果,而仅仅是可疑的犯罪线索和犯罪嫌疑人或者是只掌握了其部分犯罪事实的犯罪嫌疑人。此时,侦查的目的就是要查明犯罪结果,犯罪的结果就成了侦查工作要追寻的目标,如贪污、贿赂案件的侦查情形往往如此。但是,现实的犯罪结果,如犯罪现场情况,被害人的人身伤亡和财产损失情况,在经勘验固定和调查掌握后,又是核实犯罪嫌疑人供述或辩解的真伪、揭露证实犯罪的重要证据。

四、犯罪时间

犯罪时间有广义和狭义之分。广义的犯罪时间是指犯罪嫌疑人产生犯罪意图进行犯罪预备活动到实施犯罪直至被缉获归案的一个较长的时间段,包括犯罪预备时间、犯罪实施时间、销赃毁证和逃避追诉时间等。狭义的犯罪时间是对侦查工作具有直接作用的、犯罪嫌疑人实施犯罪的时间。不管犯罪嫌疑人犯罪过程如何短促,行动如何迅速,都需要时间。没有犯罪时间的刑事案件客观上是不存在的。

(一)犯罪时间的意义

综合各种因素判明犯罪时间,尤其是判明犯罪嫌疑人在犯罪现场实施犯罪的时间,对刑事案件侦查有着多方面的重要意义。

(1)有利于排查犯罪嫌疑对象。利用犯罪时间排查嫌疑对象一般有三种情形:一是通过查证核实,有多个证据确能证明嫌疑对象在犯罪时间段内不在犯罪现场,而在其他地方活动,其犯罪嫌疑则可予以否定;二是犯罪嫌疑对象在犯罪时间段内的活动无法证实,或者其故意编造该时间中的活动,或有多人证明嫌疑对象在犯罪时间段内曾出现在犯罪现场及其附近,则嫌疑对象疑点上升,需进一步采取侦查措施;三是有多人证实在犯罪时间段内只有嫌疑对象出现在犯罪现场而未发现其他第二人,则可基本肯定嫌疑对象为犯罪嫌疑人。

(2)有利于刻画犯罪嫌疑人。根据犯罪时间的选择常常可以推断出犯罪嫌疑人的身份、居住范围和生活习惯,分析出犯罪嫌疑人是本地(常住)人还是外地(偶来)人以及判断出犯罪嫌疑人的知情程度等。

(3)有利于采取紧急侦查措施。判明犯罪时间是采取紧急侦查措施的基本前提和可靠依据。尤其是距案件发生时间短,犯罪嫌疑人逃离现场不远时,可采用警犬追踪、步法追踪,或在机场、车站、海关、码头、路口等处设卡堵截,盘查可疑人员,进而发现犯罪嫌疑人,直接破获案件。

（二）犯罪时间差

犯罪时间差是指犯罪嫌疑人实施犯罪行为的活动与他人（如被害人、案件发现人、侦查人员）在其他场所的活动在时间上存在的一种相互交叉重叠的现象,这种相互交叉重叠反映他们在犯罪现场上的活动在时间顺序上存在着先后之别。犯罪嫌疑人在实施犯罪时总是利用周围无人、事主离去等有利时机,犯罪后又往往采用破坏、转移、伪装、掩盖等方法尽量使犯罪行为隐蔽而不被发现和揭露。犯罪时间差有着下面三个方面的含义:

（1）犯罪行为的实施与被害人或其他人在犯罪现场的活动上存在着时间差。这类时间差并不存在于强奸案件、抢劫案件等犯罪嫌疑人与被害人有正面接触的案件中,而多存在于盗窃等案件中,个别杀人案件中也可能出现,如投毒杀人案件、爆炸杀人案件等。

（2）犯罪行为的发生与案件的发现之间存在着时间差。犯罪嫌疑人在实施犯罪过程中被人发现和现场抓获的情形较为少见。案件发生后大多要经过一段时间后才能被人发现。有些案件,如走私、洗钱案件,犯罪嫌疑人第一次实施犯罪至犯罪行为的最后暴露之间往往都有相当长时间的周期。这一时间差的长短直接决定着案件侦查工作的速度。两者间隔时间越长,对侦查工作越不利。

（3）发现案件与侦查活动的开展存在着时间差。有明确被害人的从事到人类型的案件,发现间隔的时间较短;无明显被害人的从人到事类型的案件,如职务犯罪、走私、逃税、洗钱案件,时间差可能长达数年,侦查和证明犯罪的难度更大。

（三）犯罪嫌疑人常用的掩盖犯罪时间的手法

由于犯罪时间在排查犯罪嫌疑对象时有肯定犯罪嫌疑或否定犯罪嫌疑的作用,因而,犯罪嫌疑人总是利用掩盖犯罪时间的方式来逃避追诉。掩盖犯罪时间的方法多种多样,常见的方法有：

（1）长途奔袭。长途奔袭是指犯罪嫌疑人的日常居住地、工作地与犯罪实施地相距较远,犯罪嫌疑人利用现代化交通工具,远距离奔波,迅速实施犯罪,整个犯罪过程在较短时间内完成,从而使他人无法察觉。

（2）幕后操纵。犯罪嫌疑人在实施犯罪时不出现在犯罪现场,而是扮演幕后指挥的角色,如采取雇佣他人实施犯罪或利用他人实施犯罪。

（3）借假象掩盖犯罪时间。比如故意撕去现场上的日历、在现场故意留下推迟犯罪时间的字条、利用定时装置延时引爆等。

（4）冒名顶替。一是犯罪嫌疑人在犯罪时间段内指使他人冒己之名从事某项活动;二是在实施犯罪时,冒他人之名,以转移侦查视线,嫁祸于人。

（5）出示假证。犯罪嫌疑人为了证明自己无犯罪时间,往往故意出示能够证明一定时间的物品,如车船票、电影票等,而这些票据上所标明的时间正好是犯罪时间或与犯罪时间接近。

（6）利用他人作伪证。为犯罪嫌疑人在时间上作伪证的大多是与其有明显密切关系的亲朋好友。

五、犯罪空间

犯罪空间,亦称犯罪地点,是指犯罪嫌疑人实施犯罪的处所。依犯罪时间的先后,犯罪空间亦有预备犯罪的空间、实施犯罪的空间和处理赃物等罪证的空间之分。犯罪空间具有四维性,与犯罪时间一样,也是一个无限延伸的概念,它可以小到一个点,大到一个国家的领土、领海、领空。在网络时代,互联网上的信息世界并非虚拟,也是犯罪的广阔空间。而且,犯罪空间的意义绝不仅仅是指一个相对固定和静止的点或处所,而是一个运动的、联系的概念,移动的场所、有内在联系的犯罪地点间的位置关系都属于犯罪空间的范畴。

通常,犯罪嫌疑人要侵害一定场所的特定对象,必然要亲临一定的场所。现实犯罪现场上的痕迹物品和有关的证人证言证实某一个人曾到过犯罪现场,则可在一定程度上证明其有实施犯罪的嫌疑。网络空间中亦会即时留下犯罪的痕迹。在特定情况下,某人到过犯罪现场还可直接起到证明其犯罪的嫌疑。

犯罪空间的选择、犯罪空间相互之间的联系都能在一定程度上反映出案件的某些情况。如不同的犯罪空间之间若存在特定的联系,此犯罪空间上遗留有彼犯罪空间上丢失的物品,几个犯罪空间上有同样的犯罪痕迹或反映出相同的实施犯罪的方式,则可判明是同一个或同一伙犯罪嫌疑人实施的犯罪。此外,犯罪空间上出现的一些反常现象、遗留的犯罪痕迹或异常物质常是侦查工作的重要依据和线索。

犯罪空间与犯罪时间等要素相结合,常常可以推断犯罪嫌疑人是本地人还是外地人、犯罪嫌疑人的启程点和落脚点距犯罪空间的距离等。从犯罪空间的环境和内部状况等情况还可以分析犯罪嫌疑人对犯罪空间的知情程度,判明是内部人员还是外部人员或是内部人员和外部人员相互勾结实施犯罪等。

第二节 刑事证据

根据我国《刑事诉讼法》第 50 条的规定,可以用于证明案件事实的材料,都是证据。侦查机关有权向有关单位和个人收集、调取证据。有关单位和个人应当如实提供证据。侦查机关收集证据必须依照法定的程序,采取法定的取证措施,客观、全面地进行。对于收集到的证据还必须经过查证核实,才能作为定案的依据。

一、法律规定的刑事证据的形式

根据我国《刑事诉讼法》第 50 条的规定,刑事案件的证据有以下八种形式。

(一)物证

物证是指与案件相关联,能够证明案件真实性情况的实物或痕迹。犯罪嫌疑人只要实施犯罪行为,就会对周围的环境产生相应的影响,使其发生同行为前相比不同的变化,留下有关物品或痕迹。物证经过侦查人员按法定程序和措施予以发现、收集、固定，即成为查明案情的证据，能够同其他证据一起作为破案依据和诉讼证据。

1. 物证的种类

物证的表现形式多种多样，归纳起来主要有以下几类：犯罪工具，如犯罪凶器、用以制作冒牌产品的设备，盗用、冒用的证件、印章、交通工具等；犯罪行为直接侵害的对象，如贪污、挪用、诈骗得来的赃物赃款；由犯罪行为所产生的非法物品，如伪造的国家货币及有价证券、假冒的商标、伪劣药品；由犯罪行为而产生的物品，如环境犯罪的污染排放物，私刻的印章，拼接、挖补的证件等；犯罪嫌疑人在各种场所所遗留的表现其个人特征的痕迹或物品，如犯罪嫌疑人的指纹、足迹、包装行贿赃物赃款的物品；为掩盖罪行，逃避侦查而伪造或遗留下的物品或痕迹，如走私犯罪中用以替换真实货物的道具货物，犯罪后同伙间订立攻守同盟活动所使用过的物品；其他可供查明案件真实情况的物品和痕迹。

2. 收集、调取物证的要点

收集、调取的物证应当是原物。只有在原物不便搬运、不易保存或者依法应当由有关部门保管、处理或者依法应当返还时，才可以拍摄或者制作足以反映原物外形或者内容的照片、录像或者复制品。

物证的照片、录像或者复制品经与原物核实无误或者经鉴定证明为真实的，或者以其他方式确能证明其真实的，可以作为证据使用。原物的照片、录像或者复制品，不能反映原物的外形和特征的，不能作为证据使用。

（二）书证

书证是以其记载的内容证明案件真实情况的文字材料。它和物证一样，都是以实物的存在为共同特征，都是凭直观看得见的有形证据。

1. 书证的特点

从广义上讲，书证也是物证的一种，但书证又具有同其他物证不同的特点。书证是以其记载的内容来证明案件真实情况的，而物证则是以其外部特征或存在的情况、质量、特征等来证明案件事实的。通常情况下，书证以其记载的内容可以直接证明犯罪嫌疑人有罪，而物证则是能起到间接证明的作用。书证在刑事案件的侦查活动中具有十分重要的意义。这是因为国家、企事业单位对经济活动的管理主要是通过会计账册、经济合同文书、银行资金划拨、转账、计划申请、审批等重要凭证、文书记载的内容来实现的。犯罪嫌疑人为获取财物，大都必须在国家规定的程序内或被害人的具体要求下，利用管理不当、监督不力的空隙，进行篡改或虚构，以达到其犯罪的目的。犯罪嫌疑人篡改或虚构的文书材料大都会存入企事业单位的有关档案中或为被害人作为凭证保存。所以，当这些文书材料作为刑事犯罪证据使用时，其证明内容和效力是比较完整和肯定的。它能够真实地反映出犯罪嫌疑人的主要犯罪事实。同时，上述文书材料大多会通过有关环节的专职工作人员按规定的程序分类处理，能够有条理地、完整地原样保存在档案中，因而收集、查证也较容易，责任也易于分清。只要通过专门的清查、审计、检验手稿，侦查机关即可获得所需的书证，为破案结案打下坚实可靠的基础。

2. 收集、调取书证的要点

收集、调取的书证应当是原件。只有在取得原件确有困难时,才可以使用副本或者复制件。书证的副本、复制件,经与原件核实无误或者经鉴定证明为真实的,或者以其他方式确能证明其真实的,可以作为证据使用。书证有更改或者对更改迹象不能作出合理解释的,或者书证的副本、复制件不能反映书证原件及其内容的,不能作为证据使用。书证的副本、复制件,视听资料、电子数据的复制件,应当附有关制作过程及原件、原物存放处的文字说明,并由制作人和书证持有人或者书证持有单位有关人员签名。

(三) 证人证言

证人是指在一定的时间,直接或间接通过刑事诉讼活动以外的途径了解案件有关真实情况的人。证人证言是证人就其直接或间接了解的同案件有关的事实、情节,向办案人员所作的陈述。它包括言语证词和书面证词两种形式。证人所了解的事实可以是亲身耳闻目睹的,也可以是他人转告的。不论以何种形式了解的案情,都必须不是通过参加刑事诉讼活动而了解的。证人证言是刑事诉讼活动中应用十分广泛的一种证据。因为犯罪事实一发生,就难以避免地会被有关人员全部或部分地了解,直接或间接地感受到。通常情况下,侦查人员都是以口头询问的方式向证人调查案件事实,同时以笔录的形式加以记录固定。也可以由证人将其所知道的情况以书面形式提供,对其中不够清楚的情节可以再次进行口头询问,记录入卷。

由于证言是证人回忆对保留在其意识中的有关案件印象的陈述,所以,基于每个证人自身的文化程度、陈述能力、理解能力,记忆力等差别,以及案发时所处的位置、环境、知情的原因、作证的出发点、同案件的关系等等复杂的原因,都会出现关于同一事实情节而不同的证言。由此,我国刑事诉讼法对证人的条件有严格的规定,凡生理上、精神上有缺陷或者年幼,不能辨别是非,不能正确表达的人均不能作为证人。对于侦查机关而言,对于证人的证言必须和其他证据相互核对,进行综合分析判断,确保不受虚假证言或失实证言的干扰。也正是因为证言的复杂性,我国刑事诉讼法还规定证人证言必须在法庭上经过公诉人、被害人、辩护人双方询问、质证,听取各证人的证言并且经过查实以后,才能作为定案的根据。我国刑事诉讼法的这一规定,对侦查机关收取和审查证人证言提出了严格的要求。

(四) 被害人的陈述

被害人是直接遭受犯罪行为侵害的人,其就案件事实的有关情况向司法机关所作的陈述,即为被害人的陈述。被害人直接遭受犯罪行为所侵犯的权利种类较多,如人身权利、名誉权利、知识产权、住宅权利、财产权利、民主权利等。这些权利可能单独受到犯罪行为侵害,也可能是多种权利同时遭到侵害。

被害人陈述也容易受到主、客观因素的影响。从主观方面而言,基于惩罚犯罪的偏激情绪和心态,被害人可能夸大犯罪情节,或者为隐瞒或减轻自己的过错而捏造事实,甚至伪造证据陷害无辜。从客观方面说,被害人对犯罪行为的感知、记忆可能因心情恐慌、时间久远、环境条件等因素发生错误,因此,在侦查中利用被害人提供的情况时一定要认真地分析,审查其现实表现、与犯罪嫌疑人的关系、陈述的来源及内容等,以免使侦查工作误入歧途。

(五)犯罪嫌疑人、被告人的供述和辩解

犯罪嫌疑人、被告人的供述和辩解,是指其向侦查人员、检察人员、审判人员所作的承认自己犯罪事实的供述,说明自己无罪或罪轻的解释,以及揭发他人犯罪事实的陈述等有关案件事实的口头或书面的交代。我国《刑事诉讼法》第52条明确规定严禁刑讯逼供和以威胁、引诱、欺骗以及其他非法方法收集证据,不得强迫任何人证实自己有罪。

(六)鉴定意见

鉴定意见是司法机关指派或聘请具有专门知识、技能的人,对案件事实中的某一专门性问题,运用其掌握的专门知识、技能进行检验鉴定之后,所作出的书面报告。在科学技术不断进步的现代,运用科学技术手段揭露和证实犯罪,鉴定意见作用越来越重要。但是,由于鉴定人的技术水平、鉴定设备的完好程度、鉴定方法的正确与否、鉴定人的工作作风是否认真细致、鉴定人是否受到外界的干扰等等,都可能使鉴定意见产生错误。把鉴定意见看成是"科学的判决",认为不需要经过查证,就可以作为定案的根据,是不正确的。

(七)勘验、检查、辨认、侦查实验等笔录

勘验、检查笔录是侦查人员、检察人员、审判人员依法对同犯罪有关的场所、物品、人身、尸体等进行勘验、检查时所作的有关情况的文字记录。勘验、检查笔录就其内容而言,可分为现场勘验笔录、物证勘验笔录、尸体检验笔录、人身检验笔录、搜查笔录等。现场绘图、拍摄的照片、复制的模型材料、录音、录像等是勘验、检查笔录的附带形式。

辨认笔录是侦查人员为识别、确定犯罪嫌疑人和可疑物证,对组织被害人、目击者、知情人进行的辨认活动依法制作的固定辨认过程和结果的文字记录。

侦查实验笔录是对侦查实验的过程和结果客观详细的文字记录,应当与侦查实验同时进行,可以辅以绘图、照相、录像、录音等予以进一步记录和说明。

勘验、检查、辨认、侦查实验等笔录是依照法定程序制作的一种证据。它虽然也是书面材料,但并不属于书证的范畴。书证是侦查人员收集的以其记载的内容证明案件真实情况的文字材料,而勘验、检查、辨认、侦查实验等笔录则是侦查人员依法制作的特殊形式的书面材料。两者的来源和形成原因是完全不同的。勘验、检查、辨认、侦查实验等笔录也不是物证,其内容尽管记载反映的多是物证材料,但它不等于物证本身,证明力度和鉴定检验价值、条件及最终的处置等多方面二者均不相同。所以,勘验、检查、辨认、侦查实验等笔录作为一类单独的证据为我国刑事诉讼法所认可。

(八)视听资料、电子数据

视听资料是指采用摄影、录音、录像等现代声像技术手段获取和存储的情报信息。如通过计算机、录音带、录像带、幻灯片、电影、电视以及各种图片媒介以及通过电话、广播、谈话、讲演等方式所传递的情报信息。视听资料同其他物证不同,它主要是以声音和图像来证明同案件有关的事实的。声音包括人的声音,如谈话、演讲、演唱、脚步声、笑声、哭声、咳嗽等,以及其他声音,如枪声、汽车声、动物的声音、物品撞击碎裂的声音等。图像包括人的外貌特征,以及其他事物的外部形态,如动物、建筑物、交通工具、装饰物等。视听资料往往反映了同案件有关的事和物,如犯罪发生场所的电视监控、监听侦查获取的视听资料,犯罪现场录像、侦查活动中的秘密录音、录像、照片等,它们既是侦破案件、追诉控制预谋犯罪的依据,又是一种重要的诉讼证据。

电子数据是指电子设备及系统运行过程中产生的或储存的,以其记录的内容来证明案件事实的电磁、光学记录物,并且该记录物具有多种的输出表现形式。通常为与案件事实有关的电子邮件、网上聊天记录、电子签名、访问记录等电子形式的证据。电子数据的优点是记录方式数字化、输出格式标准化、制作过程智能化和传递方式网络化,具有直观、便于展示、现场感强等特点,但也具有易于编辑、增加、删改、复制等缺点。

二、刑事证据的类型

刑事证据的类型,是指对刑事证据根据其特点所进行的不同角度的区分。从理论上正确地进行刑事证据类型的划分,有助于了解各种刑事证据的特点和作用,从而在侦查中更好地加以运用。

刑事证据的分类有许多种,其中实际意义比较大的分类是:

(一) 原始证据和传来证据

这是按证据来源是否属于原始而区分的。原始证据就是从案件事实的最初来源获得的证据,即属于第一手的事实材料。如案件事实之目睹人所作的证言、书证的原本和物证的原物等。传来证据就是从派生来源获得的证据,即属于第二手或第二手以上的事实材料。如证人对他人告知的案件事实所作的证言、书证的副本和物证的复制品等。传来证据往往不如原始证据可靠,而且传来证据离最初的证据来源越远,可靠性通常也越差。但是传来证据在刑事诉讼中仍是有作用的,它可作为发现和审查原始证据的手段,并在必要时可作为定案的根据。

我国刑事诉讼中要求尽可能采用原始证据,但不排斥使用传来证据。最高人民法院《关于适用〈中华人民共和国刑事诉讼法〉的解释》第84条第1款的规定:"据以定案的书证应当是原件。取得原件确有困难的,可以使用副本、复制件。"任何道听途说,来源不清的材料不得作为证据加以采用。

(二) 直接证据和间接证据

这是按证据证明案件主要事实的方法不同而区分的。案件主要事实在刑事案件中是指犯罪嫌疑人、被告人是否实施犯罪的事实。直接证据就是能直接证明案件主要事实的证据。如犯罪嫌疑人、刑事被告人对犯罪的供认,书证中关于犯罪嫌疑人挪用资金的记载,被害人指认犯罪嫌疑人的陈述,证人提供犯罪嫌疑人实施犯罪过程的证言等。间接证据是只能证明案件的片段情节而不能直接证明案件主要事实的证据。综合若干间接证据,才可推断出案件主要事实的结论。如犯罪嫌疑人与被害人互有怨仇而存在犯罪动机,在犯罪嫌疑人家中搜查到赃物,在现场发现犯罪嫌疑人的指印等,都是间接证据。

运用直接证据证明案件主要事实,方法比较简单,只要证据本身审查属实,主要事实就可以认定。全部运用间接证据证明案件主要事实则比较复杂,其规则如下:一是间接证据与案件主要事实之间必须有客观的内在联系,这种内在联系可表现为前者是后者的原因、结果或条件等情况。二是先要对各个间接证据的真实性进行审查,然后对全部间接证据进行综合分析判断。三是间接证据之间以及它们与案件主要事实之间,必须协调一致,没有矛盾;如果发现矛盾而又排除不了,就不能定案。四是全部间接证据必须构成完整的证明体系,确凿无疑地得出案件主要事实的结论,并有充分理由排除任何其他的可能性。在侦查实践中,通常以直接证据和间接证据互相配合、互相印证来认定案情,全部运用间接证据来定案是比较少的。

(三)控诉证据和辩护证据

这是按证据所起的证明作用不同而区分的。刑事诉讼中的控诉证据,又称有罪证据或攻击证据,就是能够证明犯罪嫌疑人、被告人有罪或罪重的证据。辩护证据,又称无罪证据或防御证据,就是能够证明犯罪嫌疑人、被告人无罪、罪轻的证据。把刑事证据分为控诉证据和辩护证据,是为了使侦查人员在工作中全面客观地收集和运用对犯罪嫌疑人、被告人有利和不利的证据,避免犯主观片面、偏听偏信的错误。我国《刑事诉讼法》第52条规定:"审判人员、检察人员、侦查人员必须依照法定程序,收集能够证实犯罪嫌疑人、被告人有罪或者无罪、犯罪情节轻重的各种证据。……"

(四)言词证据和实物证据

这是按证据的表现形式不同而区分的。言词证据就是一定人的口头陈述,又称人的陈述,包括证人证言、鉴定意见、被害人陈述、犯罪嫌疑人、被告人供述和辩解等。实物证据是具有实体物形状的证据,包括物证、视听资料、书证、勘验检查笔录等。由于言词证据和实物证据的特点不同,对它们的收集和判断也不同。收集言词证据,主要采取对人询问的方法;收集实物证据,主要采取搜查、扣押、勘验、检查等手段。判断言词证据,必须考虑到提供言词证据的人的各种因素,如他与案件结局有无利害关系、精神是否正常、品质如何等;判断实物证据则往往需要进行鉴定、辨认。

(五)通常证据和辅助证据

这是按照证据证明的目的不同而区分的。通常证据是指能证明案件本身事实的证据,一般的证据都属于这种证据。辅助证据是指其本身不能证明案件事实,而只能证明通常证据是否可靠的证据。如证明证人的精神正常、与案件无利害关系等。

(六)主要证据和补强证据

这是按照证据发挥的作用不同而区分的。主要证据是指对案件事实的证明起主要作用的证据。补强证据就是补充主要证据以加强和确认证明力的证据。有的案件必须有补强证据才能定案。如伪证罪、容留妇女卖淫罪,根据一个证人证言不足定罪,必须有补强证据。共犯的指证,也必须有补强证据。

三、刑事证据的证明

(一) 刑事证据的证明对象

证明对象是指侦查人员在侦查中需要运用证据予以证明的事实情况。明确证明对象,是为了使侦查人员从理论上认识到刑事诉讼中应该证明的问题范围,从而有目的、有步骤地依法收集、运用证据加以证明,不致使侦查的范围过宽或过窄,影响对案件的正确、合法、及时的处理。

证明对象包括刑事实体法事实和刑事程序法事实。

1. 刑事实体法事实

刑事实体法事实,是指对定罪量刑具有法律意义的案件事实。它分为:(1) 犯罪事件的事实,这是证明对象的核心部分,其范围一般包括:犯罪行为的情况,即犯罪行为是否已发生,是否属于正当防卫、紧急避险等排除社会危害性行为,实施犯罪行为的时间、地点、方法、工具、过程、环境和条件等;谁是犯罪实施者,他是否达到责任年龄,有无责任能力;犯罪嫌疑人、被告人的罪过(故意或过失)情况及犯罪目的的动机;犯罪的结果,即犯罪行为所造成的损害;犯罪后的表现,即犯罪后犯罪嫌疑人、被告人戴罪立功、自首、坦白等悔罪情况,或者潜逃、毁证、灭迹、阻止同案犯交代、订立攻守同盟等抗拒情况;是否存在犯罪已超过追诉时效、犯罪嫌疑人、被告人死亡、经特赦免除刑罚等不追究刑事责任的情况;其他影响被告人罪责轻重的犯罪事件情况,如被强奸的人是孕妇、病妇、聋、哑、盲人或幼女等。(2) 犯罪嫌疑人、被告人的个人情况。包括其一般履历(姓名、性别、年龄、民族、政治面貌、文化程度、家庭出身、个人成分、工作经历、工作单位、职务、原籍和现址等),一贯表现,是否有前科或受过处分,等等。一般说来,这些情况与确定犯罪嫌疑人、被告人是否为犯罪分子没有直接的关系,但有时对量刑有意义。

2. 刑事程序法事实

刑事程序法事实,是指对解决刑事诉讼程序问题具有法律意义的事实。这些事实如不加以证明,就会影响刑事诉讼活动的顺利进行,影响案件得到正确、合法、及时的处理。需要证明的程序法事实通常有:(1) 有关回避的事实。根据我国《刑事诉讼法》中规定需要回避的情况,在决定是否回避以前,应当加以证明。(2) 决定对犯罪嫌疑人应否采取强制措施的事实,如犯罪嫌疑人是否患有重病或怀孕等事实。(3) 有关诉讼期限的事实。如根据刑事诉讼法规定可以申请顺延侦查羁押期限的理由。(4) 违反法定程序的事实。如不依法收集证据;刑讯逼供;剥夺犯罪嫌疑人、被告人或当事人行使诉讼权利等事实,都应当列为证明对象。

(二) 刑事证据的证明方法

刑事证据的证明方法主要是:

第一,汇集证据材料。即把侦查中采取各种侦查措施获取的证据材料分门别类地汇集在一起。

第二，对每项证据材料的客观性、关联性和合法性进行审查核实。客观性是指证据必须属实。关联性是指证据必须与待证事实有关，能够证明案件的待证事实。合法性是指证据必须是侦查人员按照法定程序，采取合法的方法收集、固定，可用于证明案件的待证事实。经过审查核实，认定某一项证据材料对于证明案件的待证事实毫无意义，即使它是真实的，也应当舍弃。

第三，运用证据材料综合证明案件的待证事实。即将案件各方面证据材料联系起来，通过由此及彼、由表及里的审查，找出它们之间的内在联系，并通过相互印证、补充、比较，进一步审查证据材料的可靠性和证明力，进而对案件的全部待证事实作出证明。一般是首先要把所有的证据材料集中起来，对案件一个方面或几个方面的待证事实进行证明，找出它们之中哪些是共同证明一个或几个问题，哪些是单独证明一个或几个问题，哪些是比较准确地证明一个或几个问题，哪些只是对某一个或几个问题作出某种可能性判断，哪些在证明一个或几个问题上还有矛盾等。然后，再把案件的每一个事实情节有机地联系起来，形成一个统一整体，从主体、主观方面、客体、客观方面作出全面的证明。当所有的证据材料共同指向同一待证事实，不存在无法排除的矛盾和无法解释的疑问，即根据证据认定案件待证事实足以排除合理怀疑，结论具有唯一性时，才可以定案处理。

第五章 侦查记录

第一节 侦查照相

侦查照相是侦查技术的一个组成部分。它是以普通照相的原理，根据侦查的特点和要求，按照一定的方法，用来固定犯罪事实，记录侦查活动，显示与犯罪有关的人、物和场所影像的一项专门造影技术，包括现场照相、翻拍、检验照相和辨认照相等。

一、现场照相

现场照相，是用照相的方法，把刑事案件现场的状况和现场痕迹及物品的特征、位置及其相互关系客观、准确地记录和固定下来的一种技术手段。其目的在于通过照片反映出犯罪现场的概况，揭示犯罪手段，以及现场物证的特征及其在犯罪事件中的意义，从而为分析研究犯罪现场情况，判断案情和物证鉴定提供客观依据。现场照相是现场勘验的一项工作内容，是勘验记录的重要组成部分。在侦查、审判过程中，根据需要，可以按现场照相恢复现场原来状态，为判断或审查犯罪嫌疑人口供、被害人陈述、证人证言，评判侦查中某些推论的可靠性提供依据。

为了真实全面地反映犯罪现场情况和勘验过程，现场照相必须按照一定的步骤和方法进行。现场照相按照拍照的内容和要求，可分为现场方位照相、现场概览照相、现场中心照相和现场细目照相。这四种照片是彼此联系，相互印证的。通过由远至近、由大到小、由内到外、层层展开的拍照方法，全面、真实地反映犯罪现场的概貌。一般先要拍照现场方位照片和现场概览照片。随着勘验的逐步深入，再分别拍照现场中心照片和现场细目照片。

（一）现场方位照相

现场方位照相的目的在于记录和固定现场的位置及其与周围环境的关系，反映出现场本身具体的地理位置。要求现场与周围环境及与现场有联系的房屋、道路、树木、桥梁等重要的带有永久性或半永久性标志的物体一并反映在画面里。为此，拍照时尽可能选择较高或较远的拍照点。如受拍照环境的限制，可以用广角镜头来扩大物的成像范围，或者采用连环拍照的方法来解决之。对于某些能反映现场具体位置的特殊标志，如单位名称、街道名称以及门牌号码等，因过于细小，在景物较多的方位照片上显示不清，应采用特写镜头拍一张单独照片，在编排现场方位照片时，按其所在位置引申出来以表明之，作为一种辅助性的方位照片。

（二）现场概览照相

现场概览照相是反映现场本身全貌的照相，要求能反映现场本身的内部状况及其景物相互之间的关系。即要使所拍照的现场概览照片能反映出现场范围、犯罪人进出口和来去路线、被侵害客体的状况、痕迹物品分布及其相互联系等情况。所以在拍照时要把现场中心部位和勘验的主要对象置于显要的位置上，不得相互遮挡。为此，拍照时要站在较高的位置进行。如果现场范围不大，尽可能使概览照片在一个镜头的画面中得到反映。如现场过于广阔或过于狭窄，或者地形复杂，一个镜头的画面囊括不下时，则根据现场的具体情况，可采用相向、多向或直线连环、回转连环拍照方法解决之。

（三）现场中心照相

现场中心照相是记录犯罪现场中心部位和反映现场主要物体的特点及临近物体、痕迹之间的关系的照相。例如盗窃现场的被盗物品的保管处所；杀人现场发现尸体的处所以及分尸处所等。现场主要物品是指对案件有重要意义的勘验对象。如杀人现场的尸体、凶器，反映杀人状况的血泊、喷溅血点和擦拭血痕等；盗窃现场上犯罪人的进出口，被其翻动和移动过的物品，以及其作案时破坏的物体等。为此，在进行现场中心照相时，应抓住被拍照物体的特点，并要把这些物体安排在画面的主要位置上。现场中心照相往往需要拍照多张，故应根据现场具体情况决定其张数。现场中心照相所反映的内容，往往景物多、范围广、距离近，因此必须很好选择拍照角度和适当高度的拍照点进行拍照。

（四）现场细目照相

现场细目照相是用于记录和固定犯罪现场上具有证据意义的痕迹和物品的照相。例如拍照的工具破坏痕迹、手印、脚印等。现场细目照相的主要任务是反映痕迹、物品的形状、大小和特征，为技术鉴定提供客观真实的依据。现场细目照相质量的好坏，在一定程度上关系到技术鉴定工作能否顺利进行，甚至关系到鉴定工作的成败。因此，拍照细目照片时，要严格按照比例照相规则，即把比例尺放在被拍照物体同一水平面上一并照入镜头，以备在技术鉴定或审查证据时，根据比例尺准确地推算出该物体的实际大小。现场细目照相一般在详细勘验阶段进行，可以移动被拍照对象的位置，改善拍照条件，但在移动前，必须将其原有的状态及其所在的具体部位，不变形地、按比例拍照下来。

二、翻拍

在侦查中，经常需要对与案件事实有联系的文件、单据、书籍、信件、照片、物质、痕迹或其他物品等进行翻拍处理。翻拍是技术鉴定的必要的准备工作，也是固定和保全物证、书证的一种有效的方法。

翻拍物证和书证，要求被拍照原件的中心部位与感光片中心部位及镜头的光轴三者处于一条直线上，以保证原物的影像不变形。

翻拍的照明，要求光照柔和、均匀，务必不使反射光射入镜头。

翻拍用的照相机要有能伸长 2—3 倍焦距的镜头和调焦用的毛玻璃。

常见的翻拍方法有缩小翻拍、原大翻拍、扩大翻拍和脱影翻拍。

三、检验照相

检验照相,是采用照相方法显示目力难于辨识和察见的物相。其主要任务是记录和固定技术检验结果,揭示目力不能察见的痕迹和物质细微结构,为技术鉴定提供直观的形象资料;揭露某些被破坏、掩盖的证据的真实内容。常见的检验照相主要有:

（一）分色照相

分色照相是利用可见光谱中的不同成分和物体对单色光反射、吸收的不同特性,通过光源、滤色镜和感光材料的有机配合改变被拍照物体的光谱成分,使其某一部分色光被阻止、限止在感光片上不感光或减弱感光,使另一部分色光被通过而增强感光,借以显示出肉眼难以分辨的颜色和细微特征之间差别。

分色照相在侦查中常用来作为一种检验手段。如通过分色照相方法揭示被检验文件上被颜料、墨水掩盖的原文;鉴别用不同的墨水添写、改写的字迹;显示文书上变黄褪色的文字内容等。

分色照相的主要工具是滤色镜,利用各种有色滤色镜来控制或改变光谱成分,使某一单色光通过,使另一部分色光被阻止,从而达到加强或减弱某些颜色的目的。

（二）紫外线照相

紫外线是位于可见光谱紫色光外不可见辐射线,其波长范围为50—400毫微米。其中200—400毫微米的近紫外线区域是紫外线照相的应用范围。紫外线照相,是以紫外线为光源进行物证检验的照相技术。利用紫外线照相能显示出在可见光下看不见或辨不清的物质及其特征。可分为:

(1) 紫外线激发光照相。即利用紫外线对某些物质的激发光的颜色不同现象进行检验和拍照物质痕迹的方法。紫外线激发光照相常用紫外线光源,是辐射峰值在360毫微米(长波)和254毫微米(短波)的两种专用紫外线灯,在拍照时应在镜头前加阻止紫外线而能透过可见光的滤色镜,如UV镜、黄色或黄绿色滤色镜。全部操作应在暗室内进行。

(2) 紫外线反射照相。即利用不同物质对紫外线不同吸收、反射和透射能力,对物质痕迹进行鉴别和比较的照相方法,它在底片上记录的是被反射回来的不可见光图像。这种照相与激发光照相不同的是,只允许纯净的紫外线在感光片感光,消除所有的可见光线。紫外线反射照相应具备石英玻璃制成镜头和滤色镜;使用能发出纯净紫外线的水银石英灯,以使一切可见光都被吸收。紫外线反射照相不要求感光片的感色性,要求反差性强,少含胶质的紫外线感光片。紫外线反射照相的曝光因素,主要由光源和被拍照客体反射紫外线的特性和感光片的速度决定。一般这种照相的曝光时间约是紫外线激发光照相的1/100。准确的曝光时间,须通过试验为妥。紫外线照相的影像的清晰点比可见光要短1/50,在进行调焦时获得清晰后,再把焦距缩短1/50。

（三）红外线照相

红外线是位于可见光谱红色光以外区域的不可见辐射线,其波长范围在760—

420000 毫微米。用于红外线照相的是 760—1350 毫微米的近红外线。红外线照相，是以红外线为光源进行物证检验的照相技术。红外线照相可分为：

（1）红外线反射照相。即以红外线为光源进行物证检验的照相方法。它在底片上记录的是被拍照体反射回来的红外线图像。主要用于文检和验枪技术。如再现被涂抹、掩盖、销蚀或自然褪色的文字与图案，辨别后添加的字迹，判读被烧毁文件上的字迹，拍照近距离射击时遗留的烟晕、火药残渣及枪油污渍等。在进行红外线反射照相时，在物镜前应加用红外线滤色镜，以防止可见光进入镜头。

（2）红外线荧光照相。即用激发光使某些物质产生红外线荧光辐射，并拍照红外线荧光图像的物证检验技术。如果遇到被检验物质与其载体发出的荧光强度一致，两者区别不开时，为了加强被检验物质的荧光强度，消除周围环境红外辐射的干扰，常采用液氮降温的方法，称之为低温红外荧光照相法。红外线荧光照相，主要用于文件技术检验中对涂改、污损、消退字迹的显现。

（3）红外线辐射照相。即在不附加其他光源下，直接拍照被拍物体的辐射红外图像，经冲洗加工可获得可见图像的负片与正片。这种方法主要用于夜间没有照明条件秘密拍摄人像或机动车辆。使用不同型号的感光片感受波长范围不同，应根据不同的需要来选用之。红外线感光片均须在低温条件下保存，且保存期很短，应在有效期尽快使用。因红外线的光波比任何可见光都长，所以红外线照相的聚焦位置比可见光为远。现代的较高级的照相机在其景深表上都有红外线照相测焦的标记"R"字样。其使用法：先用普通调焦方法调好距离，然后再将"R"符号对准该距离刻度，即可获得红外线成像的准确像距。

四、辨认照相

辨认照相是以人体识别为目的，对被拘捕的犯罪嫌疑人或未知名尸体，按照专门的规则进行的一种人体照相。

（一）犯罪嫌疑人辨认照相

必须分别拍照以下照片：

（1）正面脱帽半身照片。是为了反映犯罪嫌疑人常态下的外貌。要求把其正面的外貌形象和特别记号拍入画面。对于犯罪嫌疑人的某些习惯性生活特点（如为了掩盖秃顶而喜欢戴帽子等），除应如实描述外，还要拍照他的生活特点参考照片，以作为识别犯罪嫌疑人时的辅助材料。

（2）右侧面脱帽半身照片。是为反映犯罪嫌疑人右侧面的外貌形象和特别特征。拍照时令人犯向左转 90°角，两眼向左前方平视，完全显露出人犯的前额、鼻、上唇、下唇和下颌的侧面轮廓。对右耳的特征也要得到清晰地反映。拍照侧面照片与正面照片均要求拍照出的底片上成像的高度为实际高度的 1/24，并在其侧水平面上挂一条标有身高的米度尺。

（二）未知名尸体辨认照相

未知名尸体辨认照相的拍照规则和拍照方法均与犯罪嫌疑人辨认拍照相同。由于未知名尸体一般发现的时间较晚,人体外貌受到自然或人为的改变,有时遭到严重损坏和高度腐败。所有这些,都要根据不同情况拍照,在拍照之前允许进行整容。如清除血污、泥垢,缝合伤口,整理衣着,理发,对于脱水的眼内外角填充适度的填料等。如需整容后拍照,则对整容前的尸体面容亦应拍照。尸体上如有对辨认有重要意义的特别记号或标志,还应进行细目照相。此外对未知名尸体的其他物证(衣、帽、鞋、袜、内衣、内裤以及尸体上的特别特征等),都要拍照成物证辨认照片,以作为辨认尸体的辅助材料。

第二节 录音录像与计算机记录

一、录音录像

作为侦查记录手段的录音录像是记录和固定证据的一种技术,它分为录音记录和录像记录。

(一)录音记录

录音记录主要运用于记录审讯情况。具体做法是,审讯开始前,侦查人员当场拆封两盒磁带,让犯罪嫌疑人辨认是否原装空白磁带,然后同时装入两部录音机,记录审讯的全过程。审讯结束,将其中的一盒取出,让犯罪嫌疑人辨认后密封,犯罪嫌疑人签名后入档保存。在以后的法庭审判或者上诉审、再审时,如果该人对出示的另一盒供词发生异议,法官可以立即下令提取存档磁带,打开密封,当场播放,以此作证。

(二)录像记录

录像记录可以带来侦查记录工作的彻底变革。它除了具有录音技术的全部优点(本身包括录音技术,其是录音和录像技术的高度统一形式)外,还具有录音和其他记录技术不可能具有的直观可视、音像合一的独特优点。从记录手段的角度讲,如果说录音主要用于录供、录证,那么录像既可用于录供录证,还可用于记录搜查、拘捕犯罪嫌疑人、现场勘验、检查等侦查活动。尤其在记录被害人、证人、嫌疑人重伤或临终时的证言或口供最为便利。录像记录通常由两部分组成:第一部分是反映侦查人员的组成及邀请的见证人,一般编排在整个录像的开始部分。第二部分是反映侦查活动过程。录制时,对于侦查所见的可疑痕迹、物品,在其旁边放比例尺后,由近及远摄录。

二、计算机记录

计算机记录是运用计算机文字处理功能记录侦查活动。它属于文字记录的范畴,是侦查笔录的一种特殊形式,主要适用于询问、讯问等侦查活动。计算机记录的程序要求与笔录相同。证人、被害人、犯罪嫌疑人应分别在询问或讯问笔录上签名或盖章,侦查人员应当在笔录上签名。

第三节 侦查测量

侦查测量是以测量学的原理和方法,根据侦查的特点和要求,通过直接测量,记录与犯罪有关的物质实体的一项专门技术活动。它可以提供了解、研究案情的资料和证明犯罪情况的证据。按测量的内容可以分为现场绘图、线段测量、重量测量和比重测量等几种。

一、现场绘图

(一)现场图的概念

根据勘验、检查所见的现场状态所绘制的图,称为现场图。它是借助于各种符号和文字说明,通过测绘、表示和复制的方法,对客观存在的犯罪现场状态的固定。它能够把现场的位置,周围的环境,现场的全貌,现场上与犯罪有关的痕迹、物体的状态以及它们之间的相互关系等表示出来。利用现场图表示现场现象的显著优点是:准确完整、形象具体、简明生动、通俗易懂、一目了然,给人以明确深刻的印象。

(二)现场图的种类

按现场图的内容和作用,一般可以把它分为以下几种:

(1)现场平面图。即将现场现象按垂直投影的方法表示在图纸上。它又可以分为:第一,现场方位平面图。主要是用来表示犯罪现场所在的位置及其与周围环境的关系。第二,现场全貌平面图。主要是用来表示犯罪现场内部的全面情况。第三,现场局部平面图。主要用来表示犯罪现场某一部分的详细情况。

(2)现场立面图。即将现场物体垂直面上的情况按平行投影的方法表示在图纸上。立面图,实际上是站起来的平面图。比如现场上的房屋就有八个立面,即内侧和外侧的四壁。利用立面图表示现场情况,根据案情的需要可以画出一面、二面或三面、四面等。

(3)现场展开图。发生在室内或未加盖顶棚的围墙内的案件,为了同时反映墙壁和天花板上的痕迹、物品的情况,可以把四周的墙壁和天花板伸展开来,连同地面上的情况,以平面图的形式表示在一张图纸上。运用现场展开图,可以将上述现场全貌表示清楚。所以,它又是现场全貌图的一种特殊形式。

(4)现场透视图。即把多种平面通过透视变化组合在一起,表示现场物品的形态及其外表结构特征的图。现场透视图很少见,只在某些特殊情况下,采用透视图表示。

(三)现场图的构成部分

一般来说,现场图主要由图号、图题、指向标(即指北针符号)、比例尺符号、图线、图形、图例符号、注记和签证等部分构成。

(四)现场图的表示方法

现场图的表示方法有以下三种:

(1) 比例法。即将现场的大小、现场上有关物体和痕迹以及它们之间的相互关系,按一定的比例缩小或放大绘画在图纸上。

(2) 示意法。不按比例绘制,而是将现场上物体的形状、位置、分布状况等大致地绘画出来,然后,用目测、尺测、步测等方法测距,并在绘画的对象旁和它们之间注明尺寸。这种方法多适用于面积比较大的现场。

(3) 比例示意结合法。多适用于范围比较大的露天现场。一般做法是:将现场中心部分按比例绘制;现场周围环境不按比例绘制。现场上较大的物体按比例绘制;较小的物体不按比例绘制,常用一定的符号加以表示。

(五) 测绘现场图的方法

现场图的种类不同,其测绘方法也有所区别。

(1) 测绘现场方位平面图。一般不要求按比例精确地绘制。可以采用以下两种方法:第一,复制修改法。即根据案件的发生地点,将有关行政图或内部单位平面图复制修改为现场方位平面图。具体做法是:首先依据现场所处的具体地理位置,将行政图或内部单位平面图的有关部分临摹或复印下来,然后将现场所处的具体地点及其周围的有关物体和痕迹的分布情况按现场勘验笔录的记载添补进去加以标明。第二,目测示意法。即让熟悉案发地点情况的人员带领测绘人员绕现场周围了解现场所处的方位和周围环境,边走边画。所画的范围和内容以能说明现场方位情况为准。如果同时有第一、第二、第三等现场的案件,要表示清楚各现场的位置和它们的联系。测绘时,要确定图纸的方向,无论走到什么地方,图纸的方向都不能变。否则,图示就将失真走样。

(2) 测绘现场全貌平面图。通常可采用以下三种方法:第一,射线法。亦称极坐标法,是一种最简单的测绘方法。此法是把绘图板固定在现场的中心一点,依次向每一个所要绘画的客体进行观测,即在图纸上形成放射的观测线,然后丈量出每个目的物与中心的距离,确定每个目的物在图纸上的位置。最后,按比例把每个目的物绘画在图上。此法一般在现场范围比较小、现场痕迹、物品之间能够通视并能测距时才适用。第二,前方交会法。即通过两个已知点来确定第三点的一种测量方法。第三,图解三角网法。在现场的范围比较大,测绘的对象又比较多,且某些被测绘的对象之间又不能通视时,可以采取图解三角网法进行测绘。此法是用图板进行扩大的前方交会法所作出的控制网来记录固定现场状态的一种方法。

(3) 测绘现场局部平面图。现场局部平面图反映的是现场全貌的一部分,范围窄、面积小,可用尺直接丈量测绘。常采用以下两种方法:第一,横纵坐标法。通过确定现场痕迹、物体在坐标中的位置来绘制平面图。第二,圆弧交会法。分别以两个已知点为圆心,以测绘对象到已知点的距离为半径画圆弧来确定第三点。在对现场局部状况测绘时,如果现场面积较大,可采用射线法或前方交会法进行测绘。

(4) 测绘现场立面图。现场物体立面上的情况,一般可采用照相的方法加以固定。但当立面前有不可移动或毁坏的物体,用照相的方法固定比较困难时,可采用测绘立面图的方式加以固定。其方法是:先丈量立面的长与高,按一定的比例画出立面的轮廓，然后测量立面上有关痕迹和物品的大小、形状以及它们之间的方位、距离关系，按同样的比例平行投影画到立面轮廓内，最后在图的旁边画上指向标，草图即告成。指向标是根据现场立面的具体方位，用箭头标明上、下和东、西或南、北等。

（5）测绘现场展开图。即反映户内现场情况的一种图。由于户内现场容易测量，所以在绘制时尺寸要准确，要按比例测绘在图纸上。现以测绘室内展开图为例，其具体画法是：第一，先测绘房屋平面图。第二，将房屋地面上的物体、痕迹，采用横纵坐标法，按比例地垂直投影画在房屋平面图中相应的位置。第三，将墙壁和顶棚展开测绘，将墙壁和顶棚上的痕迹、物品按比例以平面的形式画在展开的画面上。对于紧贴墙壁的物体（如箱、柜、床等），如果必要也可以按比例平行投影到展开的墙壁的画面上。

（6）测绘现场透视图。对于现场中心或局部的情况，根据需要可采取平行透视、焦点透视和成角透视的方法，测绘出透视图。

二、线段测量

在侦查中，往往需要对某一线段进行精确的测量。线段测量，除了使用普通的直尺、卷尺、游标卡尺和千分尺外，还要用到测线规、测径尺、锥形测径规、测隙规、测量放大镜、测微目镜、圆盘测长仪、曲线规等。量具在测量中总会或多或少地出现误差，这就使任何测量只可能具有一定的精度。所以，在分析测量结果时，必须考虑到量具的精度、读数的精度和测量的精度三种因素。

此外，侦查中有时还需要对某种物体进行重量测量和比重测量。

第四节 侦查登记

侦查登记是侦查记录技术的组成部分，是对侦查犯罪有意义的客体所采取的统一规则和程式的详细记录的总称。近代侦查登记根据登记客体的不同，分为罪犯登记、指纹登记、犯罪人体貌登记、犯罪手段登记、未知名尸体登记、失踪人登记、失物登记、赃物登记等。其中主要的是指纹登记。在我国，各种侦查登记，由公安机关统一管理。

一、指纹登记

指纹登记是侦查登记主要的内容，是根据十指指纹类型及其纹线特征进行的一种登记。现在世界各国普遍采取的人体登记的主要方法，分十指指纹登记、单指指纹登记、五指指纹登记等。我国采用的是十指指纹登记，登记的对象只限于如下几类：被依法拘留、逮捕的犯罪嫌疑人及被判处刑罚的罪犯；被拘传、取保候审、监视居住的犯罪嫌疑人；有造谣惑众、煽动闹事、盗窃、诈骗、抢夺他人财物、寻衅滋事等现行违法行为，受到行政拘留处罚的人。主要工作包括：捺印十指指纹、登录姓名卡片、进行指纹分析、储存登记卡片。自1990年起，北京和其他一些地方的公安机关在指纹登记中先后开始采用电子计算机方法储存和分析指纹资料,并开展了指纹图像的自动识别,使我国指纹登记的水平跨上了新台阶。

二、犯罪人体貌登记

一般利用照片登记,建档储存,也可以利用描述外貌特征进行登记。外貌特征包括人体静态特征和人体动态特征。人体静态特征是由人体解剖结构决定的外表形态,指整个肢体和头面部各部分的形态特征。人体动态特征是由人体机能形成的动作习惯,主要有行走姿势、讲话情态、动作表情、口音嗓音等。登记时应特别注意那些特别记号。利用描述外貌特征进行登记,也适用于某些已经知道姓名的潜逃的犯罪嫌疑人、被告人。对于那些犯罪后潜逃的不知道姓名的犯罪人,如强奸、抢劫、诈骗等案件的犯罪人,也可以根据被害人对犯罪人外貌特征的描述进行登记。

三、未知名尸体登记

未知名尸体登记的目的,在于为尸体辨认提供依据。一般利用卡片登记,建档储存。登记的主要内容:发现尸体的时间、地点、过程;死者的衣着、携带的物品及尸体状态;死者的性别、大致年龄、致死原因、死亡时间、伤害情况;死者的体貌特征及其他可供识别个人人体的材料等。登记时要特别注意那些特别明显的记号,如镶牙、纹身、骈指、骈趾、斑痣、疤痕等。登记卡片上要捺印死者的十指指纹并粘贴整容后死者的辨认照片。如果对尸体进行了解剖检验,应简要记载解剖所见的情况。

四、失踪人登记

失踪人登记通常根据失踪人的家属、单位或其他有关人员的陈述,由其辖区公安机关负责进行,目的在于查明失踪人的下落和失踪事件的性质。失踪人登记利用卡片登记储存。登记的主要内容有:失踪人的性别、年龄、民族、住址、失踪时间、体貌特征和特别记号、衣着打扮、携带物品、平日交往、失踪前的行动表现等。还应在登记卡片上粘贴失踪人的最近半身免冠照片。

五、失物登记

失物登记是指对被盗窃、抢劫、诈骗或遗失的物品进行登记。通常根据事主和财物保管人员的报失材料,由辖区公安机关负责进行。它有助于查明赃物的来源和将失物归还失主。登记的项目主要包括:失物的名称、牌号、规格、式样、颜色、新旧程度、数量、体积、丢失的时间和地点及失主的姓名、住址等。登记时应特别注意物品的特别记号。失主如有与失物同类的物品,在登记时可作为样品参考。失物登记与赃物登记往往是对应关系。在许多情况下,同一物品在此是失物登记,在彼则可能进行了赃物登记。失物登记应以物品为单位,一物一卡进行登记,建立卡片档案,编码储存,以保证迅速查对。

六、赃物登记

赃物登记是指对从查获的犯罪嫌疑人身上及其居住、活动或藏身的场所获取的赃物，或者有理由怀疑是犯罪嫌疑人抛弃的物品进行的登记。赃物登记有助于查明所寻找的失物和发现犯罪嫌疑人或其同伙的其他罪行。赃物登记应建立卡片档案，按一定的顺序排列储存。登记的主要内容包括：赃物的名称、牌号、规格、式样、新旧程度、数量、来源、搜获的时间和地点、犯罪嫌疑人的姓名等。登记时应特别注意赃物的特别记号。赃物登记与失物登记往往是对应关系。赃物登记应以物品为单位，一物一卡进行登记。

七、鞋底花纹登记

鞋底花纹登记亦称鞋样登记。通常通过对市场上销售的各类成鞋及制鞋企业生产、加工、使用的鞋底的搜集，对鞋底花纹的类型和式样加以登记。利用登记的鞋底花纹资料，可以查明在案件现场发现和提取的鞋印属于何种鞋子所遗留，分析判断该鞋子的具体鞋种、尺码，确定其产地、销售范围和销售商家，并据此查找鞋子的购买人、穿用人，查清鞋印的遗留人。鞋底花纹登记的主要内容是：鞋底表面在加工、塑制的过程中形成的图案、花纹、文字、商标、尺码数字等外观特征；鞋底的制作材料；鞋底的尺码大小和规格；鞋底生产、加工企业的名称和地址；使用该鞋底生产的成鞋种类，鞋子尺码大小的范围，制鞋企业的名称和地址。鞋底花纹登记的资料需按不同类别加以分类和储存。分类的方法有：按鞋底表面花纹式样可分为席状花纹、块状花纹、条状花纹、圆形花纹和其他特殊几何形状花纹五大类。按鞋底制作材料分为塑料底、橡胶底、皮底、布底和其他材料底。按成鞋种类分为皮鞋、布鞋、胶鞋、塑料鞋、编织鞋和其他材料鞋。鞋底花纹登记需制成登记卡片并附成鞋的外观照片和鞋底花纹式样照片，也可以使用计算机建立鞋底花纹数据库。

八、现场遗留物登记

现场遗留物是行为人在实施某种行为时在现场留下的其自身携带的物质、物品。对现场遗留物进行登记，目的在于查找物品的遗留人或物主，查明事件的情况，并根据现场遗留物的种类、分布情况等分析判断行为人或事主在事件发生前和发生过程中的活动及其他情况。现场遗留物登记的主要内容是：遗留物的种类、名称、数量；物品在现场中的遗留部位和原貌状况；物品的特征（如颜色、大小、形状、记号、重量等）；发现和提取的时间、地点和简要案情；现场遗留物登记以物品为单位，一物一卡进行登记，并附该物的原型情况照片和细目照片。

九、枪支登记

枪支登记又称枪支档案登记，是依据我国《枪支管理办法》对各种军用枪支的登记，由公安机关的侦查部门负责登记。利用登记的枪支资料档案，可以查明在案件现场发现和提取的枪弹为何种枪弹及枪弹痕迹为何种枪支射击所遗留,查找枪支的使用者和射击人;可以查明从社会上收缴和从犯罪嫌疑分子手中缴获的枪弹为何种枪弹,并可以将射击痕迹样本同案件现场遗留的枪弹痕迹进行比对,认定射击枪支。枪支登记的主要内容是:枪支的型号、号码、生产批号、出厂日期、生产企业名称;枪支的配发、使用和保管单位的名称和保管人姓名;枪支机件的特殊标记和痕迹特征;通过射击实验制作的痕迹样本、模型;等等。枪支登记以枪为单位制作卡片,一枪一卡,归档存储,也可以输入电脑储存。

第六章 侦查勘验

侦查勘验包括痕迹勘验、枪弹勘验、文书勘验、会计勘验、尸体勘验和涉案物质勘验等技术手段，这里主要介绍痕迹勘验、枪弹勘验和文书勘验基本知识。

第一节 痕迹勘验

一、痕迹勘验概述

（一）痕迹勘验的概念和任务

痕迹勘验特指运用专门技术方法，对与犯罪事件有关的人和物留下或造成的形象痕迹和断离痕迹的勘验、检查。痕迹勘验的任务主要是：发现、固定、提取和保全与犯罪案件有关的种种形象痕迹和断离痕迹，与案件无关的痕迹不能擅自进行勘验；研究种种形象痕迹和断离痕迹产生、发展的过程，分析痕迹与犯罪的具体联系（即痕迹是否犯罪人实施犯罪行为时所遗留或造成的，以及是犯罪人在什么时间、什么情况下怎样遗留或造成的）；分析判断遗留痕迹的犯罪人或犯罪使用物的情况，如犯罪人的性别、年龄、身高、体态、职业等特点及犯罪使用物（包括破坏工具、凶器、交通工具等）的种类、性能等，从而为确定侦查范围，查缉犯罪人提供重要的依据，也可以为进行痕迹鉴定提供条件。

（二）形象痕迹的概念和类型

1. 形象痕迹的概念

形象痕迹是一个客体在另一个客体上形成的反映形象。鉴于两个客体在形成形象痕迹时的作用不同，把前者称为造型体，后者称为承受体。造型体作用于承受体，使承受体表面形成与造型体接触面某些外表结构形态特征相适应的变化，这就是形象痕迹。例如，手印、脚印、牙印等都是形象痕迹。

2. 形象痕迹的分类

（1）按承受体是否变形，可以分为平面痕迹和立体痕迹。平面痕迹又可以分为平面加层痕迹和平面减层痕迹。（2）按两客体接触面是否平行滑动，分为静态痕迹和动态痕迹。静态痕迹，是指作用力垂直或接近垂直于造型体和承受体的接触面时，两客体没有发生平行滑动所形成的痕迹。如捺印的手印、踩他的脚印、撬压痕迹等。动态痕迹，是指造型体与承受体接触面发生平行滑动所形成的痕迹。如擦划痕迹、刺切痕迹等。（3）按痕迹的色调与承受体有无反差，分为易见痕迹和不易见痕迹。（4）按承受体发生变化的范围，分为内部痕迹和外围痕迹。内部痕迹，是指造型体作用于承受体，使承受体接触面范围内发生变化所形成的痕迹。如一般的手印、脚印、牙印等均属于内部痕迹。外围痕迹,是指造型体与承受体接触面范围以外发生变化所形成的痕迹。如墙上的挂钟、字画被取走后留下的痕迹等。外围痕迹只能反映造型体的某种外形轮廓,一般只能为分析案情和判断造型工具种类提供一定的依据。

(三)断离痕迹的概念和类型(见本节断离痕迹勘验)

二、手印勘验

手印是犯罪现场上最常见的一种形象痕迹。人的手指、掌面布满了粗细不等的凹凸纹线,其中比较粗的、数量较少的凹线称屈肌线;比屈肌线稍细、数量较多的凹线称皱纹;数量最多、线条最细、排列均匀的凸线称乳突线;与乳突线并列的凹线称小犁沟。手印勘验的对象主要是手指面的乳突线花纹即指纹留下的痕迹。

(一)指纹的类型、细节特征和特性

1. 指纹的类型

手指面乳突线有弓形、箕形、环形、螺形、曲形和棒形六种形状。六种乳突线的不同组合于手指第一指节骨皮肤表面成为千变万化的乳突花纹,即指纹。但这六种乳突线在每个指纹中的特定组合并非杂乱无章毫无规律的,一个完整的指纹一般是由二至三种同类乳突线构成。按乳突线在指纹中的部位分为三个系统:即内部花纹系统、外围纹线系统和根基线系统。三种纹线系统汇合的地方,构成三角。指纹的基本类型有三种:(1)弓型纹。没有内部花纹,由上部弓形线和下部横直线或小波浪形纹线构成。弓型纹按纹线隆起程度又分为弧形纹和帐形纹两种。纹线隆起不大的称弧形纹;纹线隆起很大,中间还有一根以上直线支撑的称帐形纹。(2)箕型纹。内部花纹有一根以上箕形线构成的指纹。有三种纹线系统,并在一侧汇合构成一个三角。箕型纹根据箕口的方向有正箕和反箕之别。从手指面上看,不论左手或右手,箕口朝向小指的为正箕;箕口朝向拇指的为反箕。从捺印的指印来看,左手的正箕箕口朝向左方,反箕箕口朝向右方;右手的正箕箕口朝向右方,反箕箕口朝向左方。(3)斗型纹。内部花纹由一根以上的环形线或者螺形线或曲形线构成。中心花纹为环形线的称环形斗;中心花纹为螺形线的称螺形斗;中心花纹为曲形线或两个相反方向的箕形线的为双箕斗。上述三种斗型纹的三种纹线系统分别在两侧汇合构成左右两个三角。

2. 指纹的细节特征

指纹的细节特征有起点、终点、分歧、结合、小勾、小眼、小桥、小棒、小点。按顺时针方向追迹乳突线时,凡较长纹线的起端称为起点,终端称为终点,一分为二之点称为分歧,合二为一之点称为结合;还有一些纹线互相联结,分别构成小勾、小眼、小桥;一小部分纹线很短,呈小棒状和点状。

3. 指纹的特性

指纹的特性主要有:(1)各种乳突花纹类型和乳突线的细节特征,构成了指、掌纹的特定性,不仅人各不同,而且指指相异。(2)指纹形成于胎儿阶段,一经形成,其花纹类型和细节特征的总和,即具有极强的稳定性。(3)由于手指第一指节上的乳突线有规律地组成不同的花纹,所以指纹具有可分类性。(4)由于乳突线上有汗孔分泌汗液附在皮肤花纹上面,用手触摸物体极易留下指印,故其还有易反映性。

(二)现场手印的发现、提取和记录

(1)寻找和发现手印的重点部位。主要是:犯罪人出入现场的路径;犯罪目的物所在的处所;留在现场上的作案工具和有关遗留物;现场上被变动的物品及常用的生活用品;与其他痕迹(如脚印、破坏工具痕迹等)相关联的部位;尸体、赃物及其包装物所在地;犯罪分子藏身或隐蔽的地点等。如果发现犯罪人是戴手套作案,还要注意寻找由于现场客观环境的限制,在某种情况下,犯罪人也可能丧失警觉而脱掉手套留下的手印。

(2)发现手印的方法。显在的手印如是有色平面手印和立体手印,在普通光照下用肉眼直接观察就明显可见。有的不易见手印(如汗液、油垢和灰尘手印),根据其成分、所在位置、承受客体的属性等,利用自然光或人造固定光,使光源与承受客体表面构成适当的方向和角度,以目视亦可直接发现。有的汗液和油质等无色潜在手印,则需要根据承受体性质、手印遗留时间、气候条件和形成手印的物质,采用相适应的技术方法,才可以显现。通常使用的方法,可以分为以下三类:第一,黏附着色法。适用于显现遗留时间较短的新鲜手印。此类方法是利用形成手印的乳突线汗液物质具有一定的"黏滞力",将某些物质的细小颗粒黏附在手印表面,改变手印与承受体的反差,将手印显出。粉末法、熏染法均属此类方法。第二,反应显色法。两种无色物质发生化学反应生成新的有色物质的过程,称为"显色反应"。反应显色法是利用形成手印的乳突线汗液中的某些离子或有机物与一定的化学试剂的显色反应(或聚合作用),增强手印与承受体的反差,将手印显出。硝酸银溶液法、宁西特林溶液法等均属此类方法。第三,荧光显现法。此类方法是利用物理学中的"光激发光"原理,利用激光或紫外光直接激发手印中汗液产生荧光,将手印显出。为了增加荧光效果,亦可先用化学或物理学方法对手印进行前期处理,然后再激发荧光,将手印显出。

(3)显现手印应遵循的原则:第一,先无损勘验,后有损勘验。第二,前一种显现方法作为后一种显现方法的基础(或不影响后一种方法使用)。第三,后一种显现方法作为前一种显现方法的补充及增强。

(4)显现手印的一般流程。根据上述原则,显现手印的一般流程是:配光检查;拍照;碘熏法或502胶法;粉末法或化学试剂法;荧光强化;荧光拍照。

(5)手印的提取和记录。对于发现的手印,可以采取胶纸粘取(适用于一般粉末显现的手印)、静电吸附(适用于粉尘手印)、制模(适用立体手印)和提取实物等方法加以提取。无论采取何种方法提取手印,都必须先照相固定,并对手印所在的具体位置、高度、指印的方向、指印相互间的关系,形成手印的物质,手印的种类(是立体的还是平面的,如是平面的,是加层的还是减层的),手印所反映的纹型及其清晰度和完整程度,承受体的性质及其表面光滑程度,手印的数量以及提取的方法等加以详细记载,以便为进一步分析和检验手印提供必要的客观材料。

(三)现场手印分析判断

犯罪现场上的手印,可能是犯罪人遗留的,也可能是事主或其他人员所留下的。

因此,对于在犯罪现场上发现或显现出的手印,必须结合周围环境、犯罪动作和手印在承受体上的分布等情况,实地进行分析研究,判断现场手印是否为犯罪人作案时所留,又系何手何指所留,并根据手印的形象和特征反映,判断犯罪人的人身特点。正确地解决这些问题,对于确定侦查方向,密取嫌疑人手印样本,查对指纹档案和进行手印鉴定等都有重要的意义。

(1) 分析手印与犯罪的关系。为从现场手印中找出犯罪人的手印,应从以下几方面进行分析判断:第一,分析留有手印的物体与犯罪的关系。第二,研究手印遗留的情况与犯罪的关系。第三,甄别澄清事主和无关人员的手印。

(2) 分析手印是左手还是右手所留。可以从以下几方面进行分析:第一,结合场地环境进行分析。第二,结合不同的客体和手印在客体上遗留的位置,从拿东西的习惯上以及破坏障碍物的方式上去分析判断。第三,根据并列指印在物体表面排列情况分析。第四,根据单个指印所反映的纹型生长的规律性分析。例如,弓形纹印,连接各条弓形线印最高点作一中心轴线,中心轴线向左倾斜的为左手所留,向右倾斜的为右手所留;螺形斗纹印,中心螺形线印顺时针旋转者为左手所留,逆时针旋转者为右手所留;环形斗纹印,中心环形线印中心轴线向左倾斜的为右手所留,向右倾斜的为左手所留。

(3) 分析指印是何指所留。分析判断指印为哪个手指所留,在遇到几个指印并列的情况下是比较容易的。如果只有一个指印,判断起来就比较困难。在这种情况下,可以根据指印的面积形状和各种类型的花纹在手指上的出现率来分析判断。

(4) 分析留有犯罪手印人的身高、年龄、体态等特征。第一,身高分析。主要从两方面分析:一是根据手印遗留在客体上的位置,在某些特定的条件下进行分析。如拿取的高位客体上的物品上的手印,即能反映出人体的高度。二是根据手印的长度,按照人手长度与身体的比例关系来推算身高。第二,年龄分析。主要是根据不同年龄阶段乳突线形态变化的生理规律在手印中的反映来分析。第三,体态分析。主要是根据手的形态特点和纹型的长宽布局在手印中的反映来分析。

(四) 手印样本的捺取

为了证明现场上的犯罪手印是谁所留,必须收取嫌疑人手印样本进行比对。收取手印样本一般应秘密进行,讲究方式方法,既保证所取样本准确、清晰、完整,又要注意防止暴露侦查意图和手段。收集的范围,应限于重大犯罪嫌疑人和罪犯,不得在发案单位和地区的群众中普遍收取。

应当指出,为了甄别现场手印,查找未知名尸体和分尸身源,对于尸体和碎尸手纹,如曲缩手纹、真皮手纹、干瘪手印、"死亡手套"等,也必须采取相应的技术方法捺取。

三、脚印勘验

人站立和行走过程中遗留的赤脚印、袜印和鞋印,统称为脚印。脚印也是犯罪现场上常见的一种形象痕迹。勘验现场上的脚印,可以为判断案情和犯罪人的形态、步行姿势及进入和逃离现场的路线、速度、负重方式等提供依据；可以为追缉犯罪人提供踪源；可以为认定犯罪人的人身或鞋、袜提供依据。遇有未知名尸体和分尸案件，可以利用脚印识别被害人的身源。

(一) 赤脚底、袜底和鞋底的特征

赤脚印、袜印和鞋印，能够反映出赤脚底、袜底和鞋底外部结构形态的一般特征和特定特征。

脚底部的特征包括赤脚底的一般特征和赤脚底的特定特征。赤脚底的一般特征，如赤脚底的长度，各部位的一般形状、长短、宽窄，脚趾的分布状况（并紧的、分散的和重叠的），脚弓高低类型（高弓型、窄弓型、中等型、扁平型和膨胀型），乳突花纹的类型等。赤脚底的特定特征，如赤脚掌各部位边缘的特殊形态，脚趾的特殊形状、大小和相互关系，脚弓的高低，脚掌乳突线细节特征的位置、形态及相互关系，伤疤、鸡眼、脱皮的形状、大小、位置，多趾、骈趾、缺趾或其他畸形等。

袜底部特征包括袜底部的一般特征和袜底部的特定特征。袜底部的一般特征，如袜底的长度和各部位的宽窄，袜线的种类、粗细和密度等。袜底部的特定特征，如袜子的断线、跳线的位置及其相互关系，袜底针角的形状、大小、分布状况，磨损和破洞的形状、大小、位置，织补的位置、形状、大小和织补的方法，缝线的针脚分布情况以及工艺习惯等。

鞋底部特征包括鞋底部的一般特征和鞋底部的特定特征。鞋底部的一般特征，如鞋底的一般形状、长度、宽度，鞋底表面花纹、图案的类型，各种标记的一般形状和内容，鞋底质料的种类和制作方法，鞋底的新旧程度等等。鞋底部的特定特征，如鞋底部生产过程中形成的缝线、针脚、钉子和粘联部位的形状、大小、粗细、长短、位置以及它们的分布状况，商标、牌号等标记的位置、磨损和变形，穿用过程中形成的磨损的具体位置、形状、大小，鞋底的围条（沿边条）的接头、布层的位置、形状和层数，鞋底的裂纹、窟窿的位置、形状、大小和补丁的形状、大小、位置以及鞋底粘着的其他物质等等。

(二) 现场脚印的发现、采取和记录

寻找和发现犯罪人脚印，首先要了解发案前后曾进入或到过现场的有关人员所穿鞋子的种类，观察和提取有关人员的脚印样本，以便在寻找、发现中随时加以澄清和排除，突出重点，寻找和发现犯罪人遗留的脚印。

(1) 寻找、发现脚印的顺序。应根据案件的性质和现场的情况，抓住重点，由外围向中心或由中心向外围，从室外向室内或由室内向室外从下而上的观察，并注意做到边发现、边作标记加以保护，防止人为的或自然力的破坏。一般说来，应特别注意从犯罪现场的出入口，犯罪活动的中心部位，犯罪人踩踏、攀登过的客体上，犯罪人作案前后来去的路线上，犯罪人作案前后藏身的地点，被害人的脚印旁以及犯罪人掩埋尸体和隐藏赃物的场所去发现。

(2) 发现脚印的方法。同发现现场手印一样，由于脚印的种类不同，形成脚印的物质和承受脚印的客体不同，发现的方法也不同。常用的发现脚印的方法有以下几种:第一,目察法。适用于立体脚印和有色平面脚印。第二,物理染色法。适用于无色汗液赤脚印。第三,静电显现法。适用于显现不易见的粉尘脚印。其原理是通过带电荷的黑色聚氯乙烯软片或黑色聚氯乙烯板吸附脚印上的粉尘,增强反差而达到显现效果。第四,化学显现法。适用于显现无色汗液赤脚印。

(3) 脚印的固定提取。通常采取以下方法:拍照;提取留有脚印的原物;复印(适用于粉尘平面脚印,其方法是用黑色聚氯乙烯软片或板显现脚印后,用硬纸夹或白色塑料薄膜覆盖固定);制作石膏模型。

(4) 现场脚印的记录。对于现场上发现的脚印,在提取前,还要用准确、简明的文字加以记录,并辅之以形象符号示意。记录的内容主要有:脚印遗留的位置和分布的情况及脚尖指向的方向;脚印与周围环境的关系;脚印的种类、数量;脚印形成的条件和可能影响特征的客观情况;脚印中的附着物;固定、采取和处理脚印的情况。记录的方法主要有:照相记录、绘图示意和文字描述三种。绘图示意和文字描述应注意标明脚印的长短、宽窄和脚印之间的距离,脚印和其他客体之间的距离。照相记录需在脚印旁放置比例尺。

(三) 现场脚印分析判断

根据现场脚印的情况,可以分析判断出脚印与犯罪的关系,犯罪人所穿鞋、袜或赤脚的种类,犯罪人的步法特征、形态、伪装行为及逃跑方向等。

(1) 分析脚印与犯罪的关系。就是要确定现场脚印是否为犯罪人的脚印。一般可以从以下几方面分析:第一,分析脚印遗留的位置同犯罪分子作案时的动作是否吻合。第二,分析脚印的新鲜程度同犯罪分子作案的时间是否吻合。第三,分析脚印中有无留有从别处带来的物质。第四,分析脚印上有无发案后的附加特征。第五,结合案件的性质,分析脚印与其他犯罪痕迹或与犯罪行为有关的其他物品之间是否有密不可分的内在联系。第六,分析脚印有无异常。第七,根据现场脚印的复杂情况,通过甄别无关人员的脚印,确定犯罪人的脚印。但要注意识别伪装脚印或内部作案有关人员遗留的脚印。

(2) 分析犯罪人所穿鞋、袜及其脚掌特征。主要依据现场脚印所反映的鞋、袜及其赤脚底部的外表结构特征进行分析。

(3) 犯罪人的步法分析。即根据成趟脚印或单个脚印中反映的犯罪人的步法特征进行分析。步法特征是人行走习惯的反映和表现,由步幅特征和步态特征构成。其一,步幅特征分析。步幅特征是人的左右两下肢行走时相互关系的反映,由步长、步宽、步角所组成。步长,指一个普通步的长度,可分为短步(70厘米以下)、中步(71—80厘米)、长步(81厘米以上)三种。步宽,指行走时左右两脚后跟内边缘之间的水平距离,可分为分离步、并跟步、搭跟步、直线步、交错步五种。步角,指左右两脚各自内收或外展的角度,分外展、内收、直行、不对称四种。步幅特征应通过测量来确定。测量时一般是先定步角,再定步宽,最后定步长。步幅特征的测量方法有目测、棍测和尺测三种。测步角时,步行线和脚印中心线成一线时为零度;大于零度(外展)时为正度,用"+"号表示;小于零度(内收)时为负度,用"—"号表示。其二,步态特征分析。步态特征是人行走时,两条腿交替支撑和摆动过程中,人体重心不断移动和起落脚运步方式与地面相接触的细节动作的反映,由落脚、支撑、起脚和摆动四种习惯动作所构成。落脚习惯特征,主要表现为磕痕。支撑习惯特征,主要表现为压痕。起脚习惯特征,主要表现为挖痕。摆动习惯特征,主要表现为挑痕和擦痕。应当明白,步幅特征与步态特征是相互联系的。人走路时,遗留一定的步幅特征,同时也必然遗留相应的步态特征。通过对步法特征的分析,可推断脚印遗留者的步法习惯特点,找出其内在联系和规律,从而为侦查提供有价值的线索。尤其在广大的农牧地区,利用步法特征配合追缉、搜捕犯罪人和分析案情,更能发挥其重要作用。

(4) 留有脚印的人的性别、年龄、胖瘦和身高等形态特征分析。其一,性别推测。男女在生理上的差别,能在成趟脚印或单个脚印上得到反映。一般说,男子步子较大,压痕较重,多有挖痕和甩土现象。女子步子较小,起落脚平稳,压痕比较均匀,脚印边缘比较整齐,挖痕和甩土现象往往不明显。此外,在脚印的长度上,男子的一般比女子的长;所穿鞋的鞋底式样,在鞋印花纹形态上也有差别。其二,年龄推测。一般地说,20岁左右的青年,脚印中前掌压痕比较重,后跟压痕比较轻,前尖挖痕比较大,后跟擦痕则少见。30岁左右的人,脚印中各部位压痕比较均匀,开始出现擦痕,但不明显。50岁左右的人,步子开始变宽,步角外展增大,脚印中后跟压痕变大,前掌压痕变轻,擦痕也越来越明显。其三,胖瘦推测。体态的胖瘦直接影响运步动作。胖人运步一般比较迟缓,步子一般不大,但较宽,步角外展也较大,脚印中后跟压痕较重,压力面较宽,后跟往往出现擦痕。瘦人运步轻便,脚印前掌压力面不均匀,挖痕较明显,脚印边缘不够完整。其四,身高推测。人的身高不同,身体的重心位置的高低也不等,因此在脚印中的反映也有所区别。一般是:高个(1.75米以上),重心高,下肢较长,脚大步长,运步松散,走路左右摇晃,故脚印的后跟出现外偏压,脚尖外侧有虚边;中等个(1.65—1.75米),重心适中,运步均匀,步幅中等;矮个(1.65米以下),重心低,下肢较短,脚小步短,走路多前后晃动,运步紧促,多习惯迈大步,落脚时,脚印前掌有挖痕。犯罪人的身高还可以根据一个单脚的长来推算身高。人体高度和人体各部分长度,一般都有一定的比例关系。人的赤脚和身高的比例,大致为1:6.876,所以赤脚长乘以6.876就大致等于身高。如果以鞋印来推算身高,应先将鞋印的长度减去鞋边的长度求出赤脚的长度,然后再乘以6.876。

(5) 伪装脚印的分析。犯罪人作案时或作案后,为了逃避侦查,有的故意改变步法和换穿鞋等在现场上留下非正常脚印。对于现场上的伪装脚印,主要通过步法特征和其他反常现象进行全面分析识别。常见的伪装脚印行为有改变步法、退步走、倒穿鞋、小脚穿大鞋、大脚穿小鞋等。所有这些伪装行为都会在脚印中得到客观的反映,而且由于其改变正常步法时,动作不协调,力量不大,速度慢(比如小脚穿大鞋),或快(比如大脚穿小鞋),不能持久,原有的步法特征仍然会在脚印中出现。

(6) 犯罪人逃跑方向的分析。主要根据脚印遗留的地点方位,足尖的指向,地面上的其他痕迹、物品的状况进行分析研究。

脚印还能反映出犯罪人进入或逃离现场过程中的负重方式、犯罪人的职业特点等,也应注意分析、研究。

(四) 脚印样本的提取

勘验中,为了甄别发现的脚印是否为犯罪人所留,常常需要就地提取有关人员的脚印样本临场进行鉴别。对于发现的犯罪嫌疑人,也需要及时提取其脚印样本进行比对或送侦查鉴定部门鉴定。为了有效地识别和鉴定现场脚印,提取脚印样本应根据现场脚印的种类,模拟现场脚印形成的地点、时间、气候等条件,按照提取现场脚印的方法提取。可以直接提取脚印样本,也可以提取鞋、袜制作脚印样本。如果遇到留有脚印的鞋已被丢弃、损坏或毁坏的情况,根据需要,可以制作模拟鞋底,使鞋底磨损特征再现。但应注意,提取嫌疑人的脚印样本,无论采取哪种方法,都应当秘密进行。

四、人牙印勘验

人牙印是人在承受客体上的咬合痕迹。多出现在强奸、杀人、抢劫等案件中。人牙印勘验可以为侦查提供线索,为人牙齿鉴定提供材料。

(一) 成人牙齿及其特征

成人正常的牙齿是 32 颗,其中切牙 8 颗、尖牙 4 颗、双尖牙 8 颗、磨牙 12 颗。牙齿上下颌对称,排列成弓型,称齿弓。各齿的形状、大小、齿向、距离以及齿弓的曲度和形状都有其特征(一般特征)。由于每个人的牙齿生长情况,牙齿的异常(如过剩齿、缺齿、巨大齿、短小齿、融合齿、附加齿尖、牙齿位置错乱、牙齿转位等)、病变、损伤、治疗等不同,就构成了每个人的牙齿的特定特征。牙齿的一般特征和特定特征能在牙印中得到程度不同的反映。

(二) 人牙印的发现和提取

人牙印可能留在某些食品上,也可能留在人的活体或尸体上。如果犯罪人作案时以牙齿为破坏工具,则牙印会留在被破坏的客体上,比如用牙咬断器具、咬开瓶盖等留下牙印。对于发现的牙印,可以用拍照、提取牙印的载体和塑料制模等方法加以提取。塑料制模常用的是打样膏,最好用医用石膏制模。对于提取的牙印,要放在较牢固的容器内保存。容器内周围应垫上棉花。对于水果上牙印应及时放在 0.5% 的甲醛溶液中保存。对于糕点上的人牙印可用人工冰冻方法或灌注模型的方法提取。对不易变形和小件客体上的人牙印,要尽可能提取原物保存。金属制品(如瓶盖)上的咬痕,需涂上防锈油。对于尸体上的人牙印,经批准并征得死者家属同意,可将带有牙印的皮肤组织切下,放在 10% 甲醛溶液中保存。对嫌疑人或被害人活体上的人牙印,要及时拍照固定,以免因治疗或伤口愈合而使牙印变形,影响以后鉴定。现场提取的人牙印,必须详细记录牙印所在的位置、方向以及承受客体的原貌状况。

(三) 现场人牙印分析判断

对于提取的人的牙印要根据被咬物的形状、案前案后放置的上下方位,结合人咬东西的习惯动作进行分析。如是人被人咬,则要从双方的相对位置和姿势进行分析。人牙印分析的主要目的是确定牙位、有无义齿及其特征反映,为牙齿鉴定准备材料。此外,在分析时,要注意把人牙印和常见动物如鼠、兔等遗留的牙印加以区别。

五、工具痕迹勘验

某些器械在外力的作用下,使承受客体发生局部形变所形成的痕迹,称为工具痕迹。工具痕迹是一种立体痕迹,与其他痕迹相比,在犯罪现场上的出现率并不低,而且有容易发现、不易被破坏等特点。勘验犯罪人遗留在现场上的工具痕迹,可以为推断犯罪人实施犯罪的过程、破坏技术熟练程度、职业习惯、工具的种类,以及鉴定痕迹是否为某一特定的工具所留提供依据。

(一) 工具痕迹的形成和类型

工具痕迹是作用力、破坏工具、被破坏客体(承受客体)三种因素相互作用的结果。在三种因素中,力是决定因素。没有力,工具痕迹就不可能形成。工具痕迹按其形成时破坏工具和承受客体的接触方式分为以下两大类:一类是静态工具痕迹。如敲击痕迹、撬压痕迹等。静态工具痕迹一般均能较清晰地反映造型体接触面的形态特征,并可据此鉴定造型工具是否同一。一类是动态工具痕迹。如侦查实践中常遇到的刀砍、斧劈、剪、锉、锯、钻等形成的动态工具痕迹。由于工具与承受体接触面之间发生平行滑动,致使该工具(造型体)接触面所具有的点、线、面等各种特征受到极大的歪曲,即随着工具滑动的方向,前部形成的痕迹而又遭其后部所破坏,所以动态工具痕迹在侦查中的运用受到局限,一般仅能据此认定工具的种类。

(二) 现场工具痕迹的发现、采取和记录

1. 工具痕迹的发现

工具痕迹多遗留在犯罪现场的进出口、通道和犯罪目的物的防护设备上。应当指出的是,在寻找工具痕迹时,固然要注意被工具破坏严重的部位,但对于破坏较轻的地方也不能忽视,更应留心去找。因为在这些部位破坏的连续性少,往往能留下特征反映清晰而完整的痕迹。

2. 工具痕迹的采取

(1) 拍照和采取。对于已经发现的工具痕迹,首先应照相固定,然后根据痕迹的所在位置和状况,提取带有痕迹的物体或制作痕迹模型采取。若制模采取,根据痕迹的深浅面积等状况,制模材料一般可用硅橡胶、硬塑料(打样膏)、软塑料(橡皮泥)、醋酸纤维素薄膜(简称 AC 纸)、易熔合金或石膏溶液等。(2) 采取工具痕迹应注意以下问题:第一,凡是被发现或确定的与犯罪有关工具痕迹都应该采取,不能遗漏和有意取舍。第二,提取之前,对拟用的采取方法应首先在制作的痕迹中试用成功后,再提取现场工具痕迹,且务必小心谨慎,严防损坏。第三,提取工具痕迹的同时,应注意在现场或现场周围提取可能为犯罪人遗留的嫌疑工具,以便与采取的现场工具痕迹一并送交鉴定。第四,提取工具痕迹之前,对痕迹中某种附着物质必须加以收集并妥善保管,以便采用高倍光学显微镜或其他现代化仪器设备观察或鉴定细微物质的特征。第五,如发现被破坏客体的物质材料有被工具黏附带走的可能,应就地收集足够数量的已知样品,以供比对鉴定用。

3. 工具痕迹的记录

在采取现场工具痕迹时,必须对其全面、详细、准确地加以记录,不能以个人主观意志任意取舍或遗漏,更不能认为某处痕迹利用价值不大就不在记录中加以反映。记录的方法主要是笔录。记录的内容主要包括:案件发生的日期、单位和地点;简要案情;工具痕迹所在客体的名称、大小以及与周围物体的关系,被破坏的部位和程度;痕迹所在的位置、方向、数量及相互关系;痕迹的种类、大小、形状及特征反映;提取痕迹的方法及提取日期、提取人等。

(三) 现场工具痕迹分析判断

现场工具痕迹分析判断应着重解决工具痕迹与犯罪的关系、造型工具的种类、犯罪人的某些特点和犯罪的有关情节。

(1) 分析工具痕迹与犯罪的关系。一般分两步进行:第一,区别工具痕迹与非工具痕迹。犯罪现场上有时会遇到动物咬断痕迹、疲劳断离痕迹、腐蚀断离痕迹、雷电烧焦痕迹、风袭断裂痕迹等。这些因自然力所造成的痕迹的形状,有的与某些工具痕迹雷同。例如,老鼠啃咬的电线、电缆和轮胎上的牙痕,就很像钳剪或细铁钉等形成的工具痕迹。区别工具痕迹与非工具痕迹,主要通过观察痕迹的外形、位置、方向并结合当地气候特点,以及动物的活动规律等进行综合分析判断。一般来说,痕迹断面平整、线条方向一致、边缘整齐的,多为工具所形成。否则,就极大可能为非工具痕迹。第二,区别犯罪工具痕迹与非犯罪工具痕迹。犯罪现场上发现的各种工具痕迹,不一定都是犯罪行为所形成的。有些承受客体上的工具痕迹是在生产加工、使用和修理过程中造成的。要把这些非犯罪工具痕迹与犯罪工具痕迹区别开来,主要应根据工具痕迹的新旧程度、位置、方向,并结合其他痕迹(如手印、脚印)和现场遗留的作案工具等进行分析判断。但应注意识别假造现场时遗留的反常态痕迹。

(2) 判明造型工具种类,对于侦查中及时寻找和提取嫌疑工具有着重要意义。推断造型工具的种类,主要根据工具痕迹的整体形象,工具痕迹所反映的造型工具的形状、大小、精细、长度等种类特征,几处工具痕迹之间的相互关系,被破坏客体的物理属性,工具痕迹中的附着物等进行分析判断。还应对痕迹形成的条件、作用机制,结合痕迹所在的周围其他伴生痕迹(如手印、脚印等)综合分析研究。必要时,可根据现场工具痕迹形象,模拟现场条件,收集结构相类似的工具制作实验工具痕迹样本与现场工具痕迹对照,来推断造型工具的种类。

(3) 犯罪人特点分析。有时在犯罪工具痕迹中还能看出行为人的身份特点。如根据某种专用工具痕迹,观察其使用工具的习惯和熟练程度以及着力点的位置、角度及破坏客体的先后顺序等因素,可直接推断出行为人的职业特点。即使是一般工具所遗留的痕迹,依其使用工具的习惯、熟练程度、着力大小和痕迹所在物体上的高度,往往也可分析出行为人人身的某些特点。因为这些因素同行为人的职业、体力和身高等特点有着一定的关联。

(4) 推断犯罪的有关情节。根据工具痕迹的重叠、遗留的次序和某些附着物往往还能判明犯罪的过程和重要情节。如行为人当时所处的地势位置、姿势、被害人反抗及与其搏斗等情况。这些细节不仅有助于判明案情及时破案,还可用来审查犯罪嫌疑人、被告人口供的真伪。此外,根据现场的实际情况,发现工具痕迹的形成次序、方向有明显的矛盾时,这种不顺乎事理发展形成的工具痕迹常可作为伪造现场的具有说服力的重要根据。

除上,侦查中还经常遇到开锁和破坏锁痕迹、车辆痕迹、牲畜蹄迹等,也应加以认真勘验。

六、断离痕迹勘验

断离痕迹是指完整物体被分割成若干部分时形成的痕迹,是痕迹勘验的对象之一。各类犯罪案件现场上都可能留有犯罪人实施犯罪行为所造成的断离痕迹。通过断离痕迹勘验,可以为推断犯罪人实施犯罪的情况和犯罪人的某些职业特点提供依据,可以为鉴定被断离的物体是否原为同一个整体提供材料。

(一)被断离物体及断离方法

1. 被断离物体

犯罪现场上被断离的物体是多种多样的,有被犯罪人直接破坏的物体,有犯罪人作案时遗留的物品等。按物体的结构组成可以分为:(1)同质整体物。分有两种:一种是同质单体,如纸张、纺织品、金属板、木材、橡胶、塑料、玻璃、植物、骨质等;另一种是同质合体,如螺母与螺栓的组合等。(2)异质整体物。即物理属性不同的多种物体的合体,如装木柄的刀、斧等。

2. 整体物被断离的方法

整体物被断离的方法主要有:(1)手工断离。即不借助于工具和器械,用手撕拉、扭折、拆卸等方法将整体物断离。(2)器械断离。即借助于各种工具和器械对物体进行断离。如剪切、锯割、刀劈、锤击等。(3)化学分离。即通过腐蚀作用破坏整体。如酸碱作用引起的化学断离或燃烧达到断离等。

(二)断离痕迹的类型和特征

1. 断离痕迹的类型

按被断离物的结构组成断离痕迹的类型通常分为以下几种:(1)断裂痕迹。即同质单体物受一定外力作用而形成的断裂痕迹。这时,在断裂部位产生相对应的断裂线(或面),使单体物断裂成若干断裂体。例如,剪断的绳索、电线,撕裂的纸张、布匹,敲碎的玻璃、瓷器等,在断裂处就有断裂痕迹。(2)分离痕迹。即合体物在外力作用下,组件脱离而形成的痕迹。脱离后的各组件叫分离体。例如,从机器上卸下的仪表,脱离把柄的斧头等,在脱离处就有分离痕迹。

2. 断离痕迹的特征

断离痕迹从其形成来源上具有以下特征:(1)固有特征。即是被断离物体在生长或制作过程中形成的。如木头断面上的年轮,编织物的编结特征,物品的特定结构等。(2)附加特征。即是被断离的物体在生长或制作的过程中,由于外来因素而形成的。如树干脱皮、裂痕、虫洞,金属板上的沙点,纺织品上的疵点、纱头、印花,纸张上的格线、字迹和其他符号,衣服上的补丁、缝线等。(3)断离线(或面)特征。即是物体在断离时新生的特征。如断离过程中所造成的缺损,断离线、面的几何形状等。应当指出,断离痕迹与形象痕迹不同,它没有通常意义的造型体、承受体和接触面,在认定各断离体原本是否属于同一个整体的过程中,除采取形象痕迹的某些鉴定方法外,还可采用物理学、化学等鉴定方法对断离体的物质结构及成分进行定性或定量分析。所以,断离痕迹是不同于通常意义的形象痕迹的一组特殊种类的痕迹。

(三)发现、提取被断离物体

被断离的物体通常可以从被侵犯的客体及其周围去寻找。如被害人尸体和伤口附近,被撬破痕迹中及其周围,被破坏通信线路的断头及其附近等,就往往可以发现被断离的物体。如果在现场上发现的仅仅是被断离物的一部分,就要在现场及其附近注意寻找另一部分,特别要注意从平常不引人注目的角落去寻找。对于发现的被断离物体应及时提取。提取时要设法保持其原有形态,采取妥善措施保护好物体的断离缘。例如,可用细绳捆住被断离的绳索断端;用两层玻璃夹好被断离的纸张;用专门的小盒、瓶子等器皿装好细小的碎片;用纸或塑料包扎折断的木渣等。但应注意,在提取前应用照相和笔录的方法对被断离物的原貌状态加以固定和记载。

(四)现场断离痕迹分析判断

首先要分析各断离体的颜色及颜色的新鲜程度,材料的规格,物体的总形状及物体的各部分的形状,材料的质量及杂质成分,物体连接和成形的方法等,以判断被断离物种类和品种是否相同;其次分析物体断离线形状,物体断离面上固有的纹痕、裂痕、缺陷或凹凸结构,物体断离时留下的工具、器械痕迹,被断离各部分外围边缘形状,物体断离部分的各种附加特征等,以判断断离方法及断离工具;最后还要拼接和恢复断离的各部分外形,进一步分析研究它们的特征,判断各断离部分是否原为同一个整体。

第二节 枪弹勘验

一、枪弹勘验的概念和任务

枪弹勘验是侦查勘验技术的组成部分。指运用专门技术方法对与犯罪有关的枪支、弹药及其射击痕迹和射击附带物质的勘验、检查活动。枪弹勘验依法只能由侦查人员负责进行。必要时,可以指派、聘请有专门知识的人,在侦查人员的主持下进行。

枪弹勘验的主要任务是:参加枪击案件的现场勘验,认真细致地寻找射击弹头、弹壳、枪支、弹着点和射击附带物质,并妥善提取,为枪弹及其射击附带物质鉴定提供物质条件。与此同时,还要趁现场未遭重大变动之际,对枪支、弹药及其痕迹和射击附带物质作出各种判断,为侦查的开展提供方向和线索。

二、枪弹的种类和构造

(一) 枪的种类和构造

(1) 枪的种类。枪的种类很多,通常以枪管构造、口径大小和性能来划分。按枪管构造可分为滑膛枪、线膛枪(又称来复线枪);按枪管内径可分为小口径枪(枪管口径为 5.6 毫米左右)、中口径枪(枪管口径为 7 毫米至 9 毫米)、大口径枪(枪管口径为 9.3 毫米至 12.7 毫米);按枪支机动性能可分为自动枪(含全自动枪、半自动枪)和非自动枪。

(2) 枪的构造。枪的种类很多,在式样上也不尽相同,但它们组成的主要部件是大致相同的。如步枪和冲锋枪的结构都由枪管、机匣、枪机、复进机、弹仓、击射机、瞄准器、枪托等部件组成。手枪则是由枪管、套筒、套筒座、弹仓、击发机、击锤及瞄准器组成的。

(二) 子弹的种类和构造

目前除某些猎用枪支还使用霰弹外,其他枪支几乎都使用单一子弹。按子弹的用途可分为穿甲、燃烧、曳光等特殊子弹和普通子弹。普通子弹的外形和口径不一,但它们的基本结构都是由弹头、弹壳、火药和底火四部分组成。猎枪霰弹的构造与单一子弹的构造相似,但其所用的弹头系用不同大小的钢珠或铁砂,与火药分层装入弹壳。

三、枪弹射击痕迹和射击附带物质

(一) 发射痕迹及其特征反映

所谓发射痕迹,是指子弹发射过程中在弹头、弹壳上形成的各种形象痕迹。通常根据这些痕迹能判明所用枪支的某些特征。

1. 弹头上的发射痕迹及其特征反应

枪管构造不同,其发射痕迹及其特征反应也不同:(1) 线膛枪发射痕迹及其特征反映。当子弹在枪膛被击发,借助火药爆炸产生的巨大气体压力脱离弹壳后,沿着枪管急促地飞出枪口。因弹径略大于枪的口径,弹头要进入膛线部必须嵌入膛线。当弹头在驶过枪管的一瞬间,在其表面因与枪管内壁摩擦而留下反映枪管内壁某些凸凹特征的动态痕迹。对线膛枪而言即为凸膛线的动态痕迹。弹头上的这种膛线痕迹通常可以反映出所用枪管凸膛线表面结构的特征,如膛线的数目、宽度、倾角和旋转方向等。这些特征反映往往成为鉴定发射枪支同一的可靠根据。实践中,有时遇到弹头上出现数量加倍的凸膛线擦痕,其原因是由于射击枪支超过有效射击次数,致使枪管内的某些部分变形或严重烧蚀而造成的。(2) 滑膛枪发射痕迹及其特征反映。滑膛枪射击的弹头,因其在枪管内不发生旋转,只是直射而出,故所形成的擦痕与弹头中心轴线是相平行的。这种痕迹也能不同程度地反映滑膛枪枪管内壁上的凸凹特征,条件好的,也能进行枪支的同一鉴定。

2. 弹壳上的发射痕迹及其特征反映

子弹在压入弹匣、推入枪膛、射击、爆发、退壳和排壳等一系列的击发过程，致使弹壳先后受到枪支特定部位的挤压、撞击和摩擦，而在相应部位留下不同类型的形象痕迹。主要有：弹匣摩擦痕迹（单排弹匣为两条，双排弹匣为一条）；枪机底部擦痕；撞针痕迹；枪膛痕迹；排除器痕迹。

（二）弹着痕迹及其特征反映

弹着痕迹是指枪弹发射后，弹头飞离枪口射向目标，在被射击的物体或人体上所形成的痕迹。主要有：

（1）弹孔（含穿透弹孔和未穿透弹孔即盲孔）。如果力量太小，则仅在弹着点造成一定的撞击痕迹。

（2）弹头擦痕。弹头未能击中物体，只擦边而过，或者被击中物体的外形和硬度适于使弹头改变其前进方向时，便不可能形成弹孔，而只形成弹头擦眼。如果弹头以小于 35°射入角射击比较坚硬且光滑的承受体时，就有可能明显地改变其原来的方向而产生所谓"反跳"现象。弹头反跳后的前进角度一般与射入角相同。

（三）枪弹射击附带物质

当子弹在枪膛受击发后，火药爆炸产生的巨大气体压力、燃烧高温等，都可能在枪管内或弹着点附近形成或留下一定的物质。

（1）枪管内的射击附带物质。由于弹药在枪管的一次爆炸在枪膛和枪管内均要留下弹药燃烧后的灰烬和气味，这些灰烬和气味会保持较长时间。这些火药燃烧后的可辨现象，可据以推断被验枪支最后一次实弹发射的时间。

（2）弹孔周围的射击附带物质。子弹在弹膛内被击发的瞬间，弹头和火药爆发时产生的气体、擦落的金属碎屑、射击烟灰及未燃烧过的火药颗粒等，一齐挤出枪口。与此同时，爆炸所产生的高达 3500℃ 左右的高温气体使枪口前部形成一个炙热的火焰区。因此，在近距离射击时，除弹孔、弹头擦痕等弹着痕迹外，还有因气体喷射和烧灼所造成的破坏，以及积存的一些物质微粒，如燃烧残渣、未燃尽的火药、枪油、金属颗粒等。根据弹孔周围的射击附带物质可以分析判断发射枪弹种类、射击距离、射击方向和角度。

四、寻找和提取射击枪弹及射击附带物质

（一）寻找和提取弹头、弹壳

1. 寻找弹头、弹壳

（1）寻找弹头。通常应先从寻找弹孔、弹头擦痕以及其他弹着痕迹入手，确定射击次数及其弹道后，即可沿着弹道运行线逐段逐步检查、寻觅。但应注意弹头遇到不同的障碍物或目的物后，可能穿透穿入，也可能发生反跳而改变飞行方向。因此，在寻找弹头时，应仔细辨明被射击物的射入口与射出口，以便根据射击方向和弹头飞行方向、角度进行追踪寻找。（2）寻找弹壳。各种自动和半自动枪支射击后，通常在射击地点周围 5 米范围内寻找弹壳。如果首先发现弹壳的所在位置，即可以此为圆心

的 5 米范围内寻找和判明射击位置。当在现场上未能发现弹壳时,则要适当扩大范围,结合犯罪人逃走路线进行搜索。

2. 提取弹头、弹壳

提取弹头、弹壳时,以不损伤弹头、弹壳上的痕迹和附着物为原则。为此,对于发现的射击弹头、弹壳,要用套有橡胶管的夹子提取,用细软物品进行包装,并对发现和提取的部位,作详细记录。

(二) 寻找和提取射击枪支

(1) 寻找射击枪支。除在自杀和伪装自杀的现场上可以直接发现枪支外,其他枪击现场几乎都不能直接发现枪支。犯罪人为了隐藏罪证,常常把枪支掩藏在秘密之处,如抛入水井、池塘、粪池,或埋在地下,或把枪拆散将零件四处隐匿。寻找射击枪支,应在现场周围和犯罪人经过的路线附近针对地势地物进行搜索,或组织力量采取打捞、挖掘等措施。在条件成熟的情况下,可对犯罪嫌疑人依法采取公开搜查手段寻找射击枪支。

(2) 提取射击枪支。提取枪支之前,应在发现地点先行拍照。提取时要仔细发现和固定枪支上手印和其他痕迹。同时对枪支进行安全检查,把枪内子弹和弹夹退出卸下,闭锁枪机,放下机锤,用脱脂棉堵塞枪口,防止异物进入和避免枪管内的烟灰和气味继续消失,以为推断枪支的发射时间提供条件。

(三) 发现和固定射击附带物质

对枪弹射击附带物质,通常采用红外线照相和复印的手段进行发现和固定。如在深色纺织物品上发现和固定射入口周围的火药烟灰时,利用红外线照相方法可拍出两者反差清晰的照片,从而使火药烟灰分布的状态完整地揭露出来;或将纺织品上射入口覆盖白色过滤纸,利用加热至 120℃ 的熨斗熨帖 2—3 分钟,即可将射入口的火药烟灰的分布状态以有色斑纹移在白色的滤纸上。采用这种复印法之前,应先提取一定量的检验材料,以供理化鉴定之用。

应当注意,对于发现的枪、弹及弹孔、弹着点和射击附带物质,在固定提取之前,均应先用拍照、测量、绘制平面图和笔录的方法,准确记录其形状、大小、位置、距离及其相互关系。对提取的各种物证要采用妥善的包装方法,防止在运送和保管过程中损坏。

五、枪击现场分析判断

枪击现场分析判断主要应解决以下问题:

(一) 弹孔判断

判断某一洞孔是否为弹孔,主要是依据弹头穿透力、洞孔特征和洞孔的形成是否符合弹道的规律。弹头的穿透力大小,一般是指某种枪支发射某种弹药,在一定的射击距离内能否穿透、穿入某种厚度的坚硬物体的表现能力。弹孔特征主要通过观察与检验其形状和大小,有无射击附带物质、擦带,射入口和射出口等特征来确定。但弹孔特征由于被射击物的结构、性质和射击距离以及方向、角度的不同而有所不同。

因此，对某一孔是否为弹孔的判断，要根据现场呈现出的具体条件作具体分析。所谓根据弹道规律判断弹孔，是指在近距离内发射情况下，可把弹道视为一条直线，不计其偏流值。因此，在发现有空洞和疑似弹着点时，即可从射击位置的某一点为基准、以直线走势连接洞孔和疑似弹着点，凡三点能成一直线时，则可判断该洞孔为弹孔。

（二）弹孔射入口和射出口判断

对已贯穿的弹孔，判明弹头贯穿的方向，对查明弹头的飞行弹道、射入角、发射点以及寻找弹头、弹壳等，都具有重要意义。射入口和射出口的形态与射击距离、弹头作用和被射击物的物理特性等多种因素有关。对具有一定弹性的被击物（如人体、轮胎等），射入口多向内凹陷，形成略小于弹头直径的圆形缺损；射出口一般大于射入口，呈中间缺损的星芒状。但应注意，当弹头炸裂、近距离射击或接触射击时，则可能形成射入口大于射出口的现象。对具有一定韧性的被击物（如金属板、硬纸板、塑料板等），可形成边沿内凹的射入口和明显外翻的射出口。当被击中的是玻璃时，可形成喇叭状弹孔，喇叭口为射出口；还可利用辐射状裂纹和同心圆裂纹的切面判断射击方向。

（三）发射枪支种类判断

根据现场上发现的弹头和弹壳的直径以及子弹的结构、商标符号和专用标记等特征，一般易于判断射击枪支的口径和种类。即使一时不具有这些条件，根据弹孔直径大小和周围附带物质的特征，以及弹头穿透力等因素往往也可判断出枪支的口径和种类。

（四）射击距离判断

凡在一米以内距离的射击，可根据被射击物体上形成的附带物质面积的大小，烧灼程度以及色调的深浅等特征加以推断。如果在被射击的物体上只有弹孔和弹着点的特征出现，这表明是一米以外的远距离射击。远射距离的推断，可采用目测法、相似三角形法进行测算。

（1）目测法。当发现只有一个弹孔，而弹孔壁较厚能反映弹道直线走势时，可从弹孔射击口逆向弹道观察，或采用拉线办法，找到弹道的起点，测量出其最大射距，然后根据现场具体情况及对发射地点的判断，测算出实际射距。

（2）相似三角形法。当发现既有弹孔又有弹着点，在弹着点高于弹孔时，即可由弹道起点通过弹孔至弹着点作一条同枪口水平面垂直投影线，构成两个相似三角形的关系，据此测算其射击距离。上述测算方法，是建立在弹头飞行升弧范围内基础上的。即是把弹道视为一条直线而不计其偏流值测算出来的射击距离，因此只能说它是个相近的数据。

（五）射击方向判断

发射的枪口指向的位置为射击方向。射击方向的判断首先应区别被射物体上的弹孔进出口，然后根据弹孔、擦带形状，不同物质的弹孔特征和附带物质的形状、物质分布状况等特征进行综合分析判断。弹孔成正圆形，系正前方射击所形成；弹孔为椭圆形，其擦带起始方向为射击方向。根据不同物质形成的弹孔特征判断射击方向，如玻璃同心圆纹分布均匀的一面为正前方射击所形成;同心圆纹分布不均,则以同心圆纹密集的一边为射击方向。附带烟垢物质是正圆形时,表明为正前方射击所形成;当其成椭圆形时,附带烟垢物质微粒密集的一方为射击方向。当发现有跳弹擦痕时,则应辨明弹头的入射角或反射角来确定其方向。

(六)发射时间判断

枪支发射后数小时内可嗅到膛内的火药气味。如果发射枪支及时得到密封措施的保护,这种火药气味在数日内仍可被嗅到。利用枪管内的火药烟灰在潮湿空气的锈蚀变化的各种颜色也可确定其大致的发射时间。发射枪支的枪膛未经擦拭,很快出现黄灰色或深灰色雾斑;一昼夜后由黄灰色雾斑转为锈层。发射枪支即使得到及时擦拭,也可利用枪机件中的残留物或其演化物进行化学分析,若有亚硝酸盐存在,即可判定其发射时间约在三四天之内。

(七)事件性质判断

尸体上有多处致命枪伤,且有挣扎、搏斗的痕迹和现场上有被翻、被劫等现象,可判断是他杀;尸体上只有一处致命枪伤,弹道特征符合自射动作,现场留有发射枪支,没有犯罪人作案的痕迹,可以判断为是自杀;现场没有与犯罪有关的痕迹、物品,也不具备自射身死的特征反映,调查中又能证明在发案时附近确实有人因打靶、打猎等朝现场方向发射过子弹,可判断为是误射伤亡;现场遗留枪支机件陈旧松散,保险机件失灵,枪支处在一定状况下可引起"走火"发射,调查中无作案或自杀的因素,自首人员的交代与勘验、实验结果吻合,一般可判断为"走火"伤亡。另外,为了揭露射击现场的真伪,必须对弹道的特征、射击痕迹和附带物质特征、枪支机件的可靠性、现场其他痕迹、被射人员的表现等等因素加以综合分析研究,找出真凭实据后,方可作出现场真伪的结论。

第三节　文　书　勘　验

一、文书勘验的概念和任务

(一)文书勘验的概念

文书勘验,也称文件勘验,是指对具有证据意义的文书及其物质材料的勘验、检查,是侦查勘验技术的一个重要组成部分。

文书是人们利用文字或其他符号表达思想、记录事实、传达指令、证明身份、进行交际的一种工具。文书按其表现形式可分为记载在纸面上的文字、表格、图案、照片或其他符号,按其用途可分为书刊、报纸、公文、证件、信函、契约、票证、证券、账册、货币等等。此外,那些记载在布匹、木板、竹片、石块、墙壁、金属等物体上的文字、图案及其他符号也可称为文书,这是文书的一种特殊形式。文书的用途极为广泛。它在人们社会生活的各个领域起着不可或缺的重要作用。借助于文书,人们不仅可以相互交流思想,进行交际,而且还可以把自己的言语传到远方,流传到后世。

文书作为一种交际工具，有时会被犯罪分子用作实施犯罪的手段，比如书写危害国家安全的标语、传单，伪造公文、证件、印章印文、各种有价证券和票证，以及以各种技术方法销蚀、涂改文书的内容或损坏、销毁具有证据意义的文书材料等等。因此，在侦查实践中，经常会遇到需要通过文书勘验加以解决的问题。

文书勘验不仅是发现和审查犯罪嫌疑人，揭露和证实犯罪的一项重要的技术手段，而且还能为民事审判提供重要的诉讼证据。这里侧重研究文书勘验在侦查中的具体运用。

(二) 文书勘验的任务

文书勘验主要有以下任务：

(1) 勘验犯罪现场，发现、提取有关的文书、物证。

(2) 根据文书的内容、文字特征及文书物质材料，分析判断案情。

(3) 鉴别有关文书、印章印文的真伪，判明伪造或变造的方法。

(4) 显现被掩盖、销蚀或褪色的文书，认读和显示原件的内容。

(5) 整复被损伤、销毁的文书，查明其原文。

(6) 检验与案件有关的各种印刷品，判明文书的印刷方法及其来源和出处。

(7) 检验与案件有关的文书物质材料，如纸张、墨水、墨汁、印油、胶水、糨糊等等，以确定其种类、牌号，并查明其来源。

(8) 检验与案件有关的人像照片，为确定两张照片之人身相貌是否同一提供证据。

(9) 检验与案件有关的各种言语材料，分析判断文书书写人的性别、年龄、文化程度、职业、籍贯及思想类型。

(10) 通过对手写文字的勘验研究，为确定文书的书写人提供材料。

二、书写文书的特征

书写文书的特征，是书写人书写习惯的外部表现。其表现形式是千态万状的，但是归纳起来可以分为书法特征、文字布局特征和书面言语特征三个方面。

(一) 书法特征

书法特征也叫笔迹特征，是书写人书写文字符号的动作习惯的反映和表现。其中主要有：

(1) 书法水平特征。也叫书写动作熟练程度特征。它反映一个人写字技能的高低。属于书写文字的共同特征。书法水平高的人，在书写过程中，能够自动控制自己的书写动作。所以书写速度快，动作协调，字的结构严整，笔画规整，搭配适当，运笔流畅，连贯性强，文字布局整齐，大小均称，快写不紊乱。书法水平低的人，书写速度慢，动作协调程度低，字的结构松散，比例不适当，运笔呆板、生涩，连贯性小，往往会出现一些不适当的动作或停顿现象。书法水平的高低是相比较而言的，而且并不是一成不变的。书法水平低的人经过不断的练习可以提高，书法水平高的人，由于主客观条件的变化（如长期不写字或年老久病等）其书写技能也可能降低。另外，书写人也可能故意改变自己的书法水平。在文书勘验中,必须正确分析书写人的书法水平的高低,同时还要充分考虑到可能引起书法水平发生变化的各种因素。还要注意书写技能的提高是需要有个过程的,即使书写人故意改变自己的书写水平,也很难使自己的书法水平立即显著提高。即使高水平的人故意降低,也会发现其原有水平的痕迹。

(2) 字的形体特征。字形是指字的外部轮廓的形状。汉字是方块字,但在不同人的书法中,则表现为方形、长方形、扁形、圆形、菱形、斜形(向左倾斜或向右倾斜)和不规则形等不同特征。字形特征属于书写文字的一般特征,勘验时要注意分析是否故意改变字形。

(3) 字的写法特征。字的写法,是指整个字的组成形式,即一个字是由哪几部分、哪些笔画和以怎样的结构形式构成的。常用的汉字大约有三千个。从结构形式上来看,是一字一形,各不相同。现在的行书字基本上是"自由体",规范要求不严格,往往一个字存在着几个不同的写法。在实际生活中所遇到的主要有以下几类:第一,现行规范写法。指当前在出版物、正式文件及教学中统一使用的写法。其中包括国务院已公布的简化汉字和尚未被简化汉字所代替的通用汉字。这些字的写法因为符合统一的规范,所以在全国范围内已被广泛地应用。第二,繁体写法。已被国务院公布的简化字所代替的字是繁体字。这些字的写法已被淘汰,不应再使用。但是也还有人习惯沿用旧的写法。例如,構(构)、實(实)、華(华)、範(范)等。第三,异体写法。所谓异体字就是同音同义不同形的字。如"并、併、竝"(并)、"寔"(实)、"喆"(哲)、"恠"(怪)等。第四,习俗简化字写法。所谓习俗简化字,是指没有收入国务院公布的汉字简化方案,但已在社会上广泛使用的那些字。如"囯"(国)、"价"(价)等。第五,古体写法。指来源于古代汉字规范和历代书法名家字帖而现在已经不常用的写法。如:"楳"(梅)、"灋"(法)等。此外,还有地区性写法、职业性写法、自造字写法、简缩写法,等等。

(4) 错别字特征。所谓错别字,通常是指两种情况,一种是错字,即把字的形状结构写错了。例如,"吃"(吃)、"汽"(汽)、"屹"(屹)、"局"(局)、"被"(被)等。另一种是别字,即本来该写这个字,却写了另外的字。例如,把"身教胜于言教"误写成"深教胜于严教",把"如火如荼"写成"如火如茶",把"势不两立"误写成"势不两利"。深、言、茶、利等字的笔画和结构都没有错,本身不是错字,但是用错了地方,全句的意思也就错了。错别字特征,特别是错字特征,能够反映书写人的文化程度,特殊性比较强,而且又比较稳定,一般不容易改变,价值比较大,勘验时应注意发现和利用。但应注意是偶然性的误笔,还是习惯性的错别字,并且还要注意鉴别是否犯罪分子有意伪装。

(5) 笔顺特征。笔顺,是指书写文字时笔画先后的顺序。汉字笔顺是按一定规则书写的。一般的笔顺规则是:先上后下;先左后右;先外后内;先横后竖;先撇后捺;先钩后挑;先中间后两边;等等。笔顺规则是要求使用某种文字的人都这样写。但是也有不少人在写字时并不按正常的笔画顺序,尤其在草书和笔画连贯性较大的"自由体"中,笔顺的一般规则基本上被破坏了。人们平时写字的笔顺大体有三种情况:一种是按正常笔顺规则写的,称为正常笔顺;另一种虽然不符合笔顺规则,但是许多人都那样写,成为社会上比较通用的笔顺;再一种是大多数人都不用,而只有少数人或个别人习惯用的笔顺,称为特殊笔顺。笔顺特征的稳定性程度比较大,书写人在有意伪装的情况下,往往不注意改变笔顺。因此,勘验时,要注意发现和利用那些比较特殊的笔顺特征。笔顺特征在一般情况下比较容易发现,但是有时由于字的结构比较复杂,判断笔顺特征就较为困难,特别在隶书或楷书中,由于字是一笔一画组成的,往往难于发现其笔顺特征。但是,如果仔细观察起收笔的动向、运笔趋势、相近笔画的连贯关系以及笔画的交叉部位等特征,仍可以揭示出书写人的笔顺习惯。

(6) 结构搭配的比例特征。结构搭配,是指单个字的各笔画或偏旁部首之间的相互关系。主要包括两个方面:其一是搭配关系,即笔画之间或偏旁部首之间交接部位及相对位置的高低远近等特征;其二是比例特征,即笔画或偏旁部首之间的大小、长短、宽窄等比例关系。

(7) 基本笔画的写法特征。笔画是构成汉字的要素。绝大多数汉字都是由多笔画构成的。汉字的基本笔画一般可分为八种:点、横、竖、撇、捺、挑、折、钩。每种笔画都有各种不同的写法,这些细微差别能够反映不同人的书写习惯,是确定书写人时应用最广泛的特征,特别是当文书物证上的字迹很少的情况下,仔细研究基本笔画的写法特征更具有重要意义。但是,基本笔画的写法特征也比较容易受主观和客观条件的影响,因此,要注意分析此类特征是否发生变化,以及引起变化的原因。

(8) 标点符号和其他符号的书法特征。标点符号大体分为标号和点号两大类。标号是用来表示书面言语里词语的性质和作用的,包括引号、括号、破折号、省略号、专名号、书名号、着重号和间隔号。点号是表示书面言语中的停顿或说话时的语气的,包括句号、逗号、顿号、分号、冒号、问号和感叹号。除了上述符号外,在书面言语中还有其他一些符号,如重略号、调转号、添插符号和改错符号等。每种标点符号的写法和用法都有统一的规范,但是,每个人都有自己的写法,在起笔、运行、环绕、收笔等方面都会表现出书写人各自不同的运笔特征,而且标点符号的安排位置也会有不同特征反映。标点符号的书法特征一般比较稳定,在书写人有意伪装的情况下,往往不注意改变标点符号的书写方法。因此,它在侦查中价值比较大,特别是在有伪装字案件和字数较少的案件中,标点符号的书法特征往往对正确作出鉴定意见有重要作用。

应当指出,在分析书写人的书法特征时,要注意是否有书法特征改变的原因存在。引起书法特征改变的原因很多,总的来看,有自然改变和故意改变两种。自然改变的因素主要有:时间因素、病理因素、精神与心理因素、不正常的书写条件等;故意改变的手法主要有:改字体、字形,改变书写速度,用左手书写,模仿(包括临摹、记忆模仿、经过练习的模仿和描摹)他人的书法特征,以及刻画字、尺画字、剪切字、穿孔字、剪贴字和用纸条、木棍等拼凑字等。但是,无论是自然改变的书法,还是故意改变的书法,都是以书写人大脑皮层中已经形成的"书写动力定型"为基础的。基于人们书写习惯的特定性和稳定性的原理,书写人在书写时,必然会在字的写法、错别字、生造字习惯、主要笔画的交接部位、运笔趋势、搭配比例关系等方面,反映出其某些特征。

(二)文字布局特征

文字布局特征指文字符号的安排形式,是书写习惯的一种客观反映。主要包括书写人在字序和行序、字行的形态、字间与行间的间隔、字行与格线的关系、字行与页边的关系、分段与缩头、程式语的安排位置、固定词组的写法和搭配关系等方面的习惯。书写人的文字布局特征包括的方面很广泛,而且比较稳定,但它属于一般特征,可以为侦查提供线索,不能作为识别书写人的根据。

(三)书面言语特征

书面言语特征,是指书写人用词造句习惯的表现形式。主要包括书写人运用文言词和古旧词、运用方言词、运用行业语及专业术语、运用外来词、运用熟语、运用标点符号、运用体裁,以及句子形式、虚词、不规范的构词等方面的习惯。分析书面言语特征,可以判断书写人的语文水平、社会职业、知识范围、生活环境、居住地区、年龄阶段等。同时,也可以为识别文书物证的书写人提供辅助材料。

三、印刷文书特征

(一)打印文字的特征

打印机分为机械式打印机和点阵式打印机两类。

机械式打印机打印文字的主要特征包括:打字机主动机构的间距,分格距离,铅字类型,字丁笔画的残缺、弯曲、磨损等细节特征,以及文字行间距离、混合字、模糊字和双影字等。外文打印机打印文字与中文打印机打印文字的特征反映相同。

点阵式电子打印机打印文字的主要特征包括:字符形体、点阵规格、字距、行距、字符变换等一般特征,以及色带上的字符印迹,印字头的结构、偏斜、脏污、列阵印迹不匀,字库反向间隙、字库增添或缺损等细节特征。分析打印文字的特征,可以辨别打印文书是否伪造,是用哪一种乃至哪一部打字机打印等。

(二)铅印文字的特征

铅印文字主要反映铅字的字体、型号、铅字笔画的细节特征。铅字字体有仿宋体、正楷体、隶书体等。每种字形,按高度和宽度,又分成若干号。同体同号的字,由于铸造字的字模不同,必然会出现许多不同的细节特征,即使同一个字模铸造的铅字丁,在印刷使用过程中也会发生变化。所以,同一个印刷厂铅印的文书,通过对字丁分析、鉴定,也可能发现其差异之点。对铅印字迹所反映的字丁的特征的分析、鉴别,可以判明文书是否伪造、变造,还可以查明铅字字丁的出处,从而为侦查提供线索。

(三)印刷图案符号的特征

票证、证件上都印有一定的图案符号。印刷图案符号所反映的特征主要包括:

(1)版面的格式和项目。比如票证有图案、花纹、文字和印文等,一些重要的票证(如人民币)和证件(如护照)还有保护花纹。勘验时,应注意可疑票证、证件上这些内容是否齐全。如果比真票证、证件多了或少了某些内容,即可确定可疑票证、证件是假的。

(2) 印刷版型。一般分为凸版、凹版和平版三种。勘验时,应注意可疑票证、证件是何种版型所印。如果与真票证、证件所用版型不同,即可确定可疑票证、证件为假的。

(3) 图案、文字的结构。主要包括:文字的形体、大小、排列位置及笔画形状;相同颜色的图案、文字之间的相互位置关系;细小花纹的数目、粗细、长短、转折形状;底纹的结构、颜色和清晰程度;有照相网点的图案,网点的密度、形状、大小。

(4) 暗记。有的票证和证件,为了防止伪造,易于鉴别,在印版上作了暗记。勘验时,应注意有无暗记、暗记的位置和形状。

(5) 其他特征。如有些票证边缘齿孔的大小、密度和形状、票面的大小以及剪切线的位置、形状等都有所不同。应该指出的是,勘验和鉴别印刷图案符号的特征时,要注意票证、证件在使用过程中可能发生的变化以及在印刷过程中的漏版或产生的其他缺点。

(四) 印章印文的特征

印章按用途可分为公章、专用章和私章三种。印章的印面粘上印泥印出来的印,称印文。印文通常可分为有色引文和无色凸凹印文。一定的机关、团体和个人,因某种专门需要,留给有关的对方一枚供核对、验证之用的印文,称为印鉴。印章印文所反映的印章特征可分为:

(1) 规格性特征。即按一定规格要求刻制印章时形成的特征。主要包括:印面内容及安排格式、印面的形状及大小、印面边框的形态、印面的字体等。

(2) 细节性特征。即由刻制方法、技术和印章在使用过程中形成的特征。主要包括:文字、图案、线条的位置距离,笔画、线条的形状、交接、搭配位置及其比例关系,附加图案(如国徽、五角星)的具体结构形状,印面的疵点、缺损以及某些笔画、线条、图案的磨损等。在勘验研究印章印文的特征时,应注意影响印章特征的一些因素。主要有:印章受水和空气干湿度的影响,会发生胀缩变化;印章受盖印的压力、落印姿势、衬垫物软硬、印油多少等因素的影响,会发生印面上的文字、线条等产生粗大或细小的变化;印章因清洗会使文字、线条清晰;印章因长期使用不清洗,会使印面附着物牢固,使文字、线条模糊或消失等。

四、文书物质材料的特征

文书物质材料,是指制作文书的各种材料,包括纸张、墨水、墨汁、圆珠笔油、复写纸色料、油墨、铅笔芯、印泥、印油以及胶水、糨糊等。文书物质材料的状况能反映出文书的制作方法,并能反映出文书所用纸张的种类、成分、光泽、色泽、弹性、透明度、网纹、厚度等固有特征,以及纸张上的格线、图案、文字及其他符号等附加特征,所用墨水、圆珠笔油、油墨、印油的种类、成分、光泽、颜色等特征,所用胶水、糨糊以及其他黏合剂的种类、成分、光泽、色调等特征。

五、现场文书物证的发现和提取

各类案件现场都可能遗留有文书物证。根据各类案件现场的具体情况,采取有效的方法寻找和提取与案件有关的文书物证,是文书勘验的首要任务。

(一)张贴、散发文书的收取

发生张贴、散发文书的案件后,侦查人员应迅速赶赴现场勘验。首先要保护好现场,对已发现的文书物证应设法加以遮挡,以防损坏或扩散影响。然后在其周围分片、分段或根据作案人来去路径,继续寻找、发现。对于已发现的文书物证要拍照固定并提取原物,同时,将粘贴物如胶水、糨糊等一并提取。被提取物应按发现时的状态分别装在相应大小的透明塑料袋内或用两块玻璃板夹住。对于从纸张上脱落的粘贴物可用洁净的纸包好放入小盒内,以便进行化验分析。如果在现场上或在嫌疑人处发现书写文字时底页空白纸上遗留有印压字迹,应提取原物,利用侧光观察发现笔画压痕。必要时,可带回实验室,利用"纸张压痕显现仪"显出底页上的笔画压痕。

(二)涂写、刻画字迹的提取

对于涂写、刻画的字迹应尽量连同承受体原物提取。如果是大型客体不能提取原物时,可用拍照固定,再割取其局部。若遇到墙上涂有与墙壁颜色相同的粉笔字迹,除拍照外,可用静电复印法提取。同时,还要注意寻找、发现和提取与案件有关的书写工具(如粉笔头、钉子、木片等),以及犯罪人涂写、刻画时遗留的手印、脚印或其他物品等。

(三)撕碎、烧毁文书的收取

(1)撕碎文书的收取。撕碎的文书可能丢在纸篓里或分散在室内外角落处与其他纸片、杂物混在一起。寻找、收取时,应根据纸张的颜色、厚薄、纸面上的格线的宽度和距离、字迹的颜色或书写物质(如铅笔字、钢笔字、毛笔字等)、笔迹特征、记载的内容等相对应进行收取。一时分不清的应广泛收取后带回实验室逐个鉴别澄清。对于收取到的文书碎片应放在玻璃板上,用镊子夹取复原拼合无误时,进行固定拍照。

(2)烧毁文书的收取。烧毁的文书可能随风吹动而四处飞扬,故对其碎片应小心谨慎地寻找和收取。如果文书正在燃烧,可用器皿罩住隔绝空气熄灭。收取时,可用一张赛璐珞片轻轻插入下面,将其提取放入盒内。如果文书是盛放在容器里烧毁的,应提取原物。如遇火炉中或灶坑里有燃烧的文书时,可用小铲撮出放入盒内。收取的烧毁文书可用润湿法、粘贴法、裱贴法等平整固定。

(四)受潮、水湿文书的收取

(1)受潮文书的收取。受潮文书多霉烂或粘贴成团。提取时,首先应用金属薄片将纸层分开,然后放在室温下晾干,自然晾干后若起皱缩,可夹在洁净的纸中放在重物下压平。

(2)水湿文书的收取。犯罪人为毁灭罪证,可能将有关文书拧成纸卷或揉成纸团抛入池塘、河流或水井中。发现提取后,可将其斜向慢慢浸入盛有洁净清水的磁盘内,逐步使纸料吸足水分自行展开后,再平整地放在玻璃板上自然晾干并拍照固定。

如果皱缩的纸团上附着有血迹、粪便、泥土、胶水或其他黏性物质时,可换成温水并加少许酒精,以增强展开效果。但应注意,在水浸前应将其原始状态拍照固定。

六、制作文书勘验笔录

对于发现、收取的各种文书物证,必须制作勘验笔录。笔录的内容主要包括:文书物证所在地点和所处位置,文书的种类和规格,文书的内容、书写或印刷方法及其特征,文书物质材料的特征,书写工具的类别,文书物证的发现过程及发现时的状态,整复或固定文书物证的方法,与文书物证有关的其他情况,提取的文书物证的名称、数量和包装方法等。

七、对案情的分析判断

(一)案件性质分析

案件性质分析主要是指根据文书的内容,记载的事件的情节,制作和存在的方式,文书是否伪造,结合现场其他情况和遗留的痕迹,从研究文书的书写人有无犯罪的动机、目的入手,进行综合分析判断。比如,如果是少年无知乱写乱画,则不构成犯罪。而散发、张贴的文书记载的事件的情节明显属于对他人进行侮辱、诽谤,则应立案侦查,如果属于一般的侵犯他人的名誉权,则不构成犯罪。某些命案现场留下的"遗书""情书""绝命书"等,也可根据文书的内容、情节,结合现场其他情况,判断是自杀遗言,还是他杀伪造自杀遗书。

(二)犯罪情况分析

犯罪情况分析主要是指分析判断犯罪人作案的时间、地点,作案的人数、方法、手段,以及犯罪人使用的书写工具和活动范围等。判断犯罪人作案的时间,可根据发现人、报案人以及知情人提供的有关情况,结合文书物证和其他痕迹的新旧程度分析。判断犯罪人作案的地点,主要是寻找和确定张贴和散发文书的第一现场,从而判断犯罪人的行走路线或活动范围,对于投寄的文书,可通过分析投寄邮局或邮筒与周围居民点、交通线路之间的联系,判断犯罪人的来去路线,并根据文书的书写材料和内容,划定侦查的范围。判断犯罪人作案的手段,主要是根据犯罪人张贴、散发、涂改、烧毁、伪造文书物证的具体方法,使用的书写工具和书写材料的种类以及字迹特征有无伪装等进行分析。根据对现场文书物证的分析,结合现场环境、条件以及其他痕迹、物品的特征,还可以判断是内部人员或外部人员作案,是一人作案或多人作案,是当地人或流窜犯作案等。

(三)犯罪人特点分析

(1)犯罪人年龄分析。其一,少年书写的文书。书法水平低,字形不正,大小不匀,笔画呆板,特征不稳定,书写习惯不定型,多用简化字,常出现错别字,用词造句不通顺。其二,青年人书写的文书。书法特征趋向定型,"自由体"字比较明显,简化字多,词汇不够丰富,语句不够通顺,常用新名词新概念。其三,中壮年书写的文书。书法特征比较稳定,运笔熟练,词汇丰富,繁简体并用,往往对书法特征有意伪装,常用借古讽今的手法。其四,老年人书写的文书。书写速度缓慢,动作不协调,运笔有抖动现象,字形大,结构松散,惯用文言、典故和陈旧词汇。上述特点系一般规律,与书写人的语文水平有一定关系,与其书法技能也有关系,但应注意书写人是否有意伪装。

(2)犯罪人文化程度分析。主要看整篇文字材料的结构是否严谨,层次、段落是否分明,逻辑性和概括性是否强,用词、错别字、标点符号使用情况和书法水平的高低。一般而言,书写技能、语文水平和知识范围与文化程度是一致的。如果文书中的语句通顺、简练,结构严谨,层次分明,典故和成语使用恰当,极少出现错别字,书写工整,运笔自然有力,书写动作连贯,字的结构搭配匀称,文书内容涉及某些专门知识等等,说明犯罪人文化程度较高,书法水平高。但要注意文书撰稿人与缮写人是否为同一人,书写人有无伪装以及书写时的心情和客观条件的影响等情况。

(3)犯罪人居住范围分析。主要根据文书投递、散发、张贴的时间、地点和路线,文书内容所涉及的地区、单位或人、事、物的具体情节,文书中使用的方言、土语和地区性简化字、行话,文书物质材料(如纸张、信封、信纸、墨水、糨糊等)及其他遗留物品的产地、销售和使用范围进行分析。有条件的可通过查对笔迹档案来发现犯罪人。另外,如果文书上发现手印,可通过查对指纹档案来查明犯罪人。

(4)犯罪人职业特点分析。有些犯罪人书写的文书中,可能涉及本行业、部门或单位内部的人和事;有些文书中反映出某些行话、专业术语、职业性用语或隐语;有些文书是用特制的物质材料和专门书写工具制作的;等等。这些都可以作为分析犯罪人职业特点的根据。

第七章 侦查鉴定

第一节 侦查鉴定概述

一、侦查鉴定的概念

侦查鉴定,是指侦查机关或部门为了查明案情指派或者聘请有专门知识的人就案件中涉及的某些专门性问题鉴别、判断并提出鉴定意见的活动。通常有:痕迹鉴定、文书鉴定、枪弹鉴定、相貌鉴定、司法化学鉴定、法医学鉴定、司法精神病学鉴定、司法会计鉴定等等。

在我国,侦查鉴定权属于公安(含国家安全)机关、人民检察院,除此之外任何其他部门或者单位都无侦查鉴定权,也就是说,只有上述专门机关才可以决定是否需要进行侦查鉴定。如果犯罪嫌疑人、被害人提出申请,可以补充鉴定或者重新鉴定。但是侦查鉴定又不是通过侦查人员、检察官自身来完成的,而是由侦查机关指派、聘请的具有鉴定资格的鉴定人员来实现的。鉴定人员(包括专职鉴定人员和其他具有专门知识的人)不能擅自进行鉴定。不难看出,鉴定权和鉴定资格是不同的,鉴定权是指行使鉴定这一职责范围内的支配力量;鉴定资格则是指从事鉴定所应具备的条件、身份等。二者不能混淆。我国《刑事诉讼法》第 146 条规定:"为了查明案情,需要解决案件中某些专门性问题的时候,应当指派、聘请有专门知识的人进行鉴定。"法律之所以对鉴定权和鉴定资格加以明确规定,是因为:一是刑事诉讼中的鉴定权是国家权力的组成部分,只有由国家通过法律授予特定的国家机关行使,才能有效地保证这一权力的完整性、统一性。二是鉴定作为侦查活动的一项重要措施,必然涉及当事人的人身权利和其他权利,只有由特定的国家机关行使鉴定权,决定是否进行鉴定,才能保证鉴定的法律上的严肃性。三是鉴定是一项技术很强的专门工作,有特定的国家机关指派或者聘请具有鉴定资格的专职鉴定人员或者其他具有专门知识的人进行鉴定,可以保证鉴定意见的权威性,有利于总结鉴定经验,改进和提高鉴定技术。

侦查鉴定是查明案件事实的重要手段,能够为案件的侦查、起诉、审判提供科学依据,也是甄别案内其他证据的科学方法。所以侦查鉴定往往起着其他侦查措施不可替代的作用。

二、侦查鉴定的类型

侦查鉴定常常按其所能解决的问题,分为以下几大类:

(一)同一鉴定

以解决被同一鉴定客体是否同一为目的的鉴定,称为同一鉴定。该类鉴定按被同一鉴定客体的物质反映形象可以分为以下几种：

（1）根据被同一鉴定客体外表结构的物质反映形象进行的同一鉴定。这是常见的一种同一鉴定。比如根据手印、赤脚印、牙印鉴定遗留手印、赤脚印、牙印的人的同一；根据鞋印鉴定鞋子的同一；根据工具痕迹鉴定造型工具的同一；根据弹头、弹壳上的发射痕迹鉴定发射枪支的同一等。

（2）根据被同一鉴定客体断离的物质反映形象进行的同一鉴定。这种鉴定相对来说比较少见。它是根据被鉴定同一客体的断离线（或面）以及断离处的固有的和附加的特征进行的。其目的是认定被断离的各部分原来是否属于一个整体。比如对断裂的刀刃、锯断的木头、拆卸的机器零件进行的各断离部分是否原同属一个整体的鉴定，都是这种鉴定。

（3）根据被同一鉴定客体（人）动作习惯的物质反映形象进行的同一鉴定。人的任何一种动作习惯都是人体的有关器官在大脑的指挥下，通过一个动作的反复进行而逐渐形成的动力定型所决定的。由于每个人在形成大脑皮层动力定型的过程中的主观因素不同，而显现出人各不同的特性；又由于其一经形成就难以改变，而具有相对稳定性。所以，根据人的大脑皮层动力定型所决定的动作习惯的物质反映形象是可以进行人的同一鉴定的。目前，我们所能够据以进行同一鉴定的只有笔迹（人的书写习惯的物质反映和表现）。根据脚印中的步法特征（人行走习惯在单个脚印和成趟脚印中的反映和表现）进行的同一鉴定问题正在研究。

（二）种属鉴定

以解决与案件有关的物质、物品种类属性为目的的一类鉴定，称为种属鉴定。这类鉴定按鉴定的对象分为文书物质材料鉴定、射击残留物鉴定、爆炸物质鉴定、金属物质材料鉴定、毒物毒品鉴定、微量附着物鉴定、生物物证鉴定等。

（三）事实鉴定

事实鉴定是以解决某种事实的真实状况包括事实的真假、有无、程度、原因等鉴定。这类鉴定涉及法医学、司法精神病学、痕迹学、枪弹痕迹学、文书鉴定学等几乎全部司法鉴定学分支学科，在侦查鉴定中占有非常重要的地位。

三、侦查鉴定的程序

侦查鉴定应按照以下程序进行：

（一）指派或者聘请鉴定人

侦查鉴定人是指经侦查机关指派或者聘请，运用其专门知识或者技能，对犯罪案件中某些专门性的问题进行检验、鉴别并提出判断意见的诉讼参与人。指派的对象是侦查技术部门有鉴定资格、专门担任侦查鉴定职务的人，如专门从事痕迹、笔迹、司法会计等鉴定的人。聘请的对象是其他单位有鉴定资格的人员，如医院、学校和科研部门的有关专家、教授等。

侦查机关决定进行鉴定后，即应指派或者聘请鉴定人，并向其指出需要鉴定的专门性问题。为保证客观公正地进行鉴定，侦查机关指派或者聘请鉴定人应注意以下问题：

（1）被指派或者聘请的人必须具有鉴定资格。即必须具备解决鉴定所要解决的问题的专门知识、技能和必要的仪器设备，是有中级以上技术职称或技师职称的自然人。本人或者近亲属与案件有利害关系的以及担任过本案的侦查人员、证人或者与本案当事人有其他关系，可能影响公正鉴定的人，不能充当鉴定人。

（2）侦查鉴定通常有一个或者两个鉴定人独任鉴定或者合议鉴定。如果案件涉及多种专门性问题，则应分别指派、聘请对口专家进行综合鉴定或者组织"会商鉴定"。

（3）应当为鉴定人进行鉴定提供必要条件，及时向鉴定人送交有关检材和比对样本等原始材料，介绍与鉴定有关的情况，并明确提出要求鉴定解决的问题，但不得暗示或者强迫鉴定人作出某种鉴定意见。

（4）要事先发出指派、聘请鉴定的正式委托书。

（二）鉴定的受理

一般要做好以下几项工作：

（1）检查委托公函。进行侦查鉴定必须有侦查机关或者部门的委托公函，否则不得受理。

（2）核对送检材料的名称、数量。即分清哪些是案件中的有关物质、物品、痕迹或者文书等，哪些是样本材料，两者不得混淆。

（3）了解与鉴定有关的情况。必要时，鉴定人经侦查机关或者部门的许可，可以查阅有关的案件材料，或者参加现场勘验和侦查实验。

（4）了解鉴定的目的和要求。即了解通过鉴定所要解决的问题。对委托单位提出的鉴定目的和要求，鉴定人无权修改。如果因受专门知识的限制或者因鉴定材料不足，不能解决鉴定所要解决的问题时应拒绝受理。

（5）查验样本材料的来源和收集方法是否符合鉴定的要求。如果送检的样本材料不足或收集的方法不科学，不符合鉴定的要求，则可让委托单位加以补充，或重新收集。

（6）确定是否接受委托。根据查验情况，决定接受委托的，由送检人填写"委托鉴定登记表"，并办理委托鉴定手续。

（三）鉴定的实施

鉴定人受理鉴定后，即可采取科学的、有效的方法对提交的鉴定材料进行检验，这是侦查鉴定的中心环节。

侦查鉴定，通常要按预备检验、分别检验、比较检验、综合评断四步进行。这四个步骤是相互衔接、有机联系的，是一个由感性到理性逐步深化的认识过程。

对上述每个检验程序都要作出详细、客观的记录。通过鉴定，取得明确的意见后，即可出具鉴定意见，同时附上鉴定机构和鉴定人的资质证明，并且签名或者盖章。鉴定意见是鉴定人签署的具有证据意义的法律文书，应当按要求认真制作。会商鉴定，如果参加鉴定的专家取得一致的鉴定意见，方可出具鉴定意见。如果不能取得一致意见,应当在鉴定意见上写明分歧的内容和理由,并且分别签名或者盖章。根据我国《刑事诉讼法》第147条第2款的规定,鉴定人故意作虚假鉴定的,应当承担法律责任。

(四) 补充鉴定或重新鉴定

对于鉴定意见,侦查人员应当进行审查,必要的时候,可以提出补充鉴定或者重新鉴定的意见,报请批准后进行补充鉴定或者重新鉴定。

补充鉴定由原鉴定人进行;重新鉴定应当另行指派或者聘请鉴定人。

(五) 鉴定意见的告知

用作证据的鉴定意见,办案部门应当告知犯罪嫌疑人、被害人;被害人死亡或者没有诉讼行为能力的,应当告知其法定代理人、近亲属或诉讼代理人。

犯罪嫌疑人、被害人或被害人的法定代理人、近亲属、诉讼代理人对鉴定意见有异议提出申请的,经批准,可以补充鉴定或者重新鉴定。

第二节 同一鉴定

一、同一鉴定的客体和目的

(一) 同一鉴定的客体

同一鉴定的客体包括被同一鉴定客体和供同一鉴定客体。

(1) 被同一鉴定客体,是指通过鉴定所要解决的是否同一客体。即鉴定人进行比较和鉴别的对象,包括人身和物品。同一鉴定必须有两个客体参加,只有这样才能对其进行比较、鉴别。它们是:第一,被寻找客体。即曾经在犯罪现场遗留下自身物质反映形象的客体,因而是侦查机关正在寻找的客体。第二,受审客体。即被怀疑因为实施犯罪行为曾在犯罪现场上留下自身物质反映形象的客体,故是侦查机关正在进行审查的客体。

(2) 供同一鉴定客体。也有两个:第一,现场的物质反映形象。它是被寻找客体直接遗留在犯罪现场上的,同犯罪事件存在客观联系。第二,对比样本。它是为了同一鉴定的需要,特意从受审查客体那里取得的。鉴定中,有时也可以不需要样本,而是将提取的被寻找客体的物质反映形象直接与受审查客体外表结构形态进行比对,以确定受审查客体是否被寻找客体的物质反映形象的造型体。比如直接将提取的现场鞋印与嫌疑人的鞋子进行对比等。不过,这样的鉴定进行得比较少,多数还是利用嫌疑客体物质反映形象样本来进行的。

(二) 同一鉴定的目的

就是将在不同的时间和空间出现的两个人或者物进行比较鉴别,以确定两者是否为同一人或者同一物。或者说,是通过对现场物质反映形象材料和嫌疑物质反映形象样本材料的检验,确定两者是否来源于同一个客体。这就要求在进行同一鉴定时,首先必须对同一鉴定的客体作严格的区分。一是要严格区分供同一鉴定客体,即区分现场物质反映形象材料和嫌疑物质反映形象样本材料。前者是从犯罪现场提取的，是具有证据意义的、不能更换的材料；后者是从受审查客体那里提取的，仅供鉴定之用，是可以随意提取和更换的，不具有证据意义。因此，绝不能将二者混淆起来。二是要严格区分被同一鉴定客体和供同一鉴定客体，即区分被同一鉴定客体与它的物质反映形象。同一鉴定是解决被鉴定客体即受审查客体与被寻找客体是否同一，而不是认定它们的物质反映形象之间是否同一。被同一鉴定客体与其物质反映形象之间，以及物质反映形象之间是不可能同一的。因为世界上万事万物都是特定的，只能自身与自身同一。被同一鉴定客体与其物质反映形象之间，虽然存在着相互反映的关系，被同一鉴定客体的各物质反映形象虽然都是同一个客体的反映，具有某种共性，但它们毕竟是不同的事物，不存在是否同一的问题。

二、同一鉴定的基础和条件

（一）同一鉴定的基础

被同一鉴定客体的特定性是同一鉴定的基础。被同一鉴定客体具有区别于除自身以外的任何其他客体属性。任何被同一鉴定客体都具有自身的特性。被同一鉴定客体的特性是多方面的，各方面特性总合起来，作为一个整体，不可能在任何其他客体上重复出现，从而使之特定化，形成它与任何其他客体的绝对区别。这正是能够准确无误地将被同一鉴定客体与任何其他客体区别开来，从而正确地解决被同一鉴定客体自身同一的科学根据。

（二）同一鉴定的条件

被同一鉴定客体的相对稳定性、物质反映性和可识别性，是同一鉴定的条件。

（1）被同一鉴定客体的相对稳定性。指被同一鉴定客体在一定时期内，具有保持其质的规定性（重大特性）相对不变的性能。被同一鉴定客体只有处在相对静止和暂时平衡的状态才有可能认识和把握其具体的形态，才能对其自身进行同一鉴定。被同一鉴定客体的稳定性大小直接决定着同一鉴定能否进行及进行的范围。被同一鉴定客体的稳定性程度越高，进行同一鉴定的可能性就越大；反之，进行同一性鉴定的可能性就越小。而被同一鉴定客体的稳定性一旦消失，要对其进行同一鉴定则成为不可能的事情。所以，被同一鉴定客体的稳定性，是进行同一鉴定的一个根本条件。

（2）被同一鉴定客体的物质反应性。指被同一鉴定客体与其周围其他客体之间存在着反映和被反映的关系。被同一鉴定客体的反映性从总的方面来看，可以分成两大类：物质的反映和精神的反应。前者是被同一鉴定客体的属性、结构、形态在其他物质上的反映；后者是被同一鉴定客体在特殊的物质即人脑中的反映。人脑的反映属于主观范畴，因而这种反应必然带有很多主观的成分，这种反应所再现出来的被同一鉴定客体的形象，并非都是客观的、真实的。又由于被同一鉴定客体不可能在同一时间以两种面貌出现，而同一鉴定是解决被鉴定同一客体的自身的同一，所以，同一鉴定所赖以进行的只能是被同一鉴定客体在其他物质上的反映。可以说，离开了被同一鉴定客体的物质反映形象,要鉴定其自身同一是根本不可能的。这也就使得同一鉴定可以建立在客观可靠的物质基础之上,从而也就使得同一鉴定可以区别于其他借助于大脑的反映形象对客体进行的同一辨认。物质反映形象反映被同一鉴定客体的特性的程度,直接决定着同一鉴定能否进行。由于形成物质反映形象条件的不同,以及物质反映形象形成后还会发生变化,甚至被破坏而消失,所以物质反映形象还有全面的与片面的、正确的与扭曲的、完全的与残缺的之分。在鉴定实践中,有些送检材料由于对被同一鉴定客体的特性反映的不清楚、不全面,而无法对其进行同一鉴定。所以,虽然被同一鉴定客体具有特定性,也具有较强的稳定性,但若不具备一定的物质反映性,则同一鉴定是不能进行的。

(3) 被同一鉴定客体的可识别性。指被同一鉴定客体可以借助于专门技术手段加以认识。同一鉴定是一种科学的认识活动,是鉴定人主观上所要解决的被同一鉴定客体自身的同一,这就必然要涉及一个主观条件的问题。对于每一个同一鉴定的过程来说,技术设备条件、鉴定人的知识经验等,都直接关系着同一鉴定能否进行以及进行程度。可见,没有主观条件,同一鉴定同样是无法实现的。

三、同一鉴定的准备

同一鉴定的准备主要有:

(1) 熟悉有关案情。主要了解案件的简况,检材形成的条件、提取方法和保管、运送的情况等。

(2) 查验送检材料。主要查验检材的包装、检材的名称、数量、有无鉴定条件等。

(3) 了解鉴定要求。有利于保证同一鉴定的顺利进行和对同一鉴定意见的正确评断。如果委托鉴定单位提出的鉴定要求不合适,比如鉴定对象不准确、鉴定范围过大或者过小、鉴定要求措词不当等,鉴定人则应提请委托单位加以修改。

四、同一鉴定的步骤方法

同一鉴定一般按以下步骤进行:

(一) 分别检验

分别检验就是通过对现场物质反映形象材料和嫌疑物质反映形象样本材料进行观察、研究,确定它们各自所反映的被寻找客体和受审查客体的特征,并通过这些特征去把握它们各自的特性。分别检验的顺序一般是先检验现场物质反映形象材料,后检验嫌疑物质反映形象样本材料;先检验一般特征,后检验特定特征。另外,对特征的检验,不仅要注意特征本身,还要注意特征与特征之间的相互关系。分别检验常用的鉴别特征的方法有肉眼观察法、测量法、照相法和显微镜检验法等。

(二) 比较检验

比较检验是在分别检验的基础上,通过对被寻找客体和受审查客体的特征进行比较和研究,以确定两个客体特征之间有哪些符合点和差异点。比较和研究的顺序是先一般特征,后特定特征;比较和研究的对象,一般是两个客体的物质反映形象,有时候,作为辅助手段,也可以比较现场物质反映形象和受审查客体本身。比较检验可以利用各种光学仪器、照相技术和某些辅助性工具。比较的方法通常有特征对照法,即把所要比较的客体特征分别抽取出来,逐个进行比较,以确定符合点与差异点;特征重叠法,即把所要比较的客体特征重叠起来,通过观察其重合的情况来确定特征的异同;特征接合法,即把两个特征反映体放在比较显微镜下,通过调整它们的相对位置来观察其特征接合的情况。

(三) 综合判断

综合判断是同一鉴定最关键的一个阶段。其目的就是要对比较检验中发现的符合点和差异点进行科学的分析判断,并在分析判断的基础上,对受审查客体和被寻找客体是否同一提出意见。

(1) 对差异点的评断。综合评断一般从差异点开始。评断差异点的目的就是要确定差异点的性质,即这种差异是本质的差异还是非本质的差异。如果是本质的差异,则说明被同一鉴定客体不同一,如果是非本质的差异,则必须对差异产生的原因给以合理的解释。客体自身的差异有两种情况:一是客体自身因时间的变化而形成的差异,二是一个客体特征的不同反映体之间的差异。故评断差异点的性质也要从这两个方面加以分析。首先,要了解从案件发生到进行鉴定这段时间内,客体自身有可能发生自然变化和人为造成的变化。然后要分析特征形成的条件与机理,以找到解释特征差异的根据。如果在这两方面都没有找到差异点产生的原因,则可判定该差异点为本质的差异,即不同客体之间的差异。

(2) 对符合点的评断。其目的就是要确定符合点的总和是否本质的符合,这种总和能否使被同一鉴定客体特定化,即这些符合点能否在其他客体上重复出现。如果符合点的总和是本质的符合、特性的符合,就是说,这种总和作为一个有机整体不可能在其他客体上重复出现,此时,即可提出被同一鉴定客体同一的意见。评断符合点,一般是先评断每一个符合点的价值,再评断这些符合点综合的特定性。评断特征符合点的价值,主要以该特征在同类客体上的出现率为依据,一般而言,一个特征在同类客体上的出现率越高,其价值越低;而出现率越低,则价值越高。评断符合点综合的特定性时,既要注意特征的数量,也要注意特征的质量,二者不可偏废,只有这样,才能提出正确的鉴定意见。

五、制作同一鉴定书

同一鉴定书是表述鉴定意见的法律文书,应当认真制作。鉴定书的内容一般包括绪论、检验、论证、鉴定意见和签注五部分。

(1) 绪论部分:主要写明送检单位、送检人、送检时间、简要案情,检材的名称、种类、数量、提取方法、包装运输等情况,以及鉴定的要求。

(2) 检验部分:应写明检验的基本进程,检验所用的技术方法及检验所见等。

(3) 论证部分:应写明对检验所见的分析判断,说明提出鉴定意见的依据。

(4) 鉴定意见部分:写明通过鉴定所得出的意见。鉴定意见无论是肯定的还是否定的,都应使用确定的语气。对于推断性意见,不出具鉴定书,但可出具分析意见书。

(5)签注部分:鉴定人签名并加盖鉴定人所在单位鉴定专用章。

第三节 种属鉴定

一、几种常见的种属鉴定

种属鉴定是侦查鉴定的重要组成部分。它在侦查实践中适用的范围很广泛,常见的有以下几种:

(1)鉴定某种物质为何物。就是单纯地确定某种物质的种类属性。例如,在投毒现场发现可疑的粉末或药水,为查明其是否毒物,是何毒物,就必须检验其化学性质,确定其种类属性。

(2)鉴定两种物质的种类属性是否相同。就是对两种物质分别检验,进行比较,确定它们是否属于同一种类。例如,对现场撬压痕迹中发现的油漆和侦查中从嫌疑人家中发现的某一工具上的油漆进行检验,比较其种类属性是否相同。

(3)鉴定被比较物质的本源是否相同。就是通过分别检验,进行比较,确定它们是否同属一个产地。例如尸体上沾有草籽,嫌疑人鞋子里也发现草籽,通过检验,确定其是否同属一个产地。

二、种属鉴定的方法

种属鉴定一般有物理学鉴定法和化学鉴定法两种。

(一)物理学鉴定法

物理学鉴定法是为了确定具有证据意义的某些物质的颜色、硬度、结构、比重、熔点、沸点、浓度、导电导热系数等物理属性,运用物理学的原理和方法进行的一种鉴定。其优点是速度快、灵敏度高、需要检材少(可在 200 纳克以下,1 纳克 = 10^{-9} 克),有利于进行微量和痕量分析,而且取样简便,无需对检材进行特殊制备。其具体鉴定所用的方法是仪器分析的方法,通常有紫外线检验、红外线检验、X 光检验、蓝光检验、气相色谱分析、液相色谱分析、原子吸收光谱分析、金相显微分析、发射光谱分析、质谱分析、电子显微镜分析、中子活化分析等。例如,利用紫外线、红外线和蓝光检验可以分辨纸张、墨水、油漆、胶水、糨糊的种类异同,显示涂污、密写、掩盖、销蚀的字迹和图像;利用 X 光和激光检验,可以观察被检验物体内部结构是否损伤或夹杂异物;利用气相色谱仪或液相色谱仪分离复杂的混合物或溶解物中的气体和液体物质(包括易挥发的固体),通过观察色谱峰,确定其种类和含量;利用原子吸收分光光谱仪,将检验材料处于蒸发状态,使它原子化,在一定波长的光源下,测定原子的吸收值,再用已知浓度和溶液作比较,测定元素的浓度比例,如测定死者头发中的无机毒物及其含量,验明密写及密写剂的配方,鉴别化学糨糊、胶水的成分等;利用金相显微镜鉴别各种金属内部结构和形态特征,确定金属物质的种类、成分和加工处理工艺,或与嫌疑样品进行金相组织比较,确定种类异同;利用发射光谱分析鉴别未知金属元素的种类和成分,如检验燃烧和爆炸物残渣的成分,区别枪弹孔的射入口和射出口,确定被检验物体上有无金属痕迹等;利用电子显微镜观察细微痕迹和物质形态、结构、成分;利用中子轰击被检验物质,使其成为放射元素后,发出不同强度、不同波长的辐射以及放射元素本身的不同速度的衰变,确定微量物质(如毛发、射击残留物、炸药、土壤、油漆、纤维、农药等)的成分。

(二)化学鉴定法

化学鉴定法是为了确定具有证据意义的某些物质的成分、性质、含量和种类,运用化学分析的原理和方法进行的一种鉴定。常见的鉴定对象是毒物。当人体或动物体有中毒现象或中毒死亡,怀疑有毒害可能时,即可通过化学鉴定,确定体内是否含有毒物成分以及毒物的种类及含量。另外,化学鉴定的对象还可能是各种细微物质,如墨迹、印泥、油迹、尘土、金属屑末、纤维、粘胶物质、爆炸物等。刑事案件中送请化学鉴定的物质,一般数量很少,往往必须进行微量、半微量以至痕量的检验。鉴定的具体方法有定性分析和定量分析。定性分析是鉴定物质中是由哪些元素、离子或功能团组成,常用干法分析和湿法分析,常量分析和微量、半微量分析,分别分析和系统分析进行鉴定。定量分析是测定物质中各种成分的含量,多在定性分析之后进行,常采用重量分析法、容量分析法和气体分析法测定。除上述一般的定性、定量分析方法之外,还采取仪器分析的方法,如气相色谱分析法、红外光谱分析法、紫外光谱分析法、原子吸收光谱分析法等。

三、种属鉴定意见的运用

种属鉴定意见作为一种诉讼证据,在侦查中运用如下:

(1)可以用来查明事件的性质。种属鉴定意见有时可用来验明已发生的事件是否为犯罪事件。例如,确定死者的胃内容有氰化钾,结合其他证据,有助于判断是自杀还是他杀;确定死者家中面粉袋中的面粉里有大量砒霜,可以判断有人投毒等。

(2)可以用来缩小侦查范围。种属鉴定意见有时还可以用来划定侦查范围。例如,确定现场脚印中含有特殊成分的泥土与某车站附近的泥土成分相同,有助于确定查缉犯罪人的范围;确定尸体上黏附的柴灰的成分,有助于寻找杀人或分尸的场所等。

(3)可以用来确定某些案件事实。例如,确定送检的文书上某些字迹的墨水与整篇字迹的墨水种类不同,有助于确定这些字迹是文书作成后添写的。

(4)与其他证据相结合可以证明嫌疑人是否犯罪。例如,确定嫌疑人身上的可疑物质与受害人家中某种被犯罪侵害的物质相同,结合案件中已收集到的其他证据材料,就可以证明嫌疑人实施了犯罪。

第四节 事实鉴定

事实,指事情的真实情况。侦查中经常遇到与案件有关的事实的真假、有无、程度及原因等问题,有的事实是不鉴自明的,有的事实则必须经有专门知识的人运用专门技术进行鉴定,才能确定事情的真实情况。

一、事实真假鉴定

事实真假鉴定的目的,在于确定案件中有怀疑的事实的真假问题。如对可疑货币、证券、商标、印章印文的鉴定,诈伤诈病的鉴定等均属此类鉴定。其鉴定结果,肯定为虚假事实的结论,可以直接证明被怀疑的某种事实存在;否定为虚假事实的结论,则可以直接证明被怀疑的某种事实不存在。

二、事实有无鉴定

事实有无的鉴定,包括显示事实、恢复事实的鉴定。如对擦刮、消退、掩盖、添改、密写、损毁文书的鉴定均属于此类鉴定。其目的是通过鉴定确定事实的存在或不存在。这种鉴定的肯定结论,表明通过鉴定发现了所要确定的事实,可以证明被怀疑的事实的存在;否定结论,表明在鉴定过程中未能发现被疑的情况,但不能排除被疑事实的不存在。因为无论是主观方面的原因还是客观方面的原因,都可能导致实际上存在某种事实而不能显示和恢复的可能。

三、事实程度鉴定

通过鉴定确定案件中需要查明事实的危害程度或行为人责任能力的大小等,属于事实程度鉴定,是侦查鉴定中一种常见的鉴定类型。如人体损伤程度鉴定、劳动能力丧失程度鉴定、责任事故中的机器设备损坏程度鉴定、司法精神病学中的责任能力鉴定等,都属于确定事实程度的鉴定。这类鉴定意见有严格的法定标准,结论的证明作用也不能超出法定的范围。

四、事实原因鉴定

事实原因鉴定是鉴定人利用专门知识和检验手段,对案件中造成某种事实的结果或引起某种事实发生的原因所作出的判断,也是侦查鉴定的一种常见类型。如死亡、爆炸、起火、事故等原因的鉴定。这种鉴定既要依据现场的物质现象,又要考察现场及其周围的环境,多数情况下鉴定人要对现场实地进行查考、分析,亲自搜集有关资料。鉴定中要采用技术检验、现场实验、对照比较等多种方法,最后通过综合评断作出概念性结论。该鉴定意见只证明案件中某种事实产生的原因,至于其他问题需要通过侦查、调查确定。

第八章 常规侦查措施

第一节 询 问

一、询问概述

(一)询问的概念

询问是指侦查人员依照法定程序,采用言词的方式,向证人、被害人就与案件有关的人、事、物等进行了解,以获取犯罪侦查线索及证人证言、被害人陈述的一种侦查行为。包括询问的主体、询问的对象、询问的方式、询问的内容和询问的性质五层含义。

1. 询问的主体

按照刑事诉讼法的规定,询问的主体是侦查人员。有权享有侦查权的主体,除了公安机关和人民检察院的侦查人员外,还包括国家安全机关、军队保卫部门、中国海警局和监狱的侦查人员。其他任何机关、团体或个人都无权在侦查活动中实施询问。

2. 询问的对象

询问的对象包括证人和被害人。

3. 询问的方式

询问一般是采用口头问话的方式让证人、被害人对案件情况进行陈述或者侦查人员与证人、被害人一问一答的方式。证人、被害人要求自己书写书面证词的,应当允许。在必要的时候,侦查人员也可以要求证人、被害人提供书面证词。[①]

4. 询问的内容

询问的内容是证人、被害人所了解的与案件有关的线索或情况。即他们所知道的有关本案应查明和证明的情况,包括案(事)件本身以及关于案(事)件发生前后的有关情况。

5. 询问的性质

询问是一种侦查行为(措施),必须严格遵照法律法规规定的程序进行。

(二)询问的意义

询问是一种常见的侦查措施,是侦查机关及时查明案件事实,准确揭露和证实犯罪不可缺少的措施之一。询问,特别是对证人的询问,贯穿于侦查破案的全过程,从受案、立案、侦查到侦查终结前都离不开询问。询问具有以下意义:

---

① 我国《刑事诉讼法》第 126 条规定:"本法第 122 条的规定,也适用于询问证人。"第 127 条规定:"询问被害人,适用本节各条规定。"第 122 条规定:"犯罪嫌疑人请求自行书写供述的,应当准许。必要的时候,侦查人员也可以要求犯罪嫌疑人亲笔书写供词。"

（1）询问是查明案情的基本方法。刑事侦查中的案件大都是已经发生的事实[①]，侦查人员通常没有亲自耳闻目睹案件事实，他们需要通过询问证人、被害人了解案件发生的时间、地点、原因、作案人实施犯罪行为的方法、动机、过程及犯罪结果等事实情节，并以此为依据制订侦查计划，综合运用侦查措施。

（2）询问是收集犯罪证据的重要途径。通过询问，不仅可以获取证人证言、被害人陈述两种法定证据材料，而且可能发现新的线索，并依此获取其他法定种类的证据。

（3）询问是审查和核实证据的重要手段。通过询问，可以审查案件侦查过程中所收集的其他证据材料是否真实可靠，以及它们与案件事实之间是否存在内在联系。

（4）询问是查缉作案人的一种措施。作案人作案后往往迅速逃离犯罪现场，或者乔装打扮将自己隐匿起来，为及时将作案人缉拿归案，侦查人员可以通过询问证人、被害人，了解作案人的体貌特征、生活习惯、活动规律、所使用的交通工具和逃匿方向等，从而为抓捕犯罪嫌疑人提供有价值的线索。

总之，询问在侦查破案中具有重要作用，侦查人员需要掌握询问证人、被害人的策略和方法，善于根据不同询问对象的心理特点及与案件事实的关系等，采用不同的询问策略和方法，切实发挥其在案件查明和证明中的作用。

二、询问的法律程序

（一）询问的主体

根据我国《刑事诉讼法》《公安机关办理刑事案件程序规定》《人民检察院刑事诉讼规则》等相关规定，询问的主体只能是侦查人员。我国《刑事诉讼法》及《公安机关办理刑事案件程序规定》未规定询问时侦查人员的人数要求。根据《人民检察院刑事诉讼规则》第192条的相关规定，询问时，检察人员或者检察人员和书记员不得少于二人。

（二）询问的对象

询问的对象包括证人和被害人。根据我国《刑事诉讼法》等的相关规定，凡是知道案件情况的人，都有作证的义务。但生理上、精神上有缺陷或者年幼，不能辨别是非、不能正确表达的人，不能充当证人。

（三）询问的地点

根据我国《刑事诉讼法》《公安机关办理刑事案件程序规定》《人民检察院刑事诉讼规则》的相关规定，询问证人、被害人可以在现场进行，可以到证人、被害人的所在单位、住处或者证人提出的地点进行。在必要的时候，可以通知证人、被害人到公安

[①] 从侦查发生在犯罪后、犯罪正在进行中还是将要实施犯罪时，可以将侦查分为被动型侦查模式和主动型侦查模式。被动型侦查，是指在犯罪案件发生后才着手收集犯罪证据与线索，寻找犯罪嫌疑人，证实犯罪嫌疑人的侦查方式；主动型侦查，是指对正在进行或者将要实施的犯罪，通过监控或通过精心设计为犯罪嫌疑人提供犯罪机会的方法，查获并缉捕犯罪嫌疑人的侦查方式。参见郝宏奎主编：《侦查模式若干问题思考》，载《侦查论坛》(第一卷)，中国人民公安大学出版社2002年版，第34页。询问多用于被动型侦查中。

机关或人民检察院提供证词。

（四）询问时应出示的证明文件

根据我国《刑事诉讼法》的规定，在现场询问证人，应当出示工作证件；到证人所在单位、住处或者证人提出的地点询问证人，应当出示人民检察院或者公安机关的证明文件。根据《公安机关办理刑事案件程序规定》的要求，到证人、被害人所在单位、住处或者证人、被害人提出的地点进行询问，应当经办案部门负责人批准，制作《询问通知书》。询问前，侦查人员应当出示《询问通知书》和工作证件。

（五）询问应当个别进行

我国《刑事诉讼法》《公安机关办理刑事案件程序规定》《人民检察院刑事诉讼规则》均要求询问证人、被害人应当个别进行。这样规定，一是为了给证人、被害人创造自然陈述的条件和气氛，避免其心存顾虑，以有利于顺利获取真实可靠的证言和陈述；二是为了防止同案证人、被害人之间产生从众心理[①]，相互影响而"达成共识"，避免有些证人、被害人因受到明示或暗示作出虚假的陈述。

（六）严禁采取非法方法进行询问

侦查人员在询问过程中，必须严格依照法律法规的规定进行。根据我国《刑事诉讼法》《公安机关办理刑事案件程序规定》的相关规定，禁止采用暴力、威胁等非法方法收集的证人证言、被害人陈述。根据《人民检察院刑事诉讼规则》第 194 条的相关规定，询问证人，不得采用拘禁、暴力、威胁、引诱、欺骗以及其他非法方法获取证言。

（七）履行权利告知义务

根据我国《刑事诉讼法》《公安机关办理刑事案件程序规定》《人民检察院刑事诉讼规则》的相关规定，询问证人、被害人应当告知其应当如实地提供证据、证言和有意作伪证或者隐匿罪证要负的法律责任。从司法实践看，侦查人员在第一次询问证人、被害人时，要交给证人一份《证人诉讼权利义务告知书》，交给被害人一份《被害人诉讼权利义务告知书》，并在第一次询问笔录中记明情况。

（八）询问未成年人证人、被害人的特殊程序

根据我国《刑事诉讼法》《公安机关办理刑事案件程序规定》《人民检察院刑事诉讼规则》的相关规定，询问未成年的证人、被害人时，应当通知未成年证人、被害人的

[①] 从众心理是表示个人行为受别人影响而使其独立性与自主性减低的现象。美国心理学家艾适（Asch）曾设计了一项从众心理实验研究的情境：A、B 为两张卡片，卡片 A 上画一直线，卡片 B 上画三条直线，其中间一条与卡片 A 相等，左边一条最短，右边一条最长。参加实验者为七名大学生，其中只有一人为真正受试者，其余六人皆是事先安排好的"同谋者"，而受试者全然不知。实验进行时，由实验者出示两张卡片，然后参与者依次选答卡片 B 上哪条直线的长度与卡片 A 者相等。假如第一人故意选择右边一条为答案，受试者在表情上会显得惊奇；假如接下去数人均故意选择与第一人相同的答案，受试者的惊奇程度就随之减低。等伦到受试者自己回答时，他迟疑一下，居然也跟着别人选择不正确的答案。研究者采用不同级别，不同人数，重复多次实验，结果发现：(1) 当受试者只有一人时，都不会选择错误答案；(2) 当受试者在众人都选择错误答案时，平均有 37% 的受试者也会跟着作出错误决定；(3) 事后受试者被询问选择错误答案的原因时，都回答受团体压力的影响，不得不跟别人一致。因此得出上述结论。"在认知判断的情境下，个人的选择将受团体压力的影响，是非对错如此明确的事例（直线长短）尚且如此，在暧昧情境下，又怎能避免盲从附和而不受误导呢！"参见张春兴：《现代心理学》，上海人民出版社 1994 年版，第 606—607 页。

法定代理人到场。如遇无法通知、法定代理人不能到场等情形,也可以通知未成年证人、被害人的其他成年亲属,所在学校、单位、居住地基层组织或者未成年人保护组织的代表到场,并将有关情况记录在案。到场的法定代理人可以代为行使未成年证人、被害人的诉讼权利。到场的法定代理人或者其他人员认为办案人员在询问过程中侵犯未成年人合法权益的,可以提出意见。证人证言、被害人陈述等证据材料应当交给到场的法定代理人或者其他人员阅读或者向他宣读。此外,询问女性未成年证人、被害人,应当有女工作人员在场。

(九)询问聋、哑或者不通晓当地通用语言文字的人的特殊程序

根据我国《刑事诉讼法》《公安机关办理刑事案件程序规定》《人民检察院刑事诉讼规则》的相关规定,询问聋、哑或者不通晓当地通用语言文字的人,应当为其聘请通晓聋、哑手势或者当地通用语言文字且与本案无利害关系的人员进行翻译。翻译人员的姓名、性别、工作单位和职业应当记录在案。翻译人员应当在询问笔录上签名。

三、询问证人

(一)证人的概念和特征

证人是指了解案件事实情况的第三人,不包括诉讼当事人、鉴定人。我国《刑事诉讼法》第62条第1款规定:"凡是知道案件情况的人,都有作证的义务。"此条规定说明,刑事诉讼中的证人是指向司法机关陈述所知案件情况的人。证人具有以下的特征:

(1)证人是了解案件情况的第三人。证人是除刑事诉讼中当事人、鉴定人以外的其他了解案件情况的人。犯罪嫌疑人、被告人的供述和辩解及被害人陈述是我国刑事诉讼程序中独立的证据形式,他们不能作为证人提供证言,尤其是在共同犯罪案件中,同案犯罪嫌疑人、被告人不能互为证人。但是,共同犯罪人如果已经结案处理,他可以以证人的身份提供证言,因为这时他已不再是本案的共同犯罪嫌疑人、被告人。

(2)证人是自然人。只有自然人才能凭借自身的感觉器官感知案件事实,而国家机关、团体、企业事业单位等本身并不具备这种感知能力,因此证人只能是自然人。

(3)证人是陈述自己所了解的案件情况的人。证人必须具有正常的感知和表述能力。我国《刑事诉讼法》第62条第2款规定:"生理上、精神上有缺陷或者年幼,不能辨别是非、不能正确表达的人,不能作证人。"这说明能够辨别是非和能够正确表达是证人的基本条件,必须要两者同时具备才不能作证。如果某人生理上、精神上虽有缺陷或者年幼,但是能够辨别是非并且能够就自己所了解的案情作正确的表达,就具有作证的能力,可以将其作为证人进行询问。间歇性精神病人在没有发病的情况下,如能正确表达,也可以作为证人。

(二)询问证人前的准备工作

认真做好询问证人的准备工作,是保证询问证人顺利进行的前提。它主要应包括以下内容:

(1)了解证人的情况及与犯罪嫌疑人的关系。根据《公安机关办理刑事案件程

序规定》第211条的相关规定，询问前，应当了解证人、被害人的身份，证人、被害人、犯罪嫌疑人之间的关系。根据《人民检察院刑事诉讼规则》第194条的相关规定，询问证人，应当问明证人的基本情况以及与当事人的关系。为此，询问前，侦查人员首先应当了解证人的年龄、职业、专业或个性特征及与犯罪嫌疑人的关系，以便侦查人员结合证人的特点及与案件的关系等，运用不同的方法与证人进行沟通交流，巧妙运用社会心理学研究中关于态度改变理论，了解证人的认知、情绪和情感，促使其积极为侦查破案提供线索和证据。

（2）确定应受询问的证人的范围。每起案件中究竟哪些人能够作为证人，这是由案件事实本身所决定的。侦查人员在询问之前，必须缜密地研究案件材料，弄清哪些事实情节需要通过询问加以确定和证实，进而了解哪些人知道这些情况，然后确定哪些人是应受询问的证人。例如，通过审查材料，认为犯罪分子作案的地点尚未确定，为了解决这个问题，就应把犯罪案件的发现人、目睹人和被害人的亲属等，确定为应受询问的证人。但是，确定了这些人以后，并不是说对所有人都必须加以询问。侦查人员应该从中把那些了解案件事实比较多，能够提供有价值的证据的人挑选出来作为询问的对象。在确定应受询问的证人的范围时，还应该考虑到每个人的生理和心理状况。由于各人生理和心理状况的不同，几个证人在感知同一个事实时所注意的方面也往往不同，因而他们的陈述是可以互相补充的。

（3）必要时对证人作证能力进行审查和鉴别。《公安机关办理刑事案件程序规定》第73条第3款规定，对于证人能否辨别是非，能否正确表达，必要时可以进行审查或者鉴别。

（4）拟定询问提纲。为使询问在计划体系下有序进行，提高询问效益，避免盲目性和给证人正常的工作、学习、生活造成不必要的影响，侦查人员在询问之前，应拟出一个简要的提纲。提纲包括：询问的目的是寻找线索、获取证据还是两者兼有？结合证人的特点该如何切入与案件相关的话题？结合已经掌握的案情，应向证人提出哪些问题？拟采用的询问方式等。对于特别重要的证人，事前还应制订出详细的书面计划，包括询问证人的先后顺序，以及询问的时间和地点的具体安排，必要时结合现场勘验等获取的证据材料拟定询问提纲，避免遗漏关键细节。

（三）询问证人常用的方法

1. 自由陈述法

自由陈述法是侦查人员让证人详细地叙述所知道的有关案件情况的自然述说方式。采用这种方式，要求侦查人员在证人陈述未完之前，即使其陈述已经超出要求的范围，甚至琐碎重复，也不插言制止或提问。否则，一是容易打乱其思路，可能因此发生错乱，失掉线索，遗漏重要的细节；二是容易使其受到影响，少讲或者根本不讲他本来知道的某种情况。

2. 广泛提问法

广泛提问法是侦查人员对证人进行范围广泛的提问的方式。这多在证人已作系统陈述之后，根据案件情况和其叙述中的疑点进行。采用这种方式询问应注意避免两种提问方式：一是含有"提示性"的提问，如"作案人不是戴着一顶黑色鸭舌帽吗？"二是含有"供选择"的提问，如"作案人是戴黑色鸭舌帽，还是戴咖啡色鸭舌帽呢？"上述两种提问方式的范围太窄，限制了证人的陈述。

3. 联想刺激法

联想刺激法是提醒问题的一种询问方式。在询问时，可能由于发案时间比较遥远，证人对案件的某些情况已经遗忘，此时侦查人员应设法帮助证人回忆案情。联想刺激法主要有接近联想、相似联想等。侦查时的询问主要采用接近联想法，它是指对一件事物的感知或回忆，引起在空间或时间上接近的事物的回忆。这种方法经常在证人记不清犯罪的地点和时间时采用。比如证人不能回忆所陈述的事实究竟是在什么地点发生的时候，侦查人员可以就距发案地点较近的场所的物体进行提问。因为在空间上接近的事物，在经验中容易形成联系，故容易从一事物联想到另一事物。时间亦是如此。

4. 检查提问法

检查提问法是对证人的陈述追根溯源的询问方式。此法对于考察证人陈述的准确性、真实性和发现新的线索都很有意义。采用这种提问方式，侦查人员首先要向证人提出确定的和需要补充说明的问题，让证人具体陈述，以便从中发现矛盾，指出谎言，查明具有证据意义的问题。侦查人员要注意向证人询问其提供信息的来源，要详细了解其感知案件情况当时的条件，如时间、距离、光线、风向、音响和周围其他事件等。有时，证人作出错误的和不真实的陈述，是他没有准确理解侦查人员所提出的问题。故采用此法时，侦查人员必须用证人最容易理解的语言，提出明确、具体、简要的问题，以使其作出准确、可靠的陈述。

5. 质证提问法

质证提问法是侦查人员巩固证人证言的一种询问方式。一般是在证人作了系统陈述或对某一重要事实、情节作了陈述之后，先让证人对已作出的陈述作出保证，保证其提供的证言是真实的，然后再让证人重述一遍。但应注意，如果证人推翻已经作出的陈述，应当允许，但要查明其推翻之前陈述的原因，以便进一步开展询问工作。

四、询问被害人

(一) 被害人的概念及被害人陈述的特征

刑事侦查中的被害人，是指其合法权益受到犯罪行为直接侵害的人。被害人是刑事诉讼的当事人，与诉讼结果有利害关系，被告人是否构成犯罪、是否被判处刑罚和判处何种刑罚，与被害人切身利益和愿望有关。而证人与诉讼结果没有利害关系，被告人是否被定罪判刑对其没有直接影响。被害人一般为自然人，且具有不可替代性。被害人也可以是法人或者其他组织，但具有可替代性。法人或者其他组织作为一个实体单位，既然遭受了犯罪行为的直接侵害，当然也可以作为被害人参与刑事诉讼，有权提起民事诉讼，可以以被害人身份享有诉讼权利和承担诉讼义务。被害人作为法人或者其他组织时，法定代表人或者其内部其他主体代表法人或者其他组织作被害陈述，不是代表个人陈述，而是代表法人或者其他组织陈述。

被害人陈述，是指被害人就其所了解的案件情况，向司法机关所作的叙述。被害人陈述具有以下特征：

（1）被害人陈述具有直接性。被害人作为犯罪行为的直接受害者，对作案人实施犯罪的时间、地点、手段、过程、危害后果等案件情况，往往了解得更为清楚、具体。尤其是在强奸、抢劫、诈骗、杀人、伤害等类案件中，被害人与作案人大都有过直接接触，往往了解作案人的一些个人特征，比如作案人的性别、年龄、身高、体态、衣着打扮、相貌特征、言谈举止、生活习惯、职业特点、文化程度以及作案动机、目的、逃匿方向等，有的甚至可以直接指出是何人作案，因此证明具有直接性。

（2）被害人陈述具有复杂性。被害人同诉讼结果具有直接利害关系，大多数被害人对揭露犯罪和惩罚犯罪抱有积极态度，愿意提供准确及时的证词，协助侦查机关尽快查明犯罪事实并抓获作案人。有的被害人因为与作案人有某种关系，希望其受到更为严重的刑罚处罚，因此，可能有意夸大或者隐瞒甚至编造某些关键情节，因此，侦查人员应认真审查。

（二）询问被害人应注意的问题

根据我国《刑事诉讼法》《公安机关办理刑事案件程序规定》《人民检察刑事诉讼规则》的相关规定，询问证人的程序、方法，均适用于询问被害人。但是，由于被害人是犯罪行为的直接受害者，同案件有着切身的利害关系，询问时应注意以下问题：

1. 及时询问

被害人陈述是一种重要的证据来源。被害人陈述不仅是揭露犯罪和证实犯罪的重要证据，而且还可以为查缉犯罪分子提供线索和方向。因此，凡有被害人的案件，侦查人员都应抓紧时间及时询问被害人。特别是对生命垂危的被害人，更应强调及时询问，否则将会丧失获取被害人陈述的良机。由于被害人具有不可代替性，只有被害人本人向司法机关就案件情况所作的叙述，才能作为被害人陈述发挥证明作用，所以侦查人员不能以询问被害人的亲属、监护人或诉讼代理人代替询问被害人。及时询问也是由人的遗忘规律决定的，只有及时询问，才能确保其陈述的客观真实性，避免记忆随着时间的流逝而发生变化。

2. 针对被害人的心理特点采取相应的询问方法

被害人的心理状态复杂多样，各不相同。比如，强奸案件的被害人常常会感到羞辱或怕影响自己的名誉忍气吞声，不愿陈述其被害情况，不愿证实犯罪；有的被害人与犯罪分子有抚养关系、上下级关系或者受到威胁、利诱、欺骗而不敢揭发犯罪事实；有的故意歪曲事实真相，把通奸说成强奸或把强奸说成通奸。伤害案件的被害人，由于其强烈要求严惩被告人的愿望，往往容易夸大事实情节，或者因为在遭受犯罪行为侵害时精神紧张恐惧而产生感知上的错误。有的案件，被害人由于自己也有过错而不敢据实陈述，等等。这就要求侦查人员在询问被害人时，要尽力摸清被害人的思想顾虑和心理特点，有针对性地采用询问的策略方法，既要解除被害人的思想顾虑，鼓励和支持他们同犯罪作斗争，又要警惕"被害人"捏造事实陷害他人。

3. 询问被害人应全面细致

被害人作为犯罪行为的直接受害者,对犯罪发生、发展过程了解最为直观。侦查人员在询问时,应让被害人详细陈述犯罪分子实施犯罪的时间、地点、可能的动机、过程、手段、后果及犯罪分子的个人特征等与案件有关的全部事实情节。对陈述不够清楚、具体的,要及时提问,让其作补充陈述,要尽力做到一次询问把所要问的问题全部问清,以免对被害人多次进行重复询问。在询问过程中,还要注意发现证据线索,扩大证据来源。发现被害人持有其他犯罪证据时,应动员其及时交出。必要时可以依法对被害人的人身进行检查。

4. 询问未成年被害人应当选择适当的场所

未成年人与成年人相比具有其特殊的身心发展规律和特点,侦查人员在询问未成年被害人时,应当选择未成年人比较熟悉的场所,比如其所在的学校或家庭住所等进行询问,以避免其产生恐惧、紧张等不良情绪,影响陈述的客观性。

5. 避免被害人再次被害

被害人为了维护自身的合法权益,使作案人受到应有的法律制裁,常常不得不向侦查人员叙述并回答其所遭受的痛苦经历,尤其是强奸等案件,被害既涉及被害人的隐私问题,也常常是有辱其人格尊严的行为。有些侦查人员缺乏共情力,不能设身处地地从被害人的角度出发,采取漠视而非同情的态度和生硬的问话方式,被害人因此会在诉讼中再次受到心理伤害。

五、询问笔录制作与审查判断

(一) 询问笔录制作

询问证人、被害人,必须依法制作询问笔录。询问笔录一般有两种形式:一种是侦查人员根据证人、被害人的陈述制作的笔录或者同步录音录像;一种是证人、被害人亲笔书写的。

1. 询问笔录的制作要求

制作询问笔录必须准确、客观、全面、合法。一般来说,应有两名侦查人员进行询问,一人负责问话,一人负责记录。要按证人、被害人陈述的语气记录,尽可能做到逐句记述,不作修饰、概括和更改。对于询问时的问和答,也应逐句记入笔录,并反映出问与答的语气和态度。询问结束,必须向证人、被害人宣读笔录,或由证人、被害人亲自阅读,并由证人、被害人逐页签名、盖章或捺手印。如果证人、被害人请求补充和修改,应当允许,并让证人、被害人在补充、修改处捺手印或签名、盖章。侦查人员则在笔录的最后一页的末尾签字。如果还有其他人员(例如翻译人员等)参加,也一律在笔录的最后一页末尾签字。笔录必须用钢笔、碳素墨水笔书写。有条件的侦查机关,可以采取打印的形式记录。证人、被害人请求亲笔书写证言、陈述,应当允许,并让其立即在询问地点书写。

2. 询问笔录的格式

一般由标题、开头、正文和结尾四部分组成。

第一部分：标题

无论是询问证人还是被害人，法律法规中规定的证人证言和被害人陈述两种法定证据种类均以询问笔录的形式呈现。

第二部分：开头部分

包括以下内容（可参照公安机关法律文书式样）：询问时间（起止时间要具体到年月日时分），询问地点，询问人及记录人的姓名和工作单位，被询问人的姓名、性别、出生日期、身份证件种类及号码、现住址、联系方式、户籍所在地、到达和离开的时间（具体到年月日时分），本人签名。

第三部分：正文部分

主要以问和答的形式记载如下内容：证人、被害人的简况，包括姓名、性别、年龄或出生日期、国籍、政治面目、家庭住址等；证人、被害人关于案件事实的陈述。

第四部分：结尾部分

基于证人、被害人阅览笔录的方式不同，在询问笔录的末尾以下列词句结束："以上记录我看过，和我说的相符"，或者"笔录已经本人阅读，记载无误"，或者"笔录已向我宣读，记载无误"。根据《人民检察院刑事诉讼规则》第193条的相关规定，到证人提出的地点进行询问的，应当在笔录中记明。

（二）对询问笔录的审查判断

中共中央《关于全面推进依法治国若干重大问题的决定》提出要推进以审判为中心的诉讼制度改革，确保侦查、审查起诉的案件事实证据经得起法律的检验。侦查机关应当按照裁判的要求和标准，收集、固定、审查和运用包括询问笔录在内的各种证据材料。根据最高人民法院《关于适用〈中华人民共和国刑事诉讼法〉的解释》第87条的规定，对证人证言应当着重审查以下内容：

（1）证言的内容是否为证人直接感知；

（2）证人作证时的年龄，认知、记忆和表达能力，生理和精神状态是否影响作证；

（3）证人与案件当事人、案件处理结果有无利害关系；

（4）询问证人是否个别进行；

（5）询问笔录的制作、修改是否符合法律、有关规定，是否注明询问的起止时间和地点，首次询问时是否告知证人有关权利义务和法律责任，证人对询问笔录是否核对确认；

（6）询问未成年证人时，是否通知其法定代理人或者《刑事诉讼法》第281条第1款规定的合适成年人到场，有关人员是否到场；

（7）有无以暴力、威胁等非法方法收集证人证言的情形；

（8）证言之间以及与其他证据之间能否相互印证，有无矛盾；存在矛盾的，能否得到合理解释。

根据上述《解释》第92条的相关规定，对被害人陈述的审查与认定，参照适用上面的有关规定。

第二节 讯　　问

一、讯问概述

（一）讯问的概念

讯问是侦查人员依照法定程序，以言词的方式对犯罪嫌疑人进行口头提问并加以固定，以获取犯罪嫌疑人供述和辩解的一项侦查活动。包含以下几层意思：

（1）讯问的主体。讯问的主体是依法享有侦查权的侦查人员，其他任何国家机关、团体和个人都无权对犯罪嫌疑人进行讯问。

（2）讯问的对象。讯问的对象是犯罪嫌疑人，即受到刑事指控涉嫌犯罪，需要追究刑事责任，处于侦查阶段的人。侦查人员不能向没有被确定为犯罪嫌疑人的嫌疑对象进行讯问，而应将其按照证人进行询问。

（3）讯问是侦查阶段的必经程序。讯问既有收集和审查其他证据的作用，又有保障犯罪嫌疑人权利的功能，如为自己提出辩护意见。按照法定程序，任何案件的侦查必须经过讯问程序，而其他侦查行为未必都使用。不经过讯问程序，案件侦查就不能终结。

（4）讯问的目的。讯问的目的包括获取犯罪嫌疑人有罪的供述，侦查人员同时要听取犯罪嫌疑无犯罪动机、无犯罪时间等的无罪或者罪轻的辩解。根据《人民检察院刑事诉讼规则》的相关规定，讯问时，对犯罪嫌疑人提出的辩解要认真查核。

（5）讯问的性质。讯问是一种侦查行为（措施），必须严格遵照法律法规规定的程序实施。

（二）讯问的意义

（1）讯问有利于侦查人员获取犯罪线索，有利于收集并核实证据，有利于查明案件事实真相和犯罪情节。

（2）讯问可以发现新的犯罪线索和其他应当追究刑事责任的犯罪分子，尤其是对于黑社会性质组织犯罪、有组织犯罪等来说，尤为重要。

（3）讯问可以依法保障犯罪嫌疑人的权利。根据我国《刑事诉讼法》第120条第2款的规定，侦查人员在讯问犯罪嫌疑人的时候，应当告知犯罪嫌疑人享有的诉讼权利，如实供述自己罪行可以从宽处理和认罪认罚的法律规定。侦查人员在侦查阶段可以同步开展认罪教育工作。[①]

（4）讯问可以为犯罪嫌疑人行使辩护权提供机会。侦查人员通过听取犯罪嫌疑人的陈述和申辩，在保护犯罪嫌疑人权利的同时，保障无罪的人和其他依法不应追究刑事责任的人免受刑事追诉。

（5）讯问能为起诉或不起诉的顺利进行奠定基础、创造条件。

[①] 参见2019年10月11日最高人民法院、最高人民检察院、公安部、国家安全部、司法部印发的《关于适用认罪认罚从宽制度的指导意见》。

二、讯问的法律程序

（一）讯问的主体

根据我国《刑事诉讼法》《公安机关办理刑事案件程序规定》的相关规定，讯问犯罪嫌疑人必须由侦查人员或检察人员负责进行。讯问的时候，侦查人员不得少于二人。根据《人民检察院刑事诉讼规则》的相关规定，讯问时，检察人员或者检察人员和书记员不得少于二人。

（二）讯问的地点

根据我国《刑事诉讼法》的相关规定，犯罪嫌疑人被送交看守所羁押以后，侦查人员对其进行讯问，应当在看守所内进行。讯问的地点应当与提讯证上注明的地点一致。对不需要逮捕、拘留的犯罪嫌疑人，可以传唤到犯罪嫌疑人所在市、县内的指定地点或者到他的住处进行讯问。

（三）讯问时应出示的证明文件

根据我国《刑事诉讼法》的相关规定，传唤不需要逮捕、拘留的犯罪嫌疑人，应当出示人民检察院或者公安机关的证明文件。对在现场发现的犯罪嫌疑人，经出示工作证件，可以口头传唤，但应当在讯问笔录中注明。

（四）讯问应当个别进行

《公安机关办理刑事案件程序规定》第 202 条第 2 款、《人民检察院刑事诉讼规则》第 182 条第 2 款的规定，讯问同案的犯罪嫌疑人，应当个别进行。

（五）严禁采取非法的方法进行讯问

根据我国《刑事诉讼法》《公安机关办理刑事案件程序规定》《人民检察院刑事诉讼规则》的相关规定，严禁刑讯逼供和以威胁、引诱、欺骗以及其他非法方法讯问，不得强迫任何人证实自己有罪。刑讯逼供是指侦查人员对犯罪嫌疑人施以肉刑或变相肉刑，以获取口供的行为。刑讯逼供既可以采取捆绑、吊打、电击等使人体器官或肌肤遭受痛苦折磨的暴力方法，也可以采取使人感到精神极其痛苦的折磨手段。威胁、引诱、欺骗等方法并不直接作用于犯罪嫌疑人的身体，而是采取言语或非言语的方式来实现威胁、引诱、欺骗的目的，在此情况下，犯罪嫌疑人的供述不是自愿的。

（六）履行权利告知义务

根据我国《刑事诉讼法》的规定，讯问时应当告知犯罪嫌疑人享有的诉讼权利。第一次讯问犯罪嫌疑人或对其采取强制措施时，侦查人员就应当交给犯罪嫌疑人一份《犯罪嫌疑人诉讼权利义务告知书》，并在讯问笔录中记明或责令犯罪嫌疑人在强制措施文书附卷联中签注。告知其对侦查人员的提问应当如实回答。但是对与本案无关的问题，有拒绝回答的权利。

根据最高人民法院、最高人民检察院等印发的《关于适用认罪认罚从宽制度的指导意见》的相关规定，公安机关在侦查过程中，应当告知犯罪嫌疑人享有的诉讼权利、如实供述罪行可以从宽处理和认罪认罚的法律规定，听取犯罪嫌疑人及其辩护人或者值班律师的意见，记录在案并随案移送。"认罪"是指犯罪嫌疑人、被告人自愿如实供述自己的罪行,对指控的犯罪事实没有异议。承认指控的主要犯罪事实,仅对个别事实情节提出异议,或者虽然对行为性质提出辩解但表示接受司法机关认定意见的,不影响"认罪"的认定。"认罚"是指犯罪嫌疑人真诚悔罪,愿意接受处罚。"认罚"在侦查阶段表现为表示愿意接受处罚。根据《人民检察院刑事诉讼规则》的相关规定,讯问犯罪嫌疑人时,应当告知犯罪嫌疑人将对讯问进行全程同步录音、录像。告知情况应当在录音、录像中予以反映,并记明笔录。

(七)讯问未成年犯罪嫌疑人的特殊程序

根据我国《刑事诉讼法》的规定,对于未成年犯罪嫌疑人,在讯问的时候,应当通知未成年犯罪嫌疑人的法定代理人到场。无法通知、法定代理人不能到场或者法定代理人是共犯的,也可以通知未成年犯罪嫌疑人、被告人的其他成年亲属,所在学校、单位、居住地基层组织或者未成年人保护组织的代表到场,并将有关情况记录在案。讯问女性未成年犯罪嫌疑人,应当有女工作人员在场。

(八)讯问聋、哑或者不通晓当地通用语言文字的特别程序

讯问聋、哑或者不通晓当地通用语言文字的犯罪嫌疑人应当为其聘请与本案无利害关系的人员进行翻译。翻译人员的姓名、性别、工作单位和职业应当记录在案。翻译人员应当在讯问笔录上签字。

三、讯问的步骤

(一)熟悉案情,了解犯罪嫌疑人的特点

(1)犯罪嫌疑人的姓名、身份,有无前科等。

(2)犯罪嫌疑人的心理状况、性格、习性、嗜好及被拘捕前后的思想动态等。

(3)犯罪嫌疑人涉嫌的罪名,一罪还是数罪,犯罪的时间、地点、方法、手段和危害后果等情况。

(4)犯罪嫌疑人是单独作案还是与他人合伙作案,或者是有组织犯罪中的一员,其在犯罪组织中的角色等等。

(5)在侦查过程中已获取了哪些证据材料,其可靠程度如何,能够证明哪些案件事实,还有哪些事实和情节缺少证据材料证明,哪些证据可以在讯问中使用等。

(二)制订讯问计划

制订讯问计划的目的是可以使侦查人员在计划体系下有序进行,避免讯问中的盲目性。讯问计划的要求是:对于重大疑难复杂案件,必须制订详细的书面讯问计划;较为简单的案件,可以制订简要的书面讯问计划。讯问计划的内容主要包括:案情简介;通过讯问应查明的主要问题;对犯罪嫌疑人的特点及其心理的分析;适于本案及犯罪嫌疑人的方法和策略;讯问的步骤;讯问结果的记录形式等。

(三)按照法律规定进行第一次讯问

按照法律规定,对于被逮捕、拘留的人,必须在逮捕、拘留后的 24 小时内进行讯问;在发现不应当逮捕、拘留的时候,必须立即释放,并发给释放证明。这就要求讯问人员在受理案件后,对于被逮捕、拘留的犯罪嫌疑人必须在法律规定的时间内,抓紧

讯问,否则就是违法。

第一次讯问,一般首先从犯罪嫌疑人的基本情况问起,要问清犯罪嫌疑人的姓名、性别、年龄、住址以及有无前科等;然后讯问是否有犯罪行为,并使其陈述有罪的情节或无罪的辩解。如果犯罪嫌疑人承认有罪并作出交代以后,审讯人员要进一步提出具体问题。对于犯罪嫌疑人的无罪辩解,如果有理有据,审讯人员应立即查证核实,发现错误要及时纠正。如果犯罪嫌疑人的辩解全是谎言,也要让他把话说完,然后选择时机,有理有据地进行批驳。

(四)抓紧时机复审

首次讯问后,还应抓紧时机复审。复审是对个案审讯的深入发展,往往反复进行多次。若第一次讯问突破了缺口,要继续追讯以查清全部犯罪事实。如果不抓住时机乘胜追查,犯罪嫌疑人由动摇而转到坚持顽固立场,稍作退却又行防守,想好一套对付讯问的策略,再要突破就更困难。如果第一次讯问没有突破,更应继续审讯,使犯罪嫌疑人没有充足的时间去编造谎言,也使他们看到审讯人员的决心和毅力,以瓦解其侥幸心理。

(五)结束讯问

完成计划中的全部讯问任务后,经核实确无需要补充讯问的内容即可结束讯问。结束讯问的条件是:事实清楚,证据充分、确凿,定性、定罪准确,法律手续完备。

经过对全案的认真分析讨论,认为已经具备了结束讯问的条件,即可结案,并着手制作结案报告。结案报告应写明:犯罪嫌疑人的基本情况、逮捕的理由和根据、犯罪嫌疑人的犯罪事实、处理意见。报经审批后,就是否起诉办理法律手续,连同案卷材料、证据一并移送人民检察院公诉部门审查决定。犯罪嫌疑人不构成犯罪的,应当撤销案件,已经逮捕的,应立即释放,发给释放证明,并通知原逮捕的人民检察院。

四、讯问的谋略

(一)政策攻心

政策攻心是指运用刑事政策教育和感化犯罪嫌疑人。政策攻心的核心是向犯罪嫌疑人宣讲"惩办与宽大相结合"的政策。由于不同的社会经历、犯罪原因等,犯罪嫌疑人在接受审讯时思想复杂多样,因此必须随时分析和掌握其思想动态,有的放矢地进行政策教育。宣讲政策要注意分寸,不脱离刑法规定的量刑幅度;不得利用"坦白从宽、抗拒从严"的政策搞诱供、骗供和逼供;要正确区分抗拒和正当辩解。

(二)利用矛盾

利用矛盾是指利用犯罪嫌疑人口供中的矛盾,包括自己前后供述的矛盾、同案犯供述之间的矛盾等,结合所掌握的证据材料追讯犯罪嫌疑人的罪行。利用矛盾讯问,可以动摇和瓦解犯罪嫌疑人的抵触思想和顽固态度,迫使其不得不如实供认罪行。利用矛盾,首先要注意把矛盾抓准,然后再利用这些矛盾追讯犯罪嫌疑人的罪行。对于共同犯罪的案件,可以利用同案犯之间的利害冲突和相互不信任,进行分化瓦解,重点突破。

(三) 迂回包抄

迂回包抄是指讯问中有意识地绕过主要问题，从侧面追讯犯罪嫌疑人的罪行。迂回包抄讯问，可以麻痹犯罪嫌疑人，令其无意中谈出对查明案件有重要价值的情况或暴露一些可供利用的矛盾或破绽，为最后追问主要问题创造条件。使用这种方法，事先要做好准备，既要避免暴露审讯意图，又要使犯罪嫌疑人的供述不离开问题的中心。侦查人员的发问要具体，逻辑性要强，使犯罪嫌疑人只能做正面回答，没有更多思考的余地。当把与主要问题有关联的一些具体问题逐个问清楚之后，再选择适当时机，集中力量审问主要问题，使犯罪嫌疑人陷入既无法回缩、又推脱不了的困境，只好老实交代罪行。

(四) 出示证据

出示证据是指讯问中运用证据追讯犯罪嫌疑人的罪行，是揭穿犯罪嫌疑人的谎言和假供，瓦解其侥幸心理，迫使其交代的一种方法。运用这一策略时需做好准备工作，包括准备拟出示的证据材料、分析研究犯罪嫌疑人不供的原因、出示证据的时机等。一般在以下几种情况下出示效果较好：一是犯罪嫌疑人存在严重侥幸心理，因而态度顽抗，气焰嚣张，拒不供认的时候，乘其思想毫无准备之际，出其不意地出示证据材料，使之陷入被动，迫使其在铁证面前不得不老实交代罪行；二是经过政策攻心，犯罪嫌疑人的思想开始动摇但还在犹豫不决的时候，及时出示证据可以打掉其幻想，促使其决心走坦白交代的道路；三是当犯罪嫌疑人已开始交代罪行，但由于存在畏罪心理，又准备后缩的时候，适时出示证据，可以促使其下决心彻底坦白交代，使其不会因为交代了部分问题又感到后悔而翻供。

除上述谋略之外，尚有很多可相机运用的讯问谋略。运用的原则是，要针对被讯问对象的年龄、性别、经历、身份、心理、气质等具体特征，选用相对应的审讯策略和技巧。诸如以柔克刚或以刚克柔、先发制人或后发制人、以变应变或以不变应万变等。

五、讯问笔录制作与审查判断

(一) 讯问笔录制作

讯问犯罪嫌疑人，必须依法制作询问笔录。讯问笔录一般有两种形式：一种是侦查人员根据犯罪嫌疑人供述和辩解制作的笔录或者同步录音录像；一种是犯罪嫌疑人亲笔书写的笔录。

1. 讯问笔录制作的要求

制作讯问笔录必须准确、客观、全面、合法。讯问笔录应当忠实于原话，尽可能做到逐句记述，不作修饰、概括和更改，字迹清楚，详细具体，并交犯罪嫌疑人核对。侦查人员履行权利告知义务的内容、讯问犯罪嫌疑人是否有犯罪行为及其侦查人员向其了解的与案件有关的事实情节、其他同案犯等情况、犯罪嫌疑人供述的有罪的情节或者无罪的辩解等等都应当记录。

根据最高人民法院、最高人民检察院、公安部、国家安全部、司法部印发的《关于推进以审判为中心的刑事诉讼制度改革的意见》第五部分的相关规定，要完善讯问制度,严格按照有关规定要求,在规范的讯问场所讯问犯罪嫌疑人。严格依照法律规定对讯问过程全程同步录音录像,逐步实行对所有案件的讯问过程全程同步录音录像。为此,对于讯问,并不仅限于用笔录的形式记载讯问的过程及结果,而且要通过同步录音录像的形式予以记载。

2. 讯问笔录的格式

讯问笔录由标题、开头、正文和结尾四部分组成。

第一部分:标题

尽管我国《刑事诉讼法》《公安机关办理刑事案件程序规定》《人民检察院刑事诉讼规则》中规定的证据种类称为犯罪嫌疑人、被告人的供述和辩解,但在司法实践中是以《讯问笔录》的形式呈现的。

第二部分:开头部分:

包括以下内容(可参照公安机关法律文书式样):讯问时间(起止时间要具体到年月日时分),讯问地点,讯问人及记录人的姓名及工作单位,被讯问人的姓名、性别、出生日期、身份证件种类及号码、现住址、联系方式、户籍所在地,口头传唤/被扭送/自动投案中进行选择,被讯问人到达和离开的时间(具体到年月日时分),本人签名。

第三部分:正文部分

记录笔录的实质内容。讯问笔录应当忠实于原话,字迹清楚,详细具体。

第四部分:结尾部分

笔录需交犯罪嫌疑人核对,犯罪嫌疑人没有阅读能力的,应当向他宣读。如果记载有遗漏或者差错,应当补充或者改正。犯罪嫌疑人认为讯问笔录没有错误的,由其在笔录上逐页签名或者盖章,并捺指印,在末页写明"以上笔录我看过(向我宣读过),和我说的相符",同时签名或者盖章,并捺指印,注明日期。如果犯罪嫌疑人拒绝签名、盖章、捺指印的,应当在笔录上注明。讯问的检察人员、书记员也应当在笔录上签名。讯问笔录应当按照顺序编号,并由犯罪嫌疑人逐页签名、盖章或捺指印。

在制作讯问笔录的同时,可以对讯问全程进行录音、录像。录音、录像应当对每次讯问全程不间断进行,保持完整性。不得选择性地录制,不得剪接、删改,并记明笔录。

此外,犯罪嫌疑人请求自行书写供述的,侦查、检察人员应当准许。必要时,侦查、检察人员也可以要求犯罪嫌疑人亲笔书写供述。犯罪嫌疑人应当在亲笔供述的末页签名或者盖章,并捺指印,注明书写日期。检察人员收到后,应当在首页右上方写明"于某年某月某日收到",并签名。

(二)对讯问笔录的审查判断

根据最高人民法院《关于适用〈中华人民共和国刑事诉讼法〉的解释》第93条的规定,对被告人供述和辩解应当着重审查以下内容:

(1)讯问的时间、地点,讯问人的身份、人数以及讯问方式等是否符合法律、有关规定;

(2)讯问笔录的制作、修改是否符合法律、有关规定,是否注明讯问的具体起止

时间和地点,首次讯问时是否告知被告人有关权利和法律规定,被告人是否核对确认;

(3) 讯问未成年被告人时,是否通知其法定代理人或者合适成年人到场,有关人员是否到场;

(4) 讯问女性未成年被告人时,是否有女性工作人员在场;

(5) 有无以刑讯逼供等非法方法收集被告人供述的情形;

(6) 被告人的供述是否前后一致,有无反复以及出现反复的原因;

(7) 被告人的供述和辩解是否全部随案移送;

(8) 被告人的辩解内容是否符合案情和常理,有无矛盾;

(9) 被告人的供述和辩解与同案被告人的供述和辩解以及其他证据能否相互印证,有无矛盾;存在矛盾的,能否得到合理解释。

必要时,可以结合现场执法音视频记录、讯问录音录像、被告人进出看守所的健康检查记录、笔录等,对被告人的供述和辩解进行审查。

第三节 侦查实验

一、侦查实验概述

(一) 侦查实验的概念

在侦查中,为了确定与案件有关的某一事实或现象发生或存在的客观可能性,依法将该事实或现象参照案件原有条件重新加以演示的活动,叫作侦查实验。侦查实验包括以下五层含义:

(1) 侦查实验的主体。侦查实验实施的主体是侦查人员、检察人员。

(2) 侦查实验的目的。侦查实验的目的,是为了查明案情。具体而言,是为了确定与案件有关的某一事实或现象发生或存在的客观可能性。

(3) 侦查实验实施的时间。侦查实验通常是在现场勘查过程中进行,必要时,在侦查、预审、起诉、审判过程中也可以进行。例如根据《人民检察院刑事诉讼规则》第186条第2款的相关规定,经检察长批准,可以提押犯罪嫌疑人出所,并在由两名以上司法警察押解的情况下,实施侦查实验。

(4) 侦查实验的种类。侦查实验按其应解决的问题分为感知可能性实验、行为可能性实验及自然力可能性实验。

(5) 侦查实验的性质。侦查实验是一项重要的侦查行为,应当严格依照《刑事诉讼法》《公安机关办理刑事案件程序规定》《人民检察院刑事诉讼规则》的相关规定组织实施。

(二) 侦查实验的作用

侦查实验是一种检查性行为,其作用包括:

(1) 审查案件是否成立。

(2) 鉴别证人证言、被害人陈述和犯罪嫌疑人的口供真实可靠程度。

(3) 审查辨认结果是否准确。

(4) 审查对案件有关的说法的可信程度。

(5) 验证侦查推断是否接近实际。

(6) 其他作用。通过侦查实验还可以发现尚未预想到的一些新情况,促使侦查人员对案情的认识进一步深化,从而对已作出的侦查推断进行修改和补充,使整个侦查工作建立在更符合实际、更准确可靠的基础上,推动侦查的进展。

二、侦查实验的法律程序和规则

(一) 侦查实验的法律程序

根据我国《刑事诉讼法》《人民检察院刑事诉讼规则》《公安机关办理刑事案件程序规定》的相关规定,侦查实验的法律程序是:

1. 侦查实验的审批

侦查实验的实施需经县级以上公安机关负责人批准。人民检察院进行侦查实验,需经检察长批准。

2. 参加侦查实验的人员

参加侦查实验的人员是享有侦查权的侦查人员。在必要的时候,可以聘请有关专业人员参加,也可以要求犯罪嫌疑人、被害人、证人参加。

3. 侦查实验实施中的见证人

根据相关规定,作为勘验、检查部分的侦查实验,应当邀请两名与案件无关的见证人参加。

4. 侦查实验结果的记录

进行侦查实验,应当全程录音录像,并制作侦查实验笔录,由参加实验的人签名。

(二) 侦查实验的规则

1. 应尽可能在案件发生、发现时的条件下进行

如果案件发生、发现时的条件已经不具备,可以在近似于案件发生、发现时的条件下进行。

2. 对同一情况要实施多次实验

为了正确估计客观条件的变化对实验结果可能发生的影响,发现因条件的不同而出现的差异,必须坚持对同一情况既要用相同条件多次实验,又要变换条件反复实验,以便在相同和不同条件下多次实验的基础上,对实验结果作出全面的、非常接近于事实的判断。

3. 侦查实验应分别进行

如果是审查两个以上的人(包括证人、被害人、犯罪嫌疑人和被告人)的陈述中的同一个问题,实验应当分别进行。

4. 侦查实验实施的禁止性规范

按照有关法律、法规的规定,侦查实验,禁止一切足以造成危险、侮辱人格或者有

伤风化的行为。

三、侦查实验的方法

侦查实验应视实验的种类、内容、目的采用不同方法。一般可采用形式逻辑中探求因果联系的五种方法,即求同法、求异法、求同求异并用法、共变法和剩余法。

（一）求同法（契合法）

如果探求现象(a)的原因,在几种有(a)出现的事例中,其他情况都不同,只有一个情况(A)是共同的,那么,这一共同情况(A)就是现象(a)的原因。这种探求因果联系的方法叫求同法（或叫契合法）。例如,某青年女工在熟睡时被奸杀,现场勘验先发现被角上有一拖鞋前掌印,后又发现被踩踏过的蚊帐上有嫌疑人的一个赤脚跟印。犯罪人既然穿拖鞋作案,为什么会有赤脚跟印呢？经反复侦查实验,发现不管是在布上还是在纸上,只要是大脚穿小号平底拖鞋,就会留下脚跟印,于是推断："犯罪人作案时穿比他脚小的平底拖鞋是产生上述现象的原因"。破案后证实,通过侦查实验所作的推断是正确的。这就是运用了求同法。

运用求同法得出的结论是或然的,不一定都正确。因此,必须注意以下几点：一是要注意寻求不同事例里的唯一共同条件,排除不同条件,以防止不同条件中实际存在的共同条件没有被发现。如能分析出条件和所研究现象之间的因果联系,结论就是比较可靠的。二是提供比较的事例要尽可能多一些,这样得出的结论可靠性也大些。三是求同法通常在侦查实验的最初阶段使用,要进一步探求现象间的因果联系,还需采用其他实验方法。

（二）求异法（差异法）

如果探求现象(a)的原因,在第一个事例中出现(a),在第二个事例中不出现(a),而第二个事例与第一个事例的其他情况均相同,只是没有第一个事例所具有的条件(A),那么,这一个条件(A)就是所研究现象(a)的原因。这种探求因果联系的方法叫求异法（或叫差异法）。例如,早晨粮库保管员某甲从粮库扛出重100公斤的小麦一袋,被当场抓获讯问时,他供称是其妻昨晚扛来让他今晨去磨面的。询问其妻也证实这一点。其妻扛得动100公斤小麦吗？经侦查实验,其妻根本扛不动。在事实面前某甲交代了同其妻合谋偷粮库小麦之事情。这就是运用了求异法。

与求同法相比较,求异法更为可靠。因为在实验过程中,侦查人员可以加上或减去某一个条件,以观察所研究的现象出现或不出现。这一点恰好反映了客观事物因果联系的基本特征。所以,侦查人员在进行侦查实验时经常采用求异法,并常用它来验证求同法得来的结论是否正确。

运用求异法要注意,在研究的两个事例中除一个不同条件外,是否还有其他不同条件,并仔细分析不同条件是所研究的现象的全部原因还是部分原因,以便进一步深入考察。

（三）求同求异并用法

当研究两组事例,它们有一个条件不相同而其余不必都相同时,就要运用求同求异并用法。求同求异并用法是：如果在某一组事例里，有某一个条件（A），就有所研究的现象（a）出现，而在另一组事例里，没有这个条件（A），就没有所研究的现象（a）出现，那么，这一个条件（A）就是所研究现象（a）的原因。例如，某地银行营业所曾发生一起巨款被盗案，现场勘验发现保险柜的弹子锁是用钥匙打开的，锁内有微小擦痕。为了确定该擦痕是怎样形成的，侦查实验分两组进行，一组用选配钥匙开锁，一组用原配钥匙开锁。结果发现，凡是用选配钥匙开锁，锁内就会留下擦痕，而用原配钥匙开锁则不留擦痕。于是断定："用选配钥匙开锁是锁内微小擦痕形成的一种原因"。这里用的就是求同求异并用法。

求同求异并用法可分三步进行：

第一步：在正事例组中只有一个共同条件，用求同法得知：那个共同条件（A）和所研究的现象（a）有因果联系。

第二步：在负事例组中，可把"没有某个条件"看作是一个共同条件。这样又用求同法得知：没有某个条件和不出现所研究的现象有因果联系。

第三步：再把正事例组所得的结论和负事例组所得的结论比较，应用求异法可得知：某个共同条件（A）和所研究的现象（a）的因果联系。由此可见，求同求异并用法不是求同法和求异法的连用，而是求同法的补充。求同法只要求有一个共同现象和条件的一组事例；求同求异并用法则不仅要求有一个共同现象和条件的一组事例，还要求没有那一个共同现象和条件的另一组事例，然后根据对两组事例正反两方面的比较分析，得出结论。

运用求同求异并用法，如能分析出条件和现象之间的因果联系，结论就是可靠的（如上面的例子）。

（四）共变法

当所研究的现象（a）和某一个条件（A）有共变关系时，就需要用共变法。

共变法是在其他条件不变的情况下，如果某一个条件（A）每发生一定的变化，所研究的现象（a）也随着发生一定的变化，那么，前者（A）就是后者（a）的原因。例如，某仓库夜间被撬，初步清点物资并未发现被盗，现场勘验发现犯罪人进入和逃离仓库时，在仓库外的沙地上遗留有鞋印各一趟，且鞋印大小，反映的鞋的型号等一样，据分析是同一个人所留，但逃离仓库的鞋印显然比进入仓库的鞋印深，后经侦查实验，发现同一人负重量增加，在沙地上所留的鞋印就深。由此断定："犯罪人从仓库盗得重物背走，是造成出入仓库鞋印深浅不同的一种原因"。于是重新清点物资，果然发现丢失40公斤的铅锭一块。这里就是运用了共变法。

共变法的结论也是或然的。运用共变法如能分析出条件和现象之间的因果关系，结论就比较可靠（如上面的例子）。如果所研究的现象不随着某一条件发生相应的变化，就证明它们之间没有因果联系。

共变法和求异法关系密切，有时可以结合在一起使用。如把两个具有共变关系的现象改变到极限，就得到求异法的条件。例如，上例运用共变法获知，随着人的负重量的变化，就能引起沙地上鞋印深浅的变化。如将人的重量完全去掉，鞋印的深浅就不发生变化,那就是求异法的运用了。

(五)剩余法

剩余法是用来研究复合因果联系的。如果已知所研究的某一复合现象 g(a、b、c、d)里,原因 G(A、B、C、D),已知 A 是 a 的原因,B 是 b 的原因,C 是 c 的原因,那么,剩下的 D 就是 d 的原因。例如,某地水田水泵房被盗,现场勘查发现四台电机被盗。侦查人员已抓到甲、乙、丙三个盗窃分子,经讯问,他们分别承认只偷过一台电机,并当即将赃物交出,经反复调查,也未发现他们之中有人两次从现场偷窃电机。侦查实验证实,甲、乙、丙三个盗窃分子其中任何一个都不能同时拿动两台电机,于是推断:"还有另外的盗窃分子偷盗第四台电机"。这里运用的就是剩余法。

剩余法的作用是引导侦查人员继续寻找所研究的复合现象中剩余部分的原因,为侦查提供新的线索和证据。

需要强调的是:侦查实验的五种方法在实验时不能孤立或彼此分离地运用,而应综合地、互为补充和相互印证地加以运用。

四、侦查实验笔录制作及审查运用

(一)侦查实验笔录制作

为了使侦查实验结果在刑事诉讼中起到证据作用,从实验一开始,就应将实验的情况和结果用笔录、照相、录音、录像等方法加以记录和固定。也就是说,根据《刑事诉讼法》等法律、法规、规定制作的侦查实验笔录,并不只是用文字记载的形式写成笔录,根据《公安机关办理刑事案件程序规定》第 221 条的相关规定,进行侦查实验,应当全程录音录像。

侦查实验记录以笔录为主,用其他方法固定的实验结果,应作为笔录的附件。侦查实验笔录由标题、开头、正文和结尾四部分组成。

第一部分:标题部分

侦查实验笔录

第二部分:开头部分

包括以下内容(可参照公安机关法律文书式样):时间(起止时间要具体到年月日时分),侦查人员及记录人的姓名、单位,当事人,对象,见证人,其他在场人员,事由和目的。

第三部分:叙事部分

叙事部分应写明:实验的过程和结果,即在什么条件下,用何种方法和材料进行实验;各参加者的具体分工和所在位置;实验执行者作了哪些动作;实验的具体方法和次数;实验的条件有何种改变;每次实验的结果如何;对实验的进程和结果是如何固定的等等。

第四部分:结束部分

结束部分应写明:参加实验的人员的签名或者盖章。包括侦查人员、记录人、当事人、见证人及其他在场人员。

（二）对侦查实验结果的审查

对侦查实验结果主要从以下几个方面审查：

(1) 实验是否严格地按照法律程序进行。

(2) 实验的组织实施是否正确、科学。根据最高人民法院《关于适用〈中华人民共和国刑事诉讼法〉的解释》第107条的规定，侦查实验的条件与事件发生时的条件有明显差异，或者存在影响实验结论科学性的其他情形的，侦查实验笔录不得作为定案的根据。

(3) 参与实验的人是否具有相关知识或专门技能，其所运用的专业知识是否科学、可靠。

(4) 实验人与案件有无利害关系，能否保证实验客观公正地进行。

(5) 实验人的生理、心理状态是否正常。

(6) 实验结果是否具有充分的事实依据。即从实验所确定的事实材料能否必然推出实验结果；对实验过程中产生的矛盾、疑点有无作出科学的、有事实根据的解释等。

(7) 实验结果同其他证据材料有无矛盾。

(8) 根据最高人民法院《关于适用〈中华人民共和国刑事诉讼法〉的解释》第106条的规定，对侦查实验笔录应当着重审查实验的过程、方法，以及笔录的制作是否符合有关规定。

（三）侦查实验结果的运用

侦查实验结果经认真审查认为科学可靠后，才能在侦查中加以运用。

1. 对肯定性结果和否定性结果的运用

能够证实某一事实或现象发生或存在的客观可能性的，是肯定性结果；证实其不可能者，为否定性结果。运用实验的肯定性结果和否定性结果时，应根据实验所解决的问题进行具体分析。主要有以下几种情况：(1) 肯定性结果只能为分析案件某一情节提供依据；否定性结果则不能证明该情节就一定不存在。(2) 肯定性结果只能为缩小侦查范围提供依据，而不能证实某人一定犯罪；否定性结果则可排除该人具备一定的犯罪条件。(3) 肯定性结果证明某人犯罪的可能性小；否定性结果则可证明该人犯罪的可能性大。

2. 对单义性结果和多义性结果的运用

侦查实验的结果可能是单义的，也可能是多义的。证实某一事实或现象的发生或存在只有一种客观可能性的，是单义性结果；证实具有两种以上客观可能性的，为多义性结果。根据单义性结果，可以认定有关事实或现象极有可能存在或不存在；根据多义性结果，只能对某一事实或现象的发生或存在作假定性的推测。

侦查实验不可能将原来的事实或现象完全反映出来，它只能证明某一事实或现象发生或存在的可能性，而不是必然性，因而所得出的结果不可能与原来的完全一样。所以，任何侦查实验结果都不能单独作为侦查中认定或否定某一事实或现象的依据，只有在实验结果能够和其他证据相互印证时，才有可能成为认定案件某一事实或现象的根据。

第四节 侦查辨认

一、侦查辨认概述

(一)侦查辨认的概念

侦查辨认是在侦查活动中,为了查明案情,在侦查人员的主持下,由被害人、证人以及犯罪嫌疑人对与犯罪有关的物品、文件、尸体、场所或者犯罪嫌疑人进行识别指认的一种侦查行为。

1. 辨认的主持人

根据《公安机关办理刑事案件程序规定》第259条、《人民检察院刑事诉讼规则》第224条的规定,辨认的主持人是侦查人员、检察人员。

2. 辨认的主体及对象

辨认的主体包括被害人、证人以及犯罪嫌疑人。对象包括与犯罪有关的物品、文件、尸体、场所或者犯罪嫌疑人。

3. 辨认是同一认定

辨认是同一认定的一种形式,利用的是客体的外表结构形态及其特征在辨认人的记忆中的印象。辨认是依靠人的感知、记忆及再现事物能力所进行的识别和认证活动。辨认的依据是辨认对象在辨认人头脑中形成的反映形象。

4. 辨认的性质

辨认虽不是《刑事诉讼法》规定的侦查措施,但辨认笔录是《刑事诉讼法》规定的证据种类之一。辨认,应严格依据法律法规规定的程序实施。

(二)侦查辨认的作用

在侦查中,凡具备辨认条件的,均需要实施辨认措施,以帮助侦查人员查明案情、收集证据或查获犯罪嫌疑人。辨认的作用主要有:

(1)查找和确定犯罪现场。主要包括两种情况:一是被害人、证人在案件发生后,由于遭受惊吓或事发突然,在对案发现场所在位置记忆不清的情况下,由侦查人员带领其进行寻找辨认,以查找并确定案发现场所在地,为后续的搜索痕迹、物证打下基础;二是犯罪嫌疑人到案后,由侦查人员带其到实施犯罪行为的地点进行辨认和指认,以便核实和固定犯罪嫌疑人的口供,发现更多的证据。

(2)查明物品、文件等的来源。对于现场的遗留物、作案工具等物品和文件,可以组织被害人、证人对其进行辨认,以判明其究竟由谁所留,归谁所有。物品的生产地、销售范围、使用地域领域和人员范围等。

(3)查明无名尸体、碎尸的身源。在遇有无名尸体或碎尸案件时,需要弄清死者的身源。通过组织被害人的亲属、朋友等对尸体或尸块进行辨认,可以查明死者的身份和相关情况,为分析判断案情、确定侦查方向、缩小侦查范围提供依据。

(4) 确认或排除犯罪嫌疑。通过辨认,辨认人得出的肯定结论,如果与其他证据相互印证,可以起到直接认定犯罪嫌疑人的作用;否定的辨认结论则可以起到排除犯罪嫌疑的作用。

(三) 侦查辨认的类型

(1) 按照辨认的主体,分为证人辨认、被害人辨认和犯罪嫌疑人辨认。其中证人辨认在各类案件的侦查中都有可能运用;被害人辨认主要是在侦查抢劫、抢夺、强奸、诈骗等接触性犯罪案件中采用。犯罪嫌疑人辨认主要是根据侦查的需要,由犯罪嫌疑人识别和指认其实施犯罪的工具或有关的场所。在团伙作案中,有的作案人已经被抓获,如果条件允许,可以让已被抓获的犯罪嫌疑人对尚未被抓获的同案犯进行辨认。

(2) 按照辨认的客体或对象,分为对人的辨认、对物品的辨认、对文件的辨认、对场所的辨认和对尸体的辨认。对人的辨认是以解决先后出现的人是否同一为目的而进行的辨认,主要是指对犯罪嫌疑人或被告人的辨认;对物品的辨认是以解决物是否同一为目的而进行的辨认;对文件的辨认主要是确认文件的所有人等;对场所的辨认是以解决场所是否同一为目的而进行的辨认;对尸体的辨认,目的在于查明未知名尸体的身源。

(3) 按照辨认的形式,分为公开辨认和秘密辨认。公开辨认是由侦查人员组织辨认人在被辨认人或被辨认物的持有人知晓的情况下进行的辨认,对未知名尸体的辨认一般都采取公开的方式。秘密辨认是由侦查人员安排辨认人在供辨认人或供辨认物的持有人不察觉的情况下进行的辨认,一般是在侦查中发现犯罪嫌疑人或嫌疑物后采用,有时也可用于寻找辨认犯罪场所或在作案人可能出现的场所寻查辨认作案人。

(4) 根据辨认的方法,分为直接辨认和间接辨认。直接辨认是辨认人通过对客体的直接观察或者感知而进行的识别和判断;间接辨认是辨认人通过某些中介了解客体特征并以此为基础进行的识别。

二、侦查辨认规则

(一) 分别 (个别) 辨认

分别辨认,即几名辨认人对同一辨认对象进行辨认时,由辨认人个别进行的辨认。按照这一规则,第一,数人对同一个人或物进行辨认时,应让他们分别辨认;第二,同一辨认人对数人或数物进行辨认时,在任何情况下,每次只能对一人或一物进行辨认,并应在每次辨认中加入一些互不相同的人或物。这样才能有效防止主体与主体之间、客体与客体之间相互干扰或影响,保证辨认的客观真实。

(二) 混杂辨认

混杂辨认,即辨认时将辨认对象混杂在特征相类似的其他对象中,进行辨认。进行混杂辨认时,不能把辨认对象单独提供给辨认人进行辨认,以保证辨认的客观性。在选择混杂客体时应以辨认客体的特征为依据。当辨认客体是人时,混杂客体的性别、年龄、身高、体态等应与之相似。当辨认客体是物体时,混杂客体的种类、形状、型号、颜色等应与之相似。照片辨认、录音辨认和录像辨认也应遵循对象混杂的规则。但对未知名尸体和场所的辨认则不必采用混杂辨认。

(三)客观辨认

客观辨认,又称禁止引诱和暗示,是针对组织辨认的侦查人员而言的。根据我国法律法规的相关规定,不得在辨认前向辨认人展示辨认对象及其影像资料,不得给辨认人任何暗示。在辨认前,避免辨认人见到被辨认对象。客观辨认要求侦查人员在组织辨认时,应当保证辨认主体在不受任何干扰的情况下,自由而独立地进行辨认。为此,在辨认过程中,侦查人员应科学地编制和运用辨认导语,导语中不得掺杂任何暗示和诱导的成分。也就是说,侦查人员不得以任何方式暗示和诱导辨认主体按照侦查人员的意图作出某种回答。同时,也不得让辨认人在辨认前看到辨认对象,以防止辨认受外界的影响而产生先入为主的偏向。

三、辨认的法律程序

(一)辨认主持者

辨认应当在侦查人员、检察人员的主持下进行,主持辨认的侦查人员、检察人员不得少于两人。

(二)不得展示辨认对象

不得在辨认前向辨认人展示辨认对象及其影像资料,以避免对辨认人造成不当暗示,影响辨认结果的客观性。

(三)履行权利告知义务

在辨认前,应当告知辨认人有意作虚假辨认应负的法律责任。

(四)混杂辨认的数量规定

辨认犯罪嫌疑人时,被辨认的人数不得少于7人;对犯罪嫌疑人照片进行辨认的,不得少于10人的照片。辨认物品时,混杂的同类物品不得少于5件。辨认物品时,照片不得少于5张。

对场所、尸体等特定辨认对象进行辨认,或者辨认人能够准确描述物品独有特征的,陪衬物不受数量的限制。

(五)侦查辨认的形式

对犯罪嫌疑人的辨认,辨认人不愿意公开进行时,可以在不暴露辨认人的情况下进行,并应当为其保守秘密。

（六）公开辨认应当邀请见证人

对人或物或未知名尸体的公开辨认应当邀请两名与案件无关、为人公正的公民到场见证。

四、辨认的组织实施

（一）辨认前的准备

1. 确定辨认方法

确定辨认方法即根据辨认的种类、目的，确定辨认的具体内容和方法，以及辨认的顺序等，以保证辨认有条不紊地顺利进行。

2. 确定辨认的时间和地点

一般来说，公开辨认的时间和地点可有较大的选择余地，因此应尽量安排在符合辨认人原感知条件，而且外界干扰较小的环境中进行。如果辨认人原来是在室内看到的辨认对象，那么辨认也应在室内进行；如果辨认人原来是在室外看到的辨认对象，那么辨认也应在室外进行；而且光照条件最好与原来相似。秘密辨认要特别注意不能让被辨证人察觉，因此在安排辨认时间和地点时，既要考虑认人的感知条件，又要考虑辨认的保密性。

3. 确定参加辨认的人员

确定参加辨认的人员包括侦查人员、证人、被害人、犯罪嫌疑人及见证人。凡有犯罪嫌疑人参加的辨认，应安排适当人员承担辨认现场的警戒工作，以防其脱逃或攻击侦查人员、证人或者被害人。

4. 准备符合要求的陪衬物

按照相关规定，如系混杂辨认，需提前准备好符合要求的陪衬物。

（二）辨认的实施方法

1. 直接辨认法

直接辨认法即辨认人通过对供辨认客体的直接观察或感知而进行的辨认。例如，直接观看犯罪嫌疑人的外貌和动作姿势所进行的辨认；直接听犯罪嫌疑人的谈话声音所进行的辨认等。直接辨认对客体特征的感知比较真实全面，因此大多数辨认都采用直接辨认的方法。

2. 间接辨认法

间接辨认法即辨认人通过某种中介物了解供辨认客体的特征所进行的辨认。按中介物的不同，间接辨认法可以分为以下几种：

（1）照片辨认。指利用客体的照片进行的辨认。主要是在侦查人员已经发现了重点嫌疑人，但是不具备直接辨认的条件下采用。一般把侦查范围内所有作案嫌疑的人的照片收集起来供辨认人从中查认，或者按混杂辨认规则把重点嫌疑人的照片与其他人的照片放在一起让辨认人辨认。此外,对于作案工具和有关场所的辨认,有时也可以采用照片辨认的方法。照片辨认的关键是照片本身的条件。辨认照片应尽可能准确地反映客体的特征,拍摄的时间应尽可能地接近辨认人与辨认客体接触的时间。一般来说,彩色照片优于黑白照片;单体照片优于多体照片;正面照片优于侧面照片;标准照片优于艺术照片。

(2)录像辨认。指辨认人通过观看有关嫌疑人的录像片进行的辨认。它既具有直接辨认的直观性,又具有照片辨认的方便性,而且有利于消除辨认人的顾虑和紧张心理。其做法是侦查人员对案件中的犯罪嫌疑人进行录像,然后让被害人或目睹人就录像进行辨认。摄制辨认录像时要保证画面清晰,防止影像失真。

(3)录音辨认。指辨认人通过录音进行的辨认,辨认的客体主要是犯罪嫌疑人及其他有关人员。录音辨认的运用主要有两种情况:一种情况是在绑架、敲诈勒索等案件的侦查过程中,让有关群体对犯罪人作案时的电话录音进行辨听,以查明犯罪人的身份;另一种情况是在被害人或证人对犯罪人的语音特征印象较深的案件中,侦查人员发现嫌疑人后将其讲话声录下来,供被害人或目睹人辨听。制作辨认录音时,要注意录音的清晰度和录音条件的一致性。例如,犯罪人是通过电话传递声音的,辨认录音也应通过电话录制;犯罪嫌疑人录音时戴着口罩,混杂人员录音时也应戴上口罩。

五、辨认笔录制作与审查判断

(一)辨认笔录制作

1. 辨认笔录的要求

根据相关规定,辨认的情况应当制作辨认笔录,由侦查人员、辨认人、见证人签字。必要时,应当对辨认过程进行录音录像。

辨认笔录由标题、开头、正文和结尾四部分组成。

2. 辨认笔录的制作

从实质要件看,辨认笔录包括辨认的情况,即辨认的经过和结果。这里所指辨认笔录的制作,是针对公开辨认而言的,按照我国《刑事诉讼法》的相关规定,辨认笔录可以作为诉讼证据使用。对于秘密辨认的结果也应记录下来,供侦查人员参考,如果需要用作诉讼证据,应组织公开辨认并制作辨认笔录。

此外,对于辨认客体的混杂情况和辨认同一的人、物或场所应分别拍照,附在笔录中。辨认笔录应力求客观、详细、准确。侦查人员事先询问辨认人的记录可以和辨认笔录合并入卷,以便对照和研究。

(二)对辨认结果的审查

1. 对辨认主持人的审查

根据相关规定,辨认的主持人应当是侦查人员、检察人员,且主持辨认的侦查人员、检察人员不得少于二人。

2. 对辨认主体的审查

对辨认主体的审查主要有：(1)考察辨认人与案件及当事人有无直接或间接利害关系，查明有无可能影响客观辨认的因素。(2)考察辨认人的感知能力、记忆能力和辨别能力，要注意辨认人有无近视、色盲、夜盲、听力减弱和健忘等缺陷，要注意辨认人对某类事物的特殊认识能力的强弱。同时，还要考察了解辨认人的文化程度、生活经历、职业特点和兴趣爱好。(3)考察辨认人在感知、记忆和辨别时的心理状态。辨认人在感知和辨别时的心理状态对辨认结果有重要影响，例如，辨认人在受到犯罪分子的突然袭击时，会因惊吓和恐惧而产生某些感知误差；辨认人在高度紧张或极度痛苦的心态下进行辨别，也很容易出现错误。辨认人在感知、记忆和辨别时积极主动的心态或是消极被动的心态，也是影响辨认结果的因素。

3. 对辨认客体的审查

对辨认客体的审查主要有：(1)考察辨认所依据的客体的特征是否突出，是否容易与其他客体相区别。(2)考察辨认客体的特征是否稳定，特别要注意辨认客体的特征有无伪装、有无人为的改变。(3)考察辨认客体的特征是否容易被感知和记忆，以及客体特征在辨认人头脑中的反映是否清晰和充分，可以结合辨认人在辨认前接受询问时对客体特征的描述进行分析和判断。

4. 对辨认过程的审查

对辨认过程的审查主要有：(1)考察辨认的感知阶段、记忆阶段和辨别阶段中可能影响辨认结果的各种客观因素。如感知的时间和次数，感知时的距离和光线，感知时的环境，记忆持续的时间，记忆过程中时间相近或内容相似的信号的干扰，辨别时辨认人的注意力等。(2)考察辨认人进行辨识时的环境条件是否与其原来感知客体时的环境条件相同或相似，特别要注意光源的颜色和环境噪音上有无差异。(3)考察整个辨认的组织和实施过程中有无违反辨认规则的情况，特别要注意查明辨认组织者有无诱骗或暗示的言行。

5. 对辨认实施程序的审查

对辨认实施程序的审查主要有：(1)是否遵循个别辨认规则，即几名辨认人对同一辨认对象进行辨认时，是否个别进行。(2)是否遵循混杂辨认规则，即在辨认时，应当将辨认对象混杂在特征相类似的其他对象中进行辨认。(3)是否给辨认人任何暗示。(4)供混杂的辨认对象数量是否符合要求。(5)是否有见证人见证辨认的过程。

（三）对辨认笔录的审查判断

根据最高人民法院《关于适用〈中华人民共和国刑事诉讼法〉的解释》第105条的规定，辨认笔录具有下列情形之一的，不得作为定案的根据：

（1）辨认不是在调查人员、侦查人员主持下进行的；
（2）辨认前使辨认人见到辨认对象的；
（3）辨认活动没有个别进行的；
（4）辨认对象没有混杂在具有类似特征的其他对象中，或者供辨认的对象数量不符合规定的；
（5）辨认中给辨认人明显暗示或者明显有指认嫌疑的；
（6）违反有关规定，不能确定辨认笔录真实性的其他情形。

（四）辨认结果的运用

通过公开辨认制作的辨认笔录是法定证据种类之一，可能成为定案的根据；秘密辨认结果，不能作为证据在刑事诉讼中加以使用，只能作为分析案情的一个依据。秘密辨认结果要作为证据加以使用，还必须进行公开辨认。

第九章 查缉性侦查措施

第一节 追缉、堵截

一、追缉、堵截的概念

追缉、堵截,是指根据犯罪嫌疑人逃跑的方向和路线,组织力量进行跟踪追捕和设卡抓捕的一种紧急侦查措施。追缉,是指组织力量沿着犯罪嫌疑人逃跑的方向和路线,在其后面跟踪,以及时捕获之;堵截,是指组织力量在犯罪嫌疑人逃跑过程中可能经过的路口、关口进行设卡阻拦,以及时捕获之。追缉和堵截两项措施在实践中是一种紧密结合、相互配合的关系。

二、追缉、堵截实施的条件

在侦查实践中,采取追缉、堵截措施通常应把握以下条件:

(一) 特征条件

特征条件,是指犯罪嫌疑人在作案或逃跑过程中形成或暴露出来的征象、标志,包括犯罪嫌疑人的体貌特征、携带物品特征及其使用的交通工具特征等。这是进行追缉、堵截的基本条件。

(1) 体貌特征。指犯罪嫌疑人的性别、年龄、身高、体态、口音、五官长相、动作习惯及生理上突出、稳定的特征等,包括犯罪嫌疑人人身形象的原有特征和在犯罪过程中形成的新的附加特征,如衣服是否破损、身上是否沾有血迹、身体是否受伤等。因此,侦查人员在向被害人、目击者及其他有关人员询问了解犯罪嫌疑人的人身形象时,既要注意了解犯罪嫌疑人的原有特征,也要注意了解其在犯罪过程中形成的附加特征,全面把握犯罪嫌疑人的形象特征,准确发现和识别追缉、堵截的目标。

(2) 携带物品特征。指犯罪嫌疑人携带物品的种类、名称、数量、体积、质量、规格、颜色、特殊磨损、标记、暗记等。主要包括作案工具和赃款、赃物两个方面。掌握这些特征有助于从物的方面发现和识别追缉、堵截的目标。

(3) 犯罪嫌疑人使用的交通工具特征。指犯罪嫌疑人在作案和逃跑过程中使用的交通工具的型号、名称、牌照、新旧程度、颜色、款式等。

(二) 时间条件

时间条件,是指从犯罪嫌疑人作案后逃跑或者发现犯罪嫌疑人到侦查部门决定采取追缉、堵截之间的间隔时间。这是追缉、堵截的重要条件。一般情况下,如果犯罪嫌疑人逃跑不久,而且逃跑方向、路线比较明确,就有采取追缉、堵截措施的条件;如果犯罪嫌疑人已经逃跑很久,很可能已经远走他乡或完全隐蔽起来,就没有追缉、堵截的必要。因此，侦查人员到达现场或者接到报案后应迅速向有关人员调查了解案件发生的时间、发现案件的时间，以及侦查人员到达现场所需要的时间，结合其他因素正确判断犯罪嫌疑人逃跑的时间，以确定是否需要采取追缉、堵截措施。

（三）环境条件

环境条件，是指犯罪现场及其周围的地理环境、地形、地物以及犯罪嫌疑人的逃跑方向、路线等条件。如果地形、地物复杂、隐蔽，而且道路和分叉口较多，或者建筑物密集，树木茂盛，有大面积高秆农作物等，这种环境有利于犯罪嫌疑人藏身匿迹而不利于实施追缉、堵截；如果地形、地物不太复杂、隐蔽，而且道路和分叉口较少，就容易发现犯罪嫌疑人的行踪，对采取追缉、堵截措施比较有利。因此，侦查人员到达现场后，要注意观察和分析现场及其周围的地理环境，注意根据现场痕迹和有关人员反映的情况准确分析、判断犯罪嫌疑人逃跑的方向和路线，以确定如何采取追缉、堵截措施。

（四）痕迹、物品条件

痕迹、物品条件，是指犯罪嫌疑人在逃跑过程中遗留的、能够反映出其逃跑方向和路线的各种痕迹、物品等条件，如成趟的脚印、滴落的血滴、洒落的物品、倒伏的植物等。这些能够反映出犯罪嫌疑人逃跑的方向和路线的痕迹、物品是实施追缉、堵截的有利条件。如利用成趟的脚印进行步法追踪，利用犯罪嫌疑人留下的体味进行警犬追踪等。

除此以外，追缉、堵截的实施还要考虑交通情况、人员流量情况等。如根据现场周围的交通情况，分析犯罪嫌疑人可能借助何种交通工具逃跑，以便确定追缉、堵截的方法；人员流量情况包括人流量、车流量以及人员构成情况等，如人流量或车流量较大就不利于追缉、堵截；人员构成比较单一时，犯罪嫌疑人的体貌特征比较容易识别，有利于采取追缉、堵截。

上述若干实施追缉、堵截的条件是相互联系、紧密结合的，不能孤立地看待。如犯罪嫌疑人逃跑时间长，体貌特征和携带物品特征不明显，且所处环境复杂，人流量和车流量大，逃跑方向、路线不明确的，就不宜采取追缉、堵截措施；但是如果所处环境复杂，人流量和车流量大，但犯罪嫌疑人体貌特征或携带物品特征明显，逃跑方向、路线明确的，也可以采取追缉、堵截措施；如果犯罪嫌疑人逃跑时间比较长，但环境单纯，交通不发达，也可以采取追缉、堵截措施。总之，要综合考虑实施追缉、堵截的各方面条件，以便作出正确决策。

三、追缉、堵截的方法

（一）循迹追踪，迎面堵截

循迹追踪，迎面堵截，即根据犯罪嫌疑人逃跑的路线和踪迹，一方面组织力量尾随其后进行追缉，另一方面在其逃跑路线的前方布置力量设卡堵截。采用这种方法实施追缉、堵截，其前提是犯罪嫌疑人逃跑的方向和路线比较明确，变动的可能性较小，如犯罪嫌疑人驾驶机动车沿着封闭的高速公路逃跑；或者侦查人员已经掌握其逃跑的路线或目的地,而犯罪嫌疑人没有被惊动等。

在循迹追踪时,应注意既要考虑犯罪嫌疑人作案后逃跑的一般规律,又要考虑具体案件中犯罪嫌疑人的心理状态、社会关系以及现场痕迹等情况,制订切实可行的追捕方案。在设卡堵截时,要注意快速反应,周密部署。一方面全面掌握犯罪嫌疑人的体貌特征、携带物品特征等情况,以准确发现和识别犯罪嫌疑人,另一方面要恰当选择设卡堵截的位置,既要有利于观察,又要有利于隐蔽自己,同时采取恰当的设卡堵截的方法,有效避免犯罪嫌疑人冲卡、避卡和混卡。对付严重暴力犯罪嫌疑人的设卡堵截,可以采取秘密的方法,以某些行政单位进行各种行政检查为名,如交通检查、税务检查等设卡拦截。

(二)迂回包抄

在只明确犯罪嫌疑人的逃跑方向,无法判断其具体逃跑路线,或者估计犯罪嫌疑人可能施展声东击西、拐弯兜圈的伎俩,而侦查部门又有快速迂回的行动条件时,就应采取迂回包抄的方法追缉、堵截。一方面有重点地布置力量尾随追缉,另一方面快速迂回到犯罪嫌疑人逃跑路线前方可能经过的路口、关口,埋伏堵截。这种方法多用于道路交叉纵横,而犯罪嫌疑人的逃跑方向、目的比较明确的情况。

在实施迂回包抄时,要注意在包抄的同时有重点地分兵追缉,以防止犯罪嫌疑人在逃跑途中藏匿或者在关卡前往回逃。此外,还要注意确保各个追缉小组之间、各个追缉小组和指挥部之间的良好通信联络,及时沟通情况,随时根据具体情况的变化调整追缉部署,有效抓获犯罪嫌疑人。

(三)合围缉捕

在追缉、堵截过程中,如果已经确认犯罪嫌疑人隐藏在一个明确的地点,或者被逼入一个较小的区域范围内,侦查人员应当迅速散开,抢占有利地形,堵住进出通道,将犯罪嫌疑人包围起来,然后逐步缩小包围圈,将其捕获。在确定包围范围时,要以犯罪嫌疑人藏身匿迹的明确程度为根据,已知道犯罪嫌疑人藏身的确切地点的,可以小范围地包围,如果不知道犯罪嫌疑人藏身的确切地点,则应在较大范围内实施包围。同时,为了防止犯罪嫌疑人脱逃,可以设置多层包围圈;在围捕过程中要迅速抢占有利地形,以便既能隐蔽自己,又能很好地控制犯罪嫌疑人。此外,在合围时,对滞留在包围圈中的群众要尽量疏散,做好切断电源、关闭煤气、关好门窗等安全工作;如果包围范围过大,无法疏散群众的,可以组织突击小组化装搜索侦查,先发现犯罪嫌疑人,然后再根据具体情况制订缉捕方案。当分组进行围捕时,要注意各个小组之间的协调行动,明确各自的任务和分工,同时规定内部识别方法和联络方式,以免在行动中误伤同事。

在实施合围缉捕时,应根据不同情况采取不同的方法,既要注重通过讲道理、讲法律、亲友规劝等方法促使犯罪嫌疑人归案,又要对持有杀伤力、破坏力较大武器的负隅顽抗的犯罪嫌疑人,果断地实施强制,在无法制服时可依法使用武器,以免造成人员伤亡和国家、集体及群众的财产损失。

(四)立体追踪

立体追踪,即使用现代化的海、陆、空交通运输工具,使地面、水面的追缉、堵截和空中的观察、控制及指挥紧密结合起来,把犯罪嫌疑人控制在一个特定的空间范围内,或者始终把犯罪嫌疑人的行踪纳入侦查人员的视线范围内,并最终将其抓获。当犯罪嫌疑人驾驶机动车、船或扒乘火车逃跑,或当侦查人员在地势险要的崇山峻岭、杂草丛生的荒野地带进行追踪时,由于公路交叉纵横,海面茫茫无边,火车运行情况复杂,而荒野地带又易于隐蔽等原因,犯罪嫌疑人很容易乘隙脱逃或隐藏起来,使用传统的追缉、堵截方法很难奏效,而立体追踪就显示出强大的优势。使用小型直升机进行空中观察,利用无线电通信将犯罪嫌疑人逃跑的路线、方向,藏身的地点,使用的交通工具,携带的物品、武器以及犯罪嫌疑人的体貌特征、衣着变化等情况通告给地面、水面的追捕人员,使其根据空中侦查获得准确情报,及时调整追捕方案和追捕措施,有方向、有目标地接近犯罪嫌疑人,或在其逃跑的前方准确地设卡堵截,将犯罪嫌疑人抓获。

在实践中上述方法并不是截然分开的,追缉、堵截行动往往交替使用,多种方法往往综合运用。

第二节 通缉、通报

一、通缉

(一)通缉的概念

通缉,是指法定的有权机关发布通告,通令缉捕依法应当逮捕的在逃的犯罪嫌疑人的一项紧急查缉措施。根据我国《刑事诉讼法》第 155 条的规定,人民检察院、公安机关及其他侦查机关决定对在逃的犯罪嫌疑人实施通缉的,由公安机关发布通缉令,采取有效措施,追捕归案。各级公安机关在自己管辖的地区以内,可以直接发布通缉令;超出自己管辖的地区,应当报请有权决定的上级机关发布。

(二)通缉的对象

通缉的对象需要满足三个方面的条件:一是该犯罪嫌疑人具备刑事诉讼法规定的应当逮捕的条件,即有证据证明实施了犯罪行为,可能判处徒刑以上刑罚;二是通缉对象的身份已基本查明;三是该犯罪嫌疑人下落不明。在司法实践中,通缉的对象通常表现为以下几种情况:

(1)已依法决定逮捕而逃跑或下落不明的犯罪嫌疑人;

(2)已依法决定拘留而逃跑或下落不明的重大现行犯或者重大犯罪嫌疑人;

(3)已被依法拘留、逮捕后从羁押场所逃跑的犯罪嫌疑人、被告人;

(4)在依法押解途中或讯问期间乘机逃跑的犯罪嫌疑人;

(5)在依法取保候审、监视居住期间逃跑的犯罪嫌疑人、被告人;

(6)已经判刑,在服刑、关押期间越狱逃跑的罪犯。

(三)通缉的决定

各级公安机关在自己管辖的地区以内,可以直接发布通缉令;超出自己管辖的地区,应当报请有权决定的上级机关发布;人民检察院侦查直接受理的案件,应当逮捕的犯罪嫌疑人如果在逃,或者已被逮捕的犯罪嫌疑人脱逃的,经检察长批准,可以作出通缉的决定。

(四)通缉令的发布

1. 通缉令的发布范围

(1)县级以上公安机关有权向自己管辖的地区发布通缉令。向管辖地区以外发布,应该将通缉令原稿,连同详细案情材料、清晰的照片或附件样品报送上级公安机关发布。通缉令一般以文书的形式,利用传真、递送、邮寄等方式向下发布。案情重大,情况紧急的,要采用电话、传真等手段快速下达。必要时还可利用公开张贴或报刊、有线广播、地方电视等媒体发布,发动广大群众协助发现通缉对象。发布通缉令需经公安机关负责人批准。

(2)各级人民检察院需要在本辖区内通缉犯罪嫌疑人的,可以直接决定通缉;需要在本辖区外通缉犯罪嫌疑人的,由有决定权的上级人民检察院决定。人民检察院应当将通缉通知书和通缉犯的照片、身份、特征、案情简况送达公安机关,由公安机关发布通缉令,追捕归案。

(3)国家安全机关、军队保卫部门和监狱需要通缉犯罪嫌疑人或脱逃罪犯的,也要商请公安机关发布通缉令。

2. 通缉令的分级发布制度

公安部发布通缉令实行分级制度。《公安部 A 级通缉令》是缉捕公安部认为应该重点缉捕的在逃犯罪嫌疑人的命令。《公安部 B 级通缉令》是公安部应各省级公安机关请求而发布的缉捕在逃犯罪嫌疑人的命令。

(五)通缉令的补发

通缉令发出后,如果发现新的重要情况,可以补发通报。通报必须注明原通缉令的编号和日期。

(六)通缉令的撤销

被通缉的对象自首、被抓获、死亡或者被错误通缉的,经核实后,发布通缉令的公安机关应当在原通缉范围内及时撤销通缉令。

(七)通缉令的制作

1. 通缉令的格式与主要内容

通缉令的内容应当具体、简练、明确,使人一目了然,便于有关方面协助查缉。通缉令一般应写明下列内容:(1)文书标题。写明发布机关的名称和发布编号。(2)正文内容。第一段简要写明:在何时、何地发生一起什么案件,犯罪嫌疑人某某用什么手段实行了何种犯罪行为,造成何种后果,利用何种交通工具逃跑。逃跑方向明确的,逃跑后可能有某种犯罪趋势的应该写明。第二段写明:犯罪嫌疑人的自然情况,包括姓名、性别、年龄、住址、就业状况或工作单位、职业、体貌特征、逃跑时的着装情况、携带的凶器和物品特征,掌握何种对查缉工作有影响的个人技能等以及犯罪嫌疑人逃跑时同行的同伙或其他人的自然情况。第三段写明:接到通缉令后,落实查缉工作的要求,缉捕犯罪嫌疑人时应该注意的问题以及与发布机关联系的途径和方法。(3)附件。内容包括通缉对象的人像照片、指纹、携带的物品照片等。(4)发布日期、单位公章。

2. 制作通缉令的注意事项

(1)被通缉人的信息要准确、细致、全面。对被通缉人的体貌特征、携带物品特征的描述要准确、详细、规范;人像、指纹、物证照片要清晰,对惯犯、累犯、流窜犯应同时报送十指指纹及其作案手段、现场物证等。(2)不应发布通缉令的情况。犯罪嫌疑人的罪行不够逮捕条件的,或者只知道犯罪嫌疑人外貌、作案手段及携带物品,但不知道真实姓名的在逃人员,不得对其发布通缉令,而只能经法定审批程序后向有关地区发布协查通报。

二、通报

(一)通报的概念

通报是公安机关之间通告、交流犯罪情报信息,请求协助发现、调查、收集、控制侦查破案线索、证据和犯罪嫌疑人的一项紧急侦查措施。

一般而言,通报是公安机关根据有关业务规章使用的一种行政性措施,它是公安机关内部往来的文书,不对外发布,是公安机关之间实行整体联动的具体工作手段。这里所称的通报是指侦查通报,不包括公安机关制作的行政文书类通报。

(二)通报的种类

1. 未知名尸体协查通报

部分杀人案件在侦查过程中,经过现场勘查、尸体检验和组织现场周围群众辨认尸体或者通过媒体发布寻人启事后仍不能确定死者身份,为了查清死者的有关情况,以利于顺利开展侦查活动,需要向有关地区发出未知名尸体协查通报,请求有关单位协助查明死者身份、生前居住或工作的地点。这是侦查无名尸体案件的不可缺少的一项措施。

2. 失踪人员协查通报

各地公安机关可通过发布失踪人员协查通报,开展疑似被侵害失踪人员的调查工作,从而发现隐案,预防系列杀人案件、拐卖人口案件的发生。侦查部门可根据失踪人员可能前往或被侵害的区域,向有关地区侦查部门发布失踪人员协查通报,请求协助查明失踪人员的下落。失踪人员协查通报的内容应包括:失踪人员的姓名、性别、年龄、职业、籍贯、体貌特征、衣着特征、生理缺陷、精神状态、随身携带物品特征、失踪的时间与地点,并附上失踪人员的近期照片。

3. 犯罪嫌疑人协查通报

犯罪嫌疑人协查通报通常适用于以下两种情况:一是犯罪嫌疑人潜逃,尚未确定对其逮捕而不宜使用通缉措施时,可向其可能逃亡的地区发出协查通报,请求当地侦查部门在其可能落脚藏身的区域协助查找;二是对已经拘留、逮捕的可能系流窜作案的犯罪嫌疑人,尚未查明其真实身份时,可以根据其口音、衣着和携带物品的特征判断其身份与惯常活动区域,然后向有关地区发出协查通报。

4. 案情、线索协查通报

对某些久侦不破的疑难案件,或者很可能是外地人、流窜犯、连续犯或犯罪团伙作案的案件,可以向邻近地区和作案人可能流窜作案的交通沿线地区发布案情、线索协查通报,请求该地区公安机关关注类似案件,发现可疑线索,协助破案。这类协查通报的内容包括:案件发生的时间、地点,被侵害对象的特征,犯罪的手段及方法,赃物的种类、数量和特征,犯罪团伙的成员和活动情况等。如果有条件,还可以附上犯罪嫌疑人的照片、犯罪痕迹及其他物证的照片等。

5. 赃物协查通报

通过向有关地区发布赃物协查通报,及时、严密地控制涉案赃物,有助于防止犯罪嫌疑人销售、使用赃物,避免因某些赃物流失而危害社会治安;有助于发现犯罪嫌疑人的线索,尽快抓获案犯。赃物协查通报对案情只需作简要的叙述,重点应放在对赃物种类、数量、特征的描述上。如果赃物种类繁杂、数量较多,还应在通报后面上附上赃物清单。对于只有事主知道的某种暗记,应专门作出准确的描述。有些赃物构造特殊、复杂,不易准确描述,或者赃物是不常见的物品,还应附上该类物品的图片,便于有关单位进行控制,或者在追查已捕获犯罪嫌疑人携带的赃物时进行查找核对。

6. 犯罪动态信息通报

犯罪动态信息通报通常是指上级侦查部门将一段时期内刑事犯罪的规律、特点、手法、趋势等重要情况及时通报给下属各级侦查部门,供其部署侦控工作、研究防范对策时考虑。此外,当发生严重暴力犯罪案件后,对可能效仿作案的地区或者行为人可能潜逃、前往继续作案的地区发出犯罪动态信息通报,提醒有关地区的公安机关引起重视,做好防范预警工作,并协助查寻案件线索,缉捕犯罪嫌疑人。

(三)通报的发布

通报只能由县级(含县级)以上公安机关发布。发往有关省、自治区、直辖市的通报,由省级公安机关发布。跨省流窜犯罪的案件,境内外勾结走私、贩毒、盗卖文物、伪造货币等重大案件,境外黑社会组织和犯罪分子渗入活动的案件,境外对我国进行走私、贩毒、伪造货币等犯罪组织、集团的案件,需要通报的,由公安部发布通报。

(四)通报的要求

(1)通报作为公安机关内部的协查文书,内容应简明、准确,特征描述要规范、具体,所附照片要清晰、逼真,要注明通报的文号、联系方式、联系人等,以便有关单位联系与回复。

(2)通报的时间性很强,为不贻误战机,应及时发出。

(3)通报发出后,如发现新的重要情况,或者情况发生了变化,或者原来的情况有误,应及时发布补充通报或更正通报。

(4)通报的问题一经查清,则要及时撤销原通报。撤销通报应由原发布机关进行,并注明原通报的日期、编号,以便查对。

(5)有关单位接到通报后,应认真协查,及时回复。各单位应有专人负责通报的管理。

（6）通报的内容要保密，不得使用明码电报传送通报的内容。接报单位也不得扩散通报的内容。如果发布单位认为有必要向群众公布通报中的某些内容，应将公布的范围和要求写清楚。

第三节 查询、冻结

一、查询、冻结的概念

查询、冻结，是指公安、检察机关根据侦查工作的需要，依法向银行或者其他金融机构、邮电部门、证券登记结算公司、基金管理公司等单位查询犯罪嫌疑人及相关人员的存款、汇款、债券、股票、基金份额等财产，并通知上述单位暂时停止犯罪嫌疑人及相关人员对涉案的存款、汇款、债券、股票、基金份额等财产行使管理、使用、处分等权利的侦查措施。

所谓查询，是指通过向上述侦查单位调查询问，了解犯罪嫌疑人及相关人员的财产状况，如账号、开户信息、股票、基金、证券代码、份额、存汇款日期、金额、经手人，收款人的姓名、地址等。

所谓冻结，是指侦查机关通知有关单位，依法暂时停止支付犯罪嫌疑人及相关人员的存款、汇款，停止犯罪嫌疑人及相关人员对涉案的债券、股票、基金份额行使管理、使用、处分等权利的侦查措施。

值得注意的是，实施查询、冻结的主体必须是公安、检察等侦查机关。实施条件是侦查工作的需要。实施的对象必须是犯罪嫌疑人及相关人员。相关人员是指存款、汇款、债券、股票、基金份额等财产为犯罪嫌疑人所有，却以他人名义行使相应财产权利的与案件相关联的关系人。

二、查询的条件和审批

（一）查询的条件

查询犯罪嫌疑人及相关人员涉案财产必须具备两个条件：

（1）查询目的是侦查犯罪的需要。查询犯罪嫌疑人及相关人员涉案财产必须是为了侦查犯罪的需要。这就要求所要查询的涉案财产必须与犯罪嫌疑人的犯罪有关，即属于犯罪嫌疑人或者与犯罪有牵连，有的可能被用于犯罪，有的可能是犯罪所得。通过查询涉案财产，有利于查明案情，查清犯罪嫌疑人有罪、无罪或者罪轻、罪重的事实，防止证据流失和涉案财产转移。

（2）查询范围符合法律规定。根据刑事诉讼法的规定，查询的范围包括犯罪嫌疑人及相关人员的存款、汇款、债券、股票、基金份额等财产。

由于查询财产涉及公民个人隐私和企业的正常经营，为防止滥用查询措施，根据刑事诉讼法及有关规定，只有具有侦查权的公安机关和人民检察院依照规定才能进行查询,其他单位和个人无权查询。对无权查询的单位和个人,银行和其他金融机构、邮电部门、证券登记结算公司、基金管理公司等单位有权拒绝配合。

(二) 查询的审批

1. 呈批

在办案过程中,办案部门认为需要向有关单位查询犯罪嫌疑人及相关人员涉案财产时,要制作"呈请查询报告书",写明查询理由和法律依据,报县级以上公安机关负责人或检察长批准。"呈请查询报告书"内容包括:简要案情,被查询单位或者个人名称,涉及的银行或者其他单位,查询的具体理由、法律依据等。

2. 审批

县级公安机关负责人或检察长经审核后,认为符合查询条件的,批准同意查询;认为不符合查询条件的,不予批准查询。批准同意查询的,由办案部门制作"查询通知书",作为依法查询的依据,通知银行或其他单位协助查询。"查询通知书"的内容包括三个部分:一是正页,是通知银行或其他单位查询犯罪嫌疑人的存款、汇款凭证,上面要加盖侦查机关的印章。内容上应写明犯罪嫌疑人及相关人员的姓名、开户时间、涉案数额、资金、债券、股票、基金的静态和动态情况等。二是回执,是证明银行或其他单位已经收到通知书正页的凭证,由银行或其他单位填写,并加盖该单位的印章。三是存根,用于备查,由侦查机关保存。

三、查询的实施

侦查人员开具"查询通知书"后,将正本和回执联交银行或者其他单位协助查询。正本由协助查询单位留存,作为协助查询犯罪嫌疑人及相关人员存款、汇款、债券、股票、基金份额等财产的依据。回执联和有关查询材料由协助查询单位填写并加盖公章或者查询专用章后退回侦查机关,侦查终结时存入诉讼卷。

查询时,侦查人员要出示"查询通知书"、本人工作证或执行公务证。"查询通知书"由银行或其他单位负责人签字后指定有关业务部门凭此提供情况和材料,并由专人接待。侦查人员不得借走材料原件。需要的资料可以抄录、复印或拍照,并经协助查询单位盖章。对协助查询单位提供的情况、资料应当依法保守秘密。同时,根据我国《刑事诉讼法》第144条的规定,人民检察院、公安机关根据侦查犯罪的需要,可以依照规定查询、冻结犯罪嫌疑人的存款、汇款、债券、股票、基金份额等财产。有关单位和个人应当配合。

四、冻结的条件和审批

(一) 冻结的条件

冻结犯罪嫌疑人及相关人员涉案财产与查询涉案财产的条件相同。冻结犯罪嫌疑人及相关人员涉案财产的目的必须是为了控制涉案财产,是侦查犯罪的需要。冻结涉案财产的范围包括犯罪嫌疑人及相关人员的存款、汇款、债券、股票、基金份额等财产。根据侦查犯罪的需要,可以依法冻结犯罪嫌疑人及相关人员持有或者违法所得的存款、汇款、债券、股票、基金份额等财产,对于与犯罪无关的财产不得要求冻结。

根据最高人民法院、最高人民检察院、公安部、中国证监会《关于查询、冻结、扣划证券和证券交易结算资金有关问题的通知》规定,以证券登记结算机构名义建立的各类专门清算交收账户不得整体冻结。

第一,证券登记结算机构依法按照业务规则收取并存放于专门清算交收账户内的下列证券,不得冻结、划扣:证券登记结算机构设立的证券集中交收账户、专用清偿账户、专用处置账户内的证券;证券公司按照业务规则在证券登记结算机构开设的客户证券交收账户、自营证券交收账户和证券处置账户内的证券。

第二,证券登记结算机构依法按照业务规则收取并存放于专门清算交收账户内的下列资金,不得冻结、划扣:证券登记结算机构设立的资金集中交收账户、专用清偿账户内的资金;证券登记结算机构依法收取的证券结算风险基金和结算互保金;证券登记结算机构在银行开设的结算备付金专用存款账户和新股发行验资专户内的资金,以及证券登记结算机构为新股发行网下申购配售对象开立的网下申购资金账户内的资金;证券公司在证券登记结算机构开设的客户资金交收账户内的资金;证券公司在证券登记结算机构开设的自营资金交收账户内最低限额自营结算备付金及根据成交结果确定的应付资金。

第三,证券登记结算机构依法按照业务规则要求证券公司等结算参与人、投资者或者发行人提供的回购质押券、价差担保物、行权担保物、履约担保物,在交收完成之前,不得冻结、划扣。

(二)冻结的审批

冻结犯罪嫌疑人及相关人员涉案财产,必须依法履行以下相关法律手续:

(1)呈批。在查询的基础上,办案部门认为需要银行或者其他单位协助冻结犯罪嫌疑人及相关人员涉案财产时,应当制作"呈请冻结报告书",报县级以上公安机关负责人或检察长批准。"呈请冻结报告书"内容主要包括:简要案情,被冻结单位或者个人名称、账户、数额,涉及的银行或者其他金融机构、邮政部门、证券登记结算公司、基金管理公司等,冻结的具体理由,冻结的期限和法律依据等。

(2)审批。经审核,批准同意冻结的,由办案部门制作"冻结通知书",作为依法冻结的依据,通知银行或其他单位执行。"冻结通知书"的内容包括三个部分:一是正页,是通知冻结犯罪嫌疑人及相关人员涉案财产的凭证,上面要加盖侦查机关的印章;二是回执,是证明银行或其他金融机构、邮电部门、证券登记结算公司、基金管理公司等已经收到通知书正页的凭证,由这些单位填写,并加盖其印章;三是存根,用于备查,由侦查机关保存。

五、冻结的实施

侦查人员开具"冻结通知书"后,将正本和回执联交银行或者其他单位协助冻结。正页由协助冻结单位留存,作为协助冻结犯罪嫌疑人及相关人员存款、汇款、债券、股票、基金份额等财产的依据。回执联由协助冻结单位填写并加盖公章退回侦查机关,侦查终结时存入诉讼卷。

县级以上银行或其他单位接到侦查机关冻结犯罪嫌疑人存款、汇款的通知后,经该级负责人核对并确认无误后,协助冻结单位应当立即凭此冻结犯罪嫌疑人及相关人员的存款、汇款、债券、股票、基金份额等财产。

实施冻结应当注意以下问题:

(1) 冻结的期限。冻结存款、汇款的期限是6个月,有特殊原因需要延长的,侦查机关应当在冻结期限届满之前办理继续冻结手续。每次续冻期不得超过6个月。特殊原因是指如下情形:重大、复杂的案件,期限届满不能侦查终结的;对犯罪嫌疑人可能判处10年以上有期徒刑,期限届满不能侦查终结的;在侦查期间,发现犯罪嫌疑人另有重要罪行等情况的。有学者认为,债券、股票、基金份额等财产的冻结期限也可以参照执行。

(2) 不得重复冻结。对犯罪嫌疑人及相关人员存款、汇款、债券、股票、基金份额等财产,侦查机关根据侦查需要可以多次查询。但是这些财产如果已被冻结的,侦查机关不得重复冻结,但可以轮候冻结。这里的重复冻结,是指对冻结期限内犯罪嫌疑人及相关人员的涉案财产再次进行冻结。轮候冻结,是指已冻结的犯罪嫌疑人及相关人员涉案财产冻结到期或者原冻结单位解除冻结后,侦查机关可以依法进行冻结。

(3) 协商解决争议。公、检、法因冻结犯罪嫌疑人及相关人员涉案财产事项发生争议时,应当协商解决,协商不成的,应当报共同的上级机关决定;没有共同上级机关的,由其各自的上级机关协商解决。

(4) 有关单位和个人有义务配合。根据我国《刑事诉讼法》第144条的规定,人民检察院、公安机关根据侦查犯罪的需要,可以依照规定查询、冻结犯罪嫌疑人的存款、汇款、债券、股票、基金份额等财产。有关单位和个人应当配合。

(5) 依法及时解除冻结。犯罪嫌疑人及相关人员的涉案财产被冻结后,有以下两种情况可以解除冻结:一是逾期自动解除。即冻结期限届满而不办理继续冻结手续的,视为自动撤销冻结。二是依法通知解除。根据我国《刑事诉讼法》第145条的规定,对查封、扣押的财物、文件、邮件、电报或者冻结的存款、汇款、债券、股票、基金份额等财产,经查明确实与案件无关的,应当在3日以内解除查封、扣押、冻结,予以退还。"经查明确实与案件无关"是指经过侦查,询问证人,讯问犯罪嫌疑人,调查核实证据,并对冻结的存款、汇款、债券、股票、基金份额等财产进行认真分析,认定该冻结的款项并非违法所得,也不具有证明犯罪嫌疑人是否犯罪、罪轻、罪重的作用,不能作为证据使用,与犯罪行为无任何牵连。"3日以内解除"冻结是指自确定冻结款项与犯罪行为无关之日起3日以内应当解除冻结。

(6) 对被冻结财产的处理。对被冻结财产应根据不同情况予以不同的处理:其一,被冻结存款、汇款的犯罪嫌疑人死亡的应依法撤销案件,如果该涉案财产确与犯罪有关,应当向人民法院随案移送该银行、其他单位出具的证明文件,待人民法院作出生效判决后,由人民法院通知该协助冻结单位将冻结财产上缴国库;其二,将冻结存款、汇款的证明文件随案件移送人民法院,待人民法院作出生效判决后,由人民法

第四节 搜查、扣押

一、搜查的概念

搜查,是侦查人员依法对可能隐藏有犯罪嫌疑人或者犯罪证据的有关场所以及犯罪嫌疑人人身进行搜寻、检查的一种侦查措施。其目的是在特定的场所查获犯罪嫌疑人,搜获犯罪证据以及缴获作案人随身携带的凶器、赃款赃物或者其他犯罪证据。我国《刑事诉讼法》第136条规定:"为了收集犯罪证据、查获犯罪人,侦查人员可以对犯罪嫌疑人以及可能隐藏罪犯或者犯罪证据的人的身体、物品、住处和其他有关的地方进行搜查。"第137条规定:"任何单位和个人,有义务按照人民检察院和公安机关的要求,交出可以证明犯罪嫌疑人有罪或者无罪的物证、书证、视听资料等证据。"

二、搜查的实施程序和要求

搜查是一种强制性侦查措施,关系到被搜查人的人身自由、住宅、隐私等基本权利,因此必须严格按照我国《刑事诉讼法》第136条至第140条的规定以及侦查机关办理刑事案件程序的规定实施:

第一,搜查的实施主体只能是侦查机关和侦查人员,其他任何机关、团体、企事业单位或公民个人不得以任何理由对公民的人身、物品和住宅进行搜查。

第二,实施搜查必须经过严格的审批程序,并向被搜查人出示搜查证。根据《公安机关办理刑事案件程序规定》第222条的规定,搜查证的签发要经县级以上公安机关负责人批准。检察机关自侦案件的搜查,依据《人民检察院刑事诉讼规则》第203条规定,为了收集犯罪证据,查获犯罪人,经检察长批准,检察人员可以对犯罪嫌疑人以及可能隐藏罪犯或者犯罪证据的人的身体、物品、住处、工作地点和其他有关的地方进行搜查。搜查时,侦查人员必须向被搜查人出示搜查证,要求被搜查人或其家属在搜查证上面签注向其宣布搜查的时间并签名。被搜查人或其家属拒绝签字的,侦查人员应在搜查证上予以注明。搜查结束后,搜查证应当存入诉讼卷。在执行拘留、逮捕时遇到下列紧急情况之一的,不用搜查证也可以进行搜查:(1)可能随身携带凶器的;(2)可能隐藏爆炸、剧毒等危险物品的;(3)可能隐匿、毁弃、转移犯罪证据的;(4)可能隐匿其他犯罪嫌疑人的;(5)其他紧急情况。

第三,侦查人员在执行搜查时要出示合法的身份证件。在搜查、扣押前,侦查人员要告知相对人享有的权利和应履行的义务,以及违背义务时应承担的法律责任。被搜查人有申辩的权利,侦查人员应认真听取,不能简单地将其视为阻碍搜查。

第四,执行搜查的侦查人员不得少于二人,搜查妇女的身体应当由女侦查员进行,见证人也应当是女性。

第五,搜查过程应当有被搜查人或者他的家属、邻居或者其他见证人在场,见证、监督搜查过程的合法性。见证人的条件和应履行的义务、职责、享有的权利与现场勘查见证人相同。

第六,在执行搜查时,对明确不属于搜查范围的人、场所,不能进行搜查。同时对于搜查中所涉及的被搜查人及相关人员的隐私,应当注意保护,除案件侦查需要外,不能随意泄露。

第七,搜查的情况应当制作搜查笔录,由侦查人员、被搜查人或者他的家属、邻居或者其他见证人签名或者盖章。如果被搜查人或者他的家属不在现场,或者拒绝签名、盖章的,侦查人员应当在笔录上注明。对搜查中发现的赃物、罪证要进行拍照。必要时,可以对搜查过程进行录像,客观、真实地记录搜查过程。

第八,搜查结束后,侦查人员应当处理好有关人员、场所、物品或文件的善后工作。

三、搜查的基本方法

（一）认真做好搜查前的各项准备工作

在搜查前必须认真做好各项准备工作。

（1）了解案情并明确目标。搜查人员应在事前了解、掌握案件的基本情况,明确通过搜查意欲获取的赃物及其他罪证的种类、数量及其他特征,做到有的放矢。

（2）全面了解被搜查人的情况。被搜查人的各方面情况包括其性别、民族、年龄、职业、职务、性格特征、生活习惯、家庭成员、社会关系,以及有何种凶器、交通工具;其住所或与其有关的露天场所的准确地点及其周围环境、通道、门窗位置,以确定进入搜查场所的方案和搜查的重点部位,合理组织人力,恰当把握时机,保证搜查的顺利进行。

（3）根据具体任务制订搜查方案。其内容主要包括：搜查目标、目的物、执行时间、入点方式,以及执行的具体步骤、顺序和重点部位;执行人员的具体人选（必须两名以上）及其分工以及技术探测和警戒监视力量的安排,对可能出现的意外情况的预测和对策等。

（4）准备必要的工具和器材。

（二）室内场所搜查的基本方法

室内场所包括私人住宅、集体宿舍、旅馆住房、办公室、操作间、仓库等。室内场所搜查的基本要求是全面、彻底、高效,但根据不同的具体案情,搜查的重点也不同。侦查人员在搜查前必须对被搜查人的住宅情况及其周围环境、建筑物结构、室内布局等通过各种途径进行详细地调查了解,根据搜查的目的任务,确定搜查的重点和具体的部署和分工。

搜查人员到达搜查地点后,首先应采取警戒和隔离措施,在室内场所周围要布岗加哨,对房前屋后和门窗进行严密监视,断绝内外联系。对室内场所的一切人员除一名家属在场见证外,集中其余人员不准自由行动和出入。室内搜查正式开始前,应当向被搜查的室内场所所有人、看管人、承租人等权利人出示搜查证,办理好相关手续。如果需要对在场的人进行人身搜查,则按照人身搜查的要求进行。人身搜查和室内搜查可同时进行,也可根据实际情况先进行人身搜查,然后进行室内搜查。

室内场所搜查的顺序,可根据室内场所的空间大小、宏观布局、物品陈列摆放的实际情况灵活掌握,基本要求是有序、高效进行,尽量避免往返重复。可以从某一特定部位开始,也可以从中心向外围、从外围向中心或分块分工进行。

室内场所搜查可以从以下方面入手:

(1) 分析案犯心理,确定搜查重点部位。侦查人员在实施搜查时,一方面应当根据意欲获取的赃物、罪证的种类、数量(数目)、重量、形状、面积或体积以及其他特征和室内的结构、陈设及其布局等情况,分析确定搜查的重点部位;另一方面应当"设身处地"地分析相关赃物罪证可能隐藏的重点部位,"应该把自己置于被搜查者的地位,考虑他的心理状态、职业、生活方式、性格和习惯,并提出这样的问题:如果进行搜查的人自己处在被搜查者的环境和条件下,并且同他的文化水平、职业、技能和本领都一样,进行搜查的人自己会想出什么办法,会把东西藏在什么地方"[①]。

(2) 从通常不存入物品的地方入手搜查赃物罪证。案犯隐藏罪证,往往不会藏在容易被人发现的地方或者家具中,搜查时,要从那些不具有存放物品功能或被人认为不会存放物件的场所入手发现罪证。如把罪证隐藏在家具的夹层、天花板上、房檐、厕所水箱内、镜框中、床垫、枕芯、炕洞、地窖、烟囱等处。有时,可能把罪证用伪装、掩饰的方法摆在桌、柜、门等表面部位上。对这些部位在搜查时力求全面、细致。

(3) 从反常现象和可疑痕迹入手搜查赃物罪证。侦查人员在搜查过程中,要注意查看室内家具和物品的摆放有无反常现象。查看室内地面、墙壁、门窗有无新挖掘、新粉刷、新油漆的痕迹。有些反常现象和痕迹则需要借助于专门仪器探测,并注意有无夹墙。

(4) 从观察在场被搜查人及其家属的神情入手搜查赃物罪证。藏有罪证的在场被搜查人及其知情亲属,在搜查他们的住宅时唯恐罪证被发现而遭受惩罚,很难保持情绪稳定。当搜查接近隐藏罪证的部位时,他们常会反映出情绪紧张、激动、恐惧甚至脸变颜色,出汗,坐立不安,手足无措,答话时声音发颤等。搜查人员,特别是负责警戒和监视的侦查人员,要仔细观察被搜查者及其家属的神情和行为变化,及时调整搜查方向。

(三) 露天场所搜查的基本方法

露天场所通常是指与被搜查人住所相毗连的菜园、院落以及判断可能藏隐犯罪人、罪证或尸体的水井、坑洼,田野中的草丛、树林,深山中的岩洞,或者审讯中犯罪嫌疑人交代藏匿罪证的有关露天场所。露天场所的搜查可以与室内搜查同时进行,也可以单独进行。

第一,在对露天场所搜查之前,侦查人员应对其整体进行认真巡视观察,并向相

[①] 〔苏联〕拉·别尔金:《刑事侦察学随笔》,李瑞勤译,群众出版社1983年版,第51页。

关人员仔细询问以下情况:现场的环境情况,例如,有无天然或人工的洞穴、沟渠、水源、水井、菜窖、粪坑等隐蔽处;案发后该地有无发生变化;近期内该地有无可疑人员的活动迹象等。

第二,将巡视观察和了解到的情况与意欲获取的赃物、罪证的种类、数量及其他特征结合起来,尽可能准确地划定搜查范围,确定搜查重点部位,然后按照分工实施搜查。必要时可吸收熟悉情况的群众参加,还可以使用专门仪器进行探测或者使用警犬进行搜索。

第三,露天场所的搜查,应当按实际情况分片、分段地进行。

搜查时要注意观察地表及植被的情况,如地面上的拖拉痕迹、石块瓦砾翻转、植物倒伏折断或植物生长情况反常等。此外,被搜查人往往会在藏匿地点留下特别的记号,而且这些记号往往是能够避免自然、动物或人为无意的破坏,所以应仔细观察和发现这些记号,达到事半功倍的效果。对于既定搜查范围内的各个部位、角落(如灌木丛、草窝、洞穴、水坑、水井等)以及车船等,都不可轻易放过,尤其要注意新近被翻动过的泥土、搬动过的杂物堆垛等。

(四)人身搜查的基本方法

人身搜查即搜身,是指依法对犯罪嫌疑人进行人身搜查(包括对其随身携带物品),查缴犯罪嫌疑人可能隐蔽携带的凶器、武器、危险品和犯罪证据,从而有效预防和及时制止其暴力犯罪企图,是对犯罪嫌疑人实施抓捕的重要环节之一。在搜身过程中要始终处于高度戒备状态,既要防止犯罪嫌疑人反抗与脱逃,也要警惕犯罪嫌疑人与同伙在外围的袭击,同时,还要防止犯罪嫌疑人自残与自杀等情况的发生。

人身搜查的具体方法是:拍摸、翻动被搜查人的衣领、胸、腰、腹等部位,以发现可能藏有的毒物或凶器;对被搜查人的身体、衣着的各个部位及其携带物品逐一进行仔细搜检,如鞋帽、发间、两腋、前胸、后背、上下肢、臀部、裆部以及各层衣服、衣兜、补丁和手套等,对被搜查人随身携带的手袋、提包等也应进行认真搜查。必要时可进行伤检或活体检验。如被搜查人身上贴有药膏,扎有绷带,有血迹、精斑,要请医生和法医进行检验。对贩运毒品案件的犯罪嫌疑对象,还应运用各种相应的技术手段检查,探测其肛门、生殖器乃至于体内消化道中所隐藏的毒品。

四、查封、扣押

(一)实施查封、扣押

侦查机关在实施查封、扣押时的侦查人员不得少于二人,并应持有法律文书和工作证件向相对人出示,告知其查封、扣押的理由、依据以及如实提供证据、配合查封、扣押的义务。

对于需要查封、扣押的财物和文件,应当会同在场见证人和持有人查点清楚。查封、扣押的物证、书证、视听资料应当是原物、原件。原物不便搬运、保存或者依法应当返还被害人的,可以查封或者拍摄足以反映原物外形或者内容的照片、录像。书证取得原件有困难或者因保密工作需要的,可以是副本或者复制件。书证的副本、复制件、视听资料的复制件,物证的照片、录像,应当附有关制作过程的文字说明及原件、原物存放处的说明,并由制作人签名或者盖章。

对于扣押的金银珠宝、文物、名贵字画及其他不易辨别真伪的贵重物品,应当拍照后当场密封,并由扣押人员、见证人和持有人在密封材料上签名或者盖章。

(二) 制作查封、扣押财物、文件清单

实施扣押时,侦查人员应当当场开列"扣押财物、文件清单"一式两份,写明财物或者文件的名称、编号、规格、数量、重量、质量、特征及其来源,由侦查人员、见证人和持有人签名或者盖章后,一份交给持有人,一份存入诉讼卷。

对于应当扣押但是不便提取的财物、文件,经拍照或者录像后,可以查封、封存或者交持有人保管,并且单独开具"查封财物、文件清单"一式两份,在清单上注明"已经拍照或者录像,财物、文件持有人应当妥善保管,不得转移、变卖、毁损",由侦查人员、见证人和持有人签名或者盖章,一份交给财物持有人,另一份连同照片或者录像带存入诉讼卷。

查封、封存房地产或者其他财产的,还应当在被查封、封存财产的显著位置张贴封条,同时通知有关权属登记部门,在查封、封存期间禁止被查封、封存财产流转,不得办理被查封、封存财产权属变更手续,必要时可以提取有关产权证照。

第五节 控制赃物

一、控制赃物的概念

控制赃物,是指在侦查中对犯罪行为人可能转移、藏匿、改装、销售、销毁赃物的处所进行监视、控制,以发现、收缴赃证,查获犯罪嫌疑人的一项侦查措施。

控制赃物主要运用于有财物损失的盗窃、抢劫、侵财杀人、走私、伪造和诈骗等案件。控制赃物不仅是查获赃物的措施,更重要的是通过控制赃物藏匿及转移的地点、流通的渠道及交易的场所,从较为广泛的领域为侦查破案提供线索甚至直接破案。涉及财物的案件一旦发生,侦查部门就应迅速部署控制赃物,并常常以此作为侦查破案的主要途径。就个案而言,控制赃物是一项侦查措施,它随着案件的发生而被起用,又随着案件的侦破而停止使用;就侦查工作全局而言,控制赃物既可作为阵地控制措施的重要内容,又是一项重要的侦查基础业务建设。

二、控制赃物的范围

控制赃物的范围应根据赃物的种类、特征以及案情和犯罪嫌疑人销赃活动的特点、规律来确定,通常情况下有:

(1) 信托寄卖部门,如委托行、典当铺、行李寄存处。

(2) 各种物品收购部门,如废品收购站、旧物收购门市部、文物商店、珠宝玉器商店等。

(3) 各种修理业，如家用电器、钟表、自行车、摩托车、汽车修理行业。
(4) 金融部门，如银行、储蓄所、金银及外币兑换处、证券交易所等。
(5) 犯罪嫌疑人住所、窝赃处所等。
(6) 商品交易场所，如商场、集贸市场、黑市等。

三、控制赃物的方法

(1) 调查研究侵财犯罪的新动向和销赃的新手段。研究赃物流向随着市场价格、使用价值和犯罪嫌疑人的心理而周转的规律以及处理赃物的方法等，对于有针对性地实施控制赃物这一措施具有重要意义；同时，为了加强控制销赃的基础建设，还必须准确地分析侵财犯罪的新动向，如犯罪侵害对象的选择、侵害手段等方面的发展趋势。此外，及时掌握侵财犯罪和控制赃物工作中的新情况、新问题，将各种情况综合起来分析、研究，可以与时俱进地掌握与犯罪作斗争的主动权。

(2) 从基础业务建设上强化销赃控制功能。控制赃物既是一项有效的侦查措施，又是侦查基础业务建设的重要组成部分。控制赃物这一侦查措施能否顺利实施于个案并收到预期的效果，在很大程度上取决于这方面基础业务建设的质量。侦查部门应在治安、交通运输、物资交易、工商行政和其他行业管理部门的密切配合下，建立布局合理、高效运行的查赃情报网络；加强区域合作，建立区域性联合阵地控制网，协调各地进行查赃工作；建立、健全控制赃物的通报、报告、处置等工作制度。

(3) 强化重大案件发生后的销赃控制工作。当重大盗窃、诈骗、抢劫等案件发生后，为了及时控制赃物，应迅急通过询问被害人或其家属，详细了解被盗、被抢或被骗财物的特征，并注意赃物本身可能发生的变化以及有无拆卸、改装或改头换面的痕迹。如判断犯罪嫌疑人持有赃物并可能销赃时，应及时向犯罪嫌疑人可能前往销赃的部门或行业发出损失物品通报，并在适当范围内介绍简要案情。损失物品通报上应详细说明失物的名称、种类、数量、体积、价值、颜色、新旧程度及其他特征和记号，请这些部门或行业的职工，特别是保卫部门和治安积极分子，在日常工作中注意发现赃物和犯罪嫌疑人。上述人员在发现有人出售损失物品通报中所列物品或可疑物品时，应设法套出售主的姓名、住址或看其携带的证件，然后通知公安机关进行核查，必要时将其扭送到公安机关。在接到犯罪嫌疑人或嫌疑物的情况报告后，侦查人员应立即前去审查和处理。在审查过程中，要注意查明出售赃物的是犯罪嫌疑人本人，还是受其指使、利用的人，或者是与案件无关的人，要根据不同的对象采取不同的方法和对策，以便提取证据，缉捕犯罪嫌疑人。如果判断犯罪嫌疑人可能到其他地区销赃，应向有关地区的公安机关发出赃物协查通报。

(4) 使用秘密探查力量控制赃物。对各种地下交易、场外交易、黑市交易场所布置专门力量和运用专门手段进行侦查控制，如选派侦查员化装侦查，进行控制；或者布置秘密探查力量，开展侦查控制等。

(5) 建立技术监控手段。运用现代科技设备，如在特种行业安装监视器等监控设备控制赃物。

第十章 强制到案侦查措施

广义的侦查强制措施包括对人的侦查强制措施和对物的侦查强制措施。对人的侦查强制措施主要有传唤到案和强制到案侦查措施,具体包括传唤、拘传、拘留、逮捕、取保候审、监视居住等;对物的侦查强制措施主要有查封、扣押、冻结等。本章主要讲述对人的侦查强制措施。强制到案侦查措施是指对人的侦查强制措施,主要指有法定侦查权的机关为了使犯罪嫌疑人接受讯问、保全证据及保证侦查顺利进行,在侦查进行中所采用的暂时限制其人身自由的方法。即命令或强制犯罪嫌疑人到案接受讯问的侦查措施。

第一节 传唤、拘传

我国《刑事诉讼法》第119条规定:"对不需要逮捕、拘留的犯罪嫌疑人,可以传唤到犯罪嫌疑人所在市、县内的指定地点或者到他的住处进行讯问,但是应当出示人民检察院或者公安机关的证明文件。对在现场发现的犯罪嫌疑人,经出示工作证件,可以口头传唤,但应当在讯问笔录中注明。传唤、拘传持续时间不得超过12小时;案情特别重大、复杂,需要采取拘留、逮捕措施的,传唤、拘传持续的时间不得超过24小时。不得以连续传唤、拘传的形式变相拘禁犯罪嫌疑人。传唤、拘传犯罪嫌疑人,应当保证犯罪嫌疑人的饮食和必要的休息时间。"

一、传唤

(一)传唤的概念与特点

刑事侦查学所指的传唤专指侦查机关基于侦查讯问的需要,根据案件情况对不需要拘留、逮捕的犯罪嫌疑人,经办案部门负责人批准,通知犯罪嫌疑人到其所在市、县的指定地点或者到他的住处进行讯问的一种措施。传唤虽然不具有直接的强制力,但是它具有命令的性质,即指示被传唤人应负到案的义务,否则或将受到强制。实践中,对于无正当理由传唤不到案的犯罪嫌疑人,接下来可能会被采取拘传措施。因此,传唤也被认为具有间接的强制性。

传唤分为有证传唤和口头传唤两种。一般情形下,传唤犯罪嫌疑人需要事先经过办案部门负责人批准,签发传唤证,具体办案人员持传唤证对犯罪嫌疑人进行传唤讯问。但是对于在现场发现的犯罪嫌疑人,公安人员经出示工作证件,可以口头传唤,在讯问笔录中应当注明犯罪嫌疑人到案经过、到案时间和传唤结束时间,并由犯罪嫌疑人签字按手印。按照规范目的,有证传唤是常态,口头传唤为例外。

传唤具有以下特点:第一,传唤并非强制措施。传唤属于讯问犯罪嫌疑人的一种方式,并非构成对公民基本权利干预的强制措施。第二,传唤一般适用于不需要拘留、逮捕的犯罪嫌疑人。第三,传唤的地点,可以在犯罪嫌疑人所在的市、县内选择指定地点,也可以到他的住处。第四,传唤有时间限制,不得利用传唤变相羁押犯罪嫌疑人、被告人。

(二)传唤时应遵守的法律程序

《公安机关关于办理刑事案件程序规定》第 199 条、第 200 条、第 201 条细化了我国《刑事诉讼法》的有关传唤的条款,详细规定了传唤的法律程序。

(1)有证传唤应当遵守以下法律程序:

第一,申请办案部门负责人批准,签发传唤证;

第二,犯罪嫌疑人到案后,应向其出示传唤证,并由其填写到案时间;

第三,传唤适用于侦查讯问的规定,不得少于两名侦查人员进行;

第四,传唤结束时,应当由犯罪嫌疑人在传唤证上填写传唤结束时间并签名,拒绝填写的,侦查人员应当在传唤证上注明;

第五,传唤应当制作笔录记录传唤的原因、依据、时间、处所、经过以及被传唤人在被传唤期间的饮食与休息等内容,传唤笔录应当由侦查人员与被传唤人签名。

(2)口头传唤应当遵守以下法律程序:

第一,对现场发现的犯罪嫌疑人需要口头传唤的,办案人员应当出示工作证件;

第二,告知被传唤人传唤的原因和依据;

第三,在讯问笔录中注明犯罪嫌疑人到案经过,到案时间和传唤结束时间,并由犯罪嫌疑人签字;

第四,口头传唤同样不得少于两名侦查人员进行;

第五,口头传唤也要制作笔录,记载传唤的原因、依据、时间、处所、经过以及被传唤人在被传唤期间的饮食与休息情况等内容,并由侦查人员与被传唤人签字。

(3)传唤持续时间不得超过 12 小时。案情特别重大、复杂,需要采取拘留、逮捕措施的,经办案部门负责人批准,可最长延至 24 小时。不得以连续传唤的形式变相拘禁犯罪嫌疑人。需要对被传唤人采取强制措施的,应当在传唤期间内作出批准或者不批准的决定。

(4)传唤时犯罪嫌疑人家属在场的,应当将传唤的原因和处所口头告知其家属,并在讯问笔录中注明。其家属不在场的,公安机关应当及时将传唤的原因和处所通过电话、手机短信、传真等方式通知被传唤人家属。无法通知的,应当在笔录中注明。

(5)在传唤期间,应当保证被传唤人的饮食和必要的休息时间。

(6)被传唤人拒绝在笔录上签名的、无法通知家属的,均应在笔录中注明。

二、拘传

(一)拘传的概念与特点

拘传是指公安机关、人民检察院和人民法院根据案件情况对未被羁押的犯罪嫌疑人,或者经过传唤没有正当理由不到案的犯罪嫌疑人,依法强制其到所在市、县内的指定地点进行讯问的一种强制措施。

拘传是我国《刑事诉讼法》所规定的强制措施体系中强制力最轻的一种，侦查中的拘传不包括人民法院的拘传，目的是强制被拘传人到案接受审查讯问，以便及时查明案情。我国依法享有侦查权的公安机关、人民检察院、国家安全机关、军队保卫部门和监狱都有权对犯罪嫌疑人依法实行拘传。但监狱只对罪犯在监狱内犯罪的案件拥有侦查权，案犯本身通常已经处于羁押之中，故一般不需要采取拘传措施。

拘传具有以下特点：第一，拘传的性质属于法定刑事强制措施之一；第二，适用对象是未被羁押的犯罪嫌疑人、被告人，对于已经处于羁押状态的犯罪嫌疑人、被告人可以直接讯问；第三，拘传不是羁押，其目的只是强制犯罪嫌疑人、被告人到案接受讯问；第四，拘传有严格的法定期限，讯问后应当立即放回被拘传人。

(二) 拘传适用的对象和条件

在我国，侦查中拘传的对象有三类：

(1) 经享有侦查权的机关合法传唤，没有正当理由而不到案的犯罪嫌疑人、被告人；

(2) 因为侦查的需要，对于某些犯罪嫌疑人或被告人，虽未经传唤，也可以进行拘传；

(3) 罪行较轻尚未达到拘留、逮捕条件，但属于需要必须到案接受讯问的人。

在司法实践中，拘传之前通常先进行传唤，经合法传唤无正当理由不到案时即采取拘传措施强制其到案。

(三) 拘传的适用程序

(1) 拘传报县级以上公安机关负责人或检察长批准。

(2) 拘传犯罪嫌疑人应当出示拘传证，并责令其在拘传证上签名、按指印。

(3) 犯罪嫌疑人到案后，应当责令其在拘传证上填写到案时间；拘传结束后，应当由其在拘传证上填写拘传结束时间。犯罪嫌疑人拒绝填写的，侦查人员应当在拘传证上注明。

(4) 拘传应当由两人以上的执行人员执行（检察机关由法警执行）。对抗拒拘传的，可以使用戒具，强制到案。

(5) 拘传持续的时间不得超过12小时；案情特别重大、复杂，需要采取拘留、逮捕措施的，传唤、拘传持续的时间不得超过24小时。

(6) 不得以连续拘传的形式变相拘禁犯罪嫌疑人。拘传犯罪嫌疑人，应当保证犯罪嫌疑人的饮食和必要的休息时间。

(7) 拘传的地点应在犯罪嫌疑人、被告人所在的市、县以内。如果犯罪嫌疑人的工作单位、户籍地与居住地不在同一市、县的，拘传应当在犯罪嫌疑人的工作单位所在地的市、县进行；特殊情况下，也可以在犯罪嫌疑人户籍地或者居住地所在的市、县内进行。

(8) 侦查机关将犯罪嫌疑人拘传到案后，应当立即讯问。讯问结束后，应根据案件的情况作出不同的处理：认为依法应当限制或剥夺其人身自由的，可以申请采用其他相应的强制措施,认为不宜适用其他强制措施的,应立即释放,不得变相扣押。

三、传唤与拘传的区别与联系

作为侦查活动中确保被讯问人到案接受讯问的措施,传唤与拘传既有区别又有联系。

传唤与拘传二者在法律属性上、适用对象上有着明显的不同:一是性质不同。拘传是我国《刑事诉讼法》明确规定的强制措施之一,传唤是法定的一种通知与要求,要求被讯问人自动到案。二是适用的对象不同。传唤作为一种通知到案措施,适用于犯罪嫌疑人、被告人和其他与案件有关的人。拘传仅适用于犯罪嫌疑人、被告人。

传唤与拘传有着一定的联系。首先,传唤与拘传的目的,都要求犯罪嫌疑人在指定的时间、地点接受讯问。其次,在实践应用上拘传一般是在传唤后采用的。虽然可以不经传唤直接拘传犯罪嫌疑人、被告人,但在实践中一般会对被讯问人先采用传唤,当犯罪嫌疑人、被告人无正当理由而不到案时,才适用拘传。

第二节 拘留、逮捕

我国《刑事诉讼法》规定了关于对犯罪嫌疑人适用拘留、逮捕的条件和程序。拘留和逮捕是我国《刑事诉讼法》规定的两种限制犯罪嫌疑人人身自由的强制措施,是在侦查过程中常用的查缉嫌犯的法律手段,采取拘留、逮捕可以防止犯罪嫌疑人逃跑、串供、毁灭证据、自杀或继续犯罪,还可以为顺利审讯犯罪嫌疑人及在法律规定的期限内侦查终结提供保障条件。

一、拘留

(一) 拘留的概念与特点

我国法律规定了三种拘留:刑事拘留、行政拘留和司法拘留。这三种拘留的性质、适用的法律根据、适用对象与羁押期限均有所不同。

侦查活动中采用的拘留是刑事拘留,具体是指公安机关、人民检察院在侦查过程中,在遇有紧急情况时,依法暂时剥夺某些现行犯或重大嫌疑分子的人身自由的一种强制方法。拘留具有以下特点:

第一,有权决定适用刑事拘留的机关是公安机关和人民检察院,并一律由公安机关执行。

第二,拘留只有在紧急情况下方可适用。如果没有紧急情况,公安机关、检察机关有时间办理逮捕人犯批准手续的,不应对现行犯或重大嫌疑分子采取拘留。

第三,拘留是一种剥夺公民自由的强制措施,只有在确有必要时才能采用。

第四,刑事拘留是一种临时性措施,因而法律规定的羁押时间较短。随着诉讼的进程,拘留或变更为逮捕,或变更为取保候审或监视居住,或者释放嫌疑人。

(二) 拘留的适用条件

在刑事侦查过程中,适用刑事拘留必须具备两个条件:一是拘留的对象是正在进行犯罪的现行犯或者是有证据证明具有重大嫌疑的人;二是具有法定的紧急情形之一,即我国《刑事诉讼法》第 82 条规定所规定的以下情形:

(1) 正在预备犯罪、实行犯罪或者在犯罪后即时被发觉的;
(2) 被害人或者在场亲眼看见的人指认他犯罪的;
(3) 在身边或者住处发现有犯罪证据的;
(4) 犯罪后企图自杀、逃跑或者在逃的;
(5) 有毁灭、伪造证据或者串供可能的;
(6) 不讲真实姓名、住址,身份不明的;
(7) 有流窜作案、多次作案、结伙作案重大嫌疑的。

(三) 拘留的适用程序

(1) 办案人员认为需要对嫌疑人适用拘留措施的,需填写呈请拘留报告书,注明有关情况和理由;
(2) 对嫌疑人适用拘留措施,需经县级以上公安机关负责人批准或检察长决定,由公安机关签发拘留证并执行;
(3) 执行拘留时,必须出示拘留证;
(4) 责令被拘留人在拘留证上签名、按手印,其拒绝签名、按指印的,侦查人员应当注明;
(5) 拘留后,须在 24 小时内将被拘留人送看守所羁押,异地执行拘留的,返回管辖地的在途时间不计算在内,达到管辖地后,应当立即将犯罪嫌疑人送看守所羁押;
(6) 拘留嫌疑人后,至迟在 24 小时内通知其家属,没能在 24 小时内通知家属的,应当在拘留通知书中注明原因;
(7) 对于因紧急情况来不及办理拘留手续的,应当在将犯罪嫌疑人带至公安机关后立即办理法律手续。

(四) 拘留的法定羁押期限

根据我国《刑事诉讼法》第 91 条的规定,公安机关对被拘留的人,认为需要逮捕的,应当在拘留后的 3 日以内,提请人民检察院审查批准。在特殊情况下,经县级以上公安机关负责人批准,提请审查批准的时间可以延长 1 日至 4 日。对于流窜作案、多次作案、结伙作案的重大嫌疑分子,提请审查批准的时间可以延长至 30 日。人民检察院应当自接到公安机关提请批准逮捕书后 7 日以内,作出批准逮捕或者不批准逮捕的决定。人民检察院不批准逮捕的,公安机关应当在接到通知后立即释放犯罪嫌疑人,并且将执行情况及时通知人民检察院。对于需要继续侦查,并且符合取保候审、监视居住条件的,依法取保候审或者监视居住。

因此,依照法律规定,公安机关决定的刑事拘留,一般情况下拘留的期限为 3 日;特殊情形下县级以上公安机关负责人批准可延长的期限是 1 日至 4 日,最长可到 7 日;如果存在更为特殊的法定情形需要第二次延长,则最长期限可延长至 30 日,加上人民检察院自接到公安机关提请批准逮捕书的审查期限为 7 日,故最长羁押期限为 37 日。

在司法实践中，上述"流窜作案"一般是指跨市、县管辖范围连续作案，或者在居住地作案后逃跑到外市、县继续作案。"多次作案"是指作案三次以上。"结伙作案"是指二人以上共同作案。

公安机关需要延长办案期限的，办案单位应当在期限届满前 24 小时内制作呈请延长期限报告书，报县级以上公安机关负责人批准。对于犯罪嫌疑人不讲真实姓名、住址及身份不明，经县级以上公安机关负责人批准，拘留期限自查清其身份之日起计算，但不得停止对其犯罪行为的侦查。

根据我国《刑事诉讼法》第 98 条的有关规定，对于拘留期限届满，案件尚未办结需要依法变更强制措施的，对被拘留人可以取保候审或者监视居住。

犯罪嫌疑人及其法定代理人、近亲属或者犯罪嫌疑人委托的律师认为拘留超过法定期限的，有权向公安机关、人民检察院提出申诉，要求解除拘留。经审查情况属实的，应对犯罪嫌疑人、被告人解除拘留。经审查未超过法定期限的，应当书面答复申请人。

（五）通知家属义务的例外

办案机关在适用拘留时有在 24 小时内通知家属的义务。但是，根据我国《刑事诉讼法》第 85 条规定，存在无法通知情形或者涉嫌危害国家安全犯罪、恐怖活动犯罪，将拘留通知送达家属可能产生有碍侦查的情形的，不通知家属不属于违法。当有碍侦查情形消失后，应当立即通知被拘留人的家属。

（1）无法通知的情形主要包括：被拘留人不讲真实姓名、住址以致身份不明的；被拘留人无家属的；被拘留人提供的家属联系方式无法取得联系的；因自然灾害等不可抗力导致无法通知的。

（2）有碍侦查的情形主要是指：有可能毁灭、伪造证据，干扰证人作证或者串供的；有可能自杀或者逃跑的；有可能引起同案犯逃避侦查的；犯罪嫌疑人、被告人在住处执行监视居住有人身危险的；犯罪嫌疑人、被告人的家属或者单位的人与犯罪有牵连的。

有碍侦查情性消失以后，应当立即通知被拘留人的家属。这里的"家属"应当作扩大解释，包括《刑事诉讼法》规定的"近亲属"在内，当无法通知到近亲属时，可以通知近亲属之外的其他亲属或与其一起居住的成年人。

（六）对某些特殊身份的人适用拘留时应注意的问题

根据全国人民代表大会组织法、地方各级人民代表大会和地方各级人民政府组织法以及有关司法解释的规定，公安机关、人民检察院在决定拘留下列有特殊身份的人员时，需要报请有关部门批准或者备案：

（1）县级以上各级人民代表大会的代表如果是因现行犯被拘留，决定拘留的机关应当立即向其所在的人民代表大会主席团或者常务委员会报告；因为其他原因需要拘留的，决定拘留的机关应当报请该代表所属的人民代表大会主席团或者常务委员会许可。

（2）决定对不享有外交特权和豁免权的外国人、无国籍人采用刑事拘留时，要报有关部门审批。西藏、云南及其他边远地区来不及报告的,可以在执行的同时进行报告,同时要征求省、自治区、直辖市外事办公室和外国人主管部门的意见。

(3) 对外国留学生采用刑事拘留时,在征求地方外事办公室和高教厅、局的意见后,报公安部或国家安全部审批。

(七) 三种拘留的区别

对我国法律规定的三种拘留,即刑事诉讼法规定的刑事拘留、行政法规定的行政拘留以及刑事诉讼法、民事诉讼法、行政诉讼法规定的司法拘留,应当加以区别:

(1) 三种拘留的性质不同。刑事拘留是一种预防性、程序性措施而不是处罚,是针对可能出现的妨碍刑事诉讼的行为而采用的;司法拘留则是一种排除性措施,是针对已经出现的妨碍诉讼活动的严重行为而采取的,是法院保护审判活动正常进行的保障性措施;行政拘留是治安管理的一种处罚方式,这种实体性处罚实质上是一种行政制裁,其目的是惩罚和教育有一般违法行为的人。

(2) 三种拘留分别适用不同的法律根据。刑事拘留的适用根据是《刑事诉讼法》,是法定的五种刑事强制措施之一;司法拘留的适用根据分别是《刑事诉讼法》《民事诉讼法》和《行政诉讼法》;行政拘留则是根据《行政处罚法》《治安管理处罚法》等行政法律、法规而采用的。

(3) 三种拘留适用的对象不同。刑事拘留的适用对象仅限于刑事案件中的现行犯或者重大嫌疑分子;司法拘留的适用对象是所有的诉讼参加人,所有在诉讼过程中实施了妨害诉讼行为的人,既包括诉讼当事人和其他诉讼参与人,也包括案外人;行政拘留适用于有一般违法行为但尚不构成犯罪的人。

(4) 决定行使拘留权的机关不同。刑事拘留权依法由侦查机关决定行使,一般情况下,主要是公安机关和人民检察院决定,并由公安机关执行;司法拘留依法由人民法院决定并由人民法院司法警察执行;而行政拘留由负责社会治安管理的公安机关决定并执行。

(5) 法律后果不同。刑事拘留不具有实体处罚性质,但构成了对公民自由的限制,因此拘留的期限可以折抵刑期;司法拘留仅仅是对有妨害诉讼行为人的惩戒,目的在于惩戒妨害诉讼秩序的行为,以保证诉讼活动的顺利进行,与判决结果无任何关系,被拘留的人如果承认并改正错误,人民法院可以提前解除拘留;行政拘留也被称为治安拘留,是对违法行为的处罚和教育,拘留期满就是教育处罚的结束。

(6) 羁押期限不同。刑事拘留的期限一般为14日,最长为37日;司法拘留的最长期限是15日;行政拘留的最长羁押期限是15日。

二、逮捕

(一) 逮捕的概念与特点

逮捕是指公安机关、人民检察院和人民法院为了防止犯罪嫌疑人或者被告人逃避侦查、起诉、审判,实施妨碍刑事诉讼的行为,或者发生社会危险性,而依法暂时剥夺其人身自由的一种强制措施。逮捕具有以下特点:

第一，逮捕是对公民基本权利干预强烈的强制措施，是刑事诉讼强制措施中最为严厉的一种，不仅剥夺了公民的人身自由且期限可长达数月之久。

第二，根据《刑事诉讼法》的规定，我国公安机关、人民检察院、人民法院都有权作出逮捕决定，并由公安机关执行。

第三，与拘传、拘留等强制措施相比，公安机关适用逮捕不得自行决定，需要履行更为严格的手续并经过人民检察院审查批准。

第四，从司法实践来看，逮捕是我国刑事诉讼中较为常用的强制措施。

（二）逮捕的条件

逮捕有严格的适用条件。根据我国《刑事诉讼法》第81条的规定，在对犯罪嫌疑人适用逮捕规定时，需要考虑以下条件：

（1）有证据证明有犯罪事实。逮捕仅适用于有证据证明有犯罪事实的犯罪嫌疑人。侦查中要防止两种倾向：一是要防止犯罪嫌疑人的犯罪事实尚未查清，还没有获得确凿证据证明有犯罪事实的情况下就急于提请逮捕；二是要防止苛求只有在全部犯罪事实或主要犯罪事实都已查清后，才决定逮捕犯罪嫌疑人。

（2）可能判处徒刑以上刑罚。对那些罪行较轻，或因其他因素不会被判处徒刑以上刑罚的犯罪嫌疑人，则不能适用逮捕。

（3）社会危险性的考量。如果具有可能实施新的犯罪；有危害国家安全、公共安全或社会秩序的现实危险；可能毁灭、伪造证据，干扰证人作证或者串供的；对被害人、举报人、控告人实施打击报复的；企图自杀或者逃跑等可能危害社会情形的，则应当予以逮捕。如果不具备上述五种可能危害社会情形的，则可以采取取保候审措施。

（4）可能判处10年有期徒刑以上刑罚。在具备了"有证据证明有犯罪事实"的前提条件后，如果所涉嫌的犯罪可能被判处10年有期徒刑以上刑罚的，则不能适用取保候审，因此，不需要再去考虑是否具有我国《刑事诉讼法》第81条第1款规定的几种具有社会危险性的情形，而应该直接适用逮捕。

（5）是否有过故意犯罪的前科。我国《刑事诉讼法》第81条第3款规定，对有证据证明有犯罪事实，可能判处徒刑以上刑罚，如果曾经有过故意犯罪的，则同样不能适用取保候审强制措施，不需要再去考虑法定的有关社会危险性的情形，而是应当予以逮捕。

（6）身份不明的。根据我国《刑事诉讼法》第81条第3款的规定，对有证据证明有犯罪事实，可能被判处徒刑以上刑罚的，如果同时存在身份不明的问题，则应当直接予以逮捕，而不能考虑适用取保候审。

（7）对于已经被取保候审、监视居住的犯罪嫌疑人、被告人，如果其违反取保候审、监视居住规定，并且情节严重的，可以采取逮捕措施。

（三）逮捕的程序

（1）制作提请批捕文书报批。公安机关需要逮捕犯罪嫌疑人的，首先需要制作提请批准逮捕书，然后经县级以上公安机关负责人批准该申请。

（2）移送人民检察院。在公安机关负责人批准逮捕申请之后，连同提请批准逮捕书、案卷材料及证据，一并移送同级人民检察院审查。

（3）人民检察院审查批捕。人民检察院接到报捕材料后，对是否符合逮捕条件进行审查，并在7日内作出决定。

（4）对于人民检察院批准逮捕的，由公安局局长签发《逮捕证》立即执行逮捕，并将执行逮捕的情况通知检察院。

（5）执行程序和要求。公安机关执行逮捕时要向被逮捕人出示《逮捕证》宣布逮捕，责令被逮捕人在《逮捕证》上签字或按手印并注明时间。被逮捕人拒绝签字或按手印的，应当在《逮捕证》上注明。公安机关执行逮捕不得少于2人。

三、检察机关决定的拘留与逮捕

人民检察院直接受理立案侦查的案件，由检察机关依法决定逮捕或拘留。

（一）决定拘留或逮捕

我国《刑事诉讼法》第165条规定："人民检察院直接受理的案件中符合本法第81条、第82条第4项、第5项规定情形，需要逮捕、拘留犯罪嫌疑人的，由人民检察院作出决定，由公安机关执行。"

我国《刑事诉讼法》第167条规定，人民检察院对直接受理的案件中被拘留的人，认为需要逮捕的，应当在14日以内作出决定。在特殊情况下，决定逮捕的时间可以延长1日至3日。对不需要逮捕的，应当立即释放；对需要继续侦查，并且符合取保候审、监视居住条件的，依法取保候审或者监视居住。

1. 决定拘留

法定情形决定拘留犯罪嫌疑人，应当由侦查人员提出意见，侦查部门负责人审查，检察长决定。由于人民检察院直接受理侦查的是职务犯罪案件，犯罪嫌疑人中有担任各级人民代表大会代表职务或政协组织职务、涉外职务的人，甚至有涉外国籍或无国籍人、知名人士等，遇有上述情形需要采取拘留措施的，应严格按照有关法律和政策的规定办理决定拘留之前应当履行的手续。

人民检察院直接受理的案件，对犯罪嫌疑人适用拘留的，拘留的期限一般是14日，特殊情况下可延后1日至3日。

2. 决定逮捕

人民检察院在自侦案件的侦查中，适用公安机关在侦查案件中有关逮捕条件的规定，即人民检察院在自侦案件中如遇有符合我国《刑事诉讼法》第81条规定的逮捕条件的，有权决定逮捕。对犯罪嫌疑人具有特定职务身份的，依法履行特定手续。

（二）通知公安机关执行逮捕或拘留

经检察机关决定逮捕的，审查逮捕部门应当将逮捕决定书连同案卷材料送交侦查部门，由侦查部门通知公安机关执行逮捕，必要时人民检察院可以协助执行。如果检察机关决定不予逮捕的，侦查部门应当根据决定，确定是否继续侦查，是否需要采取其他强制措施。犯罪嫌疑人已被拘留的，应当通知公安机关立即释放或变更强制措施。人民检察院决定拘留的，由侦查部门送达公安机关执行。公安机关应当立即执行,必要时检察机关可以协助执行。

四、拘留和逮捕的实施

执行拘留与逮捕,必须依法做好事前准备和事后处理的各项工作。

(一)拘留和逮捕前的准备工作

(1)了解拘捕对象的基本情况。公安机关在执行拘捕前应详细了解拘捕对象的有关情况。首先,应当查明拘捕对象的姓名、别名、绰号、性别、年龄、外貌特征、家庭人员状况、工作单位、家庭的详细地址、有无凶器、是否受过某种不利于执行拘捕行动的职业技能训练等。其次,应了解拘捕对象的住房、工作单位或藏身落脚地点的情况及周围环境。如有几个通道,有无可供藏身的隐藏处所。此外,还应了解拘捕对象的工作时间、生活习惯、日常活动规律、常去的场所以及通常在家或工作地点的时间,等等。

(2)制订拘捕方案。根据掌握了解的拘捕对象的有关情况,应制订周密的拘捕方案。拘捕方案通常包括以下几个方面的内容:执行人员的数量及行动的分工;确定拘捕的时间、地点;实施拘捕的具体方式;分析可能出现的意外情况并制定相应的对策;拘捕行动的物质配备。

(3)准备拘捕行动必备的证件、手续及装备。执行拘捕的人员应按照制订的拘捕方案准备好"逮捕证"或"拘留证"、"搜查证"、"搜查记录"、"扣押物品清单"、"工作证"等文件、证件;检查准备好武器、戒具、警械、交通通信工具、搜查工具及用于发现提取可疑痕迹、物品的器材。根据实际需要,邀请相应数量的见证人。

(二)实施拘捕的一般方法

为了防止拘捕对象逃跑、自杀、行凶或毁灭证据,实施拘捕的方法应根据拘捕对象的特点、当时所处的具体环境和具备的条件决定。

1. 室内执行拘捕的方法

(1)执行人员应当首先在拘捕现场的门窗等出入口和周围的通道布置岗哨,防止被拘捕人逃跑和无关人员进入。

(2)为避免被拘捕人拒捕或发生意外,应注意选择适当的时机,以相宜的名义,在不使拘捕对象警觉的情况下进入室内。如在住宅执行拘捕,可让被拘捕人的亲友或邻居叫门。在单位或旅店执行拘捕,亦可请求单位领导、职工、旅店员工以灵活多样的形式予以协助。

(3)执行拘捕的人员进入室内后,即应命令在场所有人员原地原位不动,在认准拘捕对象后,迅速使用械具将其控制住,而后向其出示逮捕证或拘留证,予以拘捕,并立即搜查其身体及相关场所。如果是在拘捕对象的单位执行拘捕,通常应事先同该单位领导和保卫部门联系,共同商定拘捕的方法、时间、地点。同时,根据具体情况决定是否应当进行必要搜查。

(4)在行驶的车、船上执行拘捕,应事先同车船乘警、驾驶员、售票员等工作人员联系,在他们的协助下,找到拘捕对象,以查票、查验证件等名义确认无误后即可寻找适当的时机实施拘捕。为避免乘客围观,防止拘捕对象伤害或劫持乘客,或者乘机脱逃,也可将其引诱到车船上的办公室或其他合适的地点进行拘捕。必要时还应对车船实行局部控制,暂时停止无关人员进入拘捕对象所在的部位。在拘捕对象周围布置好力量后,以突然袭击的方式将其捕获。对已经拘捕的犯罪嫌疑人,应迅速带至稳妥地点,严加看管,待车船停靠后,即应将被拘捕人押离车船。

(5) 在航行的飞机上严禁实施拘捕行动。如拘捕对象已登上飞机,执行人员则应暗中严密监视,同时与机上安全人员和乘务人员取得联系,请求他们协助控制监视拘捕对象。拘捕对象离开飞机后,执行人员可寻找合适的时机和地点将其捕获。

2. 室外实施拘捕的方法

(1) 应尽量避免在人多、环境复杂的公共场所进行拘捕。

(2) 应准确掌握拘捕对象的活动规律,事先准备好押解的车辆,通过严密跟踪监视拘捕对象,待其行至适当的地点,乘其不备,迅速地予以捕获。

(3) 执行人员事前应对人群作仔细的观察分析,防止被拘捕人的同伙或亲友对其进行解救。抓获被拘捕人后,更应注意对围观人群的观察,注意发现反常现象,以便早做准备。

(4) 应尽量不惊动群众。行动应果断、迅速,抓获被拘捕人后迅速离开现场。

实施拘捕时,必须警惕被拘捕人拒捕行凶或自杀。在抓捕被拘捕人后,即应对其进行身体搜查,收缴其身上的武器、可能用来行凶或自杀的物品及其他罪证和可疑物品。执行拘捕一般都应当对被拘捕人使用械具,拘捕后应迅速押送关押场所。如发现拘捕对象自杀或销毁、转移犯罪证据,应立即制止并采用有效措施急救。如拘捕对象已经逃跑,应迅速组织力量追缉堵截或进行通缉。

(三) 在所管辖区域以外执行逮捕

如果需要到所管辖区域以外执行逮捕,执行机关应按照我国《刑事诉讼法》、最高人民检察院和公安部关于到外地执行逮捕的有关规定办理手续。

(1) 公安机关到外地执行逮捕任务,应携同级人民检察院签发的《批准逮捕决定书》和公安机关签发的《逮捕证》及应被逮捕人的主要犯罪事实材料和证据。经与应被逮捕人所在地公安、检察机关联系后,由应被逮捕人所在地公安机关协助执行逮捕。

(2) 在本省级辖区的范围内到外县级地区执行逮捕任务,县与县公安机关之间可以直接联系办理;跨省级辖区执行逮捕,须经地(市)公安机关之间联系后办理。

(3) 如遇特殊紧急情况,公安机关来不及经自己所在地人民检察院办理批准逮捕手续时,可凭应被逮捕人的主要犯罪事实材料和证据,直接通过应被逮捕人所在地的公安机关向同级检察机关提请批准逮捕。经批准逮捕的,由应被逮捕人所在地的检察机关办理批准逮捕的法律手续。

(4) 如果用函件委托外地公安机关代为执行逮捕时,应附有《批准逮捕决定书》副本及应被逮捕人的主要犯罪事实材料和证据,由应被逮捕人所在地的公安机关持上述文件与同级检察机关联系办理,逮捕后通知委托逮捕的公安机关前来押解被逮捕人。

（5）对于不需押解回本地，需由应被逮捕人所在地直接处理的，由本地公安机关将应被逮捕人的全部犯罪材料和处理意见移送应被逮捕人所在地公安机关。如已具备逮捕条件的，即由应被逮捕人所在地公安机关提请同级人民检察机关批准逮捕，并将《批准逮捕决定书》的副本送交原地公安机关备查。

（6）经当地检察机关批准逮捕的被逮捕人，如需要转交外地处理的，应与有关地区公安机关联系办理解送或提交的手续。当地公安机关除留存《批准逮捕决定书》副本外，还应将《批准逮捕决定书》及被逮捕人全部犯罪事实材料及证据，随同被逮捕人一并办理移交。

（7）到外地执行逮捕时，被逮捕人所在地的检察机关除留存《批准逮捕决定书》副本及执行的公安机关的介绍信外，还应将其他材料、文件退交执行逮捕的公安机关。

此外，最高人民检察院根据我国《刑事诉讼法》第17条规定的精神就逮捕外籍犯罪嫌疑人和无国籍犯罪嫌疑人的特殊程序作了专门规定。对外国人、无国籍人涉嫌危害国家安全犯罪的案件，或者涉及国与国之间政治、外交关系的案件以及在适用法律上确有疑难的案件，认为需要逮捕犯罪嫌疑人的，分别由基层人民检察院或者地市级人民检察院审查并提出意见，层报最高人民检察院审查。最高人民检察院经审查认为需要逮捕的，经征求外交部的意见后，作出批准逮捕的批复，经审查认为不需要逮捕的，作出不批准逮捕的批复。

第三节　取保候审、监视居住

一、取保候审

（一）取保候审的概念与特点

取保候审是我国《刑事诉讼法》规定的一种强制措施。它是指刑事诉讼过程中，由犯罪嫌疑人、被告人或者法律规定的其他有关人员提出申请，经人民法院、人民检察院和公安机关同意后，责令犯罪嫌疑人、被告人提出保证人或者交纳保证金，保证犯罪嫌疑人、被告人不逃避或妨碍侦查、起诉和审判，并随传随到的一种强制措施。取保候审由公安机关执行。

取保候审具有以下特点：

第一，取保候审是刑事诉讼的强制措施之一，其目的是保证犯罪嫌疑人、被告人能随时到案接受侦查讯问、起诉和审判。

第二，取保候审是一种限制而不是剥夺犯罪嫌疑人、被告人人身自由的强制措施。

第三，通过间接的方法对犯罪嫌疑人、被告人进行制约，主要是通过实施精神上、心理上的压力或者通过经济手段，制约犯罪嫌疑人、被告人自觉履行自己在刑事诉讼中的义务。

第四,取保候审是一种相对较轻的刑事强制措施。

(二)取保候审的对象和条件

根据我国《刑事诉讼法》第67条的规定,对有下列情形之一的犯罪嫌疑人、被告人,可以取保候审:

(1)可能被判处管制、拘役或者独立适用附加刑的;

(2)可能判处有期徒刑以上刑罚,采用取保候审不致发生社会危险性的;

(3)患有严重疾病、生活不能自理,怀孕或者正在哺乳自己婴儿的妇女,采取取保候审不致发生社会危险性的;

(4)羁押期限届满,案件尚未办结的,需要采取取保候审的。

公安机关在把握上述(4)的条件时,一般会考虑是否存在再犯的社会危险性和是否会有干扰侦查、串供、串证等可能,以及被羁押人的身体状况。对于提请逮捕后,检察机关不批准逮捕,需要继续侦查的,公安机关则需要采用取保候审。

司法实践中不能简单地套用上述法规来决定是否对犯罪嫌疑人采用取保候审,针对一些较为复杂的情形,还需要区别对待。(1)一般情形下,对于累犯、犯罪集团的主犯,以自伤、自残办法逃避侦查的犯罪嫌疑人,对于危害国家安全的犯罪、暴力犯罪,以及其他严重犯罪的犯罪嫌疑人不得采取取保候审。(2)对于上述(1)中的情形,如果同时这些犯罪嫌疑人患有精神疾病或者急性传染病,或者是怀孕或者哺乳自己未满一周岁的婴儿的妇女,可以取保候审,对患有精神疾病的或依法强制医疗。(3)如果所涉嫌的犯罪是恐怖活动犯罪、黑社会组织犯罪、毒品犯罪、暴力犯罪等严重犯罪,不羁押对社会有危险性,但犯罪嫌疑人又患有严重疾病,在羁押中可能发生生命危险或者生活不能自理的,由所属公安机关负责人批准适用取保候审。

(三)取保候审的方式

根据我国《刑事诉讼法》第68条的规定,取保候审有保证人保证和保证金保证两种方式:

1.保证人保证

保证人保证是责令犯罪嫌疑人、被告人提出保证人,以确保犯罪嫌疑人、被告人不逃避侦查、起诉和审判,并随传随到。保证人保证以保证人的信誉来保证,通过保证人和犯罪嫌疑人、被告人之间的关系,对犯罪嫌疑人、被告人实行精神上和心理上的强制,使其不致逃避或妨碍侦查、起诉和审判。同时,利用保证人来监督犯罪嫌疑人、被告人的活动,监督教育犯罪嫌疑人、被告人遵纪守法,履行应尽的诉讼义务。根据我国《刑事诉讼法》第69条的规定,保证人必须符合下列条件:(1)与本案无牵连;(2)有能力履行保证义务;(3)享有政治权利,人身自由未受到限制;(4)有固定的住处和收入。办案机关对于上述四个方面的条件要严格审查,只有经审查合格,才有资格作保证人。适格保证人需要填写"保证书",并在"保证书"上签名或者盖章。保证人负有监督被保证人履行我国《刑事诉讼法》第70条规定的被取保候审人在取保候审期间应当遵守的法定义务。如果发现被保证人可能发生或者已经发生违反该规定的行为的,保证人应当及时向执行机关报告。

2. 保证金保证

保证金保证是责令犯罪嫌疑人、被告人交纳保证金提供保证,以确保犯罪嫌疑人、被告人不逃避侦查、起诉和审判,并随传随到。交纳保证金提供保证主要是利用经济利益来制约犯罪嫌疑人、被告人,促使其遵守取保候审的规定,如果其违背取保候审期间应当遵守的法律规定,则保证金不予退还。如果保证金的出资人不是犯罪嫌疑人、被告人本人,则交纳保证金还可以促使出资人对被取保候审的犯罪嫌疑人、被告人实行有效监督,从而保证被取保候审的犯罪嫌疑人、被告人自觉地履行自己在刑事诉讼中的义务。

(1) 保证金的数额。根据我国《刑事诉讼法》第72条及相关司法解释的规定,取保候审的决定机关应当综合考虑保证诉讼活动正常进行的需要、被取保候审人的社会危险性、案件的性质、情节、可能判处刑罚的轻重、被取保候审人的经济状况等情况,确定保证金的数额。保证金的起点数额为1000元。

(2) 保证金的收取和管理。取保候审保证金由县级以上公安机关统一收取和管理。县级以上公安机关应当在其指定的银行设立取保候审保证金专门账户,委托银行代为收取和保管保证金。提供保证金的人应当一次性将保证金存入取保候审保证金专门账户。保证金应当以人民币交纳。严禁截留、坐支、挪用或者以其他任何形式侵吞保证金。

对于同一犯罪嫌疑人、被告人,不得同时责令其提出保证人和交纳保证金,即保证人保证与保证金保证不得同时并用。

(四) 取保候审的程序

(1) 提出申请。根据我国《刑事诉讼法》第97条的规定,有权提出取保候审申请的人员包括:犯罪嫌疑人、被告人及其法定代理人、近亲属或者辩护人。申请人向办案机关提出取保候审的申请。取保候审一般以书面形式提出,只有在特殊情况下,才允许使用口头形式。

(2) 受理并确定保证方式。办案机关应当在接到取保候审申请书3日内作出决定。需要对犯罪嫌疑人取保候审的,责令其提出保证人或者交纳保证金。

(3) 制作呈请取保候审报告书。需要对犯罪嫌疑人取保候审的,办案机关应当制作呈请取保候审报告书,说明取保候审的理由、采取的保证方式以及应当遵守的规定。

(4) 审核批准。侦查期间办理取保候审的,经县级以上人民检察院检察长、公安局局长批准,制作取保候审决定书。取保候审决定书要向犯罪嫌疑人宣读,由犯罪嫌疑人签名、按指印。

(5) 取保候审的执行。根据我国《刑事诉讼法》第67条第2款,取保候审由公安机关执行。如果是人民检察院决定的取保候审,办案机关应将"取保候审决定书"和"执行取保候审通知书"送达公安机关,由公安机关执行。以保证人方式保证的,还应当将保证人的"保证书"同时送达公安机关。

（五）取保候审期间应当遵守的法定义务

取保候审虽然并未羁押犯罪嫌疑人、被告人，但依然是刑事诉讼中的强制措施之一，因此，我国《刑事诉讼法》第71条规定了被取保候审人在取保候审期间必须遵守的法定义务。

1. 必须遵守的一般规定

根据我国《刑事诉讼法》第71条第1款的规定，被取保候审的犯罪嫌疑人、被告人在被取保候审期间应当遵守以下规定：(1) 未经执行机关批准不得离开所居住的市、县；(2) 住址、工作单位和联系方式发生变动的，在24小时以前向执行机关报告；(3) 在传讯的时候及时到案；(4) 不得以任何形式干扰证人作证；(5) 不得毁灭、伪造证据或者串供。

2. 根据具体案件情况需要遵守的特殊规定

根据我国《刑事诉讼法》第71条第2款的规定，人民检察院和公安机关可以根据案件情况，责令被取保候审的犯罪嫌疑人、被告人遵守以下一项或者多项规定：(1) 不得进入特定的场所；(2) 不得与特定的人员会见或者通信；(3) 不得从事特定的活动；(4) 将护照等出入境证件、驾驶证件交执行机关保存。在我国2012年修正的《刑事诉讼法》中之所以增加这一条款，主要考虑到实践中有些犯罪活动具有特定性、特殊性，比如，犯罪嫌疑人、被告人涉嫌制作、传播计算机病毒罪，则在取保候审期间应当禁止其接触计算机，禁止其上网。司法实践中，应当综合考虑案件的性质、情节、社会影响、犯罪嫌疑人的社会关系等因素，确定特定场所、特定人员和特定活动的范围。

被取保候审人，在取保候审期间如果违反了我国《刑事诉讼法》的相关规定，由县级以上公安机关、人民检察院决定没收保证金或者对保证人进行罚款。

（六）取保候审的期限和撤销

根据我国《刑事诉讼法》第79条的规定，取保候审最长不超过12个月，在此期限内不得中断对案件的侦查、起诉和审判。取保候审期限届满的，应当及时解除取保候审。解除取保候审的，应当及时通知被取保候审人和有关单位。

取保候审期限届满，或者发现有我国《刑事诉讼法》第16条规定的不应当追究犯罪嫌疑人、被告人刑事责任的情形的，或者案件已经办结的，应当撤销取保候审。由办案人员填写《撤销取保候审通知书》，经办案机关负责人审核后，由县级以上公安局局长、人民检察院检察长批准签发。

通过保证人方式取得取保候审的，应当通知保证人解除保证义务。如果是由人民检察院决定撤销取保候审的，人民检察院还应当通知公安机关。

二、监视居住

（一）监视居住的概念与特点

监视居住是指公安机关、人民检察院、人民法院为了防止犯罪嫌疑人、被告人逃避侦查、起诉和审判，限定其活动区域和住所，相对限制和监视其自由的一种强制性措施。根据我国《刑事诉讼法》第74条的规定，公安机关、人民检察院和人民法院根据案件管辖的权限,可以对犯罪嫌疑人或被告人采取监视居住的措施。

监视居住的目的是为了防止犯罪嫌疑人、被告人逃避或阻碍侦查或审判工作的顺利进行,因此,被监视居住的犯罪嫌疑人或被告人不得擅自离开指定的区域。

监视居住具有以下特点:

(1) 属于限制自由的强制措施。监视居住不是羁押,并未完全剥夺犯罪嫌疑人、被告人的人身自由,而是在保留其一定的活动空间和居住行动自由的基础上,有限地限制其自由,限制犯罪嫌疑人、被告人不得离开住处或指定的居所。

(2) 强制性较弱。与拘留和逮捕相比,监视居住的强制性较弱,为犯罪嫌疑人、被告人保留了一定的活动空间和居住自由。但与取保候审相比较,又在一定程度上强制性地限制了被监视居住人的自由。

(3) 是取保候审的补充。对于那些符合取保候审条件,但犯罪嫌疑人、被告人提不出保证人,也没有能力交纳保证金的,可以适用监视居住,既保证犯罪嫌疑人、被告人的日常生活,又对其行为采取一定的强制性限制,以确保侦查、起诉与审判活动的顺利进行。

(二) 监视居住的适用对象与条件

根据我国《刑事诉讼法》第74条第1款的规定,人民法院、人民检察院和公安机关对符合逮捕条件,有下列情形之一的犯罪嫌疑人、被告人,可以监视居住:(1) 患有严重疾病、生活不能自理的;(2) 怀孕或者正在哺乳自己婴儿的妇女;(3) 系生活不能自理的人的唯一扶养人;(4) 因为案件的特殊情况或者办理案件的需要,采取监视居住措施更为适宜的;(5) 羁押期限届满,案件尚未办结,需要采取监视居住措施的。

上述五个条件是选择性的关系,只要具备其中之一,即可适用监视居住。

我国《刑事诉讼法》第74条第2款规定,对符合取保候审条件,但犯罪嫌疑人、被告人不能提出保证人,也不交纳保证金的,可以监视居住。

在司法实践中,对于被取保候审人违反取保候审期间应当遵守的法律规定,需要取消取保候审的,也可以根据案件的具体情况适用监视居住。

(三) 监视居住的适用程序

1. 提请批准

侦查阶段,人民检察院和公安机关对犯罪嫌疑人、被告人采取监视居住强制措施的,应当由办案人员制作呈请监视居住报告书,经办案部门负责人审核后,由县级以上公安局局长、人民检察院检察长批准,制作"监视居住决定书"和"执行监视居住通知书"。

2. 确定执行地点

根据我国《刑事诉讼法》第75条的规定,监视居住应当在犯罪嫌疑人、被告人的住处执行;无固定住处的,可以在指定的居所执行。对于涉嫌危害国家安全犯罪、恐怖活动犯罪、特别重大贿赂犯罪,在住处执行有可能妨碍侦查的,经上一级人民检察院或者公安机关批准,也可以在指定的居所执行。但是,不得在羁押场所、专门的办案场所执行。固定住处是指被监视居住人在办案机关所在的市、县内生活的合法住处;指定的居所是指公安机关根据案件情况在办案机关所在的市、县内为被监视居住人指定的生活居所。

(1) 有碍侦查的情形。一般情形下,上述"有碍侦查"的情形主要是指:有可能毁灭、伪造证据,干扰证人作证或者串供的;有可能自杀或者逃跑的;有可能引起同案犯逃避侦查的;犯罪嫌疑人、被告人在住处执行监视居住有人身危险的;犯罪嫌疑人、被告人的家属或者单位的人与犯罪有牵连的。

(2) 指定居所的条件。办案机关在指定居所执行监视居住时,指定的居所应当具备正常的生活、休息条件,便于监视、管理,保证办案安全。同时,法律也明文规定了公安机关不得建立专门的监视居住场所,对被监视居住人变相羁押。不得在羁押场所、专门的办案场所或者办公场所执行监视居住。

3. 告知当事人家属义务

我国《刑事诉讼法》第75条第2款规定,指定居所监视居住的,除无法通知的以外,应当制作监视居住通知书,在执行监视居住24小时内,由决定机关通知被监视居住人的家属。

4. 执行

(1) 执行方式。一直以来,监视居住由于没有合适的执行方式,加之其所适用的条件与取保候审没有实质区别,因此,监视居住强制措施的法律规定在司法实践中成为一纸具文。2012年修正的《刑事诉讼法》,专门增加了第78条,规定执行机关对被监视居住的犯罪嫌疑人、被告人,可以采取电子监控、不定期检查等监视方法对其遵守监视居住规定的情况进行监督;在侦查期间,可以对被监视居住的犯罪嫌疑人的通信进行监控。(2) 执行机关。根据我国《刑事诉讼法》第74条第3款的规定,监视居住由公安机关执行。如果是人民检察院决定的监视居住,人民检察院应当将"监视居住决定书"和"执行监视居住通知书"及时送达公安机关。(3) 执行程序。人民检察院决定监视居住的,负责执行的县级公安机关应当在收到法律文书和有关材料后24小时内,通知被监视居住人住处或者指定居所的地的派出所,核实被监视居住人身份、住处或者居所等情况后执行。公安机关开始执行监视居住时,应当向被监视居住的犯罪嫌疑人、被告人宣读"监视居住决定书",由犯罪嫌疑人、被告人签名或者盖章,并告知被监视居住对象应当遵守的法律规定,以及违反法律规定应负的法律责任。

(四) 监视居住的变更、监督和解除

1. 监视居住的变更

根据我国《刑事诉讼法》第77条的规定,被监视居住的犯罪嫌疑人、被告人应当遵守以下规定:(1)未经执行机关批准不得离开执行监视居住的处所;(2)未经执行机关批准不得会见他人或者通信;(3)在传讯的时候及时到案;(4)不得以任何形式干扰证人作证;(5)不得毁灭、伪造证据或者串供;(6)将护照等出入境证件、身份证件、驾驶证件交执行机关保存。被监视居住的犯罪嫌疑人、被告人违反前款规定,情节严重的,可以予以逮捕;需要予以逮捕的,可以对犯罪嫌疑人、被告人先行拘留。

2. 监视居住的监督

负责执行监视居住的派出所或者办案机关应当指定专人对被监视居住人进行监

督考察。对人民检察院决定监视居住的,应当及时将监视居住的执行情况报告决定机关。被监视居住人有正当理由要求离开住处或者指定居所的,负责执行的派出所或者办案部门应当报经县级公安机关批准。批准前,应当征得决定机关同意。

3. 监视居住的解除

根据我国《刑事诉讼法》第 79 条的规定,人民检察院和公安机关对犯罪嫌疑人、被告人监视居住最长不得超过 6 个月。在监视居住期间,不得中断对案件的侦查、起诉和审理。对于发现不应当追究刑事责任或者监视居住期限届满的,应当及时解除监视居住。解除监视居住的,应当及时通知被监视居住人和有关单位。如果是人民检察院作出解除、变更监视居住决定的,负责执行的县级公安机关应当根据决定机关的法律文书及时通知被监视居住人。如果是公安机关决定解除监视居住的,应当经县级以上公安机关负责人批准,制作解除监视居住决定书,并及时通知负责执行的县级公安机关、被监视居住人和有关单位。

第四节 监察机关的留置

为了推进全面依法治国,实现国家监察全面覆盖,深入开展反腐败工作,2018 年 3 月 20 日,第十三届全国人大第一次会议通过了我国《监察法》。2021 年 7 月,为了推动监察工作法治化、规范化,国家监察委员会结合工作实际,制定《监察法实施条例》,自 2021 年 9 月 20 日起施行。依据我国《监察法》及其《实施条例》的规定,监察机关办理职务犯罪案件可以对被调查人留置。留置与《刑事诉讼法》规定的拘留、逮捕的属性一致,同属于限制人身自由的强制性措施。

一、留置的适用条件

我国《监察法》第 22 条规定,被调查人涉嫌贪污贿赂、失职渎职等严重职务违法或者职务犯罪,监察机关已经掌握其部分违法犯罪事实及证据,仍有重要问题需要进一步调查,并有下列情形之一的,经监察机关依法审批,可以将其留置在特定场所:(1)涉及案情重大、复杂的;(2)可能逃跑、自杀的;(3)可能串供或者伪造、隐匿、毁灭证据的;(4)可能有其他妨碍调查行为的。

对涉嫌行贿犯罪或者共同职务犯罪的涉案人员,监察机关可以依照前款规定采取留置措施。

二、留置的适用程序

根据我国《监察法》第 41 条、第 42 条、第 43 条、第 44 条的规定,监察机关采取留置措施应当按照以下程序:

(1)应当由监察机关领导人员集体研究决定。设区的市级以下监察机关采取留置措施,应当报上一级监察机关批准。省级监察机关采取留置措施,应当报国家监察委员会备案。

(2) 依照规定向被调查人出示证件;
(3) 必须出具书面的留置通知;
(4) 由 2 人以上进行,形成笔录、报告等书面材料,并由相关人员签名、盖章。
(5) 对被调查人采取留置措施后,应当在 24 小时以内,通知被留置人员所在单位和家属,但有可能毁灭、伪造证据,干扰证人作证或者串供等有碍调查情形的除外。有碍调查的情形消失后,应当立即通知被留置人员所在单位和家属。

三、留置的期限及执行

(一) 留置的期限

留置时间不得超过 3 个月,自向被留置人员宣布之日起算。具有下列情形之一的,经审批可以延长且只能延长一次,延长时间不得超过 3 个月:
(1) 案情重大,严重危害国家利益或者公共利益的;
(2) 案情复杂,涉案人员多、金额巨大,涉及范围广的;
(3) 重要证据尚未收集完成,或者重要涉案人员尚未到案,导致违法犯罪的主要事实仍须继续调查的;
(4) 其他需要延长留置时间的情形。
省级以下监察机关采取留置措施的,延长留置时间应当报上一级监察机关批准。因此,监察机关刑事调查的留置期限最长为 6 个月。

(二) 留置的执行

(1) 一般情况下留置由监察机关自行执行,也可以根据工作需要提请公安机关配合。公安机关应当依法予以协助。
(2) 监察机关应当保障被留置人员的饮食、休息和安全,提供医疗服务。讯问被留置人员应当合理安排讯问时间和时长,讯问笔录由被讯问人阅后签名。留置场所应当建立健全保密、消防、医疗、餐饮及安保等安全工作责任制,制订紧急突发事件处置预案,采取安全防范措施。
(3) 留置期间开展讯问、搜查、查封、扣押以及重要的谈话、询问等调查取证工作,应当全程同步录音录像,并保持录音录像资料的完整性。录音录像资料应当妥善保管、及时归档,留存备查。人民检察院、人民法院需要调取同步录音录像的,监察机关应当予以配合,经审批依法予以提供。

(三) 留置的解除

(1) 对被留置人员不需要继续采取留置措施的,应当按规定报批,及时解除留置。监察机关发现采取留置措施不当的,也应当及时解除。解除留置措施的,应当及时通知被留置人员所在单位或者家属。调查人员应当与交接人办理交接手续,并由其在《解除留置通知书》上签名。无法通知或者有关人员拒绝签名的,调查人员应当在文书上记明。
(2) 案件依法移送人民检察院审查起诉的,留置措施自犯罪嫌疑人被执行拘留时自动解除,不再办理解除法律手续。

第十一章 特殊性侦查措施

特殊性侦查措施是相对于常规侦查措施的一个概念,即享有侦查权的国家机关及其工作人员采用不同于一般侦查行为的技术方法,发现犯罪线索,收集犯罪证据,乃至抓捕犯罪嫌疑人的活动。特殊性侦查措施通常包括技术侦查措施、隐匿身份侦查、外线侦查、控制下交付、网上追逃和边境控制等。本章主要介绍前四种措施。

第一节 技术侦查措施

一、技术侦查措施的概念

技术侦查措施,是指侦查机关为了侦破特定犯罪行为的需要,根据国家相关法律授权,经过严格的审批手续,对犯罪嫌疑人、被告人以及与犯罪活动直接关联的人员采取的一种特定技术手段。技术侦查措施具体包括记录监控、行踪监控、通信监控、场所监控等。记录监控是指对侦查对象的各类相关记录,如上网记录、银行卡使用记录、网上聊天记录等进行的监控;行踪监控是指使用相关的技术手段对侦查对象的行为踪迹进行的监控;通信监控是指对侦查对象的通信对象、通信手段、通信内容进行的监控;场所监控是指采用技术手段对涉嫌犯罪的场所进行的监控。技术侦查措施的适用对象是犯罪嫌疑人、被告人以及与犯罪活动直接关联的人员。

我国2012年修正的《刑事诉讼法》,在第二编第二章增加了第八节"技术侦查措施"。《公安机关办理刑事案件程序规定》第八章第十节"技术侦查"中对公安机关适用技术侦查措施作出了具体规定。《人民检察院刑事诉讼规则》第九章第九节"技术侦查措施"对检察机关适用技术侦查作了具体规定。

我国《刑事诉讼法》第150条规定:"公安机关在立案后,对于危害国家安全犯罪、恐怖活动犯罪、黑社会性质的组织犯罪、重大毒品犯罪或者其他严重危害社会的犯罪案件,根据侦查犯罪的需要,经过严格的批准手续,可以采取技术侦查措施。人民检察院在立案后,对于利用职权实施的严重侵犯公民人身权利的重大犯罪案件,根据侦查犯罪的需要,经过严格的批准手续,可以采取技术侦查措施,按照规定交有关机关执行。追捕被通缉或者批准、决定逮捕的在逃的犯罪嫌疑人、被告人,经过批准,可以采取追捕所必需的技术侦查措施。"

《公安机关办理刑事案件程序规定》第264条第2款对技术侦查措施的含义加以解释,即指由设区的市一级以及以上公安机关负责技术侦查的部门实施的记录监控、行踪监控、通信监控、场所监控等措施,其适用对象是犯罪嫌疑人、被告人以及与犯罪活动直接关联的人员。

二、技术侦查措施的特点

（一）隐蔽性

技术侦查措施是通过采用隐蔽性较强的技术手段或方法，在侦查对象不知情的情况下实施的。隐蔽性是技术侦查措施区别于其他一般性侦查措施的重要特征，侦查对象对技术侦查措施的实施情况没有察觉，也没有当场展开"对抗"的机会，这对了解侦查对象的活动轨迹及与案件相关信息具有重要作用。

（二）强制性

强制侦查是与任意侦查相对的一个概念，是指侦查机关采取的涉及限制或者剥夺个人人身自由、财产、隐私等权利的措施，区分二者的根据是相对人是否自愿予以配合。如讯问犯罪嫌疑人属于任意侦查措施。技术侦查措施在侦查对象不知情的情况下实施，事前没有征得侦查对象的同意，侦查对象亦无机会当场予以反对和申诉，因而具有特殊的强制性。

（三）高效性

技术侦查措施通过各种技术手段直接获取侦查对象的通信记录、行踪记录、计算机网络使用记录等内容，能够客观地反映有关案件事实情况。采用技术侦查所获取的材料直接来源于被侦查的对象，是其一举一动的真实记载，不会被其篡改、伪造、变造，具有客观、真实、准确的特性，有助于提高侦查取证工作的效率。

三、技术侦查措施的适用

（一）技术侦查措施的适用范围

1. 公安机关适用技术侦查措施的范围

根据《公安机关办理刑事诉讼程序规定》第263条的规定，公安机关在立案后，根据侦查犯罪的需要，可以对下列严重危害社会的犯罪案件采取技术侦查措施：

（1）危害国家安全犯罪、恐怖活动犯罪、黑社会性质的组织犯罪、重大毒品犯罪案件；

（2）故意杀人、故意伤害致人重伤或者死亡、强奸、抢劫、绑架、放火、爆炸、投放危险物质等严重暴力犯罪案件；

（3）集团性、系列性、跨区域性重大犯罪案件；

（4）利用电信、计算机网络、寄递渠道等实施的重大犯罪案件，以及针对计算机网络实施的重大犯罪案件；

（5）其他严重危害社会的犯罪案件，依法可能判处7年以上有期徒刑的。

公安机关追捕被通缉或者批准、决定逮捕的在逃的犯罪嫌疑人、被告人，可以采取追捕所必需的技术侦查措施。

2. 检察机关适用技术侦查措施的范围

根据《人民检察院刑事诉讼规则》第227条的规定，人民检察院在立案后，对于利用职权实施的严重侵犯公民人身权利的重大犯罪案件，经过严格的批准手续，可以采取技术侦查措施,交有关机关执行。此外,根据该《规则》第 228 条的规定,人民检察院办理直接受理侦查的案件,需要追捕被通缉或者决定逮捕的在逃犯罪嫌疑人、被告人的,经过批准,可以采取追捕所必需的技术侦查措施,不受该《规则》第 227 条规定的案件范围的限制。

(二)技术侦查措施的审批

我国《刑事诉讼法》第 151 条规定了批准采取技术侦查措施的程序。据此,《公安机关办理刑事诉讼程序规定》和《人民检察院刑事诉讼规则》分别规定了公安机关和人民检察院批准采取技术侦查措施的具体程序。

1. 公安机关对技术侦查措施的审批程序

根据《公安机关办理刑事诉讼程序规定》第 265—266 条,公安机关需要采取技术侦查措施的,应当制作呈请采取技术侦查措施报告书,报设区的市一级以上公安机关负责人批准,制作采取技术侦查措施决定书。人民检察院等部门决定采取技术侦查措施,交公安机关执行的,由设区的市一级以上公安机关按照规定办理相关手续后,交负责技术侦查的部门执行,并将执行情况通知人民检察院等部门。

批准采取技术侦查措施的决定自签发之日起 3 个月内有效。在有效期限内,对不需要继续采取技术侦查措施的,办案部门应当立即书面通知负责技术侦查的部门解除技术侦查措施;负责技术侦查的部门认为需要解除技术侦查措施的,报批准机关负责人批准,制作解除技术侦查措施决定书,并及时通知办案部门。

对复杂、疑难案件,采取技术侦查措施的有效期限届满仍需要继续采取技术侦查措施的,经负责技术侦查的部门审核后,报批准机关负责人批准,制作延长技术侦查措施期限决定书。批准延长期限,每次不得超过 3 个月。

有效期限届满,负责技术侦查的部门应当立即解除技术侦查措施。

2. 人民检察院对技术侦查措施的审批程序

根据《人民检察院刑事诉讼规则》第 229 条,人民检察院采取技术侦查措施,应当根据侦查犯罪的需要,确定采取技术侦查措施的种类和适用对象,按照有关规定报请批准。

批准采取技术侦查措施的决定自签发之日起 3 个月以内有效。对于不需要继续采取技术侦查措施的,应当及时解除。

对于复杂、疑难案件,期限届满仍有必要继续采取技术侦查措施的,应当在期限届满前 10 日以内制作呈请延长技术侦查措施期限报告书,写明延长的期限及理由,经过原批准机关批准,有效期可以延长,每次不得超过 3 个月。

(三)技术侦查措施的实施要求

我国《刑事诉讼法》第 152 条、第 154 条规定了实施技术侦查措施的相关要求。此外,《公安机关办理刑事诉讼程序规定》和《人民检察院刑事诉讼规则》分别规定了公安机关和人民检察院实施技术侦查措施的具体要求。

1. 严格按照批准内容实施

根据我国《刑事诉讼法》相关规定,采取技术侦查措施,必须严格按照批准的措施种类、适用对象和期限执行。

此外,根据《公安机关办理刑事诉讼程序规定》第267条,在有效期限内,需要变更技术侦查措施种类或者适用对象的,应当按照《规定》第265条的规定重新办理批准手续。

2. 相关人员应当保守秘密

根据我国《刑事诉讼法》相关规定,侦查人员对采取技术侦查措施过程中知悉的国家秘密、商业秘密和个人隐私,应当保密。对采取技术侦查措施获取的与案件无关的材料,必须及时销毁。公安机关依法采取技术侦查措施,有关单位和个人应当配合,并对有关情况予以保密。

3. 所获材料只能用于侦查、起诉和审判

根据我国《刑事诉讼法》相关规定,采取技术侦查措施获取的材料,只能用于对犯罪的侦查、起诉和审判,不得用于其他用途。采取技术侦查措施收集的材料在刑事诉讼中可以作为证据使用。如果技术侦查措施收集的材料作为证据时,可能危及有关人员的人身安全,或者可能产生其他严重后果的,应当采取不暴露有关人员身份、技术方法等保护措施,必要的时候,可以由审判人员在庭外对证据进行核实。

此外,根据《人民检察院刑事诉讼规则》第229条、第230条,采取技术侦查措施收集的材料作为证据使用的,批准采取技术侦查措施的法律文书应当附卷,辩护律师可以依法查阅、摘抄、复制。采取技术侦查措施收集的物证、书证及其他证据材料,检察人员应当制作相应的说明材料,写明获取证据的时间、地点、数量、特征以及采取技术侦查措施的批准机关、种类等,并签名和盖章。

第二节 隐匿身份侦查

一、隐匿身份侦查的概念

隐匿身份侦查,是指侦查人员及其公安机关指定的其他人员隐匿其真实身份实施的特殊性侦查措施。在隐匿身份侦查中,侦查人员或其他人员需要隐瞒自己的真实身份或者侦查意图来骗取侦查对象的信任,以达到完成侦查任务的目的。隐匿身份侦查通常表现为侦查机关派员打入犯罪组织内部的方式,以掌握犯罪事实情况、获取关键证据,所以在实践中也被称为内线侦查。隐匿身份侦查通常包括三种具体方式,即卧底侦查、线人侦查和诱惑侦查。卧底侦查,是指由侦查机关选派专门的侦查人员,通过虚构或利用某种身份的方式,打入犯罪组织内部以查明犯罪事实、收集相关证据的特殊性侦查措施。线人侦查,是由侦查机关委托和控制的线人,向侦查机关提供有关犯罪活动的情报或证据的特殊性侦查措施。诱惑侦查,是指侦查人员或者接受委托的线人隐匿其身份和意图,为犯罪嫌疑人提供实施犯罪的机会或条件,在犯罪嫌疑人着手实施犯罪时将其抓获的特殊性侦查措施。

我国《刑事诉讼法》在第二编第二章第八节"技术侦查措施"中规定了关于隐匿身

份侦查的内容。公安部《公安机关办理刑事案件程序规定》第八章第十节"技术侦查"中对隐匿身份侦查的具体适用予以规定。

我国《刑事诉讼法》第153条第1款规定："为了查明案情,在必要的时候,经公安机关负责人决定,可以由有关人员隐匿其身份实施侦查。但是,不得诱使他人犯罪,不得采用可能危害公共安全或者发生重大人身危险的方法。"

《公安机关办理刑事案件程序规定》第271条规定："为了查明案情,在必要的时候,经县级以上公安机关负责人决定,可以由侦查人员或者公安机关指定的其他人员隐匿身份实施侦查。隐匿身份实施侦查时,不得使用促使他人产生犯罪意图的方法诱使他人犯罪,不得采用可能危害公共安全或者发生重大人身危险的方法。"

二、卧底侦查的条件与实施

(一)卧底侦查的条件

1. 卧底侦查的主体条件

卧底侦查的主体条件包括侦查机关的指挥能力和卧底人员的素质能力两方面。

侦查机关的指挥能力是实施卧底侦查活动的先决条件。侦查机关在决定运用卧底侦查这一措施时,应考虑是否具备相应的指挥能力,具体包括:本单位有无侦查该类犯罪的经验;是否有足够人力、经费投入该项侦查活动;是否能够为实施卧底侦查提供必要的保障,等等。

卧底人员的素质能力是实施卧底侦查活动的必要条件。卧底人员必须具备能够有效打入犯罪组织并安全完成侦查任务的全方位素质,具体包括以下四种能力:一是敏锐的观察分析能力,包括敏锐的观察能力、高度的识别能力、敏捷的思维能力、正确的判断能力等。二是快速的应变决策能力,这是一种善于应付和处置突发情况的能力。卧底侦查是一种危险而复杂的侦查行为,任何意想不到的情形都可能发生,稍有不慎将对侦查工作,甚至对于侦查人员的生命都会产生严重威胁,这就要求侦查人员必须具备机敏的应变能力和果断的运筹决策能力。三是极强的表达交际能力。卧底侦查人员必须要有良好的交际能力,这是完成卧底侦查工作的重要条件。四是要有良好的自我控制能力、不屈不挠的精神和极强的心理承受能力。在卧底侦查中,侦查人员如果感情冲动、不能自制,会对正确选择侦查时机和方法产生影响,引起犯罪组织及成员的怀疑,进而给侦查工作和个人安全带来极大不利。

2. 卧底侦查的客体条件

卧底侦查是一种不同于常规侦查模式的侦查措施,只能针对特定的对象实施。所谓特定的对象,应当从两方面理解:一是从案件性质看,卧底侦查只能适用于犯罪性质严重、对国家安全和社会利益威胁较大、无直接受害人的犯罪案件。二是从侦查对象看,卧底侦查的对象应当是长期从事某些犯罪活动的犯罪组织或人员,具有较强的反侦查能力。三是从侦查时机看,侦查机关应当已掌握该犯罪组织或人员准备实施或者正在实施犯罪活动的线索和证据。

3. 卧底侦查的环境条件

卧底侦查环境条件,主要是指犯罪组织所处的周围环境,是否有利于卧底侦查人员对外联络,是否有利于外部侦查人员在必要时的增援,是否有利于侦查人员的掩护,是否有利于卧底侦查人员在必要时候撤离等。总之,是否有利于卧底侦查人员安全侦查活动的开展。

(二) 卧底侦查的实施

1. 详细了解侦查对象的情况

在了解侦查对象情况时要注意两个问题:一是卧底侦查线索来源的可信度。如果没有具有一定可信度的线索来源而仅是一般性的怀疑,则卧底侦查的展开缺乏目的性,也缺乏事实基础,很可能产生不了任何有效的侦查结果。二是侦查线索所反映的案件性质、内容和犯罪嫌疑人的有关情况。这些内容首先涉及案情的性质,即是否可能构成犯罪案件,是哪种犯罪案件,犯罪已经造成的危害程度和可能潜在的危害程度。只有性质严重的犯罪案件,才可能启用卧底侦查手段。

2. 选择合适的侦查人员

要根据不同的案件选派合适的能胜任派遣任务的具有适合侦破某种案件资格的侦查人员。卧底侦查人员还必须熟知自己所要扮演的角色,并加强演练,只有这样才能在卧底侦查中不露破绽,逼真地扮演角色,成功地完成侦查任务。

3. 做好化装和物品准备

良好的化装掩护是卧底侦查成功的基本条件,挑选卧底侦查人员通常要考虑两个因素:一是他们的警察身份鲜为人知;二是他们的言行举止方面不容易暴露出职业性特征而被识破。卧底侦查人员在身份化装的同时应准备好符合某一特定身份的随身物品做好相应的掩护。

4. 制订详细的侦查方案

侦查机关开展卧底侦查必须事先有周详的计划,拟订好执行方案。方案的内容包括卧底侦查人员如何接敌和打入,打入后如何开展侦查,接头联络的方式方法,如何安全脱身,以及可能出现的情况和应对策略等。以上内容都要事先做好计划安排。

三、线人侦查的风险与控制

(一) 线人侦查的风险

线人侦查的风险,是指线人侦查过程中可能面临的损失、危害等不利后果。具体而言,线人侦查面临以下四种风险。

1. 暴露风险

线人在协助侦查机关开展侦查活动时,时刻注意隐蔽自己的身份与目的,一旦暴露便会遭致犯罪组织的报复。犯罪组织也会采取各种手段对内部成员进行测试,例如对新加入成员的背景调查,对内部成员的严密监控,甚至故意发布假指令反查线人。因此,线人时刻面临着暴露的风险。

2. 误导风险

实际上，如果线人对犯罪组织渗透不深，或者搜集分析情报的能力不足，或者对案件情况了解得不够细致，都有可能影响其向侦查机关提供的情报信息的真实性和准确性，这将导致整个侦查活动发生方向性错误。

3. 失控风险

线人往往会与某些违法犯罪活动发生关联，有的因前科劣迹被侦查机关所控制，有的甚至就是犯罪组织内部成员，因而在面对一定程度的利诱或压力时会有失控的风险。失控的表现包括：不再执行侦查任务指令的消极状态；引导侦查机关片面打击与自己存在竞争关系的对手；甚至转而帮助犯罪人员逃避打击的"倒戈"；等等。

4. 伦理风险

"虚假""谎言""背叛"这些通常被人类社会所否定的非正义行为，却是线人获取犯罪人员信任、彻底摧毁犯罪组织的必要手段，因而成为实现正义的一种方式。但这种欺骗性的手段不能超过必要的限度，否则将损害整个社会的伦理基础。例如，不得指使线人诱使他人产生犯罪意图，不得置线人安全于不顾，不得无限制地扩大线人招募的数量等。

(二) 线人侦查的控制

为有效控制线人侦查的风险，需要严格限定线人的遴选条件，对其实施严格的管理。

1. 线人的遴选

第一，未成年人不得作为线人使用。一方面，未成年人心智尚未完全成熟，社会经验相对较浅，无法胜任线人这种隐蔽性强、心理压力超大的复杂任务；另一方面，线人经常参与某些违法犯罪活动，出于对未成年人的保护不应将其作为线人使用。

第二，遴选线人时应考察其意志品质。线人时常要经受犯罪组织或人员的考验和反测，意志品质不够坚定的人很难在这种高危环境下生存下来，在高压下完成侦查任务更是难上加难。

第三，详细审查身份背景条件。审查线人的身份背景，主要包括职业经历、受教育背景、技能特长、家庭社会关系、经济状况、违法犯罪前科、与侦查对象的关系等方面。不过，上述身份背景条件并无统一标准，可因案而异、因侦查对象而异。

2. 线人的管理

第一，签订线人协议。线人选任后，应当与侦查机关签订线人协议，这是对线人进行有效管理的基础。协议的内容包括：线人的职责与义务，即应当搜集和提供犯罪情报的任务，应当严格保守所掌握涉密信息的义务等；线人的权利与保障，即完成侦查任务可获得的报酬，侦查机关为保障线人的人身安全提供的相关措施等。

第二，建立线人档案。建立线人档案是管理规范化的前提，有助于记录线人的活动状态，并规范侦查机关的指挥活动，避免线人侦查工作陷入无序与随意。为确保线人信息不被泄露，线人档案的保管必须独立于其他案件材料，并在建档、增删、查阅、借出、归档、销毁等各环节留有日志。

四、诱惑侦查的适用

诱惑侦查的适用会对公民与国家之间的信赖保护关系产生影响,因此必须得到比常规侦查措施更为严格的限制。

(一)诱惑侦查的适用范围

规定诱惑侦查的适用范围应当同时考虑到犯罪的严重危害后果与复杂隐蔽性。我国《刑事诉讼法》第153条第1款规定"在必要的时候"可以实施隐匿身份侦查措施。此处的"在必要的时候",就适用范围而言,应限定为危害后果严重、隐蔽性强、侦查难度较大的刑事案件,例如在侦办重大毒品犯罪案件时可以适用诱惑侦查。

(二)诱惑侦查的适用条件

根据我国《刑事诉讼法》第153条第1款、《公安机关办理刑事案件程序规定》第271条第2款的相关规定,诱惑侦查的适用条件包括必要性条件、程序性条件和禁止性条件。

1. 必要性条件

侦查机关应当将诱惑侦查作为一种最后选择,在采取其他侦查措施已无法查明案件情况时方可考虑适用。

2. 程序性条件

诱惑侦查的适用必须经过法定的审批程序,即经县级以上公安机关负责人决定方可实施。

3. 禁止性条件

首先,适用诱惑侦查时,禁止使用促使他人产生犯罪意图的方法诱使他人犯罪,例如诱使原本没有打算贩毒的人产生贩毒牟利的意图。其次,适用诱惑侦查时,禁止采用可能危害公共安全或发生重大人身危险的方法。

第三节 外线侦查

一、外线侦查的概念

外线侦查是公安机关侦查部门为了及时掌握侦查对象的外部活动,达到扩大犯罪线索、获取证据、证实犯罪、及时破案的目的,以跟踪盯梢、守候监视等方式,对犯罪嫌疑人进行监视控制的一种特殊侦查措施。外线侦查常用的方法主要有跟踪盯梢、守候监视、化装侦查等。

二、外线侦查的任务

外线侦查的主要任务是收集各种案件线索和证据,具体任务如下:

(1)监控犯罪嫌疑人的行踪。侦查机关组织人员力量,在一定时期内对犯罪嫌疑人的行踪进行严密监视、控制,以查清其活动规律,发现和扩大侦查线索。

（2）物建和考核线人。侦查机关可通过外线侦查实现对线人的物建工作，并对正在执行侦查任务的线人进行监督和考核。

（3）核查情报与线索。侦查机关可通过外线侦查核实与查证侦查讯问、技术侦查、卧底侦查、线人侦查等工作发现的情报和线索。

（4）协助实施抓捕。侦查机关在对犯罪嫌疑人执行抓捕时，可根据实际需要采取外线侦查措施。

三、外线侦查的具体方式

外线侦查的具体方式主要有跟踪盯梢、守候监视、化装侦查等。

（一）跟踪盯梢

1. 跟踪盯梢的概念

跟踪盯梢是外线侦查的重要内容，是指侦查人员以隐蔽尾随侦查对象的形式，监视控制其活动，以达到揭露和证实其犯罪的一种特殊性侦查手段。按所使用的交通工具，可分为徒步跟踪、自行车跟踪、摩托车跟踪、汽车跟踪、飞机跟踪和公共交通工具跟踪；按跟踪的区域，可分为城市街道跟踪、繁华场所跟踪、村庄跟踪、野外跟踪和公共交通线跟踪。

2. 跟踪盯梢的形式

在跟踪盯梢过程中，除对侦查对象进行直接监视控制之外，还可以对侦查对象的家属、亲友、关系人及同案人或有关物品进行间接监视控制，以发现侦查对象，主要有以下几种形式：

（1）尾随跟踪。当侦查人员数量较少时，侦查人员通常混杂在群众之中，尾随于侦查对象后面或侧后面进行监视控制。

（2）交替跟踪。在跟踪路线上的行人或车辆较少时，实施跟踪的侦查人员应不断变换盯梢位置，通过交替跟踪来达到避免被侦查对象发现的目的。

（3）接力跟踪。在侦查对象活动路线较长、跟踪时间较久时，侦查机关可在掌握侦查对象活动路线规律的基础上，在其必经的道路、场所附近预先设置节点开展分段接力跟踪，并预留机动力量在出现突发状况时补充接力。

（4）迂回跟踪。侦查人员在熟悉地形、地貌的条件下，可以采取迂回超前的方式进行跟踪。在遇到可能暴露跟踪意图的不利地形时，侦查人员可以从街巷两端、建筑物之间迂回穿梭，或绕到侦查对象的前方等候跟踪。

（二）守候监视

1. 守候监视的概念

守候监视是指根据侦破案件的需要，侦查人员在侦查对象的住所、临时落脚点、经常出入的场所、同案犯的住处和作案人踩点作案处，以及其他可能发生犯罪活动的地区，选择适当的隐蔽地点秘密预伏，进行监视控制的一种特殊性侦查手段。

2. 守候监视的方法

守候方法要因案、因人、因地、因时而定。

(1) 定点守候。如果守候监视所需时间较长,而且侦查对象的住处具备定点守候条件,一般应在犯罪嫌疑人的同院、同楼选择监视点。

(2) 伏击守候。这种方法适用于犯罪嫌疑人可能进行销赃取赃的场所,预谋实施作案的地方,作案人要求放置"赎金"的地点,连续发生某种案件的区域等。侦查人员可事先埋伏在上述地点周围,张网以待,在侦查对象出现时适时擒获。

(3) 拘捕守候。一是捕后守候。为扩大线索,发现同案犯,查明犯罪嫌疑人之间的接头联络方式及暗号,可在抓捕犯罪嫌疑人后留下侦查人员守候。二是守候捕人,即为抓捕犯罪嫌疑人或捕获通缉对象,在犯罪嫌疑人和通缉对象可能到达、逗留、出现的处所进行守候,一旦发现,立即出击拘捕。

(4) 巡查守候。巡查守候是在侦查对象或犯罪嫌疑人出没活动、落脚藏身的地点,由侦查人员化装成流动商贩和其他社会性职业人员,进行巡查守候,以掌握侦查对象活动或捕获在逃人员的一种侦查方式。通常包括以下情况:侦查人员到犯罪嫌疑人可能出入的场所、路线上进行守候,寻找发现犯罪嫌疑人;根据照片和被害人、目击者描绘的犯罪嫌疑人特征,在其可能落脚的地点进行守候,寻找发现犯罪嫌疑人。

(三) 化装侦查

1. 化装侦查的概念

化装侦查是指侦查人员经过必要的化装,以适当的身份与侦查对象直接进行接触,以获取线索、证据和缉拿犯罪嫌疑人的一种特殊性侦查措施。化装侦查属于广义的隐蔽身份侦查,卧底侦查、诱惑侦查等措施通常采用化装侦查的具体方式开展。

2. 化装侦查的形式及方法

侦查人员应根据案件侦查的需要,实施不同形式和内容的化装侦查:

(1) 身份化装。身份化装也称职业化装,是指侦查员扮演成某一特定身份人员的化装。化装成何种身份,就要有适合这种身份的装束、举止风度、职业习惯等,而且要学习掌握与所化装身份相符的必要的行业知识和技能,通晓行情,做到不说外行话。

(2) 外表化装。外表化装是指侦查人员在容貌、衣着和携带物品方面的化装。

(3) 言语化装。语言化装是指侦查员对所使用的言语进行的化装,有职业言语、流行言语、地方方言、隐语和黑话等方面的化装。

(4) 车辆化装。化装侦查时所使用的车辆,应与所化装角色的身份、职业地位相符。跟踪时的车辆化装应尽可能选用普通颜色、外形的车辆,且需准备必要的备用车辆。

3. 化装侦查的实施

(1) 分工明确,各司其职。侦查机关在实施化装侦查时,应将参与行动的人员分成指挥、接近、接应、取证等小组,明确各组人员的具体任务,做到各环节分工清楚、衔接配合得当。

(2) 精心指挥,因案施策。侦查机关在运用化装侦查时要实施全程指挥,随时掌握侦查的进展情况和案件的变化情况,讲究策略,果断决策。在实施过程中,行动上要做到"内紧外松",即表面上不动声色,但时刻保持高度戒备,随时准备发现可疑的作案对象。

(3) 行为适当,禁止诱人犯罪。实施诱惑侦查时通常要化装侦查,此时侦查人员只能通过提供犯罪条件的方式促使本已产生犯罪意图的人实施犯罪,而不能去积极诱使他人萌生犯罪意图。

(4) 内外接应,互相配合。在侦查有组织犯罪案件时,侦查机关经常采取外线侦查与内线侦查并用的方式,以配合隐匿身份人员掩饰身份、开展侦查任务、核实情报与线索。此时,侦查人员可通过化装侦查的方式开展跟踪盯梢、守候监视,并在侦查机关的指挥下与内线侦查人员展开配合。

第四节 控制下交付

一、控制下交付的概念

控制下交付是指侦查机关发现毒品等违禁品或者非法财物后,不当场予以扣押而允许其继续运送,同时对其进行秘密监控,以期查明更多的涉案人乃至犯罪的组织者、策划者,将犯罪组织一网打尽的特殊性侦查措施。

实施控制下交付的目的是为了掌握毒品等违禁品或非法财物交付活动的路线、渠道与网络,揭露和证实参与上述活动的犯罪人员,尤其是幕后的组织者、策划者。控制下交付作为打击和控制跨境走私贩运毒品活动的重要措施,首次出现在1988年《联合国禁止非法贩运麻醉药品和精神药物公约》中,2000年《联合国打击跨国有组织犯罪公约》和2003年《联合国反腐败公约》又进一步扩大了控制下交付的适用案件范围。我国政府先后批准加入了上述三个国际公约。2012年3月14日,我国第二次修正的《刑事诉讼法》增加了关于"控制下交付"的规定。

我国《刑事诉讼法》在第153条第2款规定,对涉及给予毒品等违禁品或者财物的犯罪活动,公安机关根据侦查犯罪的需要,可以依照规定实施控制下交付。《公安机关办理刑事案件程序规定》第272条规定,对涉及给付毒品等违禁品或者财物的犯罪活动,为查明参与该项犯罪的人员和犯罪事实,根据侦查需要,经县级以上公安机关负责人决定,可以实施控制下交付。

二、控制下交付的特点

(一) 隐蔽性

控制下交付是侦查机关在被侦查对象毫无察觉的情况下实施的,其目的在于收集与犯罪有关的证据,抓住幕后的组织者、策划者。为了顺利实现这一目的,侦查机关在实施控制下交付措施时应当尽可能采取隐蔽性强的方式方法,选择办案经验丰富、综合能力突出的侦查人员实施。实践中,控制下交付措施经常与技术侦查、隐匿身份侦查等措施联合使用。

（二）合意性

适用控制下交付开展侦查时，会涉及两个或两个以上国家或地区间的管辖权冲突问题。开展国际控制下交付措施前，国内侦查机关必须通过国际刑事司法合作途径与当事国的主管机构达成合意。对于跨地区的国内控制下交付，涉案地区的侦查机关之间需要紧密联系，达成共同实施控制下交付的合意，只有这样才能保障控制下交付的顺利进行。

（三）风险性

控制下交付的实施过程中存在着较大的风险。首先，控制下交付的对象通常为毒品等违禁品，一旦监控措施不力便可能造成违禁品失控流入社会的后果；其次，控制下交付行动经常会与隐匿身份侦查配合适用，如果侦查计划设计不足或者犯罪人员临时调整计划，便会使整个行动处于失控的危险之中，参与行动的隐匿身份人员将因此面临极大的风险。

（四）适时终止性

控制下交付的战线通常较长，实施过程中又伴随着各类风险，因此需要在特定情形下终止行动，以避免造成更大的危害后果。侦查机关决定实施控制下交付后应做好全程的风险控制预案，针对违禁品失控、隐匿身份人员暴露甚至意外事件等各种情形提出应对策略和方案，尤其应注意侦查对象可能采取的各种反侦查手段。一旦风险提高到不可控的程度，侦查机关应当立即终止控制下交付，果断采取"收网"行动保住既有战果，并妥善安排好隐匿身份人员的掩护和撤退。

三、控制下交付的种类

（一）国际控制下交付和国内控制下交付

所谓国际控制下交付，是指某一国家的执法机关在获悉毒品等违禁品或非法财物的走私活动后，根据相互达成的协定或者刑事司法合作途径，与走私活动过境地、目的地国家的执法机关联系，请求协作、配合和支持，共同实施的控制下交付。所谓国内控制下交付，是指一个国家内不同地区的执法机关在上级业务指导机构的协调、指挥下，由毒品等违禁品或非法财物的起运地、过境地、目的地执法机关相互协作、配合和支持下所共同进行的控制下交付。

（二）实态性控制下交付和非实态性控制下交付

所谓实态性控制下交付，也称原物控制下交付，是指执法机关将非法或可疑货物原封不动地继续加以运送的控制下交付。所谓非实态性控制下交付，也称替代物控制下交付，或无害控制下交付，是指将非法或可疑货物完全或部分取出，改由替代物进行运送的控制下交付。

（三）人货同行的控制下交付和人货分离的控制下交付

所谓人货同行的控制下交付，是指有犯罪嫌疑人参与实际运输违禁品或非法财物，此时控制下交付不仅要对物进行控制，也要对人进行控制。所谓人货分离的控制下交付，是指犯罪嫌疑人并未与违禁品或非法财物随行，而是通过邮寄、托运等方式完成运输,此时控制下交付还要掌握对物流寄递渠道物品的控制方法。

四、控制下交付应当遵循的原则

（一）合法原则

实施国际控制下交付时,国内侦查机关除应遵守我国相关法律制度外,还必须尊重开展控制下交付合作国家的相关法律,在符合各方国内法的前提下探讨具体的实施方式。例如,根据有些国家的法律规定,不得开展藏匿毒品货物的实态性控制下交付,就需要与之开展使用替代物的无害控制下交付。

实施国内控制下交付时,参加控制下交付行动的国内侦查机关,应当根据我国《刑事诉讼法》《公安机关办理刑事案件程序规定》规定的程序要求进行。

（二）合作原则

控制下交付行动中的合作包括国际合作与国内合作两个层面。

就国际层面而言,在达成控制下交付行动的合意后,输出地国、过境国、目的地国等有关国家必须真诚合作,尽可能详尽及时地提供情报和协助,保障国际控制下交付的顺利进行。

就国内层面而言,控制下交付既包括不同地区之间的合作,也包括不同职能部门之间的合作,诸如公安、海关、边防以及民航、铁路、交通、林业、药监、卫生、邮政等部门的合作以及公安机关内部各警种各部门之间的合作。

（三）保密原则

控制下交付行动的保密原则主要体现在以下三个方面:

一是对发现、查获的违禁品信息要保密。无论违禁品贩运活动的线索是侦查机关在自身业务工作中所发现,还是由其他相关部门查获和移交,抑或国外、境外执法机关所提供,都应将所获知的信息置于严格的保密状态,避免犯罪嫌疑人察觉。

二是控制下交付的行动方案要保密。即控制下交付的行动方案的酝酿设计、具体内容等,都必须置于高度的保密状态,始终控制在行动指挥人员层面。即便是具体参与行动的侦查人员,也只能根据侦查的需要在行动实施前和进程中提供其需要知晓的细节。

三是控制下交付行动的实施进程要保密。各有关合作方应按照控制下交付行动方案中的分工,严密监控违禁品的运送和交付过程并做好掩饰和保密工作,避免犯罪嫌疑人觉察。

五、控制下交付的基本步骤和方法

控制下交付行动的实施过程,可分为发现和查获违禁品、作出实施控制下交付决定、让违禁品在监控下运送、收网抓捕行动四个步骤。

（一）发现和查获违禁品

发现和查获违禁品是开展控制下交付的前提条件。从控制下交付实践来看,违禁品通常是通过以下渠道被发现和查获的:一是通过海关等部门的日常检查工作发现和查获。我国海关、边防、铁路、交通、民航、邮政等职能部门在对托运货物、自行运输货物、邮寄物品的例行检查中，可以发现犯罪分子隐藏在货物、邮件中的毒品等违禁品。二是通过情报信息工作发现。有些案件是通过工作关系获悉犯罪嫌疑人正在策划或者已经将毒品或者其他违禁品进行运送的情报信息，而将违禁品查获后实施控制下交付的。三是公开查缉。公开查缉是指公安机关或其他相关部门依法对特定范围内可能藏匿毒品等违禁品的人、物、车辆等进行公开检查，以期查获毒品等违禁品的罪证，抓获犯罪分子的一项专门工作。

（二）作出实施控制下交付决定

此阶段是控制下交付的启动阶段。侦查部门掌握到有违禁品被查获的情况后，应立即组织研究案情，作出是否开展控制下交付的决定。与此同时，侦查部门还应做好相应的实施方案，及时积极与协作部门通报案情信息及需求，充分考虑到可能发生的风险并做好相关预案。此外，是将违禁品"原封不动"地予以放行，还是部分或者全部替换后放行，是此阶段制订决策方案过程中要重点考虑的内容之一。

（三）让违禁品在监控下运送

控制下交付的目的是使违禁品或其替代物继续按原来的路线和方式移动，造成侦查机关并不知晓违禁品或非法财物的假象，以查明幕后的策划者、组织者。因此，能否对移动中的违禁品或其运输工具展开严密监控，同时又避免暴露，是决定控制下交付行动成败的关键。侦查部门在实施这一阶段的过程中，应当在人员、交通工具、监控设备等方面做好充分准备，并熟练掌握跟踪监控、化装侦查的技能。完成这一阶段的侦查任务包括：查明违禁品交易或交付双方的真实身份，交付的时间、地方与方式，犯罪组织的组成人员及活动方式等。

（四）收网抓捕行动

控制下交付的结果是最大限度地查明该项犯罪活动的全部涉案人员，尤其是隐藏在幕后的策划者、组织者，并通过组织收网抓捕行动将其一网打尽。

收网抓捕行动的时机非常重要，这取决于前一阶段监控任务的完成情况。但是，一旦因事先准备不足或客观条件限制，出现侦查目标可能脱离侦查视线或者继续监控可能暴露的情况时，侦查指挥人员应立即决定终止控制下交付，并部署实施收网抓捕行动。

收网抓捕行动的模式有两种：在人货同行的情况下，应控制住随行的押运人员，并采取有效控制措施避免其湮灭罪证；在人货分离的情况下，可根据托运、寄递的具体形式，采用"守株待兔"或"送货上门"的方式，抓捕收货人。但应注意区分收货人是真正的货主还是临时雇工，避免打草惊蛇。

第十二章　现场勘查

第一节　犯罪现场的概念和种类

一、犯罪现场的概念

任何犯罪活动都离不开一定的时间和空间，并且必然会使客观环境发生某种变化。此种由犯罪行为引起变化的客观环境，统称为犯罪现场，包括犯罪分子实施犯罪的地点和遗留有同犯罪有关的痕迹、物品的其他一切场所。

上述概念表明，对犯罪现场不能简单地理解为仅是一个地域概念。犯罪现场是犯罪人出于一定的罪过形式，在一定的时间、空间侵犯一定的对象，从而引起该对象及其所在物质环境发生一系列变化的客观存在。换言之，犯罪人的犯罪行为必然要受一定的时间和空间的限制，必然要受一定时空中的一定客体所制约。就是说，犯罪现场必须具备犯罪人的犯罪行为、犯罪的时间和空间以及被犯罪行为侵犯客观物质实体的变化三种要素，缺一不可，离开任何一种要素，犯罪现场就不存在。

二、犯罪现场的类型

犯罪现场可以从不同角度分成以下几类：

（1）按现场有无破坏，可以分为原貌现场和变动现场。原貌现场是指犯罪分子作案后没有遭到改变和破坏的现场。原貌现场又可以分为伪装现场和非伪装现场。伪装现场是指犯罪分子在作案的过程中，对其犯罪行为故意加以掩饰的原貌现场。非伪装现场是指犯罪分子在作案的过程中，对其犯罪行为未加以故意掩饰的原貌现场。变动现场是指犯罪分子作案后，发生了部分或全部改变的现场。变动现场又可以分为自然变动现场和人为变动现场。自然变动现场是指犯罪分子作案后，由于自然力的原因而部分或全部改变的现场。自然变动的情况：一是因气候的变化或自然灾害使现场的原貌状态发生了改变；二是因家禽、家畜、野兽等动物的活动而使现场的原貌状态发生了改变。人为变动现场是指犯罪分子作案后，由于其他人为的原因而发生部分或全部改变的现场。人为变动现场又可分为无意变动现场和故意变动现场。无意变动现场是指犯罪分子作案后，人们不是出于有意破坏的目的而部分或全部改变的现场。无意变动现场的情况主要有：一是由于事主、被害人或周围的群众不了解保护现场的重要意义，发现出事后，随便进入现场乱摸乱动，使现场遭到破坏；二是由于急救、抢险等原因而使现场遭到破坏；三是由于现场保护人员疏忽大意或保护现场的方法不当而使现场遭到破坏。故意变动现场是指发案后，犯罪分子及其同伙趁机将现场的原貌状态破坏，或者是犯罪分子的亲友为了包庇犯罪分子，趁机破坏了原貌现场。

(2) 按犯罪分子活动的先后,可以分为第一现场,第二现场……。有的杀人碎尸案件,犯罪分子将尸块和凶器藏匿在多处,这样就使一个案件出现十几个乃至几十个现场。第一现场是指犯罪分子着手实施犯罪行为的场所,即案件的发生地点,亦即主体现场。第二、第三现场,是指与第一现场前后关联的其他主要地点,亦称关联现场。多现场的案件,不仅要把所有现场都找到,而且要判明这些现场的先后顺序。这样有助于判明犯罪分子的作案时间、过程、来去路线以及犯罪分子可能隐藏的地区,从而划定侦查范围。需要指出,在划分现场先后时,要注意容易混淆的几种情况:一是不能把犯罪分子在一个场所作案所侵犯的不同部位看成是第一、第二、第三等几个现场。二是不能把在一个地区之内连续发生的几起案件看作是同一案件的几个现场,即使是同一个人或同一伙人所为,也不能这样看,因为他们不是同一起案件。三是不能把原貌现场称为第一现场,因为原貌现场是相对于变动现场而言的,第一现场既可能是原貌现场,也可能是变动现场。四是应注意1号现场、2号现场等与第一、第二现场等的区别。1号、2号等现场是指发现现场的顺序,而不是犯罪分子的活动顺序。

(3) 按现场与犯罪活动的联系,可分为中心现场和外围现场。中心现场是指犯罪分子实施主要作案活动的场所,或遗留犯罪物证较集中的地点。如杀人案件的杀人地点、藏匿尸体的地点等均可称为中心现场。外围现场是指与中心现场相联系的周围有关地带和处所。如犯罪分子进入某一作案地点前后停留或藏身的地点、来去的路线以及其他遗留同犯罪相关的痕迹、物品的地点。中心现场和外围现场不是两个独立的现场,而是一个现场的中心部分和外围部分。

(4) 按现场所处的空间,可以分为露天现场和室内现场。露天现场是指犯罪分子在室外作案时形成的现场。室内现场是指犯罪分子在室内作案时形成的现场。

(5) 实际部门为便于从不同类型案件现场的特点和规律出发,研究现场勘查的具体方法,也为便于统计,常按案件性质将现场分类。如杀人现场、盗窃现场、强奸现场、抢劫现场、放火现场、毒害现场等。

以上分类,目的是使侦查人员在进行现场勘查时开阔视野、全面考虑,把各种情况都估计到,以便根据各类现场的特点,采取相应的方法开展勘验和访查工作。

第二节 现场勘查的任务和基本要求

一、现场勘查的概念

现场勘查,是指侦查人员依法对犯罪现场所进行的勘验、检查和调查研究活动。这个概念有三层含义:

其一,现场勘查的主体是公安机关和人民检察院的侦查人员。其他任何机关、团体或个人在法律没有授予一定侦查权的情况下,无权对犯罪现场进行勘查。

其二,现场勘查必须依法进行。现场勘查是一项重要的侦查措施,对于大多数刑事案件来说,其侦查活动是从现场勘查开始的。我国《刑事诉讼法》对现场勘查作了具体规定,如《刑事诉讼法》第128条规定:"侦查人员对于与犯罪有关的场所、物品、人身、尸体应当进行勘验或者检查。在必要的时候,可以指派或者聘请具有专门知识的人,在侦查人员的主持下进行勘验、检查。"第130条规定:"侦查人员执行勘验、检查,必须持有人民检察院或者公安机关的证明文件。"公安部还专门制定了《刑事案件现场勘查规则》,对现场勘查的任务,组织领导,以及勘查的内容、要求、步骤,方法等作了明确规定,侦查人员进行现场勘查时必须严格按照有关法律规定,以保障现场勘查活动正确、合法地进行。

其三,现场勘查的内容,除了对犯罪现场进行实地勘验、检查外,还包括向犯罪现场周围有关人员的调查访问,以及对现场情况的分析研究。

二、现场勘查的任务和意义

(一)现场勘查的任务

一般来说,现场勘查应完成以下任务:

(1)判明事件性质。就是要弄清究竟发生了什么事件。是确实发生了犯罪案件,还是不幸事件,抑或是伪造现场或谎报假案。这是现场勘查首先要解决的问题。只有查明了事件的性质,才能确定是否需要立案侦查,使侦破工作建立在可靠的基础上。如果事件的性质尚未搞清楚,就盲目立案侦查,或者把事件的性质搞错了,那就会使侦查工作误入歧途,甚至会造成放纵犯罪,或者冤枉好人的严重后果。

(2)研究和了解犯罪分子作案的情况。包括作案的时间、地点、过程、方法、工具以及作案人数和动机、目的等内容。但是,侦查人员在接到报案时,对这些情况一般是不了解的,只有通过现场勘查,客观全面地研究现场上由于犯罪行为所引起的各种变化,发现和分析犯罪人遗留的各种痕迹、物品,以及对事主和周围群众进行深入细致的调查访问以后,才能对作案情况作出接近于实际的判断。

(3)研究犯罪分子的个人特点。主要是指犯罪分子的性别、年龄、身高、体态、职业、爱好、衣着打扮等。这也是确定侦查方向和范围的重要依据。侦查人员根据现场勘查所获得的大量材料,经过综合研究,就能大体上勾画出犯罪分子的"脸谱",对犯罪分子本人所具有的一些特征作出初步的判断,从而为侦查破案指明方向。不仅如此,有的案件,由于现场勘查中获得确凿有力的证据,还能够直接把作案分子揭发出来。

(4)发现和收集痕迹、物品。犯罪分子作案以后,一般都会在现场上留下各种痕迹、物品,其中包括:手印、脚印、破坏工具痕迹、车辆痕迹、牲畜蹄迹、牙齿痕迹、弹头、弹壳、作案工具、衣帽、鞋袜、烟头、火柴棍、纽扣、血迹、精斑、毛发、粪便,等等。所有这些痕迹、物品都可能成为查明案情和揭露犯罪的重要证据。因此,全面细致地发现和收集痕迹、与犯罪有关的物品,乃是现场勘查的一项极其重要的任务,而且往往是决定侦破工作成败的关键。无数事实表明,凡是在现场勘查中重视发现和收集犯罪的痕迹、物品的地区和单位,侦破工作就主动,破案就准确及时;反之,如果不重视发现和提取犯罪的痕迹、物品,从现场上搞不到有价值的证据材料,侦破工作就很难顺利进行,甚至还会造成冤假错案。因此,在现场勘查中,必须充分利用各种科学技术手段,努力提高犯罪痕迹、物品的发现率和采获率,以提高办案的速度和质量。

(5)确定侦查方向和范围。所谓侦查方向和侦查范围,是指侦查破案工作的目标应该指向哪里,应该是在什么地区、什么行业、什么单位和什么人中查找犯罪分子。这是侦查破案工作成败的关键。侦查方向和侦查范围确定的不准,就如同大海捞针,必然会使侦查破案工作陷入被动局面,很难及时准确地查获犯罪分子。在现场勘查中所获取的各种材料,都可以为确定侦查方向和侦查范围提供客观依据。侦查人员应当在现场勘验和现场访问的基础上,认真地对现场情况进行分析研究,正确地确定侦查方向和范围。

(二)现场勘查的意义

现场勘查在侦查工作中占有重要位置。它是判明事件性质,决定是否立案侦查的首要环节,而且是整个侦破工作的基础。侦查人员对侦查方向和范围确定得是否准确,各种侦查措施运用的是否得当,以及对犯罪分子认定的是否正确,往往都与现场勘查质量的好坏有着直接的关系。

刑事案件都是已经发生的事实,侦查人员一般不会亲自耳闻目睹。侦查人员要想对案情作出正确的判断,使自己的主观认识真正符合案件的客观实际,就需要进行现场勘查。因为犯罪现场是犯罪分子实施犯罪行为的客观反映。犯罪分子作案时或作案前后的各种行动,都不可避免地会引起现场上某些客观物体的变化,留下这样或那样的痕迹、物品;或者给事主及周围群众留下这样或那样的印象。而这些遗留在现场上的痕迹、物品和遗留在人们记忆中的各种印象,就是侦查人员研究、认识案情和揭露犯罪的重要依据。如果离开了犯罪现场,侦查人员对案情所作的分析判断,就缺乏必要的事实根据。当然也就很难正确地确定侦查方向、范围和制订侦查方案。由此可见,现场勘查是侦查人员获得第一手材料的重要来源,是研究案情、制订侦查方案、运用侦查措施的客观依据,同时,也是取得犯罪证据的重要途径之一。同时,现场勘查所发现、收取的与犯罪有关的痕迹、物品以及所了解的犯罪分子在现场的活动过程等,可以用来印证犯罪嫌疑人的口供、证人证言、被害人陈述的可信度。实践证明,只有认真细致地做好现场勘查工作,才能使侦破工作建立在可靠的基础上,有效地提高侦查破案的速度和质量。否则,如果不重视现场勘查,不注意发现和利用犯罪痕迹、物品,侦破工作就很难避免盲目性。因此,关于现场勘查问题,常被看成立案侦查活动中最重要、最实际的问题之一,侦查人员必须高度重视现场勘查工作,在不断总结实践经验的基础上,大力提高现场勘查的效率,充分发挥现场勘查在侦查破案中的作用。

三、现场勘查的基本要求

现场勘查的基本要求是:

(1)现场勘查必须及时。侦查时间性很强,机不可失,时不再来。这就要求现场勘查必须抓紧时间，及时进行，不容许有半点延误。事实表明，只有善于抓住犯罪人作案不久，现场未遭破坏，犯罪痕迹、物品比较明显，群众记忆犹新，犯罪人未及远逃等有利时机，及时赶到现场，抓紧进行实地勘验和调查访问，或者采取追缉堵截、控制赃物等项紧急措施，才能准确地查明案情，获取证据，查获犯罪人，达到迅速破案的目的。因此，侦查人员必须具有高度负责精神和雷厉风行的战斗作风，时刻保持战斗准备状态，一旦接到报案，不管白天黑夜，刮风下雨，都能够不失时机地赶到现场进行勘查。

（2）勘查现场必须全面。所谓全面，就是要求凡是与案件有关的场所和痕迹、物品都必须认真地进行勘验和检查；凡是案件有关的事实情节都应进行调查了解，要全面占有材料。不仅如此，还要对现场勘查过程中所获得的一切材料进行全面地分析研究，以便对案情作出正确的判断。

（3）勘查现场必须细致。所谓细致，就是要求侦查人员不论进行现场实地勘验，还是进行现场访问，都应当做到严格认真，一丝不苟，不仅要注意那些明显的痕迹、物品，而且还要精心地发现那些与案件有关的各种细枝末节。切忌草率马虎、粗枝大叶。在实际办案中，一些看起来似乎是微不足道的痕迹和物品，但是经过深入细致的调查研究和科学鉴定，往往成为揭露和证实犯罪的重要证据。因此，侦查人员必须具有敏锐的观察力和时刻保持艰苦细致的工作作风。在勘查过程中，不放过任何一个容易被忽略、被遗漏的地点或痕迹、物品，尤其是对那些已经遭到破坏的现场，更需要认真细致地反复地进行勘验，尽力发现和采取现场上一切与犯罪有关的痕迹和物品。

（4）勘查现场必须客观。所谓客观，就是按照现场的本来面目去认识现场。具体来说，就是要求侦查人员在勘查过程中，无论是发现、提取痕迹和物品，还是进行现场访问，都要坚持实事求是的科学态度，要忠实于事实真相，客观真实地反映事物的本来面目，一就是一，二就是二，既不夸大，也不缩小，更不能随意加以歪曲和捏造。否则，就会对案情作出错误的判断，甚至造成严重的后果。

（5）勘查现场必须合法。法律是侦查案件、惩罚犯罪、保护人民的有力武器。侦查人员勘查现场必须持有人民检察院或者公安机关和其他依法享有侦查权的机关的证明文件，必须遵守刑法、刑事诉讼法和其他有关法律的规定，严格依法办事。首先，要严格地按照刑法的规定判明已经发生的事件是否涉嫌犯罪，是否应当追究行为人的刑事责任。其次，现场勘查的整个过程和每一个行动，都必须严格按照有关法律规定的程序进行。只有严格依法办事，才能使勘查所获取的材料在侦查中起到证据的作用。如果不依法办事，不遵守现场勘查的具体诉讼程序，不严格遵守每一项程序中的各项具体规定，即使获取的材料对于证明案件情况很有意义，也不能在刑事诉讼中作为证据加以使用。

第三节　现场保护

犯罪现场是犯罪分子实施犯罪行为的客观反映，是犯罪证据的重要来源。案件发生后，对犯罪现场进行警戒封锁，使其保持着案件发生、发现时的状态，这对侦查人员分析判断案情，确定侦查范围和收集犯罪证据具有非常重要的意义。实践证明，现场保护的好坏，直接影响着现场勘查的质量。凡是现场保护好的，勘查中提取的犯罪痕迹、物品就多，破案就准确、及时；反之，就会给现场勘查工作带来困难，甚至因为在现场上取不到犯罪痕迹、物品而难于破案。因此，必须十分重视对犯罪现场的保护工作。

一、保护现场的任务

我国《刑事诉讼法》第 129 条规定："任何单位和个人，都有义务保护犯罪现场，并且立即通知公安机关派员勘验。"这表明，保护犯罪现场是每个机关、单位和公民应尽的法律义务。根据《公安机关办理刑事案件程序规定》和其他有关法规的规定，发案地派出所、巡警等部门都负有保护犯罪现场的职责。他们在保护现场工作中应具体完成以下任务：第一，获悉案件发生后，必须迅速赶赴现场，及时采取措施，保护好现场，同时向上级公安机关报告。第二，划定保护范围，布置警戒，维护秩序。在勘查人员到达之前，不许任何人进入现场。保护现场人员亦不得无故进入现场，或者触摸和移动任何痕迹、物品。第三，遇到气候变化等情况，可能使相关痕迹、物品遭到破坏时，应采取措施妥善保护。第四，发现犯罪分子尚未逃离现场时，应立即扭送公安机关；发现重大犯罪嫌疑人时，要布置专人监视，防止其逃跑、行凶、自杀或毁灭罪证。第五，如遇到现场上有人命危急的情况，应立即指定专人进入现场进行急救或送往医院抢救。在救护时，要注意对伤者的姿势、位置等加以标记，记明由于救护而变动的情况，并防止现场上其他痕迹、物体遭到变动或破坏。同时，要注意从被救护者口中了解与案件有关的情况。对于受伤的犯罪分子也应采取急救措施，但应严密监视，防止发生意外。第六，对爆炸、放火现场应当立即组织力量，采取措施扑灭火险，排除险情，抢救财物。在抢救过程中，应使现场变动范围越小越好，并尽可能记明变动前情况。第七，在铁路轨道，城市交通路线和繁华地区的通道上发生的凶杀、自杀和破坏案件等现场，应采取有效措施，迅速将尸体移出轨道和交通要道，排除交通障碍，但应记明变动的情况，以备勘查时研究分析。第八，保护现场人员在保护好现场的同时，应抓紧发案不久的有利时机，向事主、发现人和周围群众进行初步调查访问。

勘查人员到达现场后，保护现场人员应将案件发生、发现的经过情况，事主、周围群众和有关人员对案件的反映和议论，现场是否遭到变动或破坏，以及所采取的保护措施等，如实地向勘查人员汇报。

二、保护现场的方法

为了完成上述任务，要求现场保护人员必须懂得保护现场的方法。由于每个案件发生的地点和环境不同，保护的方法也应有所不同，一般可以分露天现场保护方法和室内现场保护方法。

露天现场保护方法：如果案件发生在屋子外边，就要在发生案件的地点和遗留有与犯罪有关痕迹、物体的一切场所的周围布置警戒,并绕以绳索或用白灰粉划一警戒范围,禁止无关人员进入。对于通过现场的道路,根据情况,可临时停止交通,指挥行人绕道行走,如现场是重要路口,应布置专人看守,必要时可用布或木板挡起来。在勘查开始前,原则上应全面封锁,而后酌情缩小封锁范围。在城市,由于人口、车辆多,流动量大,封锁范围应尽可能缩小,以免影响交通。对于院内的现场,可将大门关闭,如果院内住有邻居,可划出一定通道行走。

室内现场的保护方法:主要是在门窗和重点部位设岗看守,对屋外可能是犯罪人出入的路线或活动场所,也应划出一定范围,布置警戒加以封锁。

无论露天或室内现场,对于血迹、脚印、手印、破坏工具痕迹、车辆痕迹、被破坏的物品以及尸体和其他遗留物品(如凶器、毛发、衣服、烟头、文件、纸张和排泄物等)均要特别加以保护,要防止触摸破坏,必要时可用粉笔或白灰粉标明。露天场所易被家禽、动物和刮风下雨等自然条件破坏的痕迹、物体,可用席子、塑料布、面盆遮盖起来,但不能用散发强烈气味的东西遮盖,以免破坏嗅源,妨碍使用警犬,对尸体,必要时也可用席子或其他物品妥善地遮盖起来。对吊死、勒死的案件,如果人已死亡,就不要任意将绳子解开,更不能移动尸体,等勘查人员到达后再作处理。

三、保护现场的时间

现场保护的时间,一般应从案件发现后到勘查完毕时为止,但重大复杂的案件现场,一时不能判明全部案情的现场,可根据具体情况确定保护的时间,以备再次勘查。

第四节 现场勘查的组织领导

现场勘查必须有组织、有领导地进行,这是搞好现场勘查工作,实现现场勘查任务的一个重要条件。

一、现场勘查人员的组成

(一)确定现场勘查的指挥人员

现场勘查工作往往头绪繁多,情况复杂,参加勘查的人员又常常来自不同的单位。为了使现场勘查工作能在统一指挥下,有步骤、有计划地进行,就需要确定现场勘查的指挥人员。一般来说,现场勘查的指挥人员由负责侦查的部门负责人担任。一般案件现场的勘查,也可以由领导指定的侦查人员负责指挥。涉及两个地区以上的重大或特大案件现场的勘查,由直接参加侦查的主要一方或是上一级侦查机关的侦查部门的领导干部负责指挥。

(二)确定具体参加勘查的人员

具体参加现场勘查的人员不宜过多,一般由侦查人员负责进行,发案地段的派出所民警或企业、事业单位的保卫干部协助。必要的时候,也可以指派或者聘请具有专门知识的人,在侦查人员的主持下进行勘验或者检查。比如命案现场,可以指派法医参加勘验；放火案件现场，可以邀请消防队员参加勘验；技术破坏案件现场，可以邀请有关专家和工程技术人员参加勘验等。有警犬的地区，警犬训练员也应带警犬参加，以便利用同犯罪有关的痕迹和物品为嗅源追缉人犯。

（三）商请有关机关派员参加

现场勘查的案件涉及两个以上机关管辖的，由涉嫌主罪的管辖机关主持和指挥勘查，有关机关派员参加配合勘查。公安机关等侦查机关在勘查重大和特别重大案件现场时，必要时，应商请人民检察院派检察人员参加。

二、邀请现场勘查的见证人

现场勘查必须邀请两名与案件无关、为人公正的普通公民作为见证人到场见证。这项工作，一是要严防犯罪分子和其他不良分子趁机混入。二是根据相关的司法解释，生理上、精神上有缺陷或者年幼，不具有相应辨认能力或者不能正确表达的人，事主及其亲友等与案件有利害关系，可能影响案件公正处理的人；行使勘验、检查、搜查、扣押等刑事诉讼职权的公安司法机关的工作人员或者其聘用的人员不能充当见证人，以贯彻现场勘查的客观的要求和合法的要求。

现场勘查的见证人应当自始至终在场。侦查人员在勘验、检查现场的过程中，必须向见证人出示经勘验、检查所发现的痕迹、物品，并让他们注意这些痕迹、物品的特点或特征；另外，见证人也有权让侦查人员注意经他们发现的具有重要意义的痕迹、物品，以便真正发挥见证人的作用。

根据相关的司法解释，由于客观原因无法由符合条件的人员担任见证人的，应当在笔录材料中注明情况，并对相关活动进行录像。

三、现场勘查的领导和指挥

（一）制订勘查方案

现场勘查方案，是现场勘查的指挥人员部署勘查力量，指挥勘查行动的依据。所以，现场勘查人员组成并邀请见证人之后，为了正确地组织现场勘查，负责勘查的指挥人员，应在初步了解案件情况的基础上，制订出切实可行的勘查方案。

现场勘查方案一般包括以下内容：

（1）列举需要查明的问题。

（2）列举查明每个问题的措施（包括各项紧急措施）、时间与要求。

（3）制订必要的工作制度。如请示报告制度、审批制度、交接工作制度等。

制订现场勘查方案，对勘查各类案件现场都是必要的，特别是勘查那些情况复杂的重大和特别重大案件现场，必须提出详细的勘查方案，而且在各个主要方面，还应提出具体的工作部署。这样，有助于考虑形成犯罪现场的各个因素，运用各项侦查措施，组织和使用侦查力量，迅速完成勘查的任务和目的。

（二）现场勘查人员的分工

为了有秩序地全面及时地勘查现场，特别是勘查重大、特别重大案件现场，现场勘查的指挥人员应根据每个参加勘查的人员的特长,进行合理的、适当的分工。否则,就会出现工作忙乱、顾此失彼的情况,以致造成勘验不细、访查不深的结局。

一般说来,勘查一般案件现场,可以分为现场访问和实地勘验两个组进行工作。勘查重大和特别重大案件现场,可以分为现场访问、实地勘验、现场保护和调查控制四个组进行工作。

(1) 现场访问组。主要负责访问事主、其他当事人和现场周围群众,了解案件发生、发现前后的情况和过程,收集群众对案件的议论等。

(2) 实地勘验组。主要负责勘验、检查现场实地,发现、固定和收取与犯罪有关的各种痕迹、物品等。

(3) 现场保护组。充实原现场保护力量,负责保护现场和维护现场秩序,防止现场遭到自然或人为的破坏。

(4) 调查控制组。主要负责控制赃物、追缉堵截犯罪分子,监视看管犯罪嫌疑人或现行犯,查对现场实地勘验和访查中发现的重要线索。

现场勘查工作是一个有机的整体,所有参加勘查的人员都必须在现场勘查指挥人员的统一领导之下,各负其责,开展工作。同时,相互之间要主动联系,密切配合。这样,才能使现场勘查中所获得的材料得到及时补充和印证,顺利地完成现场勘查任务。实际工作中,有的侦查员和技术员到达现场之后,只顾埋头实地勘验,而不及时进行现场访问,或者实地勘验、检查完了之后再深入群众访问,使勘验和访问相互脱节;有的则技术员只管实地勘验,侦查员只管现场访问,两者互不及时通气。这些做法都不利于提高勘查的效率与质量,应当改进。

(三) 现场指挥应注意的问题

为了迅速、准确地查明现场情况,现场指挥人员还必须注意以下问题:

(1) 必须全面贯彻现场勘查的各项要求,真正做到主动及时、认真细致、全面客观、依法办事。

(2) 必须把专门工作和依靠群众结合起来。只有相信群众、依靠群众,把现场实地勘验和深入群众查访结合起来,才能加速查明现场情况。

(3) 必须把现场勘查同追击堵截、控制赃物、搜查或扣押等侦查措施密切结合起来,通过现场勘查发现问题,通过采取其他侦查措施澄清情况,以达到及时、准确地查明现场情况的目的。

四、现场勘查的纪律

为了顺利进行勘查工作,现场指挥人员应向全体勘查人员和见证人宣布现场勘查的纪律。现场勘查的纪律是:

(1) 要严格服从指挥人员的统一指挥,按照分工,各负其责,互相配合,有秩序地进行工作,不得擅自行事。

(2) 要保护现场上的公私财物,不得私拿、丢失或无故损坏任何物品。需要提取有关物品时,要经领导批准并征得事主同意,且要办理手续。

(3) 要尊重当地群众的风俗习惯。
(4) 要严格保守现场秘密,不准泄露有关现场情况和发现的线索。

第五节 现场访问和现场勘验

现场访问和现场勘验是现场勘查的两个主要组成部分,是勘查任何犯罪现场都必须采取的专门措施。现场访问和现场勘验做得好坏,直接关系到现场勘查的质量和侦查工作的结局。

一、现场访问

现场访问是指侦查人员深入出事地点,向了解案件有关情况的人进行调查询问的活动。其目的是使事主和现场周围的有关群众能够客观全面地提供出他们所知道的案件有关的情况,以便从中发现侦查线索和证据,推动侦查工作的进展。

现场访问应查询的问题,因访问对象的不同而有所区别。

(一) 访问报案人和最早发现案件的人应查询的问题

侦查人员到达现场后,首先应访问报案人和最早发现出事的人。主要查询以下问题:

(1) 发现出事的时间、地点。
(2) 发现出事的详细经过。
(3) 发现出事时现场的状态如何,有无变动,变动的原因是什么,以及变动后的状态如何等。

(二) 访问事主和事件的目睹人应查询的问题

事主和事件的目睹人是现场访问的重点。着重查询以下问题:

(1) 事件发生、发现的时间。
(2) 事件发生、发现的详细经过。
(3) 有关行为人的情况,如行为人的人数、年龄、体态、相貌、口音、衣着等具体特征,特别要注意询问行为人有什么特别记号,如斑痕、伤疤、瘊痣、文身、麻脸、独眼、秃顶、镶牙、断手、断腿、口吃等,以及行为人所使用的凶器、交通工具等。
(4) 有关财物的损毁、损失情况,特别要注意询问有关失物的种类、数量、价值、体积、重量、式样、新旧程度、平时保管使用情况以及失物的特别特征等。
(5) 有无怀疑对象,怀疑的依据是什么,被怀疑的对象的特征是什么等。

(三) 访问事主的家属、亲友应查询的问题

(1) 被害事主平时的生活规律、工作情况、交往人员情况,以及出事前后的言行表现等。
(2) 有无怀疑对象,根据是什么。

(四) 访问现场周围知情群众应查询的问题

(1) 在出事当时或者是出事前后看到或听到过一些什么情况,如是否看到可疑

人,是否听到某种异常声响或喊叫、呼救的声音以及是否看到其他可疑迹象等。

（2）有关被害事主及其家属、亲友的政治态度、工作表现、道德品质、生活作风、经济状况、平时来往人员等方面的情况。

（3）对事件的看法以及别人对事件的舆论和反映。

（4）当地的社情（包括非常时期的敌情、特请）和其他可疑情况。

现场访问必须严格地按照我国刑事诉讼法规定的询问证人和被害人的程序进行,必须根据访问对象的情况采取适当的方式、方法进行询问,必须制作正式的询问笔录。

二、现场勘验

侦查人员深入出事现场实地,运用各种科学技术手段,发现、观察、提取、记录一切同犯罪有关的痕迹、物品,并给予分析研究,以确定其产生、发展的原因及与犯罪行为的关系,这种工作就是现场勘验。

按勘验的对象划分,主要有:现场环境勘验、现场痕迹（包括枪弹痕迹）勘验、现场尸体勘验、现场活体检验、现场文书勘验以及现场物质、物品勘验等。

现场勘验的目的是查明现场实地同犯罪有关的一切痕迹和物品,对于同犯罪无关的场所,不能擅自进行勘验或检查。

（一）各种勘验应查明的问题

现场勘验的种类不同,应查明的问题也不尽相同。

（1）现场环境勘验应查明的问题。主要有:现场的方位;现场同周围环境的关系;行为人进入和逃离现场的路线。

（2）现场痕迹勘验应查明的问题。主要有:痕迹在现场中的位置、状态;承受客体的情况,以及同周围其他痕迹、物体的关系;形成痕迹的物质成分及痕迹上附着物质的情况;痕迹形成的过程、新旧程度、原因和造型客体的情况;痕迹与犯罪的关系。

（3）现场尸体勘验应查明的问题。主要有:尸体在现场上的位置、姿势以及与其他痕迹、物体的关系;死亡的时间、过程和致死的原因;尸体现象和尸体外表生前的特殊记号;尸体外部损伤的形状、性质、分布状况、严重程度以及其他异常的情况;如是碎尸,还应查明碎尸的手段、方式和工具,有条件的还要了解各种尸体的内部情况;衣着情况,包括随身携带的物品、包裹以及与死因有关的遗留物情况;尸体、尸块与犯罪的关系。

（4）现场活体检验应查明的问题。主要有:伤势,包括外部损伤和内部损伤情况;损伤的原因和具体过程;检验对象身上的附着物,如衣服上、头发里的血迹,指甲缝里的皮肤碎片等;行为人或犯罪嫌疑人皮肤外表的特殊记号;有的案件还需要查明检验对象的性机能和其他生理机能;检验对象的身体损伤情况与犯罪的关系。

（5）现场文书勘验应查明的问题。主要有:文书在现场的具体位置、状态及其与周围其他痕迹、物体的关系;文书的种类及其特征;文书制作的时间、材料和工具;文书与犯罪的关系。

(6) 现场物质、物品勘验应查明的问题。主要有：物质、物品所在的位置、状态及其与周围其他痕迹、物体的关系；物质、物品的名称、种类，制作时所用的材料及其颜色、形状、大小、重量和特殊记号；遗留的时间、形成的过程和原因；物质、物品与犯罪的关系。

（二）现场勘验的一般步骤

(1) 视察现场和划定勘验范围。主要是通过对现场周围和现场中心的大体情况进行巡视观察，弄清现场的方位、现场周围的环境和现场中心的大体情况，弄清行为人进入和逃离现场的路线，以便对现场概貌有一个初步的了解，并在此基础上，划定勘验范围。

(2) 确定勘验顺序。指从现场什么部位开始勘验。这应视现场的具体情况来定。一般做法：从现场中心向外围勘验；由外围向中心勘验；分片分段勘验；沿着有关的来去路线勘验；沿着地形、地物勘验；从容易遭到破坏的地方开始勘验；从入口处开始勘验等。总之，确定勘验顺序，必须从实际出发，因案而异，因地而别。如果不视现场的具体情况，盲目进行勘验，势必形成忙而无序的局面，影响勘验的速度与质量。

(3) 进入现场观察现场状态。一般做法是：先派一两名有经验的侦查人员进入现场仔细观察，找出一条可供侦查人员进出的路线，然后让其他侦查人员沿着标出的路线进入现场，观察案件发生、发现时的状态。同时，将现场全貌和现场周围的环境分别拍成现场全貌照片和现场方位照片，以便把发现案件时的现场本来状态固定下来。

(4) 初步勘验和详细勘验。初步勘验，也叫静的勘验。指侦查人员不改变现场物品的状态所进行的勘验。一般做法是：用眼睛看，用鼻子嗅等。对于发现的具有证据价值的痕迹、物品，要立即进行拍照固定，并把它们的状态详细记载下来。详细勘验，也叫动的勘验。指侦查人员改变现场物品状态和位置进行的勘验。一般做法是：利用各种光照角度和技术手段，对有关客体翻转、移动勘验，仔细寻找有关痕迹、物品，研究它们形成的原因及与犯罪的关系，并对有关痕迹、物品加以固定和收取。初步勘验和详细勘验是两个紧密衔接的工作过程，是不可能截然分开的。在通常情况下，对现场上的某一物体或某一部位进行初步勘验之后，接着就应进行详细的勘验，而不是把整个现场普遍进行一次初步勘验之后，再从头开始一遍详细勘验。

(5) 现场复验。由于主客观条件的限制，有时现场上某一情况不能一次认识，遇到这种情况，必须进行现场复验，以加深对现场的认识，获得更多、更全面、更准确、更完善的材料。

(6) 临场试验。如果经过复验，有些问题仍搞不清楚，可以临场进行试验，以确定现场某一现象究竟是在什么情况下形成的，是否与犯罪有关。

（三）制作现场勘验笔录

现场勘验笔录是一项重要的法律文书，是侦查人员依法用文字对现场勘验情况所作的记述。现场勘验笔录由导言、叙事和结尾三部分构成：

导言部分，主要记载以下内容：(1) 接到报案的时间，报案人的姓名、住址、工作单位、职业,以及案件发生、发现的时间、地点和经过情况。(2)侦查人员到达现场的时间。(3)保护现场人员的姓名、职业,保护现场过程中发现的情况及其采取的措施。(4)现场勘验人员的姓名、职务和分工。(5)在场见证人的姓名、职业和地址。(6)勘验的范围和顺序。(7)勘验开始和结束的时间,以及勘验当时的温度、光线等天气情况。

叙事部分,主要记载以下内容:(1)现场方位。记明现场具体地点及其周围环境情况。对现场周围环境中的有关地形、地物,可用"东南西北"或"前后左右"等词加以描述,并注明该地形、地物距中心现场的距离。(2)现场全貌。记明现场具体范围和状态。(3)现场中心。主要记明出事中心地点的状态。这是现场勘验笔录的重点,一定要写得仔细具体。(4)现场细目。记明在现场各处发现的可疑痕迹、物品(如凶器、血迹、精斑、毛发、粪便等)的数量及其特征。(5)现场勘验所见的一切反常现象。

结尾部分,主要记载以下内容:(1)采取的痕迹、物品的名称和数量。(2)拍照的现场照片的种类和数量。(3)绘制的现场图的种类和数量。(4)一切在场人员的有关声明。(5)现场勘验人员的签名或盖章。(6)见证人的签名或盖章。(7)笔录制作的日期。(8)笔录制作人的签名或盖章。

应该指出,现场勘验笔录只能由侦查人员制作;记载必须简明扼要,重点突出;用语必须明确、肯定,不能使用模棱两可、含混不清的语词;勘验中如果进行了尸体勘验、活体检验、侦查实验、搜查、扣押等,应独立制作笔录,并由主持人、勘验人、见证人签名或盖章,多次勘验的现场,每次勘验均应制作笔录,一案有多处现场的,应分别制作勘验笔录,现场勘验必须用照相和绘图进行记录作为勘验笔录的附件。对重大案件现场,应当录像。

第六节 现场讨论

现场访问和现场勘验结束后,现场指挥人员把所有参加勘验的人员(不包括现场见证人)召集起来,临场对现场情况和其他有关问题进行分析研究,称为现场讨论,也叫临场讨论或现场分析。

现场讨论是现场勘查的一个重要组成部分,是现场访问和勘验的继续和深入,是对勘查过程的全面检查,是现场勘查过程中一个带有关键性的步骤或环节。

一、现场讨论的步骤

现场讨论一般分汇集材料、个别分析、综合分析和重点分析四步进行。简述如下:

(一)汇集材料

一般是按现场勘查的分工,通过勘查人员的汇报,把现场访问材料、现场实地勘验材料、现场实验材料以及采取各种紧急措施所获取的材料,分门别类地汇集在一起。

（二）个别分析

个别分析是指对每类材料中的每一项材料进行单独考查，逐项认识。一是要分析各项材料的可信度，二是要分析每一项材料对于证明犯罪的实际意义。如果经过分析，认定某一项材料对于证实犯罪毫无意义，即使它是真实的，也应当舍弃。总之，通过个别分析，要对每一个问题都作出有依据的推断，以便为下一步的综合分析打下可靠的基础。

（三）综合分析

综合分析是指将案件各方面材料联系起来，通过由此及彼、由表及里的分析，揭示它们之间的内在联系，并通过相互印证、相互补充、相互比较，进一步分析材料的可靠性和证明力的大小，进而对整个案情作出判断。一般是首先要把所有的材料集中起来，对案件一个方面或几个方面进行分析，找出它们之中哪些是共同说明一个问题或几个问题，哪些是单独说明一个问题或几个问题，哪些是比较准确地说明一个问题或几个问题，哪些只是对某一个或几个问题作出某种可能性判断，哪些在说明一个或几个问题上还有矛盾等，以便逐步解决与发生的案件有关的各项问题，使侦查人员初步了解案件的一些重要情况。然后，再把每一个情节有机地联系起来，形成一个统一的整体，作出全面的分析判断。只有这样，才能对整个案件有一个正确全面的认识。

（四）重点分析

在个别分析和综合分析的过程中，常常会遇到一些得不到解决的问题，如有些材料之间存在明显的矛盾，有些痕迹、物品尚未得到科学的认识，有些问题的认识尚有争议等。遇到这些情况，应当由个别到局部，由局部到整体进行重点分析。必要时，可以进行现场实验，或者复验现场和再向有关人员访问。

二、现场讨论的几种分析方法

现场讨论通常采用心理分析法、辩证分析法和逻辑推理法。简述如下：

（一）心理分析法

心理分析法主要是运用心理学的理论和方法分析证人的感知能力，以及直接故意犯罪这一客观事实所反映的犯罪人的犯罪动机特点和其他心理特点。

（1）证人感知能力分析。主要是分析证人对案件有关事实、情节的感知特点。

（2）犯罪人犯罪动机分析。适用于直接故意犯罪案件。犯罪动机属于犯罪主观方面的因素，是犯罪人的一种主观心理状态，但是只要犯罪人直接故意实施犯罪行为，这种主观心理状态就会在犯罪行为发生的过程及其结果中有所反映。犯罪动机分析法，就是从已知（犯罪的客观行为和结果）推断出未知（犯罪的动机），从犯罪的客观现实判明犯罪的主观因素的一种方法。犯罪行为的发生过程，一般可以分为四个阶段，即犯罪动机的产生阶段、犯罪目的的确定阶段、犯罪手段的选择阶段和犯罪行为的实施阶段。犯罪动机是促使犯罪目的形成的主观因素，犯罪手段是犯罪目的得以实现的保证，犯罪行为的实施则是犯罪人在犯罪动机的推动下，以犯罪目的为出发点，通过运用具体的犯罪手段实现的。也就是说，犯罪行为的发生，是犯罪动机的形象化、具体化和行为化；犯罪行为发生过程中各个阶段之间，前者是后者的原因，后者是前者发展的必然结果，它们像一条锁链一样，是不可分割地、紧密地、一环扣一环地联系在一起的。现场讨论正是根据这种联系来分析犯罪人的犯罪动机的。

（3）犯罪人其他心理特点分析。除犯罪动机之外，犯罪人的智力、情感、意志、技能、能力、性格等主观心理特点，也必然要在犯罪行为的发生过程及其结果中有所反应，也应注意运用心理分析法进行分析。

（二）辩证分析法

辩证分析法是观察事物、分析问题的根本方法。现场讨论中的辩证分析，主要是指分析各项勘查材料所反映出来的矛盾。分析时应注意掌握矛盾的个性；抓矛盾的主要方面；透过现象看本质；分析必然性与偶然性；分析现实性与可能性等。并注意关于量变与质变、肯定与否定、原因与结果分析的运用。

（三）逻辑推理法

经过上述分析，对各项材料进行综合对比，相互印证之后，还必须运用逻辑推理的形式，对所发生的案件的事实情节作出恰当的推断。

（1）现场判断。即断定事件事实的情况，指出案件某一客观事实具不具有某种性质，或者指出案件中两个事物之间具不具有联系（关系）。现场讨论中常采用的判断有：第一，必然性判断。即断定必然具有或必然不具有案件事实的判断。它是表示对案件规律性的认识的判断，要求准确可靠。不能有任何其他可能性存在，否则就会犯主观臆断的错误。例如，从出事地点和其他某些情况分析，得出抢劫杀人的必然性判断时，又发现被害人的财物被抛至距出事现场较远的地方，那么，对该案件的性质就不能作出必然性判断的结论。因为它有可能是凶犯在抢劫杀人逃跑过程中将财物失落，也有可能是其他原因杀人而故意制造抢劫杀人的假象。第二，或然性判断。即断定可能具有或可能不具有案件事实的判断。它是带有对案件推测性认识的判断，不是完全肯定，也不是完全排除，而是反映某些情况的不可排除性，并有待于进一步解决。或然性判断有或然性小、有或然性和或然性大的程度区别。必须指出，或然性判断尽管接近于否定或肯定的程度不同，但也不可忽视或漏掉对每一种推断的证明。因为根据极小的线索作出的判断，可能就恰恰是行为人的疏忽造成的。另外，或然性判断虽然是一种推测性判断，但它是以一定的客观事实为依据的，是合乎逻辑、符合情况、接近事实的。没有事实乱猜疑，所作的推测就可能是错误的判断。或然性判断能够帮助侦查人员在纷繁复杂的案件中，理出一些头绪，排除一些可能性，指出一定范围和重点，为进一步判明案情和开展侦查工作指明方向。第三，选言判断。即断定案件某一事实情节有几种情况、几种可能性可供选择的判断。一般是在分析的材料不足，不能作出必然性判断或或然性判断时所采用的一种判断形式。例如，一女青年在郊外河边一僻静处被杀。勘查发现：死者怀孕6个月，身上无任何钱财和证明身份的文件。据此判断，该女青年被害或是情杀、或是仇杀、或是抢劫杀人、或是杀人灭口、或是其他杀人。对案件的某一事实情节作出选言判断时，必须根据对已有材料的分析，穷尽一切可能性，否则整个判断就可能是假的。根据选言判断进行侦查，必须同时在各方面布置侦查力量,同时开展工作,否则就会放纵真凶,贻误战机,甚至可能冤枉无辜。选言判断可以帮助侦查人员提出侦查的范围和解决问题的各种线索。因此,对于各种案件,特别是某些复杂的杀人案件(如未知名尸体案)的事实情节的判断,选言判断的形式是不可少的。第四,假言判断(或称条件判断)。即有条件地对案件的有关事实情节的断定。因为它具有假设的性质,所以称假言判断。假言判断由前件和后件两部分组成,前件和后件之间具有条件关系。由于前后件之间的条件关系不同,可以分为充分条件假言判断、必要条件假言判断和充分必要条件假言判断。现场讨论中常用的是充分条件假言判断,其特征是:有前件存在,必有后件存在;但如无前件存在,后件不一定不存在。就是说,充分条件假言判断,前件是后件的充分条件,后件是前件的必要条件,前件真时后件必真,前件假时后件不一定假,后件真时前件不一定真,后件假时前件必假。可见,对某些事实情节作出假言判断时,要掌握充分材料,至少要弄清楚在哪些条件下才能得出这种判断,要注意前件与后件之间的必然联系。如果不充分占有材料,不认真分析这些材料,判断时前件与后件之间没有必然联系,那么这种假言判断便是错误的。应该指出,所发生的案件情况千差万别,判断的材料来源也不一样,这就决定了对案件的事实情节的判断形式也必然不尽相同,就是在同一案件里,对不同的事实情节所采取的判断形式也不会相同,所以,在运用上述四种判断形式的时候,应当根据情况和需要,灵活地运用其中的一种或几种,以求得出正确的判断。

(2)现场假说。即说明事物的存在(或不存在)、性质、原因和规律的假定,并且证明这一假定的一种思维方法。其一,假说的提出。即根据对勘查材料的分析研究,对那些因果关系搞不清楚的事实提出来的。不根据事实进行推测是幻想,而不是假说。一般说来,一个具体的事实可以由不同的原因所引起,为了寻找该事实的真正原因,就应该列举产生它的一切可能原因,然后通过分析、反驳和验证,找出其真正的原因。现场讨论提出的假说,多数系相对"穷尽",即在一定条件下,它只有这几种可能,并不排除将来随着侦查工作的进展,发现新的可能。其二,假说的证明。一般有下面两种方式:一是通过复验现场直接证明假说。例如要证明现场有血迹,可以通过复验现场直接进行观察。二是通过现场实验证明由假说所推出的结果。这种证明包含三个步骤:第一步,由假设推出结果。即暂时承认某一假说是真实的,由它推出一些结果来。第二步,用现场实验检验由假说所推出的结果。第三步,假说被证明或推翻。由假说所推出的结果,被实验证实了,假说就是真实的,应该被采纳;被实验推翻了,假说就是虚假的,应该被舍弃或修改。

(3)现场推理。即根据案件已知的判断来推导出一个全新的判断的思维形式。现场讨论中根据已知的案件材料,对案件作出科学的推理,这是认识案件情况的重要方法。实践证明,现场讨论离不开推理。没有推理,对案件的认识就只停留在表象上、外表上,而不能认识它的本质及内在联系,也就不能指导侦查实践。现场讨论时经常采用的推理有以下几种:第一,演绎推理。即从案件的一般规律和特点,推导出个别事件特性的推理方法,是前提与结论间具有的必然联系的推理。例如,从"凡是被掐死的人,颈部必有表皮剥脱和软组织出血的痕迹"和"某人是被掐死的",即可推导出"某人的颈部一定有被掐的痕迹和软组织出血的现象"。反之,从"某人没有这种痕迹和现象"就可推导出"某人不是被掐死的"结论。现场讨论中,运用演绎推理的方法,从一般推导出特殊,就能给侦查人员指明方向,推进侦查进展。第二,归纳推理。即由个别事物或现象推导出该类事物或现象的普遍性规律的推理,是前提与结论间具有或然联系的推理。这种根据个别案件的特点推导出同类案件共同特点的推理,在现场讨论中也是经常采用的。如探讨犯罪现象之间的因果关系,研究损伤及其检验等都要运用归纳推理。例如法医学证明:掐死只见于他杀,自掐不能致死就是运用归纳推理得出的科学结论。侦查中串联案件并案侦查更是离不开归纳推理。第三,类比推理。即根据两个对象都有某种属性,而且其中一个对象还有另外的属性,由此推出另一对象也具有同样某种属性的推理。类比推理的结论只能是或然性的。但它在现场讨论中也是经常被采用的,特别是在推断是否惯犯作案、相似案件的并联、追破积案等方面有着重要作用。第四,回溯推理。即根据事物的结果,运用已知的知识,推断产生这种结果的原因,或产生这种结果的过程和环节。从结果推断原因,就是回溯推理的逻辑过程。犯罪案件的发生,往往只知道结果,不知道原因,如人被杀死了,但不知杀人原因,而其因果关系又是复杂多样的。运用回溯推理的方法有助于查明事件的因果关系和事实真相。可以说,回溯推理贯穿现场讨论和侦查的全过程。例如根据现场状态推断作案过程;根据犯罪行为的结果推断犯罪手段、动机和目的;根据尸体现象的变化推断死亡原因等。

三、现场讨论应解决的问题

(一)事件性质分析

已经发生的事件是否属于犯罪事件,这是现场讨论中必须首先解决的问题。因为只有判明了事件的性质,才可以决定是否立案侦查。在一般情况下,判明事件的性质并不难。但是,实践中也经常碰到一些比较复杂的事件,要判明它究竟是属于何种性质,则必须通过对勘查材料的认真分析、反复研究,并结合侦查调查,才能最后判明。一般从以下几个方面分析:

(1)分析访问对象的陈述是否合乎情理。主要分析被害事主及其亲属和其他证人的陈述是否有个人目的;陈述本身是否前后矛盾;陈述是否符合犯罪事件发生、发展的一般规律;陈述是否与其他证人证言相矛盾;陈述是否与现场勘验所见相一致;陈述时的神态表情怎样;陈述是否由某种错觉所引起;陈述是否为事件的发生在头脑中所引起的无关设想或联想;陈述是否对事实和法律理解有错误;是否由于其本身就是犯罪人而故意提供假情报或有意陷害别人;所讲情况的来源等。

(2)分析事件现场的本身是否存在矛盾。主要是分析现场痕迹(包括尸体上的痕迹和活体损伤)是否符合犯罪事件的一般规律;现场是否有外来物质;现场痕迹与遗留在现场上的造型物是否相吻合;第一现场与其他现场及现场的中心与外围是否有内在联系;现场内部现象是否因自然或人为的因素遭到改变;现场是否由某种自然因素(如雷击)或其他不可抗拒的原因造成的；现场是否有其他该出现而未出现、不该出现而出现了的反常现象等。

(3) 分析现场周围群众对事件的反映。一起事件发生后，现场周围的群众定会作出种种反映。分析他们的反映，有助于对事件性质的判断。主要分析群众对被害事主或报案人的工作性质、政治倾向、工作作风、道德品质、性格特点、经济情况、家庭成员和社会关系等情况的反映。因为这些情况往往能反映出是否因报复、图财和奸情等引起的犯罪案件。对责任事故还是破坏事故等涉及专门知识的问题，在确定性质时，尚需请有关专家参加研究。

(4) 进行复验复查和必要的现场实验。经过上述分析研究之后，如果仍不能判明事件的性质，可以对现场复验、复查。必要时，经领导批准，也可以通过现场实验来审查是否已经发生了犯罪事件。

(二) 犯罪情况分析

判明了事件为犯罪案件之后，还必须对犯罪的具体情况进行分析研究。它主要包括对犯罪时间、犯罪地点、犯罪人数、犯罪工具、犯罪方法、犯罪目的、犯罪动机的分析研究。简述如下：

(1) 犯罪时间分析。有助于确定嫌疑人范围，肯定或否定嫌疑线索、核实证人证言、被害人陈述和犯罪嫌疑人、被告人的口供等。一般包括如下内容：第一，根据被害事主、发现人、报案人和知情群众所提供的发案经过情况，如被害事主和犯罪人遭遇的时间、最后看到死者生前活动的时间、听到呼救声的时间、听到异常声响的时间、看到犯罪人逃跑的时间、现场最后离开人的时间、发现出事的时间、走亲访友的时间等进行分析。第二，根据能表明时间的物品，如手表停止的时间、日历停翻的时间、日记停记的时间、盖有邮戳的信件、汇款单上表明的时间、报纸上记载的时间、影剧票及车票上表明的时间等进行分析。第三，根据现场陈设，如室内灯光是亮着还是关闭着，床上被褥是否铺开，炉火是否熄灭，炉温情况如何，热水瓶中的水是否还热，饮食食具状况等进行分析。第四，根据痕迹的新鲜程度进行分析。第五，根据其他物质的状态，如血迹、精斑、尿斑、粪便、糨糊等干湿程度，现场物体上的尘土堆积情况，遗留在现场的烟头、火柴杆的数量和新鲜程度，蜡烛的痕迹，燃烧的纸，特殊气味等进行分析。另外，还可以根据天气变化的情况、被害人的生活习惯、现场尸体勘验所见等进行分析。必要时，可以通过现场实验进行分析。

(2) 犯罪地点分析。分析犯罪地点包括两方面内容：一是发现案件的地点是否为第一现场，二是有无第二、第三等现场。分析犯罪地点有助于判明犯罪人与被害人的关系，准确地发现和收集与犯罪有关的痕迹、物品，有时还可以找到案件的目睹人和其他证人等。分析的根据主要包括：被害人和周围群众关于发案经过的陈述；犯罪人在实施犯罪行为时形成的各种痕迹；现场外来物质；现场丢失物品的状况等。

(3) 犯罪人数分析。对于确定侦查范围和进一步侦查调查具有重要意义。一般从现场不同种类的犯罪痕迹；被害人尸体上的不同种类的伤痕；失物的数量、体积、重量；被害人或群众目睹的犯罪人数等方面进行分析。

(4) 犯罪工具分析（详见第六章第一节）。

(5) 犯罪方法分析。犯罪方法，主要是指犯罪分子在现场上的活动特点，如出入现场的行走路线、作案对象的选择、作案的经过以及破坏方法的职业特点等。分析犯罪的方法，可以初步判明犯罪分子是否为惯犯，以及犯罪分子的职业特点等，有时还可以推断在同一地区先后发生的几起案件是否为同一人或同一伙人所为。为判明犯罪人的犯罪方法，应全面分析现场的痕迹、物品的状况，原有物体变动的情况以及事主的陈述和知情群众提供的情况等。必要时，可以进行现场实验。

(6) 犯罪目的分析。犯罪目的是指犯罪人通过实施犯罪行为所期望达到的结果。直接反映着犯罪行为的社会危害性程度，在某些情况下，还直接影响到犯罪行为的性质。例如故意杀人和伤害致死，两者之间的根本区别就在于犯罪目的不同。犯罪目的是犯罪主观方面的因素，它只存在于直接故意犯罪中。就多数犯罪事件来说，犯罪目的是比较明确的，一般从行为本身及其危害后果就可判明。但有的复杂案件，如上述的故意杀人和伤害致死，从行为本身和所造成的后果来看，就很难划分，只有经过对勘查资料的认真分析研究，并进行必要的侦查调查，才能初步判明。如果犯罪人被当场抓获，还要分析其对犯罪目的的陈述等。

(7) 犯罪动机分析。犯罪动机是指引发犯罪人实施犯罪行为的内心起因，往往比较隐蔽，其情况也是千差万别、错综复杂的，要真正准确地认识它并不容易，尤其是当犯罪人采用销匿罪证、移花接木等手段，布设疑阵，制造假象，竭力掩盖其真实的犯罪动机，以转移侦查视线时，就更不容易。因此，要判明犯罪动机，必须全面、细致地对勘查中所获得的各项材料作系统分析，全面认识犯罪人的活动，才能对犯罪动机作出准确的判断。一般根据现场状况、被害人情况、事主和证人的陈述、犯罪嫌疑人口供等进行分析。必须指出，犯罪动机的复杂性往往使案件的情节变得相当复杂，特别是结伙犯罪，其犯罪成员的犯罪动机往往不可同一而论，所以在研究他们犯罪动机的口供时，也不能相同看待。例如，一起结伙杀人案，甲、乙、丙合伙杀害丁，拿走丁的财物，由乙、丙分掉。初看起来，丁是图财被害，但从甲的行为看，并无此动机。根据深入侦查和犯罪嫌疑人的供认获知：甲因与丁有仇而以丁家有大量财物引诱图财的乙、丙合伙杀害丁。据此分析，推断甲、乙、丙三个嫌疑人的犯罪动机：甲是报私仇，而乙、丙则是图财。

(三) 犯罪人条件分析

(1) 犯罪时间条件分析。任何犯罪事件都有特定的犯罪时间。犯罪时间是发现和审查犯罪嫌疑人最基本的条件。按照时间的一度性和排他性（一个人在特定的时间内只能从事一种活动），只有当某人具备了犯罪时间之后，才能进一步考察他有无其他犯罪条件。分析犯罪时间条件，主要是根据具体出事的时间、地点以及周围的环境，分析什么人有接触现场的机会，并有足够的时间去实施和完成犯罪行为。但应特别注意，有些狡猾的犯罪分子，为了转移侦查视线，往往在犯罪时间上施展伎俩，制造假象。例如，有的犯罪人利用工间、课间作案；有的利用看电影、看戏途中离开作案，作案后又返回原处；有的夜晚乘车由甲地到乙地作案，天亮前又乘车返回甲地；有的内外勾结、故布疑阵；有的谎称回家探亲或外出，夜里又潜回作案等。

（2）熟悉内情条件分析。熟悉内情条件，是指犯罪人对现场情况和被害人的生活规律是否熟悉以及熟悉程度。分析犯罪人是否熟悉内情的根据主要是：选定的作案时间、作案地点、作案部位、来去路线、出入口等是否合适，选择的作案目的物是否准确等。另外，弄清被害人的身世、活动范围、接触关系（如亲朋、邻里、同事、同学、同路人等）和被害的具体过程，也能推断出犯罪人是否熟悉情况等。例如，持明显器械杀人，而被害人毫无防备，很可能是熟人；作案避人耳目，可能是当地人；守候作案，可能是熟悉现场情况的人；犯罪后处理现场（如破坏现场等）的，可能是近处人作案等。

（3）因果关系条件分析。因果关系是指犯罪人与被害客体之间的矛盾或利害关系。有些犯罪事件，在弄清其性质的基础上，即可判明犯罪人与被害客体之间是否存在因果关系。例如，奸情杀人，表明犯罪人与被害人之间可能有过正当的或不正当的男女关系；投毒、报复杀人，可以确定犯罪人与被害人之间可能有过矛盾冲突；遗弃杀人，犯罪人多为被害人的亲属等。又例如，放火案件，根据现场情况，可以判明犯罪人与被焚烧对象是否有直接的利害关系等。在研究因果关系条件时，要考虑前因、后因、远因、近因、本因、他因等诸方面因素。

（4）犯罪痕迹、物品条件分析。犯罪人作案遗留的痕迹、物品是多种多样的，如现场遗留手印、脚印、工具痕迹、枪弹痕迹、断离痕迹以及血迹、精斑、唾液、粪便、尿迹、毛发等。通过技术勘验提供的物质上的根据，可以查找留下现场痕迹的人体、物或同类型物质。

（5）同类遗留物条件分析。犯罪分子作案时，往往将作案工具、使用物或随身携带的物品遗留在犯罪现场，甚至将身上带来的农作物颗粒、泥土、花粉等物质遗留在现场。这些物质、物品具有一定的特征，可以用来查找犯罪人。因此对现场遗留的物质、物品，必须进行检验识别，确定是否为犯罪人所留和与犯罪行为的关系，以便查明犯罪人是否有过或者仍有同现场遗留物相同的物质、物品。

（6）赃物条件分析。有些盗窃、抢劫等案件，必须查明失物的数量、特征，以便从嫌疑人处发现赃物。但应注意犯罪人是否将赃物转移、扔掉、烧掉、毁坏或改头换面隐藏。

（7）职业特点条件分析。有些案件现场，往往可以反映出行为人的职业特点。例如，从作案手段看，用解剖技术肢解尸体，可以表明行为人的医疗或屠宰职业特点；善于使用斧、锯之类工具作案，可以反映行为人的木工职业特点；使用选配钥匙开锁或使用技术方法打开保险柜锁，可以反映行为人具有开锁或熟悉保险柜的职业特点。从失窃物品看，被盗物品中有些物品有一定专业性，可以反映行为人懂得物品的性能等。从现场遗留物品看，现场遗留的文件、书报、字迹、钢笔等，在一定程度上可以反映行为人的文化程度；现场遗留的工作证、介绍信和其他表明身份的证件，则可以直接指明行为人的职业身份等。但应注意行为人是否有意伪装现场或有意陷害他人，例如某市一杀人分尸案，行为人故意将第三者的照片撕下一半放在尸块包裹里来转移侦查视线。

（8）惯犯偶犯条件分析。主要从作案手段看是否有技巧。使用工具熟练，破坏方法得当，有一定习惯性，则往往反映是惯犯所为。另外，惯犯有作案经验，往往不留痕迹或有意消痕灭迹。某些犯罪人专门盗窃贵重物品如铜锭、锡锭等，就可能是具有销赃能力的惯犯。

（9）体貌特征条件分析。体貌特征主要是指犯罪人的性别、年龄、身高、体态、口音、相貌、走路姿态、发型、文身、疤痣、生理上的残缺以及衣着打扮等。分析犯罪人的体貌特征，主要是根据被害人或目睹人提供的材料、现场痕迹（如脚印、手印等）、现场其他情况（如出入口位置高低、大小等）、现场物品的损失情况（数量、体积、重量）等来判定。如果被害人与加害人搏斗过，还应注意犯罪人身上是否有伤、血迹或衣物是否破损。但应注意到某些特征如衣着、发型、鞋等是否在犯罪后改变，以免疏忽上当。

（10）反常表现条件分析。犯罪人在实施犯罪后，由于怕犯罪行为被揭发受惩，往往在心理上表现出极大的恐惧感，这些必然在神态表情和言行举止中有所反映，如发案前后情绪紧张，精神不振，心情不安，故作镇静等；还有的在经济、生活、工作、交往、言语等方面一反常态，或到处探听消息、尾随偷听、反侦查等。但应注意必须把有无反常表现与上述其他条件联系起来综合分析，判明是不是反常及反常的原因。

必须指出，由于犯罪事件的情况不同，犯罪人条件也不尽相同，必须根据犯罪事件具体情况作出切合实际的判断。力求做到范围尽量缩小，重点突出，根据可靠。如果根据现有材料，还不能够对犯罪人条件作出明确的判断，就不必勉强，待收集足够材料以后，再研究确定。但应根据现场材料，作出或然性判断，以便为进一步开展侦查工作提供方向。

第七节　结束勘查

结束勘查是现场勘查的最后一道工序，是对现场勘查的全部活动进行全面的检查、总结。结束工作做得好与不好，直接影响着勘查的质量，影响着整个侦查破案工作的开展。

一、结束勘查的条件

结束勘查必须具备下列条件：
一是现场主要情况已经查明和研究清楚。
二是侦查的范围、重点和应采取的侦查措施已经确定。
三是各项法律手续已经完备。
结束勘查前，侦查人员应遵照这三个条件对现场勘查活动进行一次认真的检查、复核，发现不足之处，要及时补正。必要时，还可以对现场进行复验、复查。只有同时具备了这三个条件，才能决定结束勘查。

二、结束勘查后的处理

现场勘查结束以后，侦查人员应当根据案件的具体情况，抓紧时间搞好现场勘查后的处理。主要包括以下几项工作：

（1）撤销现场保护。结束勘查后，应撤销现场保护，通知事主进行妥善处理。重要物品应当向事主当面点清。杀人现场可以让死者的家属、亲友将尸体火化或掩埋，如果没有亲属，可以由侦查案件的机关协同民政部门或者死者生前所属单位负责处理。

（2）运送有关痕迹、物品。现场勘查结束后，对于提取的有关痕迹、物品，应当妥善包装、加封和运送，防止损坏和丢失。如果现场有些物品需要提取，应当给物主开具收据；如果是贵重物品和内部机密文件，应当由负责案件侦查机关的主要负责人批准后才能提取。

（3）处理监视和扭送的犯罪嫌疑人。现场勘查结束后，对于在现场保护和现场勘查过程中所监视的重大犯罪嫌疑人和群众扭送的犯罪嫌疑人，应依法采取适当的措施。需要对其人身、住宅进行搜查时，应严格按照我国《刑事诉讼法》的有关规定办理。

第十三章　侦查的程序

刑事案件侦查,有从事到人和从人到事两种实践模式。从事到人是侦查机关受理案件时有明确的犯罪后果,但不知道犯罪嫌疑人是谁。此种情况下的侦查工作,是从勘查研究犯罪的后果(即勘查现场)出发,开展调查,寻找线索,收集证据,揭发犯罪嫌疑人,例如杀人、放火、抢劫案件的侦查等。从人到事是侦查机关受理案件时有明确的犯罪嫌疑人,但不清楚或不完全清楚其犯罪事实,亦缺乏犯罪证据。侦查的任务是围绕嫌疑人的活动展开调查,发现线索,收集证据,证实犯罪。例如贩毒、洗钱、贪污、贿赂案件的侦查和某些盗窃、诈骗、走私案件的侦查等。

第一节　侦查的提起

世界各国和地区提起侦查的方式可分为随机性提起侦查和程序性提起侦查两种方式。随机性提起侦查,是指开始侦查工作并无专门的程序,而是根据案件的实际情况和侦查主体获得的信息随时开展侦查。在绝大多数国家和地区,侦查主体开始侦查以其发现犯罪嫌疑为前提,除履行某些必要手续外,不需要经过专门的侦查开始程序。如《意大利刑事诉讼法典》在第五编"初期侦查和初步庭审"中有"对犯罪信息的登记"(第 335 条)及"对追诉的批准"(第 343 条)等规定,当未获得批准追诉时,不得使用拘留、人身防范措施、搜查、检查、辨认、对质、通话或通信窃听等侦查手段。[①] 我国台湾学者也认为:"侦查权之发生,并不以刑罚权已否存在为前提。故侦查之开始,系由主观意思,即检察官认为有犯罪嫌疑时,即得开始侦查,并不以客观事实是否存在为必要。"[②] 我国《刑事诉讼法》沿用原苏联的刑事诉讼立法经验,把刑事诉讼活动划分为五个阶段,即立案、侦查、起诉、审判、执行。一起刑事案件的诉讼活动,一般都要经历这五个阶段。立案程序是提起侦查的前提,也是侦查活动正式纳入刑事诉讼程序的标志,因而,立案是侦查程序的起点。

一、立案的根据和条件

(一)立案的根据

一是主动立案。我国《刑事诉讼法》第 109 条规定:"公安机关或者人民检察院发现犯罪事实或者犯罪嫌疑人,应当按照管辖范围,立法侦查。"二是被动立案。我国《刑事诉讼法》第 112 条规定:"人民法院、人民检察院或者公安机关对于报案、控告、

[①] 参见《意大利刑事诉讼法典》,黄风译,中国政法大学出版社 1994 年版,第 119—121 页。
[②] 陈朴生:《刑事诉讼法论》,台湾正中书局 1971 年版,第 146 页。

举报和自首的材料,应当按照管辖范围,迅速进行审查,认为有犯罪事实需要追究刑事责任的时候,应当立案;认为没有犯罪事实,或者犯罪显著轻微,不需要追究刑事责任的时候,不予立案,并且将不立案的原因通知控告人。控告人如果不服,可以申请复议。"

侦查实践中立案的事实依据或材料来源通常包括:侦查主体情报经营;现行犯被抓获扭送;国家机关、群众团体、企事业单位的报告;被害人的报案或控告;知情人的举报;同案犯的揭发;犯罪嫌疑人的自首;在押人员的坦白交代;办案中发现的线索;特种行业管理中发现的线索;工商管理、税务、海关部门提供的情况;审计、监察、纪检部门移送的材料;人民法院移送和人民检察院、人民公安机关相互移送;国家权力机关和上级业务部门交办等。

(二)立案的条件

根据法律规定,立案的条件包括认为有犯罪事实存在(或者即将发生)和需要追究犯罪嫌疑人的刑事责任两个方面。认为有犯罪事实存在,是指侦查主体根据知识和经验判断认为客观上已经发生了刑事侵害行为(包括正在准备的犯罪),而且依据刑法规定,这种行为已经涉嫌犯罪。需要追究犯罪嫌疑人的刑事责任,是指应当给犯罪嫌疑人以必要的刑事处罚。这种判断是主观上的认知,不是客观证明。是否构成犯罪,还需通过侦查收集证据,控制犯罪嫌疑人后,经法庭审判确认。

如果某种行为通过知识和经验判断明显不构成犯罪,或者虽然已经构成犯罪,但犯罪事实显著轻微不需要追究刑事责任,以及犯罪嫌疑人已经死亡,犯罪已过追诉时效期限等,则不予立案。

二、接受案件线索

侦查主体对于报案、控告、举报、自首、扭送的案件线索,都应当立即接受,问明情况,并制作笔录。必要时可以录音、录像。

(一)制作询问笔录

1. 询问笔录的内容

询问笔录应当包括以下内容:(1)告知控告人、举报人应当如实提供情况,不得诬告、陷害,以及诬告、陷害应负的法律责任。(2)案件的详细情况,包括案件发生、发现的时间、地点、原因、经过、违法标的物的品名、数量、违法手法等情况;犯罪嫌疑人出入现场的路线、方向;现场周围情况、是否采取了处置措施、是否被保护等。(3)犯罪嫌疑人的详细情况。对知悉犯罪嫌疑人情况的,应当问明犯罪嫌疑人姓名、性别、年龄、身高、口音、行走姿势、衣着打扮、体态特征、携带的违法标的物、犯罪方式手段和人数、职业、住址、工作单位、联系方式以及与犯罪嫌疑人熟悉的经过、关系等;对自首的,应当问明自首的方式、动机、目的、过程、同案人基本情况等。(4)证人的详细情况。对知悉证人的,应当问明证人姓名、性别、年龄、职业、住址、工作单位、联系方式等。(5)涉案标的物、犯罪工具的详细情况。对知悉涉案标的物、犯罪工具的,应当问明涉案标的物和犯罪工具的品名、产地、型号、规格、数量、重量、价值、特征、车辆船舶牌号等。检察机关与公安机关制作笔录的基本要求大体相同。

2. 询问笔录的核对

笔录制作完毕后应当交报案人、控告人、举报人、自首人、扭送人核对或向其宣读，确认无误后，由其签名或者盖章。报案人、控告人、举报人、扭送人如果不愿意公开自己姓名的，应当为他保守秘密，保障他及其近亲属的安全，并在笔录中注明。对电话报案的，要做好电话记录，特别是要记清报案人的联系方式。对匿名报案的，也应问明以上内容，并及时调查核实。

（二）接受证据

接受案件的人员对报案人提供的有关证据材料、物品等应当登记，必要时拍照、录音、录像，并妥善保管。移送案件时，应当将有关证据材料和物品一并移交。

接受有关证据材料、物品，应当制作"接受证据清单"一式两份，写明名称、规格、数量、特征等，由报案人签名（盖章）、捺指印，一份交证据提供人，一份留存。"接受证据清单"参照"扣押物品、文件清单"制作。

（三）制作受案文书

公安机关接受案件的侦查人员应当制作"接受刑事案件登记表"，连同其他受案材料，报主管负责人审批。接受案件的侦查人员应当在"接受刑事案件登记表"中填写以下主要内容：报案人基本情况和案件来源；报案内容，包括发案时间、地点、简要过程、涉案人基本情况等；接警单位、地点、人员、时间。

人民检察院举报中心负责统一管理举报线索，规定受案时应根据线索来源分别制作询问、电话举报、自首等笔录，必要时可拍照、录音、录像，逐案登记建档，并对直接受理的县、处级以上干部犯罪的要案线索实行分级备案管理制度。

受案材料及文书是侦查机关受理刑事案件的原始材料，应当妥善保管、存档备查。

（四）现场处置

对需要立即赶赴现场处置的，应当尽快到达现场，依法、稳妥、果断处置。处警侦查人员应当及时报告案件处理情况。案件现场处置应当做到：划定保护区域，布置现场警戒，保护现场；抓捕、看管和监视犯罪嫌疑人；进行初步现场调查；核实情况，保全证据，迅速向上级领导报告；向侦查部门侦查人员通报案件发现经过、现场保护和初步处置的情况。对武装掩护犯罪以及以暴力、威胁方法抗拒侦查的案件现场的处置，除按上述规定执行外，还应当立即请求上级侦查机关采取以下措施：对可能受侵害的重点目标采取保护和警戒措施；向邻近地区发出预警通报；迅速通知公安、海关、边防等检查站点进行堵截。

现场处置完毕，应当依法将犯罪嫌疑人、有关人员、作为证据使用的物品和文件带回侦查机关继续调查处理。对不能或不便于带回的物品，依照有关规定查封或者妥善看管。

三、受理案件的审查

受理案件的审查，主要是审查报案、控告、举报和自首的材料以确定是否有犯罪事实的存在。只有认为有犯罪事实存在,而且需要追究刑事责任的时候,才能立案;如果认为没有犯罪事实,或者犯罪事实显著轻微不需要追究刑事责任的时候,则不予立案。这种审查又叫作审查事件性质,即某一事件属犯罪嫌疑事件或非犯罪嫌疑事件,其目的在于解决是否立案以致是否提起侦查的问题。凡是具备犯罪构成要件的是犯罪嫌疑事件;不具备犯罪构成要件的则属于非犯罪嫌疑事件。对犯罪嫌疑事件还应当审查是否达到刑事立案的标准。我国刑法对于犯罪的构成采取了定性与定量的综合标准。因此,行为的危害结果(程度)是衡量应否追究刑事责任的尺度之一。根据我国法律关于属地管辖为主属人管辖为辅的刑事案件管辖原则和侦查机关关于级别管辖的规定,侦查主体对于有管辖权的案件,凡是有必要采取侦查措施的,都应当立案侦查。对于在受理案件过程中发现不属于自己管辖的案件,应当移送主管机关处理,并且将移送的情况通知报案人、控告人、举报人;对于不属于自己管辖而又必须采取紧急措施的,应当先采取紧急措施,然后移送主管机关。

四、决定立案或不予立案

(一)决定立案程序

对符合立案条件的,公安机关侦查部门应当制作"呈请立案报告书",连同"接受刑事案件登记表"等受案材料,报侦查机关负责人批准。经批准立案的,侦查部门制作"立案决定书"。侦查机关负责人直接在"接受刑事案件登记表"或者其他文书上批示立案侦查的,不再制作"呈请立案报告书",直接制作"立案决定书"。

人民检察院对立案材料审查(书面审查或必要的调查即初查)后,认为需要立案的,由案件承办人制作"立案报告书",经检察长批准后制作"立案决定书",在决定立案侦查之日起3日内,将立案备案登记表、提请立案报告书和立案决定书一并报送上一级人民检察院备案。

对有报案人、控告人、举报人、扭送人的,应当告知立案情况,但案件涉及国家秘密、共同犯罪、集团犯罪等情况需要保密时,可视情况不予告知。告知和不予告知情况,应当在"立案决定书"中注明。对行政执法机关移送的案件,依法决定立案后,应当书面通知移送案件的行政执法机关。

(二)决定不予立案程序

根据我国《刑事诉讼法》和相关法规的规定,有下列情形之一的,不予立案:没有犯罪事实的;犯罪情节显著轻微不需要追究刑事责任,或者具有其他依法不追究刑事责任情形的。对决定不予立案的,应当制作"不立案决定书",写明案件材料来源、决定不立案的理由与法律依据、决定不立案的机关等。

决定不立案的,侦查机关应当及时通知控告人。对报案人、举报人、扭送人,及时告知不予立案的决定,并说明不立案的原因。对行政执法机关移送的案件,应当将不予立案通知送达移送案件的行政执法机关,退回相应案卷材料。

(三)立案监督

控告人对不予立案决定不服向原决定的侦查机关申请复议的,原决定的机关应当及时复议作出决定,制作"复议决定书"并送达控告人。移送案件的行政执法机关提请复议的,作出不予立案决定的侦查机关应当及时复议作出立案或者不予立案的决定,制作"复议决定书"并送达移送案件的行政执法机关。

对于人民检察院要求公安机关说明不立案或立案理由的案件,应当在 7 日内书面说明,经侦查机关负责人批准后送达人民检察院。人民检察院认为理由不成立的,公安机关应当在接到人民检察院要求立案或撤案的通知后 15 日内决定立案或撤销案件,并将决定书送达人民检察院,否则人民检察院应当发出纠正违法通知书予以纠正。人民检察院侦查监督部门发现本院侦查部门有应当立案而不报请立案或不应立案而立案的,应当建议其报请立案或撤销案件,对侦查部门不采纳建议的,报请检察长决定。

第二节 侦查的组织实施

决定立案后,侦查主体应围绕证明犯罪有无的目标,组织精干的侦查力量,适用恰当有效的侦查措施和手段,实施侦查。

一、对案情的分析判断

刑事侦查是一种从已知到未知,从结果到原因,最后达到揭露犯罪和揭发犯罪嫌疑人的认识过程。侦查主体只有知己知彼,并据此缜密侦查取证,方能达到侦查目的。对案情的科学分析判断是侦查启动后首要的问题,这种分析判断还要随着侦查的深入适时调整,并且贯穿于侦查活动的始终。

(一)对案件基本要素的分析判断

侦查主体根据案件基本要素即犯罪主体、犯罪对象、犯罪行为、犯罪时间、犯罪空间呈现的具体形态及它们之间的相互关系,结合已掌握的证据资料和其他与案件有关的信息,对整个案件情况形成一个完整的认识和描绘,以清晰判明该案件的性质,明确侦查的方向和重点。例如,分析犯罪主体是单位还是自然人,是松散的团伙还是组织分工严密的集团,团伙是否带有黑社会性质,犯罪嫌疑人是否有宗教、政治、民族、涉外、未成年、重大疾病等因素。已知的犯罪主体中,主要犯罪嫌疑人是否到案,到案的犯罪嫌疑人的表现和对犯罪的认识态度,他们之间有哪些可以利用的矛盾;还有哪些已明确身份的犯罪嫌疑人未到案,可能的去向是哪里;未知的犯罪嫌疑人可能是什么样的身份和特征,哪些证据资料和痕迹信息可以刻画未知的犯罪嫌疑人。根据犯罪所侵害的对象、危害程度,犯罪行为的特征等要素,判断该犯罪属于哪一类刑事案件,等等。

(二)对案件证据情况的分析判断

侦查主体首先应根据案件性质,明确证明该类案件的犯罪构成要件应当具备的基本证据是哪些;其次,紧紧围绕具体个案诸要素反映的证据状况,明确证明犯罪的构成要件各方面的证据是否齐全,哪些方面存在不足;再次,分析各种取证可能的途径和方向,选择最佳取证途径和方向;复次,高度重视分析犯罪嫌疑人针对现有证据的辩解和律师的辩护意见,能否及时作出科学的解释和有理的反驳;最后,分析现有证据之间是否存在矛盾和瑕疵,以及如何化解矛盾和消除瑕疵。

二、制订侦查计划

侦查计划就是在侦查工作的一般规律指导下,从具体案件的实际情况出发,在分析判断案情的基础上制订的侦查工作实施方案,一般包括以下内容:

(1) 案情摘要。包括立案的根据,案件发生、发现的情况以及造成的损失和后果,对报案事实情节的审查和勘查情况,以表明确有某种犯罪事实存在。如果是以线索材料为依据立案侦查的案件,要把线索来源和初步查证的犯罪嫌疑事实交代清楚,并说明立案侦查的理由。

(2) 对案情的分析判断。包括对案件性质的分析判断;对犯罪活动情况(犯罪时间、地点、手段方法、犯罪条件和犯罪嫌疑人特征)的分析判断;对侦查途径的选择以及侦查方向和侦查范围的确定。

(3) 侦查的任务和措施。根据对案情的分析判断,确定应当查明哪些问题,要达到什么要求,完成任务的期限以及需要采取的侦查措施等。

(4) 侦查力量的组织与分工。应当根据侦查的任务周密地部署侦查力量,进行科学的分工和合理的协调配合。如对于一些复杂的案件和跨地区的案件,各有关部门(包括基层保卫组织、工商行政、税务、海关、特种行业及有关地区的刑侦部门等)怎样配合、协作,如何协调组织指挥,以及必要的制度规定等。

侦查计划是对具体案件全面开展侦查以前,侦查人员根据对案件的初步认识制订出来的,这种计划能否达到揭露犯罪和揭发犯罪嫌疑人的目的,还有待于侦查实践的检验。在执行侦查计划的过程中,如果出现事先未曾预料到的复杂情况,应及时根据新的情况或深化了的认识,部分地甚至全部地调整侦查计划。

侦查是最直接的刑事预防手段,是有效制止犯罪的措施和实施国家刑事追诉权的标志。侦查主体应当根据对案情的分析判断和侦查计划,依法履行侦查权能,科学有效运用各种侦查策略和侦查手段收集证据,及时缉捕犯罪嫌疑人。

三、专案侦查与并案侦查

所谓专案侦查,是指对案情复杂、危害大、涉及面广的案件组织专门力量进行侦破。通常的一案一侦也是广义上的专案侦查。但这里所讲的专案侦查是同重大案件和重大犯罪嫌疑分子作斗争的手段,是依法及时揭露和制止重大犯罪活动的一项有效措施。需要实行专案侦查的主要有三类案件:一是重大现行案件;二是团伙或集团犯罪案件;三是重大预谋案件。专案侦查在重大刑事案件现场勘验的基础上和重大职务罪案及重大经济罪案初查的基础上,制订周密的侦查方案与计划,集中优势力量在统一指挥下依法进行专门调查工作和运用各种法定手段进行侦查,以达到及时破案的目的。

所谓并案侦查,是指将可能是同一个或同一伙犯罪嫌疑人作案的若干起案件合并侦查。并案侦查是侦破刑事案件的一项重要对策。需要并案侦查的主要是两大类案件:第一类是犯罪意识定向及其犯罪活动趋于专门化的案件;第二类是多种犯罪集于一体的案件。前者的特征是采用相同的手段在同一地区连续作案,或利用现代化交通工具跨地区跳跃式地流窜作案,并具体表现为:一是作案手段和案件性质相同或相似;二是犯罪嫌疑人的体貌特征相同或相似;三是作案的时间、地点及侵害的目标相同、相似或大同小异;四是相同性质的案件或相似案件连续发生并趋严重。这类案件的客观特征从各个不同的侧面反映出同个或同伙犯罪嫌疑人作案的若干起案件之间存在着内在的本质联系,应将所收集的线索、信息和资料集中起来进行科学分析,并案侦查,对各案发现的痕迹和物品必要时应进行技术鉴定,对可疑物品组织有关人员进行辨认,依法揭示各案之间的内在联系,各案并侦,及时破案。后者即多罪一体的案件,其特征是:多种不同性质的案件或有某种联系的案件有涉嫌同一个或同一伙人作案。如同一犯罪主体既行贿又受贿,还有玩忽职守、重大责任事故等犯罪行为;又如犯罪嫌疑人用贪污、受贿、挪用的款物进行走私和赌博等犯罪活动等。对这类多罪一体的案件也应合并侦查,以利于及时全面地查清各种犯罪事实,以便对犯罪主体实际数罪并罚。

四、破案

(一)破案的概念

破案是指在查清主要案件事实,取得确凿证据之后所采取的一系列侦查措施的总称。它是侦破过程中的一个重要环节。在通常情况下,要对犯罪嫌疑人采取一定的强制措施,立即将他们缉拿归案。

破案后,侦查部门应及时将人犯和案卷移交预审部门,通过审讯,进一步查清全案的犯罪事实和情节,并作出相应处理。

(二)破案的条件和时机

在破案之前,首先必须认真审查破案的条件。破案必须具备一定的条件,否则,就不能够轻率地决定"破案"抓人。在对侦查过程中所获得的全部材料进行认真的分析研究和审查核实以后,如果认为犯罪事实已经查清,证据确凿可靠,认定某人是犯罪分子已有充分的事实根据,即可决定破案。有些案件,由于受条件的限制,某些具体情节一时难以查清,而主要犯罪事实清楚,有确凿的证据证实这一犯罪案件是某人干的,在这种情况下,也可以决定破案。因为刑事案件的时间性很强,破案必须及时。当然,对某些未查清的情节,在破案后,要抓紧调查清楚。

总之,具有确凿的证据,案情已经查清或者主要犯罪事实清楚,这是破案必须具备的两个基本条件。只有具备了这样的条件以后,才可以决定破案。

有了破案条件以后,还要选择最合适的破案时机。在决定破案时机时,必须考虑本案与其他正在侦查的案件有无牵连。如果这一案件的破案将会影响到其他案件的侦查时,只要侦查部门能够完全控制侦查对象的行动,也可以决定缓破。

在破案前,应制订具体的破案计划,报请领导批准。破案计划的内容通常包括:案件侦查的结果;破案的理由和根据;侦查力量的组织和分工;破案的方法和步骤;对案犯的分别处理,以及对被拘捕的人犯如何组织审讯等。同时,还要办理各项必要的法律手续,做好破案后的各项物质准备。破案后,应及时填写《破案报告表》,对有些重大复杂案件,还应当写出破案总结。

（三）破案后的处理

破案以后,侦查人员应抓紧时间做好破案后的处理。这主要包括以下几项工作:

(1) 追缴和发还赃物。对犯罪分子因犯罪所获得的赃物、赃款,要全部追缴,如数发还事主。这是惩罚犯罪,保护人民的一项必要措施,也是获取罪证、揭露和证实犯罪的重要内容。这项工作做好了,往往可以发现许多新的犯罪事实或新的犯罪分子,破获大量的积案。同时,通过发还赃物,还可以教育群众,加强防范工作。

(2) 整理材料档案。在案件侦破后,应把侦破过程中所获取的各种材料,按照其内容和作用分别整理,装订成档案,使其能够全面、客观、真实、系统地记载犯罪分子实施犯罪行为的情况和侦破过程中所取得的全部证据材料,正确地反映案件侦破工作的全过程。这对于全面了解侦破工作的进行情况、正确地分析和处理案件有着重要的意义。

(3) 总结经验教训,做好善后工作。案件查破后,指导破案的领导人,应组织侦破人员对整个案件的侦破工作进行全面的总结。在肯定成绩的同时,还要认真检查侦破过程中走弯路的教训,分析产生缺点错误的原因,用以教育干部,提高侦查水平。对于破案有功的个人和单位,应分别给予表扬和奖励。

对于破案过程中发现的与本案无关的可疑线索,如果在当时未来得及查清的,在破案后,应积极组织力量进行追查,有的应及时转交有关部门进行调查处理。

对调查摸底中确定的嫌疑对象,曾经通知其所在地区和单位进行过工作的,经过查证已排除嫌疑,应通知有关地区和单位销毁材料,消除影响。

五、预审

破案后,侦查部门应及时将犯罪嫌疑人和案卷移交预审部门,通过审讯,进一步查清全案的事实和情节,并作出相应处理。详见第八章第二节讯问。

第三节 侦查的终结

当侦查活动的目的已经达到,侦查期限内的任务已经完成或侦查工作必须中止,需要对案件作实体性或程序性处理,就进入了侦查终结程序。在侦查终结程序,最重要的工作是全面、综合审查判断证据,进而构建证据体系,完备法律文书,根据已查明的事实和证据,依法对案件移送审查起诉或作出不起诉或撤销案件的决定。

一、全面审查案件证据

我国《刑事诉讼法》规定,一切证据都必须查证属实,才能作为定案的根据。审查判断证据是案件证明过程的关键环节,是侦查终结工作的核心。在审查证据过程中,侦查主体要视检察官、法官和犯罪嫌疑人及其律师对案件情况"无所不知",全面审查案件证据,构建完整的证据体系。

(一) 审查判断案件证据的内容

1. 审查判断证据的主要内容

不同的案件,审查判断证据的内容不尽相同,重点各异。通常需要审查判断的内容主要有:

(1) 每一个证据是否具备证据的基本特征。即每一个证据是否具备证据的客观性、关联性、合法性。客观性是指证据事实必须是伴随案件的发生、发展过程遗留下来的,不以人的主观意志为转移而存在的事实;关联性是指证据必须同案件事实存在内在的联系,并且对证明案情具有实际意义;合法性是指证据只能由侦查人员依照法定程序收集、固定、保全和审查认定,包括收集和提供证据的主体、收集和提供证据的程序、法律文书、证据表现形式合法。

(2) 各种证据之间有无矛盾。虽然每个孤立的证据均具备证据的基本特征,但同一案件中的各个证据的具体内容和表现形式是不同的,它们所证明的案件事实可能会相互矛盾,必须认真审查排除矛盾。

(3) 证据是否确实、充分。应当根据不同案件证明事实情节的具体需要严格审查证据是否确实、充分。只有案件的构成要件、主要情节都有相应的证据来证实,才能充分证明犯罪和刑事责任。

2. 各类证据审查的主要内容

审查各类证据时,均应审查其客观性、关联性、合法性及能否与其他证据相互印证。此外,各类不同证据还要特别注意审查一些内容。

(1) 对物证、书证应当着重审查以下内容:

第一,物证、书证是否为原物、原件,是否经过辨认、鉴定;物证的照片、录像、复制品或者书证的副本、复制件是否与原物、原件相符,是否由二人以上制作,有无制作人关于制作过程以及原物、原件存放于何处的文字说明和签名。

第二,物证、书证的收集程序、方式是否符合法律及有关规定;经勘验、检查、搜查提取、扣押的物证、书证,是否附有相关笔录、清单并经侦查人员、物品持有人、见证人签名,没有物品持有人签名的,是否注明原因;物品的名称、特征、数量、质量等是否注明清楚。

第三,物证、书证在收集、保管、鉴定过程中是否受损或者改变。

第四,物证、书证与案件事实有无关联;对现场遗留与犯罪有关的具备鉴定条件的血迹、体液、毛发、指纹等生物样本、痕迹、物品,是否已作 DNA 鉴定、指纹鉴定等,并与犯罪嫌疑人、被告人或者被害人的相应生物检材、生物特征、物品等比对。

第五,据以定案的物证、书证应当是原物。原物原件不便搬运、不易保存、不易提取的,依法应当由有关部门保管、处理,或者依法应当返还的,可以拍摄、制作足以反映原物、原件外形和特征的照片、录像、复制件、副本。

第六,物证的照片、录像、复制品,不能反映原物的外形和特征的,书证的复制件、副本有更改或者更改迹象不能作出合理解释,或者书证的副本、复制件不能反映原件及其内容的,不得作为定案的根据。物证、书证的照片、录像、复制品(件)、副本经与原物核对无误、经鉴定为真实或者以其他方式确认为真实的,可以作为定案的根据。

第七,在勘验、检查、搜查过程中提取、扣押的物证、书证,未附笔录或者清单,不能证明物证、书证来源的,不得作为定案的根据。

第八,物证、书证的收集程序、方式有下列瑕疵,经补正或者作出合理解释的,可以采用:勘验、检查、搜查、提取笔录或者扣押清单上没有侦查人员、物品持有人、见证人签名,或者对物品的名称、特征、数量、质量等注明不详的;物证的照片、录像、复制品,书证的副本、复制件未注明与原件核对无异,无复制时间,或者无被收集人、调取人签名、盖章的;物证的照片、录像、复制品,书证的副本、复制件没有制作人关于制作过程和原物、原件存放地点的说明,或者说明中无签名的;有其他瑕疵的。

第九,对物证、书证的来源、收集程序有疑问,不能作出合理解释的,该物证、书证不得作为定案的根据。

(2)对证人证言和被害人陈述要着重审查如下内容:

第一,证人证言和被害人陈述的内容是否为证人、被害人直接感知。

第二,证人和被害人作证时的年龄,认知、记忆和表达能力,生理和精神状态是否影响作证。

第三,证人与案件当事人、案件处理结果有无利害关系。

第四,询问证人、被害人是否个别进行。

第五,询问笔录的制作、修改是否符合法律及有关规定,是否注明询问的起止时间和地点,首次询问时是否告知证人、被害人有关作证的权利义务和法律责任,证人、被害人对询问笔录是否核对确认。

第六,询问未成年证人、被害人时,是否通知其法定代理人或者有关人员到场,其法定代理人或者有关人员是否到场。

第七,证人证言、被害人陈述有无以暴力、威胁等非法方法收集的情形。

第八,证言之间、被害人陈述之间以及与其他证据之间能否相互印证,有无矛盾。

第九,处于明显醉酒、中毒或者麻醉等状态,不能正常感知或者正确表达的证人、被害人所提供的证言和陈述,不得作为证据使用。证人、被害人的猜测性、评论性、推断性的证言和陈述,不得作为证据使用,但根据一般生活经验判断符合事实的除外。证人证言、被害人陈述具有下列情形之一的,不得作为定案的根据:询问证人、被害人没有个别进行的;书面证言和陈述没有经证人、被害人核对确认的;询问聋、哑人,应当提供通晓聋、哑手势的人员而未提供的;询问不通晓当地通用语言、文字的证人、被害人,应当提供翻译人员而未提供的。

第十,证人证言、被害人陈述的收集程序、方式有下列瑕疵,经补正或者作出合理解释的,可以采用;不能补正或者作出合理解释的,不得作为定案的根据:询问笔录没有填写询问人、记录人、法定代理人姓名以及询问的起止时间、地点的;询问地点不符合规定的；询问笔录没有记录告知证人、被害人有关作证的权利义务和法律责任的；询问笔录反映出在同一时段，同一询问人员询问不同证人、被害人的。

（3）对犯罪嫌疑人供述和辩解应当着重审查以下内容，必要时，可以调取讯问过程的录音录像、犯罪嫌疑人进出看守所的健康检查记录、笔录，并结合录音录像、记录、笔录对下述内容进行审查：

第一，讯问的时间、地点，讯问人的身份、人数以及讯问方式等是否符合法律、有关规定。

第二，讯问笔录的制作、修改是否符合法律、有关规定，是否注明讯问的具体起止时间和地点，首次讯问时是否告知犯罪嫌疑人相关权利和法律规定，犯罪嫌疑人是否核对确认。

第三，讯问未成年犯罪嫌疑人时，是否通知其法定代理人或者有关人员到场，其法定代理人或者有关人员是否到场。

第四，犯罪嫌疑人的供述有无以刑讯逼供等非法方法收集的情形。

第五，犯罪嫌疑人的供述是否前后一致，有无反复以及出现反复的原因；犯罪嫌疑人的所有供述和辩解是否均已随案移送。

第六，犯罪嫌疑人的辩解内容是否符合案情和常理，有无矛盾。

第七，犯罪嫌疑人的供述和辩解与同案犯罪嫌疑人的供述和辩解以及其他证据能否相互印证，有无矛盾。

第八，犯罪嫌疑人供述具有下列情形之一的，不得作为定案的根据：讯问笔录没有经犯罪嫌疑人核对确认的；讯问聋、哑人，应当提供通晓聋、哑手势的人员而未提供的；讯问不通晓当地通用语言、文字的犯罪嫌疑人，应当提供翻译人员而未提供的。

第九，讯问笔录有下列瑕疵，经补正或者作出合理解释的，可以采用；不能补正或者作出合理解释的，不得作为定案的根据：讯问笔录填写的讯问时间、讯问人、记录人、法定代理人等有误或者存在矛盾的；讯问人没有签名的；首次讯问笔录没有记录告知被讯问人相关权利和法律规定的。

（4）对鉴定意见应当着重审查以下内容：

第一，鉴定机构和鉴定人是否具有法定资质，鉴定人是否存在应当回避的情形。

第二，检材的来源、取得、保管、送检是否符合法律、有关规定，与相关提取笔录、扣押物品清单等记载的内容是否相符，检材是否充足、可靠。

第三，鉴定意见的形式要件是否完备，是否注明提起鉴定的事由、鉴定委托人、鉴定机构、鉴定要求、鉴定过程、鉴定方法、鉴定日期等相关内容，是否由鉴定机构加盖司法鉴定专用章并由鉴定人签名、盖章。

第四，鉴定程序是否符合法律、有关规定，鉴定的过程和方法是否符合相关专业的规范要求。

第五，鉴定意见是否明确，鉴定意见与案件待证事实有无关联，鉴定意见与勘验、检查笔录及相关照片等其他证据是否矛盾。

第六，鉴定意见是否依法及时告知相关人员，当事人对鉴定意见有无异议。

第七,鉴定意见具有下列情形之一的,不得作为定案的根据:鉴定机构不具备法定资质,或者鉴定事项超出该鉴定机构业务范围、技术条件的;鉴定人不具备法定资质,不具有相关专业技术或者职称,或者违反回避规定的;送检材料、样本来源不明,或者因污染不具备鉴定条件的;鉴定对象与送检材料、样本不一致的;鉴定程序违反规定的;鉴定过程和方法不符合相关专业的规范要求的;鉴定文书缺少签名、盖章的;鉴定意见与案件待证事实没有关联的;违反有关规定的其他情形。

第八,对案件中的专门性问题需要鉴定,但没有法定司法鉴定机构,或者法律、司法解释规定可以进行检验的,可以指派、聘请有专门知识的人进行检验,检验报告可以作为定罪量刑的参考。

(5) 对勘验、检查等笔录应当着重审查以下内容:

第一,勘验、检查是否依法进行,笔录的制作是否符合法律、有关规定,勘验、检查人员和见证人是否签名或者盖章。

第二,勘验、检查笔录是否记录了提起勘验、检查的事由,勘验、检查的时间、地点,在场人员、现场方位、周围环境等,现场的物品、人身、尸体等的位置、特征等情况,以及勘验、检查、搜查的过程;文字记录与实物或者绘图、照片、录像是否相符;现场、物品、痕迹等是否伪造、有无破坏;人身特征、伤害情况、生理状态有无伪装或者变化等。

第三,补充进行勘验、检查的,是否说明了再次勘验、检查的缘由,前后勘验、检查的情况是否矛盾。

第四,勘验、检查笔录存在明显不符合法律、有关规定的情形,不能作出合理解释或者说明的,不得作为定案的根据。

第五,对辨认笔录应当着重审查辨认的过程、方法,以及辨认笔录的制作是否符合有关规定。辨认笔录具有下列情形之一的,不得作为定案的根据:辨认不是在侦查人员主持下进行的;辨认前使辨认人见到辨认对象的;辨认活动没有个别进行的;辨认对象没有混杂在具有类似特征的其他对象中,或者供辨认的对象数量不符合规定的;辨认中给辨认人明显暗示或者明显有指认嫌疑的;违反有关规定、不能确定辨认笔录真实性的其他情形。

第六,对侦查实验笔录应当着重审查实验的过程、方法,以及笔录的制作是否符合有关规定。侦查实验的条件与事件发生时的条件有明显差异,或者存在影响实验结论科学性的其他情形的,侦查实验笔录不得作为定案的根据。

(6) 对视听资料应当着重审查以下内容,对视听资料有疑问的,应当进行鉴定:

第一,是否附有提取过程的说明,来源是否合法。

第二,是否为原件,有无复制及复制份数;是复制件的,是否附有无法调取原件的原因、复制件制作过程和原件存放地点的说明,制作人、原视听资料持有人是否签名或者盖章。

第三,制作过程中是否存在威胁、引诱当事人等违反法律、有关规定的情形。

第四,是否写明制作人、持有人的身份,制作的时间、地点、条件和方法。

第五，内容和制作过程是否真实，有无剪辑、增加、删改等情形。

第六，内容与案件事实有无关联。

第七，视听资料具有下列情形之一的，不得作为定案的根据：经审查无法确定真伪的；制作、取得的时间、地点、方式等有疑问，不能提供必要证明或者作出合理解释的。

(7) 对电子邮件、电子数据交换、网上聊天记录、博客、微博客、手机短信、电子签名、域名等电子数据，应当着重审查以下内容，对电子数据有疑问的，应当进行鉴定或者检验：

第一，是否随原始存储介质移送；在原始存储介质无法封存、不便移动或者依法应当由有关部门保管、处理、返还时，提取、复制电子数据是否由二人以上进行，是否足以保证电子数据的完整性，有无提取、复制过程及原始存储介质存放地点的文字说明和签名。

第二，收集程序、方式是否符合法律及有关技术规范；经勘验、检查、搜查等侦查活动收集的电子数据，是否附有笔录、清单，并经侦查人员、电子数据持有人、见证人签名；没有持有人签名的，是否注明原因；远程调取境外或者异地的电子数据的，是否注明相关情况；对电子数据的规格、类别、文件格式等注明是否清楚。

第三，电子数据内容是否真实，有无删除、修改、增加等情形。

第四，电子数据与案件事实有无关联。

第五，与案件事实有关联的电子数据是否全面收集。

第六，电子数据具有下列情形之一的，不得作为定案的根据：经审查无法确定真伪的；制作、取得的时间、地点、方式等有疑问，不能提供必要证明或者作出合理解释的。

(二) 审查判断案件证据的步骤

1. 对证据材料逐个进行审查

对收集到的所有证据，都必须逐个进行审查判断。因为每一个可靠的证据材料不仅能证明案件事实，而且能提供检验其他证据材料的真伪，进一步开辟侦查线索来源和完善案件证据体系，推动侦查工作有效、正确地进行。

2. 对各个证据进行综合审查

任何一个证据材料本身，都不能自我证明是否属实，而个别证据的审查属实，并不意味着这个证据就能够成为定案的证据。因此，只有联系全案中的所有证据进行综合、对比的分析，审查其中有无虚假的情况，进而对发现的疑点、矛盾，经过采取有针对性的措施加以澄清、核实，使证据材料之间、证据材料同客观事实之间一致后，才能确定证据材料的真实可靠性和同案件事实的关联性。对于证明案件同一事实或者情节的证据，要审查其相互间是否存在矛盾。对于全案证据，应当明确每个事实、情节是否都有证据证明，证据之间是否一致，能否形成证据体系。

审查判断证据必须同进一步收集证据交错进行。审查判断证据，是从有了证据材料就开始的，同收集证据的活动是相互交错进行的。侦查启动后，侦查人员就要对立案的依据进行审查判断,以及确定侦查方向。通过侦查,对收集到的证据进行审查判断,确认了证据材料真实可靠,则可依据证据材料提供的线索,决定下一步的工作方向和策略方法,推动侦查工作顺利进行,进一步收集更充分的证据,直至侦查破案。

（三）审查判断案件证据的一般方法

审查判断证据材料的方法应围绕证据材料的真实可靠性及证据意义提出。审查判断证据材料需要综合运用心理学、证据学、刑法学、刑事诉讼法学、逻辑学、刑事侦查学及有关专门知识。审查判断的一般方法主要有：

（1）逻辑分析法。这种方法是运用逻辑推理、分析论证证据材料中有无违背同一律、不矛盾律、排他律及充足理由律的成分。真实可靠的证据材料最起码应当在逻辑上是经得起推敲的。

（2）对比分析法。这是在采取各种侦查措施所获得的证据材料之间相互对比、印证的基础上,进行的分析审查。通常,单从某个证据材料本身进行审查,并不会发现矛盾和疑点,而需要在逻辑分析法的基础之上,进一步借助对比分析法对证据材料进行审查判断。对比分析法的关键在于用作对比的材料本身必须客观真实。如某种证据材料自身不真实可靠或还有待于查证,就不能作为对比分析的客观标准。

（3）补充收集法。当证据材料的真实性难以确定时,可以采用补充收集材料的方法,即通过围绕待审查的证据材料进一步收集材料,使之更详尽、具体、准确,以便进行审查判断。补充收集的重点是上一次收集证据材料时没有发现或发现了没有及时收集、收集不充分的情况。对于含糊不清,可以作多种解释或容易发生误解的证据材料也应通过补充收集材料使之具体化、明确化,否则其他的审查判断方法将失去可靠的基础和必要的条件。

（4）调查法。即是围绕调查材料收集能验证其真实性的客观事实的方法。当审查判断的证据材料同现有的其他证据材料相矛盾时,或所审查判断的证据材料缺乏印证时,都应当采取调查法进行审查判断。调查时,侦查人员应当首先查明提供材料的人知情的原因及材料的来源,并以此为线索,采取多种相应的侦查措施进行调查,以求获取能对比验证证据材料是否真实的依据。

（5）实验鉴定法。如证据材料所反映的案件情况能通过实验技术检验鉴定的方法得到印证,在必要的时候,就应采取实验鉴定法。实践中,常常有这样一种错误的做法,即重视对证人证言、口供等言词证据的审查判断,而忽略对物证、鉴定意见之类的证据材料的审查判断。事实上,物证同样存在错误、虚假的可能,也需要严格的审查判断。实验鉴定法只要策略方法恰当、严格依据法定程序进行,不出现技术上的差错,其结论的可靠性一般较高,是一种比较理想的审查判断证据材料的方法。

二、完备法律手续与对案件进行处理

根据我国《刑事诉讼法》第162条、第163条、第177条、第182条的规定,公安机关侦查终结案件,分两大类情况处理：一是移送审查起诉,二是撤销案件。第一类撤销案件是经侦查,没有犯罪事实,不需要追究刑事责任的,撤销案件。第二类是犯罪嫌疑人自愿如实供述犯罪的事实，有重大立功或者案件涉及国家重大利益的，经最高人民检察院核准，公安机关可以撤销案件。

根据《公安机关办理刑事案件程序规定》第186条第2款的规定，对于经过侦查，发现有犯罪事实需要追究刑事责任，但不是被立案侦查的犯罪嫌疑人实施的，或者共同犯罪案件中部分犯罪嫌疑人不够刑事处罚的，应当对有关犯罪嫌疑人终止侦查，并对该案件继续侦查。这是侦查终结程序中的特殊情况。

（一）侦查终结的条件和程序

1. 侦查终结的条件

侦查终结的案件应当同时符合以下条件：案件事实清楚；证据确实、充分；案件定性准确；法律手续完备。

2. 侦查终结的程序

（1）公安机关侦查终结的程序。公安机关侦查终结的案件，侦查部门应当制作"呈请侦查终结报告书"，报侦查机关负责人批准。报告书应当包括以下内容：犯罪嫌疑人的基本情况；是否采取了强制措施及其理由；案件的事实和证据；法律依据和处理意见。

（2）人民检察院侦查终结的程序。人民检察院侦查终结的案件，由侦查部门写出"侦查终结报告"，经侦查部门负责人审核后报检察长批准。

侦查终结后，应当将全部案卷材料加以整理，按照要求装订立卷。案卷分为诉讼卷（正卷）、秘密侦查卷和侦查工作卷（副卷）。诉讼卷是移送同级人民检察院审查起诉的诉讼案卷。案件侦查中各种法律文书、获取的证据及其他诉讼文书材料都订入此卷。视听资料作为证据，不能装订入卷的，放入资料袋中随案卷移送；实物证据不能装订入卷的，应拍成照片入卷。秘密侦查卷和侦查工作卷由侦查机关存档备查。技术侦查获取的材料，需要作为证据公开使用时，按照规定采取相应的处理。公安机关对于人民检察院退回补充侦查的案件，在补充侦查完毕后，可另设补充侦查卷，连同原案卷一并移送起诉。

（二）移送审查起诉的条件与程序

1. 移送审查起诉的条件

对于犯罪事实清楚，证据确实、充分，犯罪性质和罪名认定正确，法律手续完备，依法应当追究刑事责任的案件，应当移送人民检察院审查起诉。

（1）犯罪事实清楚，是指以下事实清楚：犯罪嫌疑人的身份确定；立案侦查的犯罪行为存在；立案侦查的犯罪行为为犯罪嫌疑人实施；犯罪嫌疑人实施犯罪行为有明确的动机、目的；有实施犯罪行为的时间、地点、手段、后果以及其他情节；犯罪嫌疑人的责任以及与其他同案人的关系清楚；犯罪嫌疑人有法定从重、从轻、减轻处罚以及免除处罚的情节；其他与案件有关的事实清楚。

（2）具有下列情形之一的，可以确认犯罪事实已经查清：属于单一罪行的案件，查清的事实足以定罪量刑或者与定罪量刑有关的事实已经查清，不影响定罪量刑的事实无法查清的；属于数个罪行的案件，部分罪行已经查清并符合起诉条件，其他罪行无法查清的;无法查清作案工具、赃物去向,但有其他证据足以对犯罪嫌疑人定罪量刑的;证人证言、犯罪嫌疑人供述和辩解、被害人陈述的内容中主要情节一致,只有个别情节不一致且不影响定罪的。

(3)对以下羁押期限届满的案件,应当移送审查起诉:流窜作案、多次作案的犯罪嫌疑人的主要罪行或者某一罪行事实清楚,证据确实、充分,而其他罪行一时又难以查清的,应当对已查清的主要罪行或某一罪行移送审查起诉;共同犯罪案件中主犯或者从犯在逃,在押犯罪嫌疑人的犯罪事实清楚,证据确实、充分的,应当对在押犯罪嫌疑人移送审查起诉。

2. 移送审查起诉的程序

(1)批准。侦查终结需要移送审查起诉的案件和拟不起诉的案件,侦查部门应制作"侦查终结报告""起诉意见书"或"不起诉意见书",分别经公安机关负责人和检察长批准后,连同案卷材料、证据一并移送人民检察院公诉部门审查。

(2)移送。经公安机关负责人批准移送审查起诉或不起诉的,侦查部门应当将"起诉意见书"或"不起诉意见书"连同案卷材料、证据加以整理立卷,一并移送同级人民检察院审查决定,并与人民检察院接收人员办理移交手续,共同在移交单据上签字。侦查部门应当留存"起诉意见书"复印件和移交单据。

经检察长批准移送审查起诉或不起诉的,检察机关的侦查部门应将"起诉意见书"或"不起诉意见书"连同案卷材料及证据一并移送公诉部门审查。

(3)换押。犯罪嫌疑人在押的,公安机关将案件移送人民检察院审查起诉时,应当填写"换押证",办理换押手续。

(三)撤销案件的条件和程序

1. 撤销案件的条件

经过侦查,发现所立案件具有下列情形之一的,应当撤销案件:没有犯罪事实的;情节显著轻微、危害不大,不认为是犯罪的;犯罪已过追诉时效期限的;犯罪嫌疑人死亡的;其他依法不追究刑事责任的。

2. 撤销案件的程序

公安机关侦查部门认为不构成刑事案件的,应制作"呈请撤销案件报告书",经公安机关负责人批准后办理撤案相关手续。"呈请撤销案件报告书"内容包括:犯罪嫌疑人的基本情况,案件原来的立案根据和来源,采取的强制措施,侦查后发现需要撤案的理由,撤案的法律依据,涉案犯罪嫌疑人的后续处理等。批准撤销案件后,应立即释放在押的犯罪嫌疑人,并将"撤销案件决定书"副本送达犯罪嫌疑人,"撤销案件决定书"正本则让其签名、注明日期后,存入案卷。犯罪嫌疑人死亡的送达其家属。决定撤销案件的,应当告知控告人、被害人或者其近亲属、法定代理人,在"撤销案件决定书"正本中注明。撤销案件的所有材料应当立卷保存。检察机关侦查部门认为应撤销案件的,应制作"拟撤销案件意见书"报检察长或检察委员会决定,并报上一级人民检察院审批。

(四)对检察机关决定不起诉案件的处理

人民检察院作出不起诉决定,犯罪嫌疑人在押的,公安机关应当在收到人民检察院"不起诉决定书"后立即释放犯罪嫌疑人。认为人民检察院作出的不起诉决定需要复议、复核的,经公安机关负责人批准后,在检察院作出不起诉决定的7日内制作"要求复议意见书""提请复核意见书"送交人民检察院。"要求复议意见书"应当一式两份,一份留存附卷,一份随有关材料送人民检察院。

侦查部门认为不需要复议、复核的,经侦查机关负责人批准后,不再复议、复核。

第十四章 杀人案件的侦查要点

第一节 杀人案件概述

一、杀人案件的概念

杀人案件,主要是指我国《刑法》第232条所规定的故意杀人罪,即故意非法剥夺他人生命的犯罪行为构成的案件。

二、杀人案件的特点

（一）大多有预谋准备过程

杀人是侵犯公民人身权利案件中最为严重的犯罪行为,非法剥夺他人生命就意味着使他人失去了行使其他一切权利的基础和前提,此类案件社会危害性极大,行为人所受刑罚相对严厉,因此,作案人在实施杀人之前通常有一定的预谋准备过程。这一过程包括准备作案工具,选择作案方式,窥视作案对象行踪轨迹,寻找作案有利时机,考虑作案后对作案工具、现场及尸体等的处理方法,作案后的逃跑路线等。合谋杀人的案件,凶手相互之间事先还必然要秘密串通、明确分工,并订立攻守同盟。

（二）现场通常会留下较多痕迹和其他物证

杀人行为的实施,一般活动过程较长,被害人可能与作案人发生搏斗,凶手作案后可能破坏现场、抛尸、毁灭证据等。有的杀人案件,作案人除了杀人之外,还实施了盗窃、抢劫、强奸、放火等多种犯罪行为,因此会在犯罪现场留下较多痕迹和其他物证。有些杀人案件不止一个杀人现场,除了杀人现场,还有分尸现场、抛尸现场等,这些与碎尸、移尸、匿尸、抛尸有关的现场,都会留下相关的痕迹以及其他物证。

（三）多存在较为明显的因果关系

杀人行为与被害人的死亡结果之间通常存在较为明显的因果关系,如因生意之间竞争而杀害竞争对手;因受被害人的长期迫害而产生杀人动机;因亲戚、邻里之间矛盾冲突而杀人;因男女之间或同性恋之间的感情冲突而杀人;为灭口而杀人;基于义愤杀人等等。但也有一些案件,作案人与被害人之间缺乏明显的因果关系,甚至素不相识,如因报复社会而杀害不特定对象、强奸杀人、变态人格实施的杀人等,这类案件的侦破需另辟侦查途径。有些案件,作案人与被害人往往素不相识,雇主与被害人存在矛盾冲突,此类案件多系雇佣杀人,涉及雇主、中介人、受雇人、被害人等诸多环节,受雇人与被害人往往无矛盾关系,而雇主往往又不具备作案的时空条件,因此该类案件侦查及取证难度较大,需要从被害人社会关系入手展开侦查。

（四）多有尸体（尸块）可供勘验

尸体或尸块的存在是杀人案件的最重要特点,也是侦破此类案件的有利条件之一。通过对尸体(尸块)及其包裹物等的勘验或者辨认,可以为确定被害人的姓名、职业、身份、住址、活动范围等提供依据,通过对尸体的解剖鉴定,可以推断被害的原因、时间、地点、凶器、手段和方法、杀人动机和目的等。当然,目前许多作案人常常使用极端手段碎尸,如将尸体肢解、将肌肉剔除、粉碎后冲入下水道、将尸块蒸煮后抛至多个现场,导致查找被害人尸体、确定被害人身份均较困难,证明被害人死亡等证据材料也因此相对较难。

(五)采用特殊技能手段杀人

在杀人案件中,作案人除了采取暴力手段致人死亡外,近年来还出现了一些利用自身特殊技能手段杀人的案件。如利用医学知识,采取注射胰岛素杀人的案件;利用放射性装修材料实施杀人的案件;利用排放毒气杀人的案件等。此类犯罪的作案人多具备专门知识,从事医疗、卫生、维修等特种行业,作案手段相对隐蔽。

(六)疑似被侵害失踪人员案件增多

疑似被侵害失踪人员是指具有以下情形之一,可能遭到犯罪行为侵害而下落不明的人员:人与机动车一起失踪,或携带大量财物失踪的;失踪原因不明,失踪时间超过3个月的等。① 疑似被侵害失踪人员处于"活不见人,死不见尸"的状态。通常疑似被侵害失踪人员的家属前来报案,称其极有可能被害。对疑似被侵害失踪人员的统计和查找是公安机关的基础工作之一。在大量的失踪人口中,有相当比例的失踪人员已因某种原因被害,公安机关应转变传统的侦查模式,主动立案侦查,从失踪人员中深挖隐案。

第二节 侦查杀人案件的要点

一、侦查杀人案件的一般方法

(一)认真勘验尸体现场

杀人案件的现场勘验一般应以尸体为中心,对发现地点、杀人地点、移尸地点,作案人遗留的痕迹、物品,现场周围环境以及作案人进出现场的路线进行全面细致的勘验和分析。通过勘验重点解决以下几个问题:

(1)通过尸体外表检验,初步判断死亡的原因。即弄清是正常死亡还是非正常死亡,是自杀、他杀还是意外事件。如果是他杀,还要查清致死的方法和致死的工具是一种还是几种,以及被害的时间、被害人的姓名、身份、年龄等。

(2)研究发现尸体的地点是否是杀人现场,现场有无伪装。如果系杀人第一现场,则要研究尸体位置和姿势及其与现场周围物体、痕迹的关系,现场血迹形成的形状,有无挣扎搏斗迹象,从而推断死者是怎样被害的;如果判明发现尸体的地点不是杀人的第一现场(如尸体上有严重的开放性损伤,而现场周围无血或血量很少),就应

---

① 相关内容参见公安部《公安机关查找疑似被侵害失踪人员信息工作规定(试行)》。

在勘验尸体地点时,根据现场留下的痕迹(如拖痕、血滴线、脚印、交通工具痕迹等)以及尸体上的附着物质来判明凶犯用什么方法,使用什么工具,通过什么路线移尸到此地,以便寻找杀人第一现场。

(3) 根据现场周围的环境、血迹分布,以及手印、脚印和其他活动痕迹,研究凶犯的作案过程、作案人数,从哪里来,到哪里去,在现场上进行了哪些活动,在现场停留的时间,凶犯身上、衣服上留有何种痕迹。

(4) 对现场凶犯遗留物品进行勘验研究,通过研究,发现和提取各种可疑的物品、痕迹。如凶犯遗留的凶器、衣着用品以及手印、脚印、破坏工具和交通工具痕迹,碎尸现场尸体残肢的包裹、盛装物;毒害现场呕吐物、排泄物、饮食用具、药罐、药瓶等。对于上述遗留物品、痕迹都要妥善地加以固定、提取和研究。为了查明某些物品的来源,可以请被害人家属或周围邻居辨认。对某些疑难物品的检验,必要时可以指派或者聘请有专门知识的人,在侦查人员的主持下进行勘验、检查。

(5) 如果使用枪支,设法寻找射击弹头、弹壳。主要应从发射地点和弹着点附近去找。要注意检查地面、草丛、墙壁、家具、天棚、树木等物体。有条件的地方,可以使用探雷器寻找。弹头有时也可能留在尸体内,解剖尸体时应注意发现。

(二) 深入细致地开展调查询问

侦查人员在勘验现场以前、勘验过程及勘验结束之后,应认真询问报案人、发现尸体的人、死者家属、知情人和周围群众。通过询问查明:

(1) 最初发现尸体的时间、地点和现场的原貌状况;

(2) 发案后有哪些人到过现场,表现如何,曾触动过哪些物品,现场及周围环境有何变动;

(3) 死者的政治态度、经济状况、社会关系、平日生活作风、有无私仇和奸情关系、死前的表现和行踪、和哪些人有过来往;

(4) 在发案前后,是否有人听到过呼救声,发现什么可疑情况,有谁在何时何地最后看到过死者或者其使用的交通工具;

(5) 被害人家属和周围群众认为哪些人有行凶的嫌疑,根据是什么;

(6) 如果被害者受重伤,应立即采取必要的急救措施,同时应抓紧时间询问其姓名、住址、遇害经过、凶犯的姓名、住址、面貌特征、逃跑方向、使用何种交通工具及凶犯在搏斗中是否负伤等,以便及时组织追缉堵截。

(三) 分析案情,确定侦查范围,采取相应侦查措施

1. 分析案情,确定侦查方向和范围

案情主要是指案件性质、犯罪人特征、作案时间、作案地点、作案目的和动机、作案手段、作案过程及结果等。侦查人员经过现场勘验和调查访问以后,应根据已获得的线索和证据材料,对案情进行全面、细致的分析研究,以便确定侦查方向和范围。

2. 采取相应侦查措施

在对案情进行分析研究时,主要是通过对尸体的解剖判明事件的性质(即是自杀还是他杀,是自然死亡还是意外事件等),通过询问、勘验、鉴定、调取现场周围监控录

像、手机通话记录等确定杀人或被害的时间、地点、手段、动机、目的及杀人过程等。在经过案情分析以后,通常可以确定侦查的方向和范围,确定后续应采取的侦查措施。对于案情复杂的案件,应制订详细的侦查计划,使后续的侦查措施能够科学、有序、全面地进行,避免侦查过程可能导致的混乱和失误。

在确定侦查对象和发现嫌疑人时,主要应考虑其政治态度、经济收支状况、与被害人之间的关系,查明有无促其行凶杀人的因素;案件发生前和被害人被害当时的行踪去向;案件发生后有无反常表现及其他可疑情况(如嫌疑人的身上、衣服上有无因行凶作案而留下的痕迹);有无作案时间,在无作案时间的情况下,是否存在雇用他人实施杀人的可能性;如果有作案时间并确认其是杀人行为实施者,但缺乏足够的作案动机的,还需查明其是否存在被人收买、被人雇用并主动替雇用者承担法律责任的情形。

在侦查过程中,有时可能发现新的嫌疑人,对此应及时列入侦查范围并进行认真细致的审查。如果根据案件侦查之需要对犯罪嫌疑人采取强制措施,则应依据刑事诉讼法中关于强制措施的条件、审批程序等,对其采取相应的强制措施,以避免犯罪嫌疑人逃避侦查、毁灭证据或者与其他同案犯串供。对已潜逃的凶犯和重大嫌疑对象,应及时采取措施将其追捕归案。

(四)依法收集犯罪证据

在侦查杀人案件过程中,各种侦查措施均有可能运用。在运用侦查措施的过程中,侦查人员必须严格依照法律法规规定的程序,收集能够证明犯罪嫌疑人有罪或者无罪、罪重或罪轻的证据材料,收集能够证明杀人案件成立的各种证据材料,包括尸体、包尸物、作案工具、手印等物证;案发现场周围的视听资料;反映作案人与被害人之间关系的书证、电子证据等材料,知情人或被害人家属等提供的证人证言等;在实施讯问过程中,要注意通过讯问了解犯罪嫌疑人是否具有作案时间,作案动机是什么,是否过失致人死亡,如系相约自杀行为,是否存在一方杀死对方,继而自杀未得逞的情形,并制作讯问笔录;在实施勘验、检查、辨认的过程中要依法制作勘验、检查、辨认等笔录;对尸体进行解剖的,依法制作解剖通知书等证据材料;依法实施抓捕的,应制作抓捕经过、到案经过证据材料。上述证据材料必须按照以审判为中心诉讼制度改革的要求,从形式要件和实质要件符合刑事诉讼法对收集、保全证据的要求进行收集制作,全案证据必须达到刑事诉讼的证明标准。

二、杀人碎尸案件的侦破要点

(一)找全尸块残肢,并进行勘验

作案人在行凶杀人以后,由于考虑到自己和被害人之间存在着比较明显的因果关系,为了逃避罪责,转移侦查视线,有时将尸体肢解成数段并移至不同地点掩藏。对碎尸案的侦破,首先应注意查找分散于不同地点的尸体残肢并分别对各部分肢体现场进行细致的勘验。搜寻肢解的尸体,不应局限于某一地区,对有可能掩藏尸体残肢的一切地方都应进行全面的搜查,以证明被害人确已被杀害。

(二) 对尸块进行鉴定

对于已经发现的尸体各部分,应迅速指派或者聘请法医进行鉴定。法医鉴定主要解决:已经发现的尸块(骨)是否是人体组织、是否属于同一个人的尸体、已有的尸块(骨)是否足以证明被害人已经被杀害;被害人的性别、年龄、身高,有无某种独特的生理特征;死亡的时间和原因;尸体上伤痕的性质;行凶的工具,肢解的方法,凶手是否具有某种职业经验(如是否懂得人体解剖的一般知识等)。

(三) 查明死者身份

对未知名碎尸应迅速查明死者的身份,这是侦查碎尸案件的关键。因为,在一般情况下,只要查明了死者的姓名和身份,就能准确地分析案情,查清因果关系,确定侦查方向。对尸块、尸骨通常采用以下几种方法进行识别:

(1) 组织现场周围群众、失踪人家属或其他有关人员(如被害人的朋友等)对尸块进行辨认。

(2) 通过各有关单位发现和审查失踪人员或外出未归人员,从中查找线索。

(3) 通过对被害人随身携带物品、穿着物的细小特征和生前伤疤、印痕、老茧、骨骼、毛发、牙齿等特殊特征进行综合分析研究,判明死者生前的可能职业和地区特点,以便缩小查找的范围。

(4) 对尸骨进行拼接,恢复其生前的"面貌",并拍摄照片,及时通报外地,请有关地区公安机关协助查找。

(四) 详细勘验包尸物

作案人在分尸后,常使用报纸、塑料袋、保鲜膜、室内床上用品、破旧的衣物等物品对尸块进行包裹,然后再将尸块分别装入行李箱、编织袋等包装物内抛弃或者掩埋。包裹物上面很有可能印有品牌、质地、产地、使用范围、印刷日期等相关信息。通过对包裹物上面的特定信息进行深入分析,可以确定作案人购买包裹物的地点,再结合销售记录、销售范围、监控录像等信息最终锁定作案人。包裹物上还可能留有作案人或相关人员的指纹和血迹,通过对包裹物上的指纹或血迹的勘验或者对包裹物的辨认等,也可以查找到作案人。

(五) 寻找杀人及碎尸现场

杀人及碎尸现场,往往遗留大量的痕迹物证,因此在查明被害人的姓名和身份、与某人的特殊因果关系的同时,还要尽快找到杀人地点和肢解尸体的地方,细致进行现场勘验,发现作案人遗留在现场的工具或者痕迹并予以固定,以便缩小侦查范围,将现场与作案人联系起来,为后续证明作案人与现场之间的关系奠定证据方面的基础。

(六) 从网络或通信痕迹入手

作案人在确定好作案目标、作案时间、准备好作案工具之后,常常会以某种理由为借口与被害人通电话、发短信、QQ、微信取得联络,将被害人带入或骗入提前选择好的作案场所。对于雇佣杀人案件来说,雇佣人还会与作案人进行联络,指挥或者将其所获悉的情况及时告诉作案人,以便顺利实现犯罪的目的。因此,从被害人的网络或通信痕迹入手,深入分析被害人在案发前的通信联络情况,往往会发现重要线索。

（七）以终为始,寻找视频监控录像

转移、抛弃尸块是杀人碎尸案件的一个显著特点。通常情况下,作案人或者驾车或者步行或者使用出租车,携带尸块在分尸现场到抛尸现场之间移动。作案人不仅可能对尸块进行包裹、使用交通工具进行抛尸,而且在抛尸时间的选择上也极为隐蔽,比如选择在夜间行人稀少时抛尸以避开周边群众的视线,但却逃不了视频监控的"火眼金睛"。当发现被害人的部分尸块后,应以该抛尸现场为中心,结合现场周边的道路交通走向,迅速提取附近的监控录像仔细排查,从中发现可疑人员及车辆,并顺线追踪,通过对沿途监视录像的无缝衔接,锁定作案人或第一现场。

（八）从被害人因果关系入手查找作案人

如前所述,碎尸案件中被害人与作案人往往具有明显的因果关系,如碎尸的目的是避免侦查机关发现和寻找到被害人,从侦查实践看,被害人与作案人存在婚外情后破裂或者作案人长期受到骚扰不胜其烦;被害人知悉作案人的诸多事情,而作案人唯恐暴露后对自己名誉、仕途、家庭等可能产生诸多不利影响等,因此,应当结合被害人生前的日常交往情况、婚姻恋爱关系、职业过程中所知悉的秘密等发现和寻找可能的作案人。

三、毒害案件的侦破要点

毒害案件的被害人是特定的,与凶杀案件性质是相同的,只是作案手段有所区别。对毒害案件的侦破除了采取前述一般凶杀案件的侦破方法以外,还应抓住以下几个问题:

(1) 查明被害人中毒前饮食情况。即查明被害人中毒前一、二餐的饮食情况,饮食的来源、加工等情况;饮食物有无异物、异味与反常情况;除正常饮食外,曾否用过药物。

(2) 了解被害人中毒后的症状。即查明被害人进食后多久发生中毒、有何反应,如有无头晕、肚痛、呕吐、大量出汗、四肢麻木等症状,以及这些症状出现的时间,以便分析系何种药物中毒。

(3) 对被害者所使用的饮食用具等进行化验。即对被害人饮食用具、食物及呕吐排泄物,进行化验,查明其中有无毒素及属于何种毒素,必要时,应解剖中毒尸体,进行检验。

(4) 查明中毒者中毒前的情况。包括中毒者中毒前的工作、生活、健康及精神状况,判明是否存在意外事件、生病致死或自杀的可能性。

(5) 查明被害人与他人之间的关系。即查明被害人的社会关系及其交往情况,其与哪些人存在特殊的关系,比如感情、经济纠纷及其他重大私仇等。

(6) 查明当地常见农药、毒物等情况。即查明当地较多使用的农药和毒物的种类、保管人员、销售范围、使用范围、保质期等,以缩小侦查范围。

通过对上述情况分析研究,判明毒物的种类和案情性质,如果是有意毒害,则应立案侦查。

第十五章　强奸案件的侦查要点

第一节　强奸案件概述

强奸案件是指构成我国《刑法》第236条所规定的强奸罪的案件。

在强奸案件中,犯罪人一般采取暴力手段或以暴力相威胁,或采取诱骗、挟持以及其他强制手段迫使被害人失去抵抗和防卫能力,然后实施强奸。强奸是一种侵犯妇女权利、摧残妇女身心健康的严重犯罪行为,这种犯罪,性质恶劣,严重危害了社会治安和群众的生活秩序,有的甚至会造成被害人重伤或自杀的严重后果,因此必须及时侦破。强奸案件具有如下主要特点:

（1）案件的隐蔽性。

首先,这类犯罪人在实施犯罪行为时,大多数在较为封闭或者隐蔽的空间内,如被害人家中、犯罪人家中、树林或荒僻的郊外等,而且多在不易为人发现的时间内进行,如晚上等。其次,强奸发生时往往没有第三者在场,缺少目击证人。再次,强奸案件发生后被害人往往因为担心名誉受损或影响家庭关系、婚姻、前途等而不予告发,有的被害人甚至在侦查机关主动询问时,仍然否认被害事实;进入法律程序后的强奸案件也存在着调查取证难等问题。因此,强奸案件具有一定的隐蔽性。

（2）被害人中多为成年女性和未成年儿童。

成年女性,从心理上讲,情感比较丰富,依赖性较强,遭遇强奸时反抗意识不强。未成年被害人年龄小、智力发育尚不成熟,对客观事物的理解能力和认识能力差,易受外界干扰,在犯罪分子的诱骗下,容易被强奸。

（3）危害的严重性。

强奸行为在侵犯他人性自由、性自决权和身心健康的同时,往往也侵害了良好的社会风俗和社会管理秩序。强奸案件历来是公安机关侦查的重点。强奸行为往往采用暴力威胁、引诱、欺骗等手段,被害人不仅身体遭受残害,而且心理和感情等均遭到严重伤害,具有严重的危害性。

（4）被害人与犯罪人多有正面接触,能提供犯罪人的个体特征。

实施强奸行为的犯罪人无论采取何种手段,都与被害人有一定的周旋,与被害人都有一定的身体接触,而且持续时间较长。被害人对犯罪人的体貌特征、讲话口音、衣着打扮、谈话内容等有一定的印象。在侦查实践中,被害人往往对犯罪人的某一特征记忆特别深刻,如气味等。因此,被害人一般都能比较准确地提供其被害的具体情况以及犯罪人的人数、相貌、体形、口音、年龄、衣着样式;有的还能提供犯罪人在生理和衣着上的细微特征。这些都能为侦查中发现和审查(如辨认)犯罪嫌疑人提供有利的条件。但是,由于强奸案件多发生在夜里和偏僻场所,发案时空的这一特殊性,制约了被害人的陈述,会不同程度地影响被害人的感知、识别能力,致使被害人对犯罪人的个体特征或现场情况等方面的陈述与事实之间出现误差。因此,对被害人的陈述要根据现场情况进行分析,不能仅凭被害人的辨认来确定犯罪人。

(5)现场上通常遗留有与强奸犯罪有关的痕迹、物品。

强奸案件中,犯罪人多对被害人实施了性交行为。他们或者实施了暴力、胁迫或其他强制手段,在违背被害人意志的情况下,与被害人发生了性行为或性淫乱行为;或者行为人虽然未使用暴力、胁迫等强制手段,或未违背被害人意志,但针对特定对象实施了性交行为。这里的特定对象,是指对不满14周岁的儿童或者患有精神疾病、不能正确判断自己行为性质的人。强奸案件中,犯罪现场上多有搏斗、挣扎的痕迹,现场可以搜集到较多的与强奸行为有关的大量痕迹物证。勘查现场时常常可以采集到犯罪人的足迹、毛发、血迹、精斑、衣服碎片、纽扣等痕迹物证。

(6)犯罪人对作案时间、地点多有选择。

由于强奸通常是以暴力或以暴力相威胁等强制手段来达到其犯罪目的的,在实施强奸的过程中,大多有搏斗、挣扎、哭喊、尖叫或其他一些动静,再加上实施强奸也要有较长的时间,故而,许多犯罪人往往事先都要有所准备,必定要选择合适的作案地点和作案时间,以求顺利实现强奸目的。一般情况下犯罪人的作案地点多选择在乡村田野、丛林洞穴、公园角落、孤立房屋或未完工的楼房等偏僻场所;作案时间大多选择在深夜、凌晨。一般来说大多数犯罪人还熟悉现场和周围环境,因为在这种熟悉的环境、偏僻的地点、行人稀少的时间里,强奸容易得逞,也便于犯罪人作案后迅速逃离现场。

(7)犯罪人的作案方式、手段多带有习惯性。

犯罪人强奸一旦得逞,很难自动停止作案,往往在强奸得手后,连续作案,多次地实施强奸行为,并且形成自身所独有的作案方式,作案的地点、时间、手段带有一定的相似性。有的习惯于预伏某隐蔽处拦路强奸;有的习惯于尾随单身妇女至偏僻地段伺机作案;有的习惯于诱骗外地来的青少年妇女至僻静地点作案;有的习惯于对在幽静处约会的人讹诈、胁迫趁机作案;也有的习惯于闯入或潜入单门独户的室内作案。而且作案时间各有选择,作案工具各有不同,带有各自独有的习惯性。

第二节 强奸案件的一般侦查方法

一、详细询问被害人

强奸案件的侦破一般是从接到被害人报案开始的。详细询问被害人是侦破强奸案件的首要环节。询问中,应着重查明以下问题:在什么时间、地点和在什么情况下被犯罪分子用什么方法、手段强奸的;犯罪分子进入和离开现场的道口、来去路线和方向,以及在现场停留的时间;犯罪分子的体貌特征、口音、衣着,身上是否有气味和其他特征,在作案过程中说过些什么话;犯罪分子是否持有凶器;抵抗搏斗的情况怎样,是否抓伤、咬伤犯罪分子,撕破犯罪分子的衣服等;犯罪分子是否抢劫财物;对犯罪分子是否熟悉,在发案之前是否发现过可疑迹象,对谁有怀疑,有什么根据等。询问强奸案件的被害人,要由女侦查人员进行。首先要安定其情绪,并进行耐心的启发,以解除其思想顾虑,如实陈述案件情况。

二、认真勘验强奸现场

强奸案件的现场痕迹以及其他物证一般比较细微,如毛发、手印等,易随时间的推移而流逝、消失、损坏、销毁等,所以应及时认真细致地进行勘验。

强奸案件现场勘验的重点是实施性侵犯的地点和犯罪分子活动的其他场所。勘验的重点包括:

(1) 中心现场的勘验。中心现场,是犯罪人实施强奸的地点,遗留的各种有关强奸的痕迹、物品比较集中。勘验中,要准确确定中心现场部位,力求更多地发现、提取犯罪分子的手印、脚印、血迹、精斑、毛发、擦拭物、凶器以及其他有关犯罪的痕迹和物品;要深入研究遗留痕迹、物品在现场中的位置、方向、角度及其相互间的关系,研究痕迹、物品是在什么情况下怎样形成的等,以推断这些痕迹、物品是否为犯罪分子所留和强奸的过程。

(2) 外围现场的勘验。外围现场,是犯罪分子进入现场、逃离现场和在现场周围观察、窥视的场所,容易遗留犯罪分子的手印、脚印、烟头和其他物品。外围现场发现、提取的遗留痕迹和物品,与中心现场发现、提取的痕迹和物品有同等的证据价值,因此对外围现场的勘验不容忽视。要根据发现、提取的痕迹和物品的情况,深入研究犯罪行为人来去现场的过程。

三、深入调查访问

侦破强奸案件,除了详细询问被害人以外,还应对知情人和周围群众进行深入细致的调查访问,着重了解以下问题:

(1) 案件发生时,是否听到或看到什么可疑情况,比如是否看到可疑人到过现场或从现场经过,是否听到呼救或异常的声音。

(2) 被害人的思想品德、生活作风如何,是否与他人有不正当男女关系或婚姻恋爱纠纷。

(3) 当地的社会治安情况和人员来往情况。事前有无发现某种可疑迹象,如是否有人暗中窥视或探听过被害人的生活起居和行动规律。

(4) 谁有作案的嫌疑,有何根据。

四、正确认定案情性质

侦破强奸案件,首先必须判明案情性质,主要是弄清是强奸还是通奸。强奸与通奸是有着原则区别的。强奸是使用暴力、胁迫或者其他手段,违背妇女意志而强行奸淫的行为。通奸是指双方或一方有配偶的男女,自愿发生不正当的性行为。在实际生活中,情况是错综复杂的,强奸与通奸往往混淆不清,不易区分。例如,有的本来是通奸,被人发觉后,女方为保全名誉或防止夫妻关系破裂,谎报强奸;有的因乱搞男女关系怀孕,女方谎报强奸加以掩饰;也有的捏造情节,伪造强奸现场,以达到某种个人目的。这就要求侦查人员对于报案人的陈述,既要认真听取,又要耐心细致地进行询问,注意所陈述的具体情节与现场当时的实际情况是否相吻合,前后几次的说法是否一致,与知情群众提供的情况是否相符,如果发现矛盾,要抓紧查证,弄清真相。同时,还要查明报案人是在什么情况下,出于什么动机和目的向公安机关报案的,以及其平时一贯表现和生活作风如何。这样,就能够透过现象弄清本质,正确地认定案情性质,并分别情况,作出不同的处理。

五、确定侦查方向和范围

确定侦查方向和范围,是在实地勘验和调查访问,充分占有材料的基础上进行的。强奸案件侦查范围,主要是指在什么地区、什么行业、哪些人员中去排查犯罪人。划定侦查范围的依据主要有:

(1) 通过观察研究现场所处的具体环境,结合被害人的陈述,推测犯罪人对犯罪地点是否熟悉,对现场周围群众的活动规律是否了解,进而判明犯罪人是本地人,还是外地人。

(2) 通过对犯罪现场上遗留的犯罪工具和足迹特点,结合被害人所陈述的犯罪人体貌特征、口音、谈话内容,推断犯罪人可能从事的职业以及具有何种专长、技能等。

(3) 犯罪人遗留在现场上的随身物品,是重要的侦查线索。通过对某些遗留物的种类、用途、规格的分析研究,可以判断犯罪人的职业范围和地区范围,从而为侦查提供方向和范围。

六、通过各种侦查途径,排查犯罪嫌疑人

侦查方向、侦查范围确定之后,就要深入到广大群众中去排查犯罪嫌疑人。排查的依据主要有:

(1) 有无作案时间。强奸案件的作案时间一般确定的都比较准确,利用有无作案时间来排查犯罪嫌疑人是一种直接有效的办法。如果该人具备了作案时间,则继续调查是否具备其他犯罪条件和证据。

(2) 犯罪人个人特征。如果在分析案情中,犯罪人的体貌特征、衣着打扮、讲话口音、年龄大小等特征比较准确,就应以此为依据开展调查。尤其是反映犯罪人的特定性特征,则更是有价值的依据条件。

(3) 犯罪人是否受伤。如果被害人提供了在犯罪人实施犯罪过程中,因搏斗厮打身受损伤,这些损伤是排查犯罪嫌疑人的确切依据。要在调查中注意发现有类似损伤的人,查明其损伤形成的时间、地点和原因,从中发现犯罪嫌疑人。同时,通过对有关医务部门的控制,发现犯罪嫌疑人。

（4）现场遗留的痕迹、物品。强奸现场遗留的痕迹、物品，是排查犯罪嫌疑人的重要依据。可以通过对该痕迹和物品谁能形成或谁持有过，或对该物品的产地、来源、销售、使用等方面的调查发现犯罪嫌疑人，也可以通过辨认、检验、鉴定等措施发现犯罪嫌疑人。

七、运用措施，获取犯罪证据

侦破强奸案件，主要采取以下措施获取罪证：

（1）组织被害人进行辨认。在强奸案件中，由于被害人与犯罪人都有一段时间的周旋、接触，一般都能比较准确地记忆犯罪人的体貌特征。侦查过程中，在没有嫌疑人的情况下，可以带领被害人进行寻找辨认；一旦发现了具体的嫌疑对象，应及时组织被害人进行辨认。有的强奸案件还要对犯罪现场或现场遗留物品进行辨认。

（2）举行技术鉴定。充分运用技术手段进行鉴定，是侦查强奸案件，获取罪证的有效方法。在强奸案件现场，勘查人员通常可以发现、提取到犯罪人遗留的手印、足迹、血迹、毛发、精斑等物质痕迹。通过对现场上的可疑物质痕迹进行技术鉴定，可以认定有关物质痕迹是否为犯罪嫌疑人所留，从而为侦查提供有力的证据。

（3）采取搜查措施获取证据。对重大犯罪嫌疑人的住所或可能藏匿赃物、罪证的场所依法进行搜查，往往可以发现犯罪痕迹及其他物证，以及实施强奸后抢劫被害人的财物或其他罪证。

（4）串并案侦查。如果在同一地区连续发生多起作案手段相同的强奸案件，在作案时间、地点，作案方法、手段，现场遗留痕迹、物品，犯罪人特征等方面，分析是一个人或同一伙人所为时，应及时组织并案侦查。这样做，可一举破获多起强奸案件。

第三节　强奸案件调查取证的要点

强奸案件中调查取证应重点围绕"违背妇女意志"和"强行性交行为"展开。

一、围绕违背妇女意志调查取证

犯罪人是否是在违背被害人的意志情况下与其发生性交是成立强奸罪的关键性问题。

违背妇女意志，应结合犯罪人实施的暴力胁迫或其他威胁手段、被害人的反抗程度、被害人事后的种种表现，以准确判断是否违背妇女意志。不同的强奸手段，违背妇女意志的取证要点不一。

（一）暴力型强奸违背妇女意志的取证要点

暴力型强奸，是指犯罪人使用凶狠、残酷的强制力量和野蛮的手段，如携带凶器威胁、劫持被害人、殴打、捆绑、按倒等危害人身安全或人身自由、使被害人不能反抗而实施强奸的行为。暴力型强奸主要收取以下证据：

（1）现场搏斗痕迹。强奸案件现场一般都有抵抗搏斗的痕迹。室内可有床单、被褥等撕扯零乱,内衣裤散落,精斑、血迹、阴毛等物证的遗留,地上有碾压痕、拖拉痕,撕破的衣物,遗留的精斑、毛发等物证。

(2) 衣着破损痕迹和衣着上黏附的物证。被害人的衣着可因反抗而撕破,尤其是内裤、纽扣被扯落,裤带被拉断,衣着上可黏附着精斑、血迹、现场的泥土杂物。这些都表明了犯罪人在性行为中对被害人实施了暴力。

(3) 被害人和犯罪人的身体损伤情况。强奸过程中,由于犯罪人的野蛮粗暴,可造成被害人的身体损伤。除了粗暴的性交造成生殖器的损伤外,还可因性变态而形成阴部、乳房、臀部、面部的抓伤和咬伤;为了制服被害人的反抗,而造成口鼻捂痕、颈部的扼痕及勒痕、手足捆绑痕、头部的钝器伤、大腿内侧部的抓伤等。被害人的挣扎反抗可形成背部、臀部等的广泛擦伤。此外,由于被害人的反抗搏斗,也可造成犯罪人的损伤,如面、颈、肩部、手部、阴茎的抓伤和咬伤。

(二) 胁迫型强奸违背妇女意志的取证要点

胁迫型强奸,是指犯罪人通过扬言行凶报复、揭发隐私、加害亲属、利用迷信进行恐吓、利用教养关系或从属关系或某种孤立无援的环境为条件进行胁迫等行为。胁迫型强奸中违背妇女意志的调查取证有一定的难度。现实操作中,可以结合被害人与犯罪人的关系,结合被害人的案后表现、发案地点的地理环境等进行考察。

(三) 以其他手段违背妇女意志的取证要点

以其他手段实施的强奸,是指行为人对被害人实施除暴力、胁迫以外的手段,使被害人不知反抗或无法反抗的强奸行为。主要有强奸不满14周岁被害人、强奸明知是精神病患者或痴呆患者(程度严重的)的被害人等。

(1) 被害人不满14岁年龄的调查取证。我国法律规定,不满14周岁的为幼女,不论其同意与否,与其发生性关系均以强奸论处。因此,在强奸案件中,有时要涉及对被害人年龄的鉴定。对被害人不满14周岁的取证,可通过户籍调查年龄;通过对牙齿、骨骼、身体的发育情况的鉴定推断年龄。一般14岁以下的女孩,性未成熟,生殖器为幼稚型,阴阜部无阴毛、乳房未隆起、乳头小;阴道狭长,上皮较薄,无皱襞,细胞内缺乏糖原,阴道内无阴道杆菌,PH呈中性;子宫小;无月经。

(2) 无行为能力的精神病人的调查取证。法律规定,与无行为能力的痴呆及精神病患者或无意识者发生性关系,不论其是否同意,都以强奸论处。通过调查了解被害人的生活、工作、社交等情况,经智力标准测验智商低于50,属于中度以上的精神发育迟滞和痴呆者,无自我防卫能力,对两性行为的实质性辨认和控制能力丧失。因此,与其发生性关系,不管其同意与否均按强奸论处。

(3) 利用被害人不能反抗的状态的调查取证。如用酒灌醉、用药麻醉、用药刺激等。犯罪人为达目的常利用安眠药或酒使被害人昏迷实施强奸。这就要求能够及时提取曾盛有安眠药或酒的器皿、呕吐物、洗胃液、血和尿样进行化验取证。

二、围绕强行性交行为调查取证

强奸行为,是犯罪人以追求性满足为目的,侵犯被害人的性自由、性自决权及身心健康等权利的行为。只要犯罪人的阴茎与被害女性的阴道前庭接触,无论是否射精或处女膜破裂,均为强行性交。

强行性交的主要证据有:被害人的阴部损伤、精液(斑)、阴部附着的血痕和阴毛等物证。

(一) 处女膜破裂

处女膜常在初次性交时破裂,因而处女被强奸后,多数发生处女膜破裂。处女膜破裂口处有出血、凝血块、红肿、触痛,一周后痊愈,裂口的边缘变圆,但很少见形成疤痕。处女膜破裂是强奸处女的重要证据。

(二) 会阴部损伤

由于强奸是野蛮的性交行为,故常造成被害人的阴道及前庭损伤产生出血、红肿等,强奸幼女时,严重的甚至产生会阴撕裂、大出血休克危及生命。强行性交在肛门时,可造成肛门损伤甚至撕裂。

(三) 精液(斑)

在强奸过程中犯罪人一般都有射精,因此,发现、提取、检验精液(斑)对确定是否有强奸行为,以及确定犯罪嫌疑人等有着重要意义。精液(斑)可分布在被害人的阴道、肛门、口腔(口淫)、外阴等部位,也可附着在衣裤、被褥、卫生纸、席垫、毛巾等物体上,还可附着于被害人腹壁、大腿、阴毛上。在阴道等体腔内检查出精液,是表明性交发生的有力证据。

(四) 妊娠

性成熟的女性被强奸后,可能引起妊娠后果,这也是强奸的证据之一。早期表现为停经、恶心、呕吐、乳房胀大、乳晕色素沉着、阴道和宫颈呈紫蓝色、子宫体增大、尿妊娠试验阳性。通过停经、早孕反应、分娩等日期和胎龄可推测出被强奸的日期。胎儿的亲子鉴定,对确认犯罪嫌疑人具有重要意义。

(五) 感染性病

强奸也可导致犯罪人将所患性病传染给被害人。反之,被害人也可传染给犯罪人。如淋病、梅毒、艾滋病等性病,可通过对被害人和犯罪嫌疑人的血液做血清学检查确诊。

(六) 其他有关强行性交行为的物证

根据物质交换原理,在强奸中,犯罪人与被害人的性器官接触,犯罪人身上的物质可遗留在被害人身上,被害人身上的物质也可遗留在犯罪人身上,这些物质经过检验鉴定确认,便成为重要的强奸证据。比如,在被害人的外阴部要注意查找犯罪人遗留下的阴毛、精斑、衣裤纤维等。若犯罪人性交时过分粗暴,可造成其生殖器损伤出血而附着在被害人的阴部。在犯罪嫌疑人的外阴部,要注意查找所黏附着的被害人的阴毛、血迹、衣裤纤维等。

第十六章 抢劫案件的侦查要点

第一节 抢劫案件概述

一、抢劫案件的概念及其犯罪构成

抢劫案件,是指以非法占有为目的,当场对他人的人身实施暴力、胁迫或者以其他方法强行劫取公私财物的犯罪行为构成的案件。

抢劫案件在当前呈现日趋减少的趋势,有两个原因所致,一是我国"天眼"工程的推进,基本上实现了公共场所普遍安装摄像头,使得破获抢劫案件变得相对容易;二是随着数字金融的普及,随身携带现金等财物的习惯已经非常少见,即便是群众的家中也不再存放大量现金。

抢劫犯在实施犯罪的过程中都是公开进行,并与被害人有一定时间的正面接触,犯罪分子在实施抢劫行为的过程中,既可能伤及被害人的生命、人身健康,也可能侵害被害人的财物,因此从法益侵害的角度看,属于侵犯了双重法益。但是由于抢劫行为的目的针对的是他人的财物,因此,抢劫罪在我国刑法体系中被归属为《刑法》分则第五章侵犯财产犯罪类犯罪。

抢劫罪的犯罪构成是:

(1)侵犯的是双重客体,不仅侵犯了公私财产所有权,同时也侵犯了被害人的生命、人身健康权。抢劫罪的被害人可能是财产的所有人,也可能是保管人或者是当场的其他有关的人。

(2)客观方面,表现为当场使用暴力、胁迫或者其他方法强行劫取财物。所谓"暴力",是指当场对被害人身体实行强制或者打击,使被害人不能抗拒或者不敢抗拒,从而将财物劫走;所谓"胁迫",是指对被害人实行精神上的强制,以当场实施暴力相威胁或者恐吓,迫使被害人不敢反抗,以达到劫走财物的目的;所谓"其他方法",是指除暴力、胁迫以外的,对被害人身体施加某种影响,使之丧失反抗能力的各种方法,如用药物将人麻醉或者用酒将人灌醉后,将财物劫走。

(3)主观方面,具有非法占有公私财物的目的。

(4)本罪的主体为一般主体,只要年龄达到14周岁的精神正常的人都符合抢劫罪的主体资格。

抢劫是一种严重危害社会治安的犯罪行为,比较其他侵犯财产犯罪具有更严重的社会危害性。它不仅侵犯公私财产,还直接危害公民的人身安全,特别是一些流窜犯、惯犯,他们心狠手毒,胆大妄为,往往既抢劫又强奸,甚至行凶杀人,对社会危害极大。因此,抢劫罪是刑法打击的重点。

二、抢劫案件的种类、特点及法定的加重情形

（一）抢劫案件的种类、特点

抢劫案件可以根据不同的标准分成若干种类。比如从作案人数来看，可以分为单人抢劫和结伙抢劫或有组织的抢劫集团等几种形式；从作案场所来看，可分为拦路抢劫和入室行抢两种；从作案对象来看，可分为与特定对象的预谋抢劫与临时选择对象行抢两种。但是，不论哪种形式的抢劫，一般都具有以下共同特点：

（1）犯罪分子系公开作案，在大多数情况下，被害人同犯罪分子有一定时间的正面接触，能够比较准确地提供犯罪分子的性别、年龄、身高、体貌、衣着、口音等特征，以及被抢经过和犯罪分子逃跑的方向等情况。这就为侦查破案工作提供了极为有利的条件。

（2）犯罪分子一般都持有凶器和工具，尤其是抢劫惯犯，习惯使用某种特质的凶器或工具，这就为确定侦查范围、摸排犯罪嫌疑人提供了重要依据。

（3）犯罪分子往往会在现场留下脚印、手印、工具、衣帽、鞋袜等痕迹、物品，如果遭到被害人的反抗，身上还会带有伤痕、血迹及其他搏斗痕迹。这些是揭露和证实犯罪的重要证据。

（4）犯罪分子一般都持有被抢去的赃款、赃物，通过控制销赃和通缉通报等侦查措施，可以查获犯罪分子。

（5）犯罪分子常连续作案，其作案时间、地点、对象、手段往往带有某种规律性，据此可以采取相应的侦查防范措施，抓获犯罪分子。

（二）抢劫案件的加重情形

我国《刑法》规定了抢劫罪的加重情形，在侦查中应当格外注意搜集和固定有关法定加重情形的证据：（1）入户抢劫的；（2）在公共交通工具上抢劫的；（3）抢劫银行或者其他金融机构的；（4）多次抢劫或者抢劫数额巨大的；（5）抢劫致人重伤、死亡的；（6）冒充军警人员抢劫的；（7）持枪抢劫的；（8）抢劫军用物资或者抢险、救灾、救济物资的。其中，抢劫致人重伤、死亡的属于结果加重犯，在犯罪构成上，除了抢劫的基本行为要符合构成要件之外，还要求基本行为和加重结果之间具有因果关系，要求行为人在实施基本行为时，对发生的加重结果至少要有预见可能性，即持过失心态。其余的加重情形属于情节加重，对于这些法定情节也必须要有证据证明。

第二节 侦查抢劫案件的要点

一、查监控

"天眼"工程给侦破抢劫案件提供了极大的便利。发生抢劫案之后，一定要及时并仔细地查取相关案发区域的监控设备。查监控应当注意：

（1）及时查取。查取监控一定要及时，防止设备自动覆盖自动删除，因为日常公

共场所的监控数据庞大,设备自身设置了定期删除和覆盖的功能,如果不及时查取,恐数据自动删除。同时,也要防止犯罪分子想方设法主动删除。

(2) 全面及仔细查取。要把相关区域的录像都及时查取,并详细查看每一个细节,每一个角度,以及涉案人员的路线。

(3) 固定好相关视频资料。按照我国《刑事诉讼法》在法庭审理时对证据的要求固定好视频资料,确保视频资料的完整、真实。

二、详细询问被害人和知情人

被害人是和作案人有过一定时间正面接触的人,或多或少被害人会了解作案人的面貌特征和犯罪经过,如果发生搏斗,则作案人在行抢过程中还会和被害人有肢体接触,会留下打斗的痕迹。如果当时有群众上前制止,则很可能在知情人身上留下作案人的痕迹。侦查人员接到报案后,应立即赶赴现场,抓紧时机详细询问被害人和知情人,着重查明以下情况:

(1) 被抢劫的时间、地点及经过;

(2) 犯罪分子抢走财物的名称、数量、价值、特征和原存放地点;

(3) 当时现场附近的人员来往情况,发案前有无异常情况发生;

(4) 犯罪分子进入、逃离现场的方向和路线,有无交通工具;

(5) 犯罪分子的人数、性别、年龄及体貌、衣着、口音等特征和习惯动作;

(6) 犯罪分子作案的手段和过程,怎样实施的暴力、胁迫行为,是否兼施其他犯罪行为;

(7) 犯罪分子持有或者使用何种凶器、工具,是其随身携带的,还是就地取材;

(8) 犯罪分子抢劫目标是否明确,有无选择性,是否指名索要某种财物;

(9) 被害人是否进行了抵抗,在罪犯身上和衣服上是否留下了伤痕、斑迹;

(10) 发案前有无可疑人员在现场或附近一带活动;发案后有无形迹可疑人员离开现场,随身携带何物,往何方行走。

在实践中,也有为了非法侵吞公私财物而报假案的情况,因此,在询问被害人时应注意被害人的陈述与现场情形有无矛盾之处,被害人的伤痕有无自伤的可能等,以排除被害人谎报假案的情形。

三、认真勘验抢劫现场

抢劫案件的案发场所不同,现场勘验的重点也有所不同。

(一) 拦路抢劫现场勘验的重点

首先,切实搞清楚实施抢劫行为的地点。由于拦路抢劫案多发生在行人行走的过程中,现场范围比较大,有时候因为惊慌、反抗、追打等情形,从抢劫行为开始到抢劫行为结束,现场已经不是某一个具体地点,而可能涉及一大片区域。其次,在搞清楚抢劫案发的现场后,要在抢劫现场仔细寻找犯罪人遗留的脚印、搏斗痕迹和其他物品,如扭打时遗落的纽扣、毛发、手套、帽子、撕破的衣服碎片等,有条件的还要注意发现、提取现场遗留物上的手印。再次，对抢劫案发生的周围环境和犯罪人的来去路线，进行认真勘验，主要发现犯罪人有无停留痕迹、有无抛弃的赃物、作案工具以及作案人的脚印等。此外，如果发现隐藏赃物的处所，要诱敌深入，秘密部署警力守候，以便等犯罪人来取赃物时当场抓获。

（二）入室抢劫现场勘验的重点

首先，要确定作案人进入现场的方法和作案的手段。重点勘验作案人进入现场时接触、撬动、挪动过的部位。主要发现这些部位有无作案人遗留的手印、脚印、破坏工具痕迹及其他痕迹、物品。其次，勘验被抢劫的财物的存放处，这是作案人肯定接触过的地方，要注意查验有无手印、血迹等蛛丝马迹。再次，如果被害人受伤，则应仔细查验损伤的部位、数量、性状及严重程度，特别注意在被害人伤口和作案人肢体接触时是否留下的作案人的血迹，被害人的指甲缝里是否有作案人的肉纤维物质等。如果作案人对事主或者被害人进行了捆绑，则应该注意绳索的来源，绳索结扣的方式、形状、种类等。为了查清犯罪经过情况，使被害人便于回忆，在现场勘验时可以让被害人在场，及时提供有关情况。

（三）加重情形的勘验重点

在勘验现场，发现可能涉嫌抢劫罪的法定加重情形的，对于相关加重情节要注意搜集和固定证据。入户抢劫的，注意勘验和固定能够证明案发场所为"住户"的证据；在公共交通工具上抢劫的，注意勘验和固定能够证明场所为"公共交通工具"的证据；抢劫银行或者其他金融机构的，注意勘验和固定能够证明是"银行"或"其他金融机构"的证据；多次抢劫或者抢劫数额巨大的，注意固定抢劫次数和数额的证据；冒充军警人员抢劫的，注意勘验和固定证明其伪装"军警"的证据，比如服装、假证、言词；持枪抢劫的，注意勘验和固定"枪支"以及"持枪抢劫"的证据；抢劫军用物资或者抢险、救灾、救济物资的，注意勘验和固定能够证明物资属性是"军用""抢险""救灾""救济"的物资，一般表现为书证。对于抢劫致人重伤或死亡的结果加重情形，注意搜集和固定能够证明抢劫基本行为和加重结果之间的因果关系的证据，一般表现为和伤情有关的照片、医院诊断、伤情鉴定、尸体及死亡原因鉴定。

四、分析案情，确定侦查方向

（1）根据询问被害人、知情人与现场勘验所获悉的情况，判断是否发生了抢劫案以及是否需要立案侦查。首先，要仔细分析被害人、知情人提供的案发经过陈述，注意在时间、地点、手法、作案过程等具体细节上，与现场情况有无矛盾之处。其次，要研究现场勘验所发现的与抢劫活动有关的痕迹、物品、血迹等证据，是否与被害人、知情人的陈述相一致，是否可以判断有抢劫行为的发生。

（2）根据被害人、知情人的陈述以及在现场勘验时搜集的各种证据，判断作案人的个人特点，包括其性别、身高、体态、走路姿势、行为特征等；根据遗留的犯罪工具、衣服、血迹等物品判断其年龄、力量、职业、爱好，并对血型进行鉴定。

五、追缉堵截犯罪人

在现场勘查中如果发现犯罪人逃离不远,则应根据其逃跑的方向马上派出警力,发动群众,通知有关部门配合堵截。如果现场遗留有犯罪分子的物品、脚印,可以进行步法追踪,或者警犬追踪。如果犯罪人已经逃离本地区时,应当将犯罪人的体貌特征、口音、衣着打扮及携带物品等及时通报有关地区协查。

犯罪人作案后,一般会急于销赃,因此,应将被抢劫物品的名称和特征记号等通知可能前往销赃的部门和行业,通过查获赃物抓获抢劫分子及其同伙。

六、摸底排查确定怀疑范围

侦查人员通过一系列的侦查活动后,可以对犯罪人的特征有个初步的判断,然后对具有同类特征的人进行摸底排队。其一,注意与犯罪人口音、身材、年龄、相貌特征相似的人;其二,注意曾经有过抢劫经历,并且抢劫手法与本案相类似的人;其三,注意有类似赃物、作案工具及现场遗留物的人;其四,注意无固定职业,无经济来源,形迹可疑,骤然暴富的人。

七、审查证据,认定犯罪嫌疑人

对于被列入怀疑范围的嫌疑对象,必须进一步谨慎地比对各种证据,以认定是否本案的作案人。审查证据,认定犯罪嫌疑人,应着重审查以下几个方面的内容:

(1) 有无作案时间;

(2) 嫌疑对象的手印、脚印、血型等是否与现场提取的物证相一致;

(3) 嫌疑对象的行为特征与现场勘验的结果是否相符;

(4) 通过秘密搜查,确定嫌疑对象是否持有被抢劫的赃款、赃物;

(5) 秘密组织被害人或知情人进行辨认;

(6) 布置力量,秘密跟踪观察监视其行动,发现与本案有关的细节。

通过上述审查,如果能够得出多项相一致的结论,则基本可以认定犯罪嫌疑人,可以将其抓获,进行审问。

第十七章 盗窃案件的侦查要点

第一节 盗窃案件概述

一、盗窃案件的概念

盗窃案件是指以非法占有为目的,秘密窃取公私财物数额较大或者多次秘密窃取公私财物的犯罪行为构成的案件。根据2013年最高人民法院、最高人民检察院《关于办理盗窃刑事案件运用法律若干问题的解释》的相关规定,所谓"数额较大"是指盗窃公私财物价值1000元至3000元以上,各省、自治区、直辖市高级人民法院、人民检察院可以根据本地区经济发展状况及社会治安状况在上述数额内确定具体数额标准,并报最高人民法院、高人民检察院批准;所谓"多次"是指两年内盗窃三次以上的。

二、盗窃案件的分类

根据不同的标准,对盗窃案件可进行不同的分类。按照犯罪人与被盗场所是否有归属关系,盗窃案件可分为内盗、外盗、内外勾结盗窃以及监守自盗。

（一）内盗案件

内盗案件是指机关、团体、企事业单位、公司内部人员以非法占有为目的,秘密窃取本单位财物的案件。其特点主要有：

（1）盗窃目标明确,现场痕迹较少。内盗案件中,犯罪人所要盗取的目标很明确,加之十分了解单位内部情况以及所盗之物的存放地点,通常直奔目标,没有多余的翻动迹象,时间短,遗留的犯罪痕迹一般较少。

（2）盗窃时机选择准确,进出口不明显。由于内盗案件的犯罪人很熟悉单位内部情况,其会根据这些具体情况,选择最佳的作案时间;又由于行为人在实施盗窃前,都会为自己的行动预备好一切可能的犯罪条件,利用自己的便利条件事先配好钥匙,打开进入盗窃场所的门窗,关闭或者破坏防盗、报警装置等,在内盗案件中,对进入现场的路线有时不易把握,因此进出口不明显。

（3）多伪装现场,制造外盗假象。犯罪人在实施盗窃后,为了扰乱公安机关的侦查视线,通常会故意翻动现场或者故意遗留一些与自身及盗窃行为无关的物品或者痕迹,将整齐的内盗现场伪装成混乱的外盗现场,从而达到逃避打击的目的。但同时,伪装现场往往存在很多漏洞,有的甚至是画蛇添足。

（二）外盗案件

外盗案件是指机关、团体、企事业单位、公司外部人员以非法占有为目的,秘密窃取所盗单位财物的案件。其特点主要有：

（1）盗窃目标一般不明确，现场遗留痕迹较多。外盗案件的犯罪人对所盗单位的情况一般不熟悉，也不了解单位最有价值的财物的具体情况，盗窃时没有明确的目标。在实施盗窃的过程中，犯罪人一般会根据自身的情况对物品进行选择，现金、贵重物品、日常生活用品以及其他便于销售的物品，都可能成为盗窃的对象。因此，在外盗案件中，被盗窃的物品种类多，比较杂乱，有的被窃物品还与犯罪人个人的兴趣、爱好、生活有关。

（2）盗窃现场进出口较明显。与内盗案件不同的是，外盗案件中的犯罪人由于缺乏进入盗窃现场的便利条件，通常会采取翻墙、破窗、撬锁等相对明显的入室方式，这样就会在进出口留下较明显的痕迹，并且在实施盗窃后都会较快离开现场，不对这些痕迹进行处理。

（3）犯罪现场真实性较强。在实施盗窃活动时，外盗案件的犯罪人急于搜寻到财物，一般无暇顾及自己所遗留下的痕迹。同时，行为人多为流窜犯、惯犯，作案后急于离开现场，一般不会对现场的痕迹进行清理。因此，外盗案件的犯罪现场真实性较强，侦查人员应充分利用这一点，从现场出发找痕迹、找线索、找寻犯罪嫌疑人。

（三）内外勾结盗窃案件

内外勾结盗窃案件是指机关、团体、企事业单位、公司内部人员与外部人员互相勾结，以非法占有为目的，合谋秘密窃取所盗单位财物的案件。其主要特点有：

（1）盗窃时机、路线选择合理，目标明确。内外勾结盗窃的案件，由内部人员与外部人员合谋实施，所盗单位内部人员负责提供有关信息，外部人员负责侵入单位实施盗窃。外部人员在侵入所盗单位时，虽然可能会有明显的进出口，但由于有内部人员提供所在单位的情况，因此，选择的时机以及路线都是最佳的，盗窃路线清晰，盗窃目标明确，没有过多的破坏及翻动现象。

（2）赃物多由外部人员处理。在内外勾结盗窃案件中，具体实施盗窃行为的是外部人员，以避免单位内部人员被怀疑。对于所盗的赃物，通常由外部人员藏匿、运销。

（3）制造外盗假象，扰乱侦查视线。内外勾结盗窃案件中，盗窃路线、时机选择最佳，目标明确，内盗案件特征明显，公安机关的侦查方向一般会朝向被盗单位的内部人员。因此，为打消公安机关对内部同伙人的怀疑，外部人员实施盗窃后，通常会故意翻乱现场，制造外盗假象。

（四）监守自盗案件

监守自盗案件是指机关、团体、企事业单位、公司内部财物保管人员利用其职务之便，以非法占有为目的，将所保管的财物攫为己有，然后伪造现场，谎报财物被盗的案件。其主要特点有：

（1）监守自盗者的陈述破绽百出。事主在陈述被盗过程时，会出现其陈述的情况与现场现象相矛盾，或者对某一现象的陈述前后出现矛盾，或者前后几次的陈述都不一样的情形。在侦查人员指出矛盾时，又一味盲目地改变自己原有陈述，附和侦查人员。

（2）案发现场反常现象明显。监守自盗案件的案发现场是由监守自盗者自己想象、伪造出来的，客观上并不存在，即使行为人在案发前精心设计了案发现场，但仍难免出现矛盾和反常现象。

（3）案发后监守自盗者多有反常情况。案件发生后，监守自盗案件的犯罪人通常会较他人更加关心案件的调查情况，会千方百计地打听案件的有关情况，这些反常的行为，使其更加可疑。

此外，根据盗窃对象不同，盗窃案件可分为盗窃财物、盗窃机动车、盗窃文物、盗窃枪支、盗窃有价证券等；根据盗窃案件作案人所采用的盗窃手段和方式的不同，盗窃案件可分为尾随入室盗窃、攀爬入室盗窃、扒窃、撬盗、技术性盗窃、网上盗窃等；根据盗窃案件发生的场所不同，盗窃案件可分为侵入民宅盗窃、侵入单位盗窃、交通运输工具上盗窃、公共场所盗窃等。

第二节　盗窃案件的常规侦查方法

一、通过现场勘验寻找线索

主要通过现场勘验从以下方面寻找线索：

（一）行为人进出现场的方法及盗窃路线

行为人实施盗窃活动，总要选择一定的路线进入存放财物的处所，窃取财物后经由一定的路线离开现场。无论行为人采用什么方式进出现场，在进出口一般都会留有较多的破坏痕迹或活动痕迹。在勘验现场时，要对可能成为盗窃进出口的地方进行细致的勘验，比如门框、锁的把手、窗户等。同时，要对整个盗窃场所遗留下的痕迹进行勘验，比如手印、足印、撬压痕迹、犯罪遗留物等，结合各种痕迹进行现场重建，判断犯罪人整个的作案路线，然后在此基础上在可能留有犯罪痕迹的其他地方搜寻更多的痕迹和其他物证。通过对盗窃路线及进出口的判断，可以判断犯罪人对犯罪现场的了解情况，更好地判断案件的性质。

（二）被盗财物的原处位置

被盗财物原处的位置，通常是行为人实施犯罪行为的中心区域，一般情况下也是案发现场被破坏较为严重的部位，往往遗留有大量的痕迹和其他物证。现场勘验时要根据被盗财物所处的位置，具体分析作案人实施盗窃行为时的可能动作，以发现和提取作案人实施盗窃行为时留下的各种痕迹和其他物证。

（三）现场外围环境

盗窃行为人进入盗窃现场前会在外围环境进行一定的活动，有的是预先踩点，有的是尾随事主。因此，注重对犯罪现场外围环境的勘验，找寻犯罪人的来往路线，或者逗留过的位置，往往可以发现其活动轨迹、遗留的足迹及随身物品。

（四）伪造现场情况

在内外勾结盗窃以及监守自盗案件中，犯罪人为了逃避打击，通常会伪造现场。

伪造现场与事物的客观发展规律总是相矛盾的,应仔细甄别,从中发现破绽,确立正确的侦查范围与方向。

二、通过现场访问寻找案发前后可疑情况

主要访问以下相关情况：

(一) 被盗财物的特征及存放保管情况

应详细了解被盗财物的特征,如大小、形状、颜色、数量、钞票编号,是否有特殊标记,都有谁知道,平时由谁保管,谁有条件接近,何时发现被盗,被盗后采取了何种措施,等等。

(二) 被盗现场的变化情况

被盗现场的变化情况主要有两方面：一方面是指被盗现场与初始状态的差别,即哪些物品被盗窃者挪动过、翻动过；另一方面是指事主或发现盗窃现场的人发现财物被盗后进入现场查看被盗情况时引起的现场物品的位置变化及痕迹的产生。因此,要明确被盗现场的变化情况,了解哪些物品位置的变化是由事主或其他人的行为产生的,以避免扰乱侦查视线。

(三) 案发前后的可疑迹象

案件发生前后,通常会出现可疑的人和事；要向有关人员、知情人以及附近的群众了解案发前后的可疑迹象,比如,是否有怀疑对象以及怀疑的理由,谁对财物被盗情况比较关心,是否有可疑的车辆、人员在现场或附近出现,等等。对调查得来的多方陈述仔细核对、辨别,找出一致点和矛盾点,然后再进行针对性的询问,发现更多线索。

(四) 财物保管者、知情人以及企事业单位有关人员的情况

在盗窃案件中,有的是内盗,有的是内外勾结盗窃或者是监守自盗。应对被盗财物的保管者、知情人或者企事业单位有关人员进行仔细排查,正确定位案件的性质,确定正确的侦查范围与方向。

三、通过控制赃物寻找侦查的突破口

控制赃物通常会成为盗窃案件的突破口。应结合所盗财物的特征及犯罪人可能采取的处置行为,判断其可能出现的场所。在内外勾结盗窃中,赃物通常由外部犯罪人处理,可以制作失物清单发往银行、饭店、旅馆、车站、娱乐场所以及其他容易被作案人用做销赃、挥霍和落脚的场所,获取有关线索。

四、通过串并案件获取更多的线索

盗窃案件中,犯罪人多具有连续、流窜作案的特点,作案人受自身特点、地域特点、技能以及作案熟练度等因素的影响,在作案手段、工具选择等方面通常具有一致性或者相似性。及时进行串并案件,可以获得更多的案件线索,找到案件突破口。

第三节 侵入民宅盗窃案件的侦查方法

侵入民宅盗窃案件是入室盗窃的一种,也是盗窃案件中的常见类型,行为人在侵入民宅实施盗窃时,一般会选择楼房公寓、职工宿舍和单家独户,通过事前踩点了解现场周围的环境及人员活动规律,然后选择目标伺机作案。

一、调查访问,了解案件的具体情况

侵入民宅盗窃案件发生后,侦查人员应及时对事主进行询问,查明事主离开家的时间、原因,去做了什么,跟什么人有过接触,还有什么知情人,房屋的门窗是否关好,何时回的家,何时发现财物被盗,财物存放的处所和存放方法,财物的种类、数量、价值,有无明显特征,案发前后是否有可疑的车辆或者人员出现,等等。同时,可向知情人、邻居、小区保安等人员了解案发前后是否看到可疑迹象或者是否听到撬锁、爬窗、翻动声响等。侦查人员在询问时,应告诉事主如实提供事件经过、财物损失等情况,配合侦查机关查明案情、抓获犯罪嫌疑人。

二、全面进行现场勘验,把握勘验重点

(一)对可能的进出口进行勘验

在侵入民宅盗窃案件中,一般的进出口就是门、窗,对于发生在农村的侵入民宅盗窃案件,进出口也有可能是墙和房顶。因此,要对这些部位进行仔细的勘验、检查。在对室内门窗检查时,首先要观察门窗所处的状态,是开启还是闭合状态,是否有破坏的痕迹,如有破坏,是通过何种方法使用何种工具所实施的,以判断作案人作案的手段以及熟练程度。在对门进行勘验时,应注意寻找盗窃者从门侵入住宅时,可能会留下的痕迹,对门把手、锁、门框等可能留有痕迹的重点部位进行仔细勘验;在对窗户检查时,要注意检查玻璃上是否留有手印,窗台内外的墙壁上是否有攀爬入室时留下的足迹、手印;对于楼房、单元房的住户,要确定是否有从一层攀爬入室或者利用绳具等从高层向低层下坠入室的条件,对可能被借助攀爬入室的水管道、天然气管道、空调等部位仔细勘验,发现可能存在的手印、足迹、泥土或者其他遗留物,从而判断门窗是否为进出口。对于挖墙洞入室的,应注意观察洞的位置、大小,根据形成的痕迹判断作案工具的类型等。对于从房顶入室的,则应注意观察揭瓦的部位以及周围是否有踩踏痕迹等。

(二)现场中心部位的勘验

犯罪人从入室盗窃到离开犯罪现场,总会在现场留有运动路线,比如从哪里进来,先到达室内哪个部位,在哪个部位停留过,陆续又去过哪些房间部位,从哪里离开、遗留下的脚印的形状、方向等。通过查找和分析作案人在现场形成的运动轨迹有助于还原盗窃案件的案发经过,找出更多的线索与证据。

犯罪人在实施盗窃时,在触摸、翻找、移动各种物体的过程中,通常会留下指印或

掌印。鉴于盗窃案件的犯罪人通常是惯犯,通过指印比对可实现串并案件并获得更多的线索。

(三) 现场外围的勘验

以犯罪现场为中心向外辐射,初步假设犯罪人到达犯罪现场可能行走的路线以及踩点的地点,对这些外围可疑部位进行勘验。在勘验现场外围部位时,应调取犯罪人可能的进出现场路线上的视频监控录像,查找在相应时间段出现的可疑车辆及人员,并对犯罪人可能踩点的场所、地点,以及作案后逃跑途中清点、隐藏、分配赃物的场所进行仔细勘验,提取相关的痕迹和其他物证。

三、分析判断案情,开展摸底排队

在调查访问和现场勘验后,要将所获得的信息进行串联、关联比对,进而对整个案情进行初步分析。具体包括:对犯罪人的情况进行初步分析,是熟人还是陌生人员,是有预谋还是顺手牵羊等;根据现场访问和勘验的结果,判断作案人的体貌特征、行为习惯,可能从事的职业等;对可疑对象进行排查,调查其是否有作案时间、案发前后有何反常举动,银行账户资金流动情况等;对案发时出现的可疑车辆进行排查,调查车主基本情况以及出现在案发现场附近的原因。在摸底排队时,应鼓励现场周围的群众主动提供线索,并重点对不务正业、好逸恶劳、吸毒、赌博和有盗窃前科人员进行排查。

四、及时控制赃物

侵入民宅盗窃案件的失窃赃物多为现金、有价证券、贵重物品等,通常,除现金会被犯罪人留下挥霍以外,其余赃物则大多会被犯罪人低价处理,折换成现金使用。案发后,侦查部门应迅速组织侦查力量,必要时应运用秘密力量,对犯罪人可能销赃的场所进行严密控制,对生活场所以及娱乐场所实施布控,查获赃物,查获犯罪嫌疑人。

五、实施并案侦查

在侵入民宅的盗窃案件中,犯罪人有时会一次侵入同一个小区或者楼宇的多家住户,这就会使若干个盗窃现场上反映出相同或相似的犯罪手法及痕迹、物品,并且在犯罪时间、犯罪目标的选择上表现出一定的规律特点,及时串并案可为侦查工作提供更多的线索。

六、利用视频监控信息

在侦办侵入民宅的盗窃案件时,应及时调取现场及周围的监控录像,根据案件发生的时间,从监控录像中找寻可疑的人、可疑的车,并根据时间的关联性、连续性,找到犯罪人的活动轨迹。

七、对高危人员的研判分析

在侵入民宅盗窃案件中,作案人的作案手法通常具有地域性特征。公安机关应对本辖区侵入民宅盗窃案件的发案空间、时间、作案手段等方面进行研判,对本辖区内的高危人员进行梳理和布控,构建高危人员预警系统。同时,根据具体案件所反映的特点,分析判断可能关联的高危人员,再从中查找与案件活动轨迹重合的嫌疑人。

第四节 扒窃案件的侦查方法

一、组织专门力量,组建反扒队伍

扒窃犯罪行为时间较短,如果失主发现被盗后再去报案,往往就比较被动,难以发现犯罪人。建立反扒队伍,在扒窃案件发案率高的场所进行巡查守候,发现犯罪人扒窃时将其抓获,可以起到威慑的作用,遏制扒窃犯罪的活动。开展反扒专门队伍建设时,应对反扒队员进行专门的训练,诸如敏锐的观察力,分析判断扒窃犯罪人的心理活动和行为特征的能力等,使其达到能够从眼神、动作、衣着打扮、携带物品等方面及时判别、发现犯罪嫌疑人。

二、走访群众与阵地控制并进,发现可疑线索

案发后,在详细询问事主后,可向周围的居民、商户了解情况,诸如扒窃者的外貌特征、有哪些可疑人员常在附近活动,等等。而在日常的反扒工作中,应多与周围的居民、商户沟通,了解是否有陌生的可疑人员在此附近活动,发现可疑迹象、线索,同时加强巡查,采取阵地控制,及时有效地打击扒窃犯罪行为,切实将防控与侦查结合起来。

三、及时搜索,查找相关的物品、痕迹

犯罪人在扒窃得手后,一般会迅速离开现场,在附近隐蔽地点清点所盗财物,并将特征明显、价值不大的物品、证件以及钱夹等丢弃,以逃避打击。侦查人员应及时组织力量,对案发现场的附近区域进行搜索,尤其是垃圾箱、公厕、下水道等犯罪人可能抛弃赃证的地方,寻找犯罪人丢弃的物品及痕迹,例如遗留在钱包上的指印等。

四、在重点场所安置监控设备,追踪扒窃犯罪人

各地公安机关可在商场、银行、酒店、车站等扒窃发案率较高的场所周围安装监控录像设备,发生扒窃案件后,侦查人员可通过调取发案时间前后的录像资料,辨认、寻找扒窃作案的犯罪嫌疑人或事主的影像,获取有关犯罪信息。同时,在日常工作中,还可由专门人员通过观看视频监控即时发现扒窃犯罪行为,并及时通知发生扒窃案件区域附近的侦查人员将扒窃犯罪嫌疑人抓获于现行。

第十八章　爆炸、投放危险物质、放火等危害公共安全案件的侦查要点

第一节　危害公共安全案件概述

犯罪嫌疑人故意或过失地实施危害不特定多数人的生命、身体健康或者重大公私财物安全的行为，是危害公共安全犯罪。危害公共安全案件具有以下犯罪构成特征：

（1）犯罪客体是公共安全。危害公共安全犯罪的犯罪对象虽然是不特定多数人的生命、健康和公私财产，但和以个人权益为侵犯对象的犯罪不同的是，危害公共安全罪侵犯了由不特定的多数人所共同建构的公共安全。即这类犯罪中犯罪行为所直接侵害的对象是不特定多数人的生命、身体健康以及重大公私财产的安全，其所侵犯的客体是社会的公共安全。所谓不特定是指犯罪行为不是针对某一个或某几个具体的人或某些具体的财产，它所指向的往往是任意的、不确定的人和公私财产，其犯罪后果常常是犯罪人事先难以明确确定的。这也是危害公共安全犯罪区别于其他各类犯罪的关键之处。如果某一犯罪行为指向特定的即事先确定的人身和财产，而不直接危及多数人的生命、身体健康和其他公私财产的安全，则不能构成危害公共安全案件，而应分别构成侵犯人身权利犯罪案件或侵犯财产犯罪案件。

（2）客观方面表现为危害公共安全的行为和一定的结果。这一构成特征具体包括两种情形：一是实施了危害公共安全的行为，并且已经造成了严重的后果，此种属于结果犯；二是实施了危害公共安全的行为，虽未造成严重后果，但足以威胁公共安全的，此种属于危险犯。从我国刑法的规定看，危害公共安全犯罪在客观上只要符合上述两种情形中的任何一种，便可认为符合危害公共安全犯罪的客观要件。

（3）犯罪主体大多是一般主体兼少数特殊主体。这类犯罪中的特殊主体既指国家工作人员，也指在业务上、职务上负有某种特定义务和职责的人员。如交通肇事罪的犯罪主体，按照我国《刑法》第133条的规定，一般是从事交通运输的人员。我国2021年3月1日施行的《刑法修正案（十一）》加大了对重点领域、重点行业危害生产安全犯罪的惩治力度，增加了危险作业罪，该罪的犯罪主体包括对生产、作业负有组织、指挥或者管理职责的负责人、管理人、实际控制人、投资人，以及直接从事生产、作业的一线从业人员。危害公共安全罪的主体还有一种特殊情形，就是单位犯罪。如我国《刑法》第125条非法制造、买卖、运输、邮寄、储存枪支、弹药、爆炸物罪和第128条第2款非法出租、出借枪支罪，其中就规定单位可以成为犯罪主体。

（4）主观方面必须具有故意或者过失。行为人在实施危害公共安全行为时，其主观上必须具有故意或者过失的心理状态。只有如此，才能构成让行为人为其违反刑法的行为负刑事责任的主观基础。

第二节 爆炸案件侦查的要点

爆炸案件,是指故意用爆炸的方法,杀死杀伤不特定多人、毁坏重大公私财物,危害公共安全的犯罪行为构成的案件。

一、爆炸案件的现场勘验

爆炸案件的现场勘验应注意的几个重点:

(一) 对爆炸中心点的确定

安放爆炸装置并引爆的地点或部位,即爆炸中心点。一般炸药爆炸现场都有较明显的爆炸中心点,其特点是该地点或部分的对象破坏最严重,爆炸抛出物向四周散落的方向、分布的状态呈球形辐射状,且多有炸坑、缺口、孔洞。

发现和确定爆炸中心点后,应重点观察、记录炸坑的形状、大小、深浅、炸坑的物质结构、炸坑内的残留物等。对爆炸中心点范围内的物体、物品以及残渣应仔细进行过筛、检验,以从中发现尸体残渣、衣服碎片、爆炸物残渣、碎铁钉、铁片、炸药包装物碎片等。

如犯罪人采用悬空方式安置爆炸物,爆炸后没有形成炸坑的,应根据爆炸抛出物的辐射状态、破坏的严重程度来确定爆炸中心点。

(二) 发现、提取与爆炸有关的物证

与爆炸有关的物证主要包括:爆炸形成的各种痕迹;炸药残留物;爆炸装置残留物等。由于爆炸会产生巨大冲击波和热量,可在一定物体上形成炸坑痕迹,物品、物体被粉碎、撕裂的痕迹,人体受损伤痕迹以及物体、人体被烧灼、烟熏的痕迹。炸药爆炸后,绝大部分形成炸药的分解产物。但也有微量的没有分解的炸药颗粒,形成炸药残留物。爆炸后,爆炸装置被炸碎遗留于现场,主要包括雷管碎片、导火索的残段或残渣、包装物和捆绑物的碎片等。

与爆炸有关的物证对于分析爆炸物的种类、炸药的数量、引爆装置、引爆方式以及确定侦查方向和侦查范围具有重要意义。

(三) 检验尸体

对爆炸现场上发现的尸体及尸体残肢,首先应进行拼接,并应逐个进行编号,详细记载其体貌特征和服饰特征,有关能证明身份的证件、物品,如身份证、工作证、手机等也应进行记录。对伤痕的部位、形状、大小、严重程度等应进行认真的检验并加以记录,以逐个查明爆炸当时其所处的空间位置和变动状况。对于在爆炸中心位置发现的被炸最为严重的死者,应重点进行检验和查证,以确定其是否犯罪人预定的杀害目标或是爆炸自毙的犯罪人。

二、分析案情,确定侦查方向和范围

(一) 分析案件性质

在确定是故意实施爆炸犯罪的前提下,应进一步分析爆炸案件的具体性质,为侦查工作指明方向。根据犯罪人不同的犯罪动机、目的,爆炸案件的性质可分为两大类:一类是出于报复社会、向社会泄愤的目的所实施的爆炸案件;一类是以私仇报复为目的所实施的爆炸案件。应根据犯罪人所选择的被侵犯对象的特点和其所采用的爆炸手段、方法分析这两类性质的案件。一般来讲,以向社会报复、泄愤为目的所实施的爆炸犯罪,往往没有特定的侵犯对象,破坏目标大多不是针对具体的人或私人住宅,犯罪人进行的爆炸大都选择在重大节日或重要的会议期间,爆炸地点多是在重要的建筑设施、重要的物资仓库、政府驻地、党政首脑机关、车船码头以及人流众多的公共场所等地。这种性质的爆炸案件的作案手段一般比较诡秘,爆炸威力大、破坏性强、后果较为严重。如果爆炸目标是针对某些公民的人身和住宅,往往是私人纠纷等原因引起,案件性质应是私仇报复。这类性质的爆炸案件,因果联系比较明显,且目标较为特定,爆炸范围较小,爆炸可能造成的后果和影响亦相对较小。

(二) 分析、确定爆炸中心点

爆炸中心点是判断案件性质及有关情况的依据之一,在犯罪人引爆自毙的案件中,更是帮助确定哪一个是死者哪一个是犯罪人的重要佐证。对爆炸中心点的判断主要应依据爆炸遗留物、爆炸痕迹、被炸物品的分布方向、范围,结合现场的具体环境和特点进行分析。

如在地面发生爆炸,一般都会形成炸坑。炸坑处的人或物体毁损最为严重,被炸的物体呈球形放射状向炸坑周围抛射,此炸坑即是爆炸中心点。

如爆炸物安置在木柱、墙壁一侧发生爆炸,形成截面,一侧口大、一侧口小,则口小一侧和与抛出物方向相反的一侧为爆炸中心点。

如犯罪人采用悬空引爆,则多数难以形成炸坑。这时,应重点研究受到爆炸破坏最严重的部位和物体,结合爆炸冲击波和炸点被炸物品的抛射规律进行分析,以最终确定爆炸中心点。

(三) 分析爆炸物品

爆炸物品主要包括:爆炸物(炸药、雷管)、引信(导火索)、包装物、捆绑物、固定物、支撑物等。爆炸物品在爆炸的瞬间,由于爆炸的巨大威力,一般都已炸得粉碎,因此,对爆炸物品主要是根据爆炸现场上残留的爆炸物品残渣、微粒和目击证人所提供的爆炸时所看到听到的情况进行分析。

分析炸药的种类,可根据现场上残留的炸药微粒和群众在爆炸时所看到的火光、烟雾颜色、闻到的气味及听到的声音来加以分析和判断。

分析炸药的数量,可根据炸点的深浅程度,被炸范围的大小,通过经验公式进行估算而获得,也可通过模拟爆炸的侦查实验确定。

分析其他爆炸物品,则可依据现场上残留的某些物质,如碎纸片、绳索段、铁皮、铁钉、皮革残片等加以分析。如有碎纸片和绳索段,表明犯罪人可能是用纸张包裹炸药,并用绳索加以捆绑,如发现铁钉、铁弹子等物,则表明犯罪人为了加大杀伤力,在炸药中加入了铁钉、铁弹之物。

(四) 分析安置、引爆爆炸物品的方式

爆炸物品的安置方式能反映出犯罪人与被害对象之间一定的关系,还能反映出犯罪人对现场的熟悉和了解程度。在爆炸案件中,犯罪人针对不同的目标,不同的环境场所,常采取不同的安置爆炸物品方式。如属于仇杀,一般会趁仇人不备,在仇人的办公处所、住宅或必经之路上安放爆炸物品;如果爆炸的目标是重要建筑物或公共场所,犯罪人往往是趁夜或节假日无人值班看守之机撬门破窗或从天窗投掷爆炸物品;如果爆炸目的是为了报复社会,向社会示威,有的则采用自身携带炸药,采取自杀式爆炸的方式实施爆炸。对爆炸物品安置方式,应根据爆炸现场所处的位置、环境,炸点的位置以及被炸地点的人员活动情况综合起来进行研究分析。

引爆方式一般常见的有机械引爆、电力引爆、导火索引爆、化学引爆等几种。爆炸物品的种类、安置和引爆方式能反映犯罪人对爆炸技术的掌握程度,能反映犯罪人的某些特殊技能或技术,这对于查找、锁定犯罪嫌疑人具有重要意义。

三、调查访问

在勘验现场的同时,应及时开展现场访问,了解爆炸当时及爆炸前后的有关情况,访问的对象主要是爆炸案件中的受伤人员、现场周围的群众及死者的亲属亲友。

对于因爆炸而受伤的人员,在实施抢救的同时应及时地进行访问,以查明伤者的姓名、身份和在爆炸当时所处的位置及状态;爆炸时听到的声音、看到的火光及烟雾颜色、闻到的气味;爆炸发生前有无接触过什么可疑人员;爆炸发生后有无可疑人员逃离现场等。

对于现场周围居民,应着重了解爆炸发生的时间,当时所听到的声音,看到的火光、烟雾、闻到的气味以及爆炸发生前后他们所看到、听到或了解到的情况。

对于已经明确的死者亲属亲友,亦应及时进行访问,了解死者生前的社会关系、恩怨矛盾、经济纠纷以及思想表现、情绪倾向、性格脾气,要了解查明死者生前有无反常的表现和举动,有无离家出走或失踪等情况。

第三节 投放危险物质案件侦查的要点

我国2001年12月29日公布施行的《刑法修正案(三)》和2002年3月15日最高人民法院、最高人民检察院公布的《关于执行〈中华人民共和国刑法〉确定罪名的补充规定》将投毒罪修改为投放危险物质罪,取消了投毒罪罪名。投放危险物质罪是指故意投放危险物品危害公共安全的行为。

一、投放危险物质案件现场勘验

投放危险物质案件现场如果发生了重大人员伤亡的,侦查人员到达现场后,应首先了解人员的伤亡情况。在尽量不破坏现场的前提下,应全力抢救中毒受伤人员。与此同时,应及时组织力量展开现场勘验并应重点注意以下问题:

(1)注意检查空调系统、通风管道、水源,查看有无犯罪嫌疑人的痕迹和危险物品的残留或包装、容器残留。

（2）注意提取残余的危险物品，如现场上某些可疑的液体及液体痕迹、结晶颗粒、粉末等。

（3）对现场上可疑的饭菜、粮食、食品、饮用水及装盛食物用的锅、碗、盘、盆、杯等，应注意观察和检验，必要时应进行提取。对尸体附近遗留的药物、药渣、药瓶、注射器应特别注意，一般均应提取。另外，对尸体附近的手机以及日记、信件、便条、处方纸等文字材料也应予提取。

（4）应注意观察、发现并提取中毒者的呕吐物、排泄物、分泌物以及吃剩的饭菜、喝剩的水，应当提取盛水和食物的容器。

（5）如怀疑为煤气中毒，应注意寻找煤气来源，观察门、窗的关闭情况，检验煤气开关是否关闭或开启，有无损坏。

（6）对现场进行全面搜索和检查，注意发现和提取被犯罪分子隐藏或丢弃的危险物品、危险物品包装物和其他有关作案工具。对某些可疑的器皿、碎纸片、容器碎片等也应进行观察和检验。必要时予以提取，在搜索中，还应有意识地寻找和发现犯罪嫌疑人作案时可能遗留的手印、脚印等痕迹。

二、尸体检验

尸体检验对投放危险物质案件而言具有非常重要的意义，是确定危险物品的类型和投放时间的关键。对中毒死亡的尸体，应认真进行检验，检验包括尸体外表检验、解剖检验和必要的理化检验，检验中应重点注意：

（1）尸体的位置和姿势。应查明尸体是在室内还是室外，是在床上还是地上，姿势是平直、卷曲还是呈痉挛状态。

（2）死者的衣着状况及随身物品。应检验死者的衣着是否完整，以判断是在什么状态下中毒。特别应注意衣服的前襟、袖口等部位有否可疑的斑渍和液汁。衣包、裤包内有无可疑的药物、危险物品、纸张等物。

（3）观察死者口鼻。死者的口鼻有无可疑液体流出，有无特殊的颜色和气味，口腔及嘴唇有无被腐蚀、烧灼的现象。一般而言，有机磷危险物品中毒者，口腔或鼻腔内有白色或黄白色泡沫状液体流出，并伴有特殊的蒜臭味。有些腐蚀性危险物品中毒者，口腔、口角周围有黑褐色的腐蚀痕迹。慢性铅中毒或汞中毒，口腔内及牙龈有铅线或汞线现象。

（4）死者皮肤、口唇和尸斑的颜色和瞳孔特征。一氧化碳中毒者一般口唇及尸斑会呈鲜红色；氰化物中毒者口唇及尸斑也会呈现红色；磷中毒者皮肤呈黄色。

（5）肛门、直肠有无异常或异物。观察死者肛门、直肠有无异常或异物。

（6）观察死者脏器。解剖检验时，应注意观察和检验死者各脏器的状态，如颜色、气味、有无异物、有无出血点、有无被腐蚀、烧灼迹象等。必要时要提取某些脏器或人体组织作进一步的理化检验，以判明中毒原因、危险物品种类、用量等问题。提取何种脏器或组织应结合案情和尸体检验情况加以决定，一般的提取原则是：凡口服危险物品致死的，应提取胃及胃内容物；如果口服危险物品时间较久，估计危险物品已被吸收进入血液，则还应提取肝、肾、血液；如果危险物品是经皮肤吸收而进入体内致使中毒的，则应提取右心血液及肺；如果危险物品是经皮下肌肉注射进入体内的，应分别提取左、右心血液和注射点周围的肌肉皮肤组织。

三、分析案件性质及有关情况

（一）分析案件性质

常见的中毒事件按其性质可分成三种情况，即服毒自杀、意外不幸事故、投放危险物品谋杀。只有第三种才是属于刑事侦查案件。因此，在侦查开展之前，需要排除前两种情况。发现中毒现场后，在现场勘验和访问的基础上，应首先判明是上述三种情况的哪一种，只有判明是有人故意投放危险物品，才有侦查必要。对于上述三种情况的判断，可根据中毒者生前的表现、中毒的方式、当地有无因某种原因而使用某种危险物品等来分析、认定。

一般而言，有下列情形之一的，可考虑是犯罪人投放危险物品谋杀：死者生前无自杀的意识和倾向，精神状态良好，且无误食危险物品可能的；中毒人数较多，且排除了意外中毒可能的；中毒现场发现残余的危险物品和盛装危险物品的物品，如瓶、罐及各种器皿等；现场发现有不属中毒者所有的危险物品容器的；在食物或粮食中发现有危险物品；现场上有其他犯罪迹象，如现场财物被翻动或短少、女被害人被强奸、被害人身上有暴力加害痕迹等等。

（二）分析作案手段

分析犯罪人使用何种危险物品以及如何投放危险物品，有助于判明犯罪人的有关情况。特别是某些危险物品的取得和使用必须具备一定的条件和技能，只要判明了作案手段，实际上也就判明了犯罪人的某些条件，这对于锁定犯罪嫌疑人具有重要意义。

危险物品的种类很多，根据不同的毒理学划分标准，可划分为如下几类：生物性危险物品，如有害细菌、病毒、寄生虫、传染性生物；化学性危险物品，如氰化物、放射性材料等；挥发性危险物品，如酸类；非挥发性危险物品，如各种镇静药、安眠药；水溶性危险物品，如盐类；气体类危险物品，如一氧化碳、化学毒气等；农药类危险物品，如各种有机磷农药、灭鼠药等；有毒的动植物，如毒蛇、毒虫、含剧毒碱类的植物；等等。危险物品有的是化工原料，有的是医用药品，有的是农用灭虫、灭鼠剂，犯罪人投放时所选用的危险物品不同，说明其取得危险物品的途径和方法不同，从中可以反映出其具备的某些条件。

从侦查实践看，犯罪人有的将危险物品投于大气、河流、自然界中；有的则投于公共交通工具或建筑物的封闭空间、空调系统、通风系统或水源中；有的将危险物品投于食物、饮料之中；有的将危险物品混入正常药物之中使人吞服；有的则用注射的方法，将危险物品注入被害人体内；还有的犯罪人将危险物品涂抹或喷撒于被害人经常触摸的物体之上，使被害人接触该物体而发生慢性中毒死亡；还有的犯罪人则直接用毒蛇、毒虫咬人，使人中毒伤亡。投放危险物品方式的不同，可以反映出犯罪人具有一定的技能,如犯罪人用静脉注射的方式对被害人下毒,其一般了解和掌握一定的医疗技术,如静脉的位置、静脉推注的具体方法等。

对于危险物品种类,主要应通过危险物品检验来加以分析、认定,对于投放危险物品方式,要依据现场勘验所得到的多种情况加以分析和判断。对于犯罪人使用某些不常见的方式或使被害对象慢性中毒的方式投放危险物品时,投放方式往往无法轻易认定,这时,应广泛地调查访问,了解事情的前因后果,综合分析犯罪人可能采用了什么样的投放方式。

(三) 分析投放危险物品的时间和地点

投放危险物品的时间往往与被害人中毒、伤亡的时间并不一致,但二者之间有着密切的关系。一般对于投放时间可根据以下情况进行推断:被害对象的死亡时间以及中毒发作的时间。在了解被害对象死亡时间和危险物品种类的基础上,结合某种危险物品的毒性程度、用量等因素,可推算出被害对象从中毒到死亡、毒发的时间,再推理就可大致得出犯罪人的投放时间。如被害对象是在某一餐饭后中毒发作,则表明犯罪人有可能是在饭菜中下毒,其投放时间有可能就是在做饭之时。某些危险物品如果发生丢失、被盗、被借用、被讨要的,就可据此推理作案时间的上限和下限,即犯罪人的投放时间可能在危险物品发生丢失、被盗、被借用、被讨要之后至被害对象中毒发作前这样一个时间段。此外,通过调查访问,证人反映在案发前现场所在地区曾出现过可疑的人和可疑的事,如陌生人在现场曾逗留、窥探,这些情况有可能是犯罪人在作案前的准备活动。据此,亦可推理出犯罪人投放危险物品的时间。

投放危险物品的地点和中毒地点既有一致的情况,也有不一致的情况,如犯罪嫌疑人在河流、水塘、水库、大气、空调系统中投放有毒气体、细菌、放射性材料等危险物品,发生中毒的地点不一定就是投放危险物品地点。但可根据物质流动的方向及速度结合中毒的时间对投放地点加以分析。

四、调查访问

在对现场进行实地勘验的同时,应及时组织力量开展现场访问。现场访问的对象主要是中毒未死的被害人、中毒者的亲属以及现场周围和参与现场抢救的人员。访问中,应重点了解以下问题:

(1) 中毒的发生和发现。包括中毒发生的时间、地点与中毒被发现的时间和地点。

(2) 中毒人员的中毒情况。包括中毒当时的状态、中毒至死亡的过程、死亡时的状况。

(3) 中毒人员的生活情况。包括已经中毒死亡的被害人和没有死亡的被害人的生活情况,如婚姻、恋爱情况,私仇恩怨矛盾情况,经济收支来源情况,身体健康状况以及有无厌世、自杀的倾向。

(4) 中毒地区的社会情况。包括某种危险物质是否在本地被广泛使用,比如当地市场占有量大的农药;当地是否因某种原因在近期使用过某种危险物品,如为了杀虫在一定范围内喷洒农药,或为了灭鼠而在一定范围内施放灭鼠药等,有无误食、误服或意外中毒的可能。

(5) 现场的进出情况。可以借助图像侦查手段以及询问周围证人,是否看到过可疑人员进出现场;进出现场的时间、路径;此人的体貌特征如何。

(6) 近期与危险物品相关的事件。近期在案件发生地区,有无出现过反常现象,如有无出现过某种危险物品的丢失;在案件发生前有无出现过有人中毒的情况;有无出现过人员或生物离奇死亡的情况等等。

通过现场实地勘验、尸体检验和访问,常常可以获得一些线索。有些线索是直接或间接指向犯罪嫌疑人的,由此可通过进一步的侦查发现犯罪嫌疑人。有些线索则与侦查工作的方向和范围有关,亦可据此来帮助确定或调整侦查的方向和范围。

第四节 放火案件侦查的要点

放火罪,是指故意放火焚烧公私财物,危害公共安全的行为。实施了放火罪的案件即为放火案件。

一、现场勘验

放火案件现场勘验的主要目的是分析起火原因。火灾可以由多种原因引起,常见的原因有:

(1) 不慎失火。这是由于疏忽而造成的火灾,即由于工作、生活中缺乏用火、用电的安全意识或不遵守安全规章而引起。

(2) 化学自燃。有些物质的化学性质本身有自燃的特点,如黄磷等,一旦自然条件如温度、湿度达到了自燃条件就会自动燃烧,形成火灾。这种起火之前一般现场就存有自燃物,可以通过现场勘验或调查访问获知。要注意犯罪人利用自燃来伪装掩饰放火的情况。

(3) 易燃物起火。即某些物质本身并非自燃物,但容易被特定的条件激发形成火灾,如老化裸露的电线、过近照在幕布上的高温照明灯、干燥的稻草垛、煤堆等。

(4) 雷击起火。即雷击引起的火灾。因起火当时有雷击现象和雷击点,故而比较容易判明。

(5) 电线短路起火。即由于电线短路产生火花引燃某些物质而引发火灾。

(6) 犯罪人故意放火。

在上述起火原因中,只有犯罪人故意放火才启动立案侦查。所以,应根据现场的实际情况,结合各种起火原因及相关特征进行认真的勘验。一般现场上存在下列情况的,应重点勘验故意放火嫌疑的证据:

(1) 起火点附近发现有打火机、火柴梗、木柴等易燃物及其残渣,而这些地点本来并没有这些物品的。

(2) 同一火灾现场上有两个以上的起火点;或同一时间多处起火。

（3）现场经勘验发现,火灾前发生刑事案件的,如现场发现有受伤的人员或尸体,经检验发现,尸体上有多种锐器伤或钝器伤和捆绑扼勒等痕迹,或是尸检结果表明死者在起火前已经死亡的,如现场上发现门窗、箱柜、抽屉、保险柜被撬,事主叙述有贵重财物丢失的。

（4）现场上原有的消防设施、器具在起火前被故意破坏的。

（5）火灾发生后和发生当时,证人目击有可疑人员进出现场的。

（6）可以排除自然失火、雷击起火、电线短路起火和过失失火的因素的。

二、分析案件性质及有关情况

放火案件的侦查应重点分析以下几个问题:

（一）分析案件的性质

侦查实践中,以犯罪人的动机、目的为依据,放火案件的具体性质较常见的有以下几种:

（1）反社会性放火。这是犯罪人出于对社会的不满,用放火来发泄心中的仇恨。这种放火,常以党政机关、军事要地、商场库房、行进中的火车汽车以及人烟稠密的公共场所为目标,刻意追求犯罪的严重后果。

（2）私仇报复放火。这种基于私仇恩怨矛盾而引起的放火常常是由于邻里纠纷、夫妻争吵、恋爱矛盾以及奸情关系等原因而引起,往往有特定的目标,侦查中发现嫌疑人就相对比较容易。

（3）为掩盖其他罪行而放火。犯罪人杀人、盗窃、贪污后惧怕罪行暴露或是为了毁证灭迹而放火。这种放火的目的是为了掩盖、销毁其他犯罪的证据。所以在现场上常常能发现其他犯罪的有关痕迹、物品,如被杀者的尸体、被撬的箱柜以及被涂改烧毁的账册、单据等等。

（二）分析起火时间

分析起火时间目的在于判断犯罪人的放火时间。起火时间和放火时间是两个不同的概念。有时它们二者是一致的,如犯罪人直接用汽油等助燃物引火,放火之时也即起火之时。但有时二者却不一致,如犯罪人用蚊香、香烟、导火绳等能缓慢燃烧或助燃的引火物来延缓起火时间。分析、确定起火时间,可从以下几个方面入手:一是看现场上有无引火物以及这种引火物的属性,必要时可用现场实验来判断其燃烧速度;二是看第一个发现火灾的人是在什么时间发现起火的;三是有关证人目睹可疑人员进出现场的时间;四是根据勘验人员和某些专门人员对现场上某些物品的燃烧程度的分析,判明起火时间。

（三）分析起火点

起火点是犯罪嫌疑人实施放火的地点。对起火点的分析一般应从以下几个方面入手:一是询问事主或最早发现起火的人,根据其提供的最早发现起火或冒烟的地点及部位来确定起火点;二是根据物质的燃烧规律来进行分析,如根据碳化程度进行分析;三是根据留有某些可疑物品的情况来加以分析,如留有盛装过油料的空瓶、被烧焦的尸体、被烧毁的单据、账册等的地点,极有可能就是起火点。

三、调查访问

放火案件的侦查基于不同个案的特征,应重点调查访问以下问题:

(1) 调查犯罪人与事主之间是否存有联系。

大多犯罪人与被害人或事主之间有一定的联系。侦查中应紧紧围绕这种联系,从果到因去发现嫌疑人。具体做法是查清被害人或事主的有关情况,如生活作风、经济收入、私仇恩怨等。一旦发现某方面可能有问题时,应顺线追踪,发现犯罪嫌疑人。如被烧的是财会室、保管室、档案室、电脑室等处所时,应着重调查有关财会人员、保管人员、操作人员,以查清是否因贪污、挪用钱财、销毁数据而放火灭迹。

(2) 寻访目击证人。

放火案件由于烟雾量大、规模大、现场庞大的特点,往往第一时间都是被目击证人发现。目击证人往往目睹起火及燃烧过程中的情况,对案前案后的有关情况也会有所知晓,因此,侦查中应及时深入地调查访问证人,以发现侦查线索。具体做法是:可以向公众及时地公布案情,发动公众提供侦查线索;或是个别地走访起火现场的周边居民,了解案情;也可以开座谈会的形式组织群众,引导群众回忆案件发生以及发生前后的有关情况。

比如调查了解案件发生前有谁到过现场,有无逗留、徘徊和窥探的行为,与被害人或事主是否有过接触,是否有人故意破坏消防设施,案前是否有人与被害人或事主发生过争吵或打斗,是否有人扬言要放火,案件发生后是否有人神色、表现反常,或者沉默寡言,或是积极打听侦查消息,或是散布流言扰乱侦查活动等。这种疑人疑事常常是犯罪活动的一种侧面表现,只要侦查人员能善于抓住、发现这些疑人疑事,常可以由表及里、由浅入深地发现案件的真相,发现犯罪嫌疑人。

(3) 调查物证的来源。

放火现场一般破坏严重,现场上可资利用的痕迹、物品往往较少,但这并不等于说放火现场上没有痕迹、物品可寻。犯罪人实施放火,不管其手段如何巧妙,总会在现场留下某些痕迹、物品,如手印、脚印、引火物、助燃物、点火器材以及其他痕迹、物品。尤其是在某些抢救及时、火势尚未蔓延成灾的现场,往往有某些痕迹、物品未被烧毁。烧毁严重的现场,也往往还存有烧剩的引火物、点火物或作案工具的残渣或残骸。对在现场发现的痕迹、物品应尽快地进行鉴定和检验,以确定其性质和其他特征。在此基础上,应进行调查访问,查证物证的来源。如辨认现场物品,以确定某物品原为谁所有。这种方法主要适用于现场物品具有某些明显特征的情况,并且这类物品一般为人们日常生活和工作所常用。又如走访相关人,调查物品的来源、出处。比如调查物品的生产厂家、销售范围、销售点、销售人和购买人。还有些现场物品是犯罪人从工作场所拿取,或是从其亲友处索要,或是从某处盗窃来的,对于这样的物品,查清它的来龙去脉,取之何处,属何人所有,以顺线追查,发现犯罪嫌疑人。

第十九章　重大责任事故案件的调查与侦查要点

第一节　重大责任事故罪调查及侦查概述

重大责任事故在造成人民群众生命财产重大损失的同时,也给经济社会的发展带来极其严重的危害,及时有效地侦破这类案件,可以遏制和减少重大责任事故的发生。

一、重大责任事故罪的立法与事故的查处

重大责任事故罪规定在我国《刑法》分则第二章"危害公共安全罪"中,司法实践中对该罪案查处的前期工作,根据有关法律法规的相关规定通常伴随重大责任事故调查组的调查程序来开展。

（一）重大责任事故的立法与犯罪构成

我国刑法关于重大责任事故犯罪的立法,通常理解为有广义与狭义（一般与特殊）之分,现结合其犯罪构成简述如下：

1. 重大责任事故犯罪的立法规定

广义的重大责任事故罪包括我国《刑法》第 131 条至第 139 条规定的下列犯罪：(1)重大责任事故罪；(2)强令、组织他人违章冒险作业罪；(3)危险作业罪；(4)重大劳动安全事故罪；(5)大型群众性活动重大安全事故罪；(6)危险物品肇事罪；(7)工程重大安全事故罪；(8)教育设施重大安全事故罪；(9)消防责任事故罪；(10)不报、谎报安全事故罪；(11)重大飞行事故罪；(12)铁路运营安全事故罪；(13)交通肇事罪；(14)危险驾驶罪；(15)妨害安全驾驶罪。狭义的仅指前述(1)重大责任事故罪,即《刑法修正案（六）》修改的《刑法》第 134 条第 1 款规定的重大责任事故罪,特指在生产、作业中违反有关安全管理规定,因而发生重大伤亡事故或者造成其他严重后果的行为。狭义的个罪案件查处方法及措施对于查处广义的类罪案件具有代表性和典型意义,故本章主要简介狭义的重大责任事故罪案的查处。

2. 重大责任事故罪的主要特征

构成重大责任事故罪的主要特征如下：(1)事故的结果主要危害了不特定或多数人的生命、身体或者财产安全,使社会多数成员遭受危险和侵害,包括危害厂矿或企事业生产经营单位的生产安全。(2)客观方面的表现一是行为人的行为违反了规章制度,即主要是违反保障生产作业安全有关的劳动纪律、操作规程、劳动保护法规等；二是因违反规章制度造成重大伤亡事故或其他严重后果；三是严重后果发生在生产或作业过程中。(3)主体包括任何单位的职工,其中较多为工厂、矿山、林场、建筑企业或者其他生产单位从事生产、作业的人员；司法实践中教常见的是对矿山生产、作业负有组织、指挥或管理职责的负责人、管理人、实际控制人、投资人等人员,以及直接从事矿山生产、作业的人员。(4)主观方面表现为过失,即疏忽大意的过失或过于自信的过失。

(二)重大责任事故的调查处理

除前述我国刑事法律的规定外,有关法律、法规等[①]对重大责任事故的调查处理作了相关规定,包括事故发生后的现场处置、事故原因调查、事故责任认定、相关人员责任追究以及善后处置等。但由于事故原因的查明、现场的处置、责任的追究及善后处理等工作牵涉多部门的职责,为了顺利开展调查处理工作,实践中通常是首先由政府或其授权的有关部门迅即组成事故调查组进行调查处理。

1. 事故的调查组织

特别重大事故由国务院或者国务院授权的有关部门组织事故调查组进行调查;重大、较大、一般事故分别由事故发生地省级、设区的市级、县级人民政府负责组织调查;县级以上地方政府可以直接组织、授权或者委托有关部门组织事故调查组进行调查;未造成人员伤亡的一般事故,县级人民政府也可以委托事故发生单位组织调查。事故调查组遵循精简、效能原则,由有关人民政府、安全生产监督管理部门、负有安全生产监督管理职责的有关部门、监察机关、公安机关以及工会派人组成,并邀请人民检察院派员参加,还可以聘请有关专家参与调查。事故调查组履行下列职责:(1)查明事故发生的经过、原因、人员伤亡情况及直接经济损失;(2)确定事故的性质和事故责任者;(3)提出对事故责任者的处理建议;(4)总结教训并提出防范和整改措施;(5)提交全组成员签名的事故调查报告书。

2. 事故的等级划分

根据2007年4月9日国务院令公布的《生产安全事故报告和调查处理条例》的规定,事故等级一般分为:(1)特别重大事故,指造成30人以上死亡,或者100人以上重伤(包括急性工业中毒,下同),或者1亿元以上直接经济损失的事故;(2)重大事故,指造成10人以上30人以下死亡,或者50人以上100人以下重伤,或者5000万元以上1亿元以下直接经济损失的事故;(3)较大事故,指造成3人以上10人以下死亡,或者10人以上50人以下重伤,或者1000万元以上5000万元以下直接经济损失的事故;(4)一般事故,指造成3人以下死亡,或者10人以下重伤,或者1000万元以下直接经济损失的事故。

3. 事故的调查报告

事故调查报告书的主要内容包括:(1)事故发生单位概况;(2)事故发生经过和事故救援情况;(3)造成的人员伤亡和直接经济损失;(4)发生的原因和事故性质;(5)责任的认定以及对责任者的处理建议;(6)防范和整改措施。

---

① 如我国《安全生产法》《突发事件应对法》《监察法》和国务院《特种设备安全监察条例》《生产安全事故报告和调查处理条例》《生产安全事故应急条例》以及应急管理部《生产安全事故应急预案管理办法》等。

二、重大责任事故罪案的查处

重大责任事故罪案错综复杂、牵涉面大,查明事故的基本事实及发案的因果关系,是查处本案的重中之重,要把握重点和抓住要领。

(一)确定查处案件的主体

我国《刑事诉讼法》第3条规定:"对刑事案件的侦查、拘留、执行逮捕,预审,由公安机关负责。"据此,公安机关是重大责任事故罪案的侦查主体。但是我国《监察法》第3条规定:"各级监察委员会是行使国家监察职能的专责机关,依照本法对所有行使公权力的公职人员(以下称公职人员)进行监察,调查职务违法和职务犯罪,开展廉政建设和反腐败工作,维护宪法和法律的尊严。"据此,在《国家监察委员会管辖规定(试行)》中,明确规定监察委员会管辖"责任事故犯罪(11个罪名)"。按照特别管辖优于普通管辖的原则,若犯罪嫌疑人是公职人员且重大责任事故发生在其履职过程中,就应当确定由监察机关管辖,依照《监察法》调查处理。否则,就应当确定由公安机关管辖,依照《刑事诉讼法》立案侦查。

(二)把握案件的查处重点

实践中查处本案的前期工作通常是在事故调查组统筹下进行现场勘查,故在调查组讨论案件时监察机关、公安及其他司法机关要充分发挥其法定职能作用,防止认定事故责任不准或发生阻碍干扰导致以罚代刑等情况。对依法决定立案查处的应把握以下重点:

(1)深入查明发案原因。重大责任事故案件的发生通常基于以下原因:经济利益驱动导致安全生产被忽视;安全生产监管乏力,包括监管专业力量不足、监管制度不落实、监管流于形式等;生产单位、人员安全意识淡薄,包括规章制度不健全、建筑工程等领域违法招投标以及违法施工、企业从业人员安全意识淡薄等;安全监管人员对失职、渎职行为认知度不够;等等。调查或侦查中要紧密结合具体案件深入查明重大责任事故的因果关系,并区分直接因果关系与间接因果关系,深入细致地查证是多因一果还是一因一果或一因多果。

(2)全面查证案件事实。重大责任事故案件一般具有以下特点:被调查人或犯罪嫌疑人具有特定的职业身份或者特定责任;责任事故大多发生在生产作业过程之中;案件现场暴露明显,但变动破坏较大;案件的事故种类多,与此相关的技术性和规则性较强;被调查人或犯罪嫌疑人处于特定的人群范围之中且一般比较明显;等等。在调查或侦查中应当围绕这些特点分别查证,以点带面形成侦调网络进行全面查证、全方位取证、查证全案事实逐一核实。

(三)抓住案件的查处要领

事故调查组出具的事故调查报告是重大责任事故案件的主要证据之一,可以直接作为证据使用;但其他诸如证人证言等法定证据需要通过监察、公安等法定机关直接取证或进行证据转化方可纳入定案证据使用。本案的调查或侦查应切实抓住要领:

（1）查清事故性质。注重查清嫌疑人有无过失的主观心理状态，严格区分由于过失导致的重大责任事故与故意破坏和意外的自然事故、技术事故的界限，正确区分罪与非罪、此罪与彼罪，切实做到不枉不纵。

（2）查明事故因果。务必详细查明事故发生的直接因果关系，正确区分有关责任人的具体责任。重大责任事故的行为主要表现为以违规生产和作业的行为造成重大事故或严重危害后果，如违章作业、冒险蛮干或擅离职守、遇到险情不采取有力措施等等。还要查明违章行为与危害后果的联系，如果只有违章行为但未造成重大伤亡或其他严重后果的，或者有严重后果但不是违章行为引起的，都不得以本罪案查处。

（3）查准事故时段。注意查准事故发生的具体时间段，本罪特定为发生在生产和作业时间内的事故，涉案的任何人在生产、作业中违反有关安全管理规定的行为都要逐一查明。如果事故不是发生在生产、作业之中或与生产、作业没有联系，也不能按本罪查处定案。

第二节 重大责任事故罪案的主要查处措施

重大责任事故案件较易发现，特别是现代社会的网络与新闻媒体会及时曝光重大责任事故。监察、公安机关在参加事故调查处理过程中，也能够及时发现相关人员是否涉嫌重大责任事故犯罪并及时有效地开展立案调查或侦查工作。本节主要介绍调查或侦查本罪案常用的措施。

一、现场勘查与检验鉴定

勘查现场和检验鉴定都是查处重大责任事故罪案最常用的主要措施。

（一）现场勘查

勘查重大责任事故的案发地点、场所等现场，科学地再现原貌现场与变动现场的状态和特征，准确区分中心现场与外围现场，都是收集证明案件主要事实物证的主要来源。勘查的具体内容包括现场实地勘验、调查访问、情况记录和现场分析等环节，应切实做好事故现场紧急处置、查明事故原因及经过、认定事故责任等多项工作。

1. 认真细致勘查现场

案发后应尽可能地迅速勘查现场：一是参与勘查的调查或侦查等人员应尽快赶赴事故地点；二是如果事态仍在蔓延应采取紧急措施有效控制；三是对现场进行拍照或录像，同时了解事故发生的时间、地点、具体方位、范围、经过、结束时间等，还要了解是采用什么方法和措施控制事故，如果中心现场不突出的，应将事故最严重的地点分别拍照或录像；四是提取现场一切涉案物证，如引起失火的电器、引起瓦斯爆炸的矿灯等物体或痕迹，不便提取的要拍照或录像，绘制现场图和制作勘验笔录。同时还要特别注意查明人身伤亡情况、死者身份、工作岗位、事故发生时所处位置及与事故的关系等。对受伤人员立即采取救护措施，在不影响抢救生命的前提下求得医生的配合及时询问事故发生的时间、起因、经过、责任人员等情况。此外，还应清点物质损害情况,现场访问有关人员,包括分别访问生产指挥人员、事故发生时在岗人员和事故知情人、目睹人和安全管理人员等。

2. 深入分析研究案情

在现场勘查的基础上,应及时研究事故原因分析案情。必要时复查现场、依法进行鉴定或侦查实验。

(1) 分析事故性质。分清是自然原因引起的事故还是人为事故;对人为事故还要分析是目前科技水平所限不可预见、不可避免的技术性事故,还是蓄意破坏等情况而产生的爆炸、纵火、故意杀人等其他刑事犯罪,或是行为人违反规章制度及操作规程等引起的责任事故。故通常要深入分析现场勘查所获知的情况,对事故现场进行重建和复原初步获知的事发原因,对事故当事人及事发单位的领导、目击群众等进行调查访问并核实所获知的情况,咨询聘请的专家深入分析其结论意见及进行侦查实验所获知的结果等。

(2) 分析事故的具体原因。在分析事故性质的基础上,如果认为系人为事故,须进一步分析直接导致责任事故发生的具体原因,有的是管理不当、擅离职守、违规违纪等主观原因,也有的是机器设备老化、生产环境不符合安全生产要求等客观因素,但后者归根结底还是涉及相关人员的主观责任。因此,应深度访问有关人员掌握具体情况,查明事发单位的管理及生产规章制度是否符合安全生产要求,检测生产设备、仪器和对生产环境、安全保障措施进行测定,等等。

(3) 分析认定事故的责任人或犯罪嫌疑人。在分析事故具体原因的基础上,要对事故的责任进行深入分析以便确定事故的责任人。本罪嫌疑人在事故中有的暴露无遗,也有的需要综合案情分析研判。分析判断时应重点根据事故发生原因、性质、所处的生产操作环节或部位等等来分析谁是事故责任人;根据调查访问、研究生产规章制度及管理制度的相关规定来分析谁是责任人;根据涉案人员的主观心态及客观行为的综合研究来分析判断和认定重大责任事故的犯罪嫌疑人。

(二) 收集证据与检验鉴定

收集证据和检验鉴定在侦查重大责任事故案件中至关重要。

1. 全面收集涉案证据

要尽可能全面收集一切可以用于证明本案事实的材料,以收集书证为例:重大责任事故行为都违反有关规章制度,收集相关规章制度是本案的直接书证。现代化生产分工精细,工艺复杂,劳动纪律、生产制度、操作规章等等都很明确具体,国家或有关行业统一颁布的各种规章制度大多汇集成册,也有的分散在发案单位或其主管单位的档案中,务必逐一收集、调取或复制并及时审查鉴别以确定犯罪嫌疑人的行为是否违反其中的具体条款,并详细标明入卷。

2. 勘验、检查和技术鉴定

要充分运用调查、侦查技术手段对事故原因及危害后果作出科学的认定。重大责任事故案件的调查、侦查主要涉及四大种类检验鉴定:一是针对伤亡情况进行法医学鉴定;二是针对现场痕迹、物品进行痕迹、物品鉴定;三是为查明事故发生是否与技术问题有关而进行技术鉴定;四是针对生产环境、生产条件是否符合安全生产标准等而进行其他种类的检验鉴定。由于重大责任事故案件广泛涉及生产经营的专业领域与专业知识,所以聘请专业人员进行技术检验鉴定必不可少。

二、询问证人与调查访问、侦查讯问

监察机关依法立案调查或公安机关依法立案侦查的,应当及时询问证人和讯问被调查人或犯罪嫌疑人。

(一)询问证人

通过询问事故现场目击证人、工作人员、事故发生单位的管理及技术人员和其他相关人员等,深入调查安全生产制度的制定及落实情况;生产施工的技术设备、环境、安全隐患与保障措施等情况;事故发生的原因、现象、过程等情况;事故发生时现场人员的位置、正在从事的活动等情况;涉嫌造成事故发生的人员的具体情况等。

(二)讯问被调查人或犯罪嫌疑人

讯问前监察调查人员或公安侦查人员要全面熟悉已知案情,充分了解所获证据,深入分析受讯人的基本情况及其性格特征,知己知彼地研究制订详细的讯问计划并做好充分的准备工作。讯问中要有的放矢地运用相关的讯问策略围绕犯罪构成要件展开讯问,核实事故发生的原因、经过、受讯人的主观心态等关键细节问题,要始终进行相应的法制教育促其认罪服法。

第三节 重大责任事故罪与职务犯罪互涉案件的查处

重大责任事故罪案背后往往隐藏着渎职及贪污受贿等职务犯罪,两类犯罪甚至成为互为因果的互涉案件。本节侧重介绍其中涉嫌职务罪案的查处。

一、互涉案件的产生及查处程序

在事故调查组联合调查中发现互涉罪案线索时,参与调查的监察官和警官应当依照职能管辖要求提出将其分别移送法定管辖机关立案调查和立案侦查的建议。

(一)涉嫌职务犯罪的情形

重大责任事故罪与职务犯罪互涉案件的产生,有其内在因果联系及不同的表现情形。

1. 产生互涉案件的主要原因

执法监管机关工作人员玩忽职守、滥用职权等失责渎职行为往往是导致某些重大责任事故发生的深层原因,甚至重大责任事故背后隐藏着贪污贿赂等职务犯罪,在危害生产经营安全的同时,严重损害了国家机关的信誉和正常管理,损害了国家工作人员职务行为的公正廉洁性。

2. 涉嫌职务犯罪的主要情形

在互涉案件中涉嫌职务犯罪的主要情形有:

(1) 贪污、挪用公款，收受财物或者向他人行贿；

(2) 不依法履行职责或严重失职渎职；

(3) 违法审批产生严重后果；

(4) 不依法查封、取缔、给予行政处罚而产生严重后果；

(5) 事故发生后有关部门不立即组织抢险救灾、贻误抢救时机，造成事故扩大产生严重后果；

(6) 对事故隐瞒不报、谎报、拖延迟报产生严重后果；

(7) 其他渎职行为。

(二) 互涉案件的查处程序

重大责任事故罪与职务犯罪互涉案件的查处，应当遵循法定管辖及相关程序规定。

1. 重大责任事故罪与职务犯罪互涉案件的查处程序

重大责任事故罪与职务犯罪互涉中的职务犯罪案件隐蔽性很强，人们看到的往往是表面现象的事故，隐藏其后的职务犯罪很难发现。根据有关规定，事故调查组所掌握的涉案线索及有关材料应当及时分送监察机关，监察机关应当进一步核实案源，及时发现并依法严肃查处重大责任事故及隐藏其后的职务犯罪。

2. 重大责任事故罪与职务犯罪互涉案件的查处主体

按照我国《监察法》和《刑事诉讼法》及相关立法和司法解释的有关规定，对重大责任事故罪与职务犯罪互涉案件确定查处主体的依据及方式如下：

(1) 监察机关并案调查。如果重大责任事故发生于公职人员履行公务的过程中，而事故的诱因又涉嫌职务犯罪，那么这两种犯罪案件应由监察机关统一管辖，并案查处，必要时可要求公安机关等有关机关依法予以协助调查。

(2) 监察机关为主调查。如果重大责任事故不是发生在公职人员行使公权力的过程中，但事故的诱因涉嫌职务违法和职务犯罪，依法一般应当由监察机关为主调查，公安等其他有关机关予以协助。

(3) 公安机关为主侦查。如果重大责任事故不是发生于公职人员行使公权力的过程中，但其诱因涉嫌职务违法或者职务犯罪，为了便于重大责任事故的及时查处，也可以协商由公安机关为主立案侦查，请监察机关予以协助。

二、运用特定机制强化查破互涉罪案的能力

行政机关与监察机关在重大责任事故调查处理中已创建和形成加强联系和配合的特定机制，可资强化调查与重大责任事故互涉的职务罪案。

(一) 运用特定机制发现处置涉罪线索

监察机关主导或参与调查要深入研判事故的诱因，从中发现涉嫌职务犯罪线索并及时协调依法处置。

1. 从研判事故反常现象中发现职务犯罪线索

重大责任事故发生后会被新闻媒体快速曝光，监察机关应邀或主动参与行政机关组织的事故调查已成常态,这为监察机关及时发现涉及的职务犯罪线索提供了机遇。但职务犯罪极具隐蔽性,监察机关要从事故本身事实中的某些违法、违规、反常等现象上进行深入细致的调查与缜密分析,努力发现和捕捉职务犯罪的蛛丝马迹。如事故单位的生产条件不符合安全生产标准却取得生产许可证,或者没有生产、施工许可证的单位却能够长期进行生产经营、施工等活动,这些现象背后一定隐藏着相关执法监管部门的渎职问题;又如发生重大责任事故工程的发包本应公开招投标,但建设单位却违法将整体工程予以拆分发包给建筑单位,此类现象通常涉及行贿受贿等问题。

2. 在配合事故查处中同步协调职务罪案的调查

重大责任事故往往造成人员伤亡及经济损失,现场救援与处置、调查事故原因及责任、处置善后事宜等等都是当务之急,所涉嫌职务罪案的查处工作要纳入调查组的整体部署,统一进行综合分析,在统筹中穿插、在穿插中兼顾、在兼顾中协调、在协调中推进,既不能影响对事故的调查处理,又要保证及时固定和提取职务犯罪线索与证据严防其灭失。因此,职务罪案线索初查时机及方式的选择、立案时间的确定、调查取证的组织指挥等工作都需要与事故调查的部署安排有机协调,力求既能及时有效和更有利于调查职务犯罪案件,又能良好地配合查处重大责任事故及其罪案。

(二) 采取特殊方略强化调查破案能力

运用特定机制采取特殊方略可以更加有效地强化依法调查破案的能力。

1. 立案调查的特殊方略

监察机关在参与事故调查中,发现导致发生危害后果严重的重大责任事故涉嫌渎职犯罪的事实,经审查认为需要追究刑事责任但尚不能确定犯罪嫌疑人的,可以考虑以事立案调查。要通过参与调查重大责任事故发现和深挖渎职及贪污贿赂等案中案,即调查分析重大责任事故是否由于职务犯罪行为所引起或具有一定的因果关系,从中查明发案单位生产条件是否符合安全生产标准,进而追查相关监管部门对其生产行为的监管是否涉嫌滥用职权、玩忽职守、徇私枉法等职务违法和渎职犯罪,再审查涉案单位的会计账册是否存在虚列开支、给相关监管人员送干股等问题。对任何蛛丝马迹都要查微析疑、追根究底,深挖其中涉及职务违法和职务犯罪的人和事。还要通过重大责任事故所造成的严重危害和恶劣影响教育知情人等有关人员依法作证,排除调查破案的干扰和阻力;更要教育被调查人、犯罪嫌疑人深刻认识导致发生重大责任事故的职务犯罪所造成的双重社会危害或多种严重后果,促其认罪服法如实陈述案情。

2. 调查取证的特殊方略

职务犯罪与重大责任事故罪的互涉联系,决定其调查取证既要充分利用事故调查的情况和结果,又要主动深挖线索和调取证据。由于事故调查组由多部门人员组成,其中有的部门负有监管事故单位的生产经营活动之责本身存在监管失职渎职问题,有可能利用其调查组成员的职权和调查事故的机会毁灭罪证或伪造无罪证据,所以监察机关需要超前防范并采取必要的方法保全涉案证据和依法运用应对谋略技巧有效查获证据。对不宜由有管辖权的监察机关查办或其调查面临难以避免的干扰阻力和取证工作遇到多种困难的案件，可以由上级监察机关直接查办或派员参办、督办，或者指定其他监察机关查办。由于重大责任事故发生后涉及职务犯罪的人员必然想方设法进行反调查活动以逃避法律制裁，所以监察机关应当及时隐蔽调查视线、依法固定原有证据、注重觅取反调查行为产生的再生证据、选择适当时机有效遏制其反调查活动，防止造成不利于调查破案的后果。

第二十章 绑架案件的侦查要点

第一节 绑架案件概述

绑架案件是指以勒索财物为目的或者出于其他目的,采用暴力、胁迫或者麻醉等方法,劫持他人作为人质犯罪的行为构成的案件。

绑架案件具有如下主要特点:

(1) 作案前多精心预谋。作案人在实施绑架前,多会进行周密策划,包括作案目标的选定;通过跟踪窥视目标以选择合适的作案时机;作案工具的准备(车辆、刀具、爆炸物、手机及手机卡、银行账户、胶带、绳子、口罩等)、作案人员的选择及分工;关押人质场所的选择;勒索赎金的方式及交付方式;对人质的处置;作案后的逃匿方式等。

(2) 多为共同作案。由于整个作案过程涉及诸多人员、诸个环节,需要解决诸多问题,单人作案难度相对较大,故一般采取共同犯罪的形式。有的系三人以上共同实施,有的是具有黑社会性质的组织实施。也有为达到某种目的,行为人在极端的情况下单独实施的。

(3) 作案人与被害人常有一定的社会联系。作案人作案前通常与被害人有某种交往或联系,或是雇佣关系,或是亲戚朋友关系,或是通过熟人结识的关系,或有生意之间的往来,或者有感情方面的交往,不同程度地了解和掌握被害人的家庭财产情况,熟悉被害人的生活及工作规律。也有的作案人采取招聘等方式将被害人劫持并索要财物。

(4) 犯罪行为的发生与侦查的实施具有同步性。绑架案件侦查通常有两种情形,一种情形是,在人质被绑架后,作案人进行勒索之前或勒索的过程中受理案件;另一种情形是,在人质亲属已交付赎金、人质已获释或被害后受理案件。从前者的犯罪行为过程看,作案人只是完成了"绑架"行为,而勒索尚在进行中,案件表现为一个持续发展着的动态过程。在这个过程中,作案人会采取各种手段威胁人质及其家属,阻挠其报案或逃跑,并想方设法运用各种伎俩窥探侦查人员的活动,适时采取反侦查措施,侦查活动与犯罪行为呈现出同步性的特点。

(5) 多使用暴力强行绑架控制人质。一般而言,绑架人质通常采用暴力掳掠方式,持刀具、枪支、爆炸物等,为了迫使被害人就范,尤其是为迫使勒索对象尽快交出赎金,作案人通常采取恐吓、捆绑、殴打等暴力伤害人质身体的手段。例外的情况是,对儿童、少年采用假借家长请他们代为接送上学、放学或借故同孩子熟悉以带他们游玩为借口将其劫走,对卖淫女以嫖客身份诱骗其来到绑架地点予以控制,有的利用车辆对人质进行控制,有的将人质麻醉后置于荒郊野外,任其自生自灭。

(6) 勒索赎金或提出其他非法要求。作案人会与人质亲属或有关人员取得联系,提出赎金的数额、交付赎金的期限、交付赎金的方式或者其他不法要求。如要求司法机关释放罪犯以及释放人质的具体时间、地点。

(7) 犯罪活动空间跨度大。近年来,随着网络、交通、通信等的迅速发展,绑架犯罪的活动空间呈现出跨度大的特点。如联系团伙成员、选择作案对象、实施绑架、藏匿人质、与人质家属或其他关系人取得联系、获取赎金或提出其他不法要求等一系列犯罪活动分别在不同省、市、县之间完成,呈现出跨区域作案的特点。

第二节 侦查绑架案件的要点

一、侦查绑架案件中应遵循的原则

(一) 生命至上原则

生命至上原则是国际上通行的应对突发事件的原则。依据这一原则,侦查人员在处置绑架劫持案件时,最理想的状态是在冲突被化解的同时,所有卷入该事件的人都没有死亡;如果冲突没有被化解,所有的努力都无效的话,应以保护人的生命安全,避免流血或将伤亡降低到最小作为唯一的选择。也就是说,在生与死的瞬间,在正义与邪恶的较量中,在没有绝对把握保障人的生命与正义俱全的时候,应该毫不迟疑地站在人命高于天的高度。在劫持者与群众、侦查人员的对峙中,劫持者可能提出这样或者那样的要求。如果满足劫持者要求,可能有两种结局:一是人质与正义都保不住,二是人质安全,损失正义。如果侦查人员拒绝合作,可能出现另外两种局面:人质与正义俱全,或者玉石俱焚。在上述两难处境中,侦查人员必须以能否保障人质或者其他群众的生命安全为标准采取相应的处置行动。也就是说,面对劫持者挟持人质,侦查人员的出发点是制止犯罪,不放过犯罪分子,但如果制止犯罪与人质的性命之间发生冲突,就必须服从人质安全这个前提。总之,在劫持人质案件中,侦查人员应首选解救人质,否则,不管什么理由、什么情况,人质出现了死亡,就标志着处置的失败。

生命至上原则不仅是指对被害人及其周围群众生命的尊重,而且包括对犯罪人生命的尊重。在劫持人质案件的处置过程中,侦查人员不能轻易击毙劫持者,除非发生万不得已的情况。原因在于:其一,劫持者劫持人质往往只是手段,劫持者往往只是处于激动情绪中才采取过激做法,其实施的犯罪行为并非均达到被判处死刑的程度;其二,从警务战术的选择上看,"不战而屈人之兵"的策略行动胜过"以暴制暴"。就劫持者来说,在可杀与可不杀的情况下杀了劫持者,会从反面刺激以后的劫持者,使他们更加疯狂。就人质而言,当着人质的面击毙劫持者,通常会给人质造成难以弥合的精神伤害。就侦查人员处置类似事件而言,由于给外界造成"劫持者必死"的印象,往往使以后的谈判空间更小。

(二) 秘密实施侦查原则

(1) 侦查人员要秘密接触人质亲属及其他关系人。为保证能够成功解救人质,在解救人质过程中,侦查人员要以适当的身份作为掩护接近劫持现场,要选择适宜时机和方式接近人质,要控制侦查人员在人质及其亲属中的知情面,以避免人质产生一些可能激怒劫持者的行为,使人质及其家属始终保持稳定自然的状态。

(2) 侦查人员采取的侦查措施要对人质亲属保密。侦查机关要将案件侦查的指挥部设在适当场所,避免人质及其家属探知侦查部门的侦查方案及其实施步骤等,以免其私下与劫持者发生联系,造成侦查的被动局面。

(3) 侦查人员拟采取的侦查措施要保密。侦查人员拟采取的侦查措施及实施侦查措施的具体时间安排、人员安排等要保密,侦查人员在实施侦查措施时,应着便装,并尽可能不公开自己的身份,避免打草惊蛇,激怒作案人,避免使其采取极端行为,为后续的解救人质奠定基础。

(4) 在对现场周围知情人进行询问时,应尽可能直接与被调查人单独联系,调查活动应在适宜的地点进行。在询问结束时应要求被调查人保守秘密,向他们说明泄密将导致的严重后果,并叮嘱他们随时通过秘密渠道向侦查人员提供获知的新情况,避免询问对象遭到打击报复。

(5) 对作案人的监视控制活动应秘密进行。对作案人及其团伙指定的交付赎金的地点及其他接头地点的控制应秘密进行;对携带赎金的人质亲属的保护要秘密进行;对作案人使用的手机、IC卡电话或其他公用电话的监视应秘密进行;对作案人可能提取现金的金融机构和ATM自动取款机的监视、控制应秘密进行;在人质未获救之前,侦查人员对作案人进行的外线跟踪等应坚持宁丢不露的原则。

(6) 对作案人的缉捕应秘密进行。在人质尚未被解救、作案人的其他同伙成员尚未被抓获或者侦查人员对参与绑架活动的其他人员的情况尚未完全掌握清楚的情况下,对作案人的缉捕应当秘密进行,以免打草惊蛇,造成同案犯逃跑或者对人质下手。

(7) 对人质的解救应隐蔽实施。侦查人员应秘密地接近关押人质的地点,尤其在关押场所有人看守或对看守状态不了解的情况下,更应隐蔽采取行动。一般而言,应尽量利用关押人质的场所暂时无人看守或看守人员处于麻痹状态时采取行动。

(三) 力争取得人质亲属合作原则

人质亲属可以为案件侦查提供诸多有利的线索甚至证明犯罪的证据,也是侦查人员与劫持者或作案人进行无形的侦查对抗活动中施计用谋的重要连接点。侦查实践表明,解救人质过程中如果失去了人质亲属与侦查人员的配合与合作,往往会丧失一个重要的信息来源渠道甚至破案时机。因此,要通过说服等方式,力争获取人质亲属的合作。

二、绑架案件的侦查方法

(一) 从与被害人有联系的人员中发现可能的作案人

一般来说,绑架案件的作案人通常与事主有某种联系。[①] 因此,全面了解、掌握、

[①] 例外的情形是,有些作案人虽早就产生犯意,但作案对象却具有随机性。有的被害人家庭具有很高的知名度、个性张扬、喜欢炫富,也可能被与其没有任何联系的人绑架。

调查与被害人有联系的可疑人员是发现侦查破案线索的一个重要渠道。与被害人有联系的人员主要有：恋人、亲戚、朋友、同事；生产或经营活动中的合伙人或雇用的员工；家庭雇用的保姆；装修人员及其他维修人员；自来水、电力、煤气公司收取费用的人员；在集资、借贷、股票交易等活动中结识的人员；在参与朋友聚会、旅行团、文体活动中结识的人员；在互联网上结识的网友等；在案发前与被害人有过电话或电子邮件、QQ或微信等联系的人。上述人员中，与被害人有过感情或经济纠纷、有犯罪前科劣迹、赌博成瘾并输掉巨款、经商赔本、炒股投资失败或其他急需用钱的人员可以作为重点予以调查。

（二）调查人质被绑架的全部过程和情况

通过询问被绑架人质家属了解其被绑架之前的生活、学习、工作、与人交往及其行动轨迹等，作案人提出的具体要求，与其联络的途径、方法、时间等；通过走访现场周围知情群众、查看现场及其周围向外延伸的监控录像等方式，了解人质被绑架的整个过程。通过调查询问及观看监控录像，可以使侦查人员获取作案时间、地点、逃跑路线、使用交通工具情况、绑架手段、现场遗留物等有关侦查信息，指导后续应当实施的侦查措施，获取相应的证据材料。

（三）使用技术侦查手段发现案件相关线索

绑架人质后，作案人通常使用电话与人质亲属取得联系，提出赎金的数额及交接的时间、地点等问题。为避免侦查人员通过其手机或根据IC卡电话机的号码进行定位，作案人可能随身携带多部手机，每次通话之后将其丢弃或频繁更换地点。有的作案人在通话过程中也可能让人质和家属进行交谈，使人质家属确信人质确实在其控制之下并且还活着。因此对于作案人可能打入的电话要采取技术侦查手段监听，确定作案人或人质所处的具体位置，同时与电信部门取得联系，协助查控电话来源及其机主信息。

（四）取得人质亲属及其他关系人的配合

人质亲属或密切关系人在获悉被害人尤其是未成年人被绑架之后，往往表现得情绪激动，焦虑不安。此时，侦查人员必须克服急躁情绪，耐心做好家属及其关系人的思想工作，说服其密切配合侦查人员。侦查人员要努力唤起人质家属及其关系人的回忆，使其能够为侦查人员提供可能的作案人或者其他可能情况。侦查人员还要耐心细致做好对人质家属及其关系人的指导工作，镇静地与作案人周旋，为侦查争取时间，提供最佳解救人质、抓捕作案人的时机。

（五）寻找、勘验、搜查犯罪现场

绑架案件通常不仅一个犯罪现场，通常包括犯罪预备现场、绑架实施现场、关押人质现场等。原则上说，侦查人员应将全部现场找齐，因为这些现场对于解救人质，固定、发现和提取犯罪证据具有重要作用。作案人可能在作案前已经寻找了其认为安全的隐藏人质的地点，但不排除发生意外情形，如该地点周围有人员流动，不便于将人质关押其中，于是再次寻找安全的藏匿之处，在这一过程中，作案人使用的交通工具等情况，很有可能被周围群众发现，因此侦查人员应当根据作案车辆的轨迹、周围群众等提供的信息,寻找、勘验和搜查犯罪现场。

(六)在赎金交付的过程中抓获作案人

交付赎金过程是侦查人员抓获作案人、甚至避免赎金落到作案人手中的有利时机。交付赎金这一环节通常是作案人精心策划的环节。在交付赎金过程中抓获作案人,稍有不慎,就有可能危及人质安全,因此需谨慎对待。目前,由于媒体对侦查活动的关注,使得作案人收取赎金的方法日趋狡诈,除了传统的令人质家属将赎金放置在某个特定的场所之外,作案人也可能要求人质家属将赎金存入指定的银行卡。因此,除了通过赎金的交易查找作案人外,还可以从开户银行的地点、作案人取款地点获取作案人的姓名、身份证号等相关信息,或通过监控录像提取作案人图像照片供辨认使用。

三、侦查绑架案件应注意的问题

(一)划清绑架案件与非法拘禁案件的界限

绑架案件包括以勒索购物为目的绑架他人和出于其他目的绑架他人作为人质这两种行为。在第一种情况下,绑架案件与非法拘禁案件的区别是:

(1)客体不同。绑架案件的客体是复杂客体,即他人的人身权利和公私财物所有权;非法拘禁案件的客体是单一客体,即公民的人身权利。

(2)客观方面不同。绑架案件既实施了绑架行为,又实施了勒索财物的行为,其中绑架行为是索勒财物的手段行为;而在非法拘禁案件中,行为人只实施非法剥夺他人人身自由的行为。

(3)主观方面不同。绑架案件主观上具有勒索财物的目的;而非法拘禁案件则以非法剥夺他人人身自由或索债为目的。

(二)划清绑架案件既遂与未遂的界限

绑架案件中,"勒索财物"只是行为人的主观目的,至于行为是否索取到财物,并不是绑架案件既遂、未遂的区分标准。所以,只要行为人将他人绑架走,即可构成绑架案件既遂,而不论其是否实际索取到财物。不过,如果行为人已经着手实行绑架行为,由于意志以外的原因未能将他人劫持走,则应认定为绑架案件的未遂。

第二十一章　涉税案件侦查的要点

涉税案件是指故意违反国家税收管理和税收征收法规,破坏国家税收征管制度,情节严重的行为所构成的刑事案件。根据我国《刑法》分则第三章第六节的规定,涉税案件包括以下14种案件:逃税案件(《刑法》第201条);抗税案件(《刑法》第202条);逃避追缴欠税案件(《刑法》第203条);骗取出口退税案件(《刑法》第204条第1款);虚开增值税专用发票、用于骗取出口退税、抵扣税款发票案件(《刑法》第205条);虚开发票案件(《刑法》205条之一);伪造、出售伪造的增值税专用发票案件(《刑法》第206条);非法出售增值税专用发票案件(《刑法》第207条);非法购买增值税专用发票、购买伪造的增值税专用发票案件(《刑法》第208条第1款);非法制造、出售非法制造的用于骗取出口退税、抵扣税款发票案件(《刑法》第209条第1款);非法制造、出售非法制造的发票案件(《刑法》第209条第2款);非法出售用于骗取出口退税、抵扣税款发票案件(《刑法》第209条第3款);非法出售发票案件(《刑法》第209条第4款);持有伪造的发票案件(《刑法》第210条之一)。

第一节　逃税犯罪案件的侦查

逃税罪,是指纳税人采取欺骗、隐瞒手段进行虚假纳税申报或者不申报,逃避缴纳税款数额较大并且占应纳税额10%以上的,或者扣缴义务人采取上述手段,不缴或者少缴已扣、已收税款,数额较大的行为。

我国2009年《刑法修正案(七)》第3条将《刑法》第201条修改为:"纳税人采取欺骗、隐瞒手段进行虚假纳税申报或者不申报,逃避缴纳税款数额较大并且占应纳税额10%以上的,处3年以下有期徒刑或者拘役,并处罚金;数额巨大并且占应纳税额30%以上的,处3年以上7年以下有期徒刑,并处罚金。""扣缴义务人采取前款所列手段,不缴或者少缴已扣、已收税款,数额较大的,依照前款的规定处罚。""对多次实施前两款行为,未经处理的,按照累计数额计算。""有第1款行为,经税务机关依法下达追缴通知后,补缴应纳税款,缴纳滞纳金,已受行政处罚的,不予追究刑事责任;但是,5年内因逃避缴纳税款受过刑事处罚或者被税务机关给予2次以上行政处罚的除外。"

在各类涉税犯罪中,逃税犯罪对税收征管秩序的危害尤为严重,直接威胁国家税收收入的持续稳定增长。从长远来看,随着国家税制渐趋完善、税收征管力度的不断加大,虚开增值税专用发票、骗取出口退税等一度较为猖獗的涉税犯罪的发案率总体上将趋于下降,但作为一类传统的涉税犯罪,逃税犯罪将长期居高不下,对税收征管秩序构成长期危害,势必将成为打击的重点。

一、做好行刑衔接，积极查证犯罪线索

根据我国现行《刑法》第 201 条的规定，对于逃避缴纳税款的行为，税务机关在依法下达追缴通知、作出行政处罚决定后，纳税人依旧拒不履行补缴税款、滞纳金义务，不接受行政处罚的，税务机关才能将案件移送公安机关立案侦查。这一规定将行政处罚作为逃税案件的前置程序，在税务机关移送之前，公安机关不宜主动立案。但是 5 年内因逃避缴纳税款受过刑事处罚或者被税务机关给予 2 次以上行政处罚又逃税的（即第三次再逃税的），则不适用免责规定。对于税务机关移送的逃税案件或不适用免责规定的案件，公安机关应积极受理，与税务机关密切配合，开展初查。

（一）对移送案件开展立案前审查

对于税务机关移送的线索，公安机关应迅速进行审查。一是审查移送的材料是否全面。根据《行政执法机关移送涉嫌犯罪案件的规定》，税务机关移送涉嫌犯罪案件，应当附有下列材料：涉嫌犯罪案件移送书、涉嫌犯罪案件情况的调查报告、涉案物品清单、有关检验报告或者鉴定意见、其他有关涉嫌犯罪的材料。上述材料中，纳税资料和稽查文书尤为重要。纳税人在纳税申报时填报的纳税申报表，报送的财务、会计报表及其说明材料、与纳税有关的合同、协议书等资料是纳税人依法纳税的依据，也是税务机关依法征税的依据。另外，经税务机关查处的逃税案件，还会形成相应的税务稽查文书，如税务稽查底稿、税务稽查报告、审查报告、税务处理决定书、税务行政处罚决定书等。上述资料是证实逃税犯罪的重要证据。如果材料不全，应及时请税务机关补充。二是审查移送案件是否构成犯罪。应根据《刑法》第 201 条的规定的逃税罪的构成要件，重点审查纳税人主观上是否具有逃避缴纳税款的故意，客观上是否采取欺骗、隐瞒手段进行虚假纳税申报或者不申报来逃避缴纳税款。三是审查是否达到立案追诉标准。纳税人逃避缴纳税款数额是否达到 5 万元以上并且占各税种应纳税总额 10% 以上，是否具有不予追究刑事责任的情形。四是审查是否属于本单位管辖。逃税案件由纳税人主管税务机关所在地县级以上公安机关管辖。如果由纳税义务发生地公安机关管辖更为适宜的，可以由纳税义务发生地县级以上公安机关管辖。

（二）提前介入税收违法案件调查

侦查机关还应主动提前介入税务机关查处重大税收违法案件的工作。侦查机关接受的大多数逃税犯罪线索是税务机关已作过行政处罚的。而在税务机关查处税收违法过程中，犯罪嫌疑人就可能已实施了毁灭证据、涂改账目、订立攻守同盟等反调查行为。在这种情况下，侦查机关再着手开展侦查就困难重重。侦查机关提前介入税收违法案件查处，一是能够及时掌握一批证据，为立案作好准备；二是可以尽快熟悉案情，及早进入角色；三是有利于及时立案，抓住战机。但是在参与查处税收违法案件的过程中，要注意为侦查创造条件，而不能仅协助税务机关办案，偏离初查目标。在这一过程中，一是要注意防止惊动被查对象，导致其逃跑、毁证；二是要注意加强与税务机关配合，保证调查工作不致影响立案和侦查。

二、采取果断措施,控制涉案人员、财产和证据

初查只是案件查处工作的序幕,时间不能拖延太长,否则就可能导致被查对象毁证、逃跑等,给日后的侦查造成被动。初查阶段,只要查明犯罪事实达到了追诉标准,就可以立案,启动侦查程序。

(一) 搜查、扣押有关凭证、账簿

立案后,在讯问犯罪嫌疑人的同时,应及时组织搜查。搜查中发现的凡是能够反映嫌疑人生产经营情况的凭证、账簿都应予以扣押。特别是账外账、嫌疑人自制的凭证、记载生产经营情况的笔记本、会议记录等尤其不能遗漏。

(二) 查询、冻结犯罪嫌疑人的存款、汇款

为防止犯罪嫌疑人转移资金,逃避追缴税款,以及查明逃税犯罪事实,立案后应及时对涉案账户采取查询、冻结措施。除了涉案企业的对公账户外,还应注意发现犯罪嫌疑人用于隐匿收入的个人账户。

(三) 查封、扣押犯罪嫌疑人相当于所偷逃税款金额的财物

如果犯罪嫌疑人的存款、汇款不足以抵税,应对其所属的其他财产加以控制。需要注意的是,在查封房产时,不仅要对房屋加贴封条,而且要扣押房屋的产权凭证,并向房产管理部门送达协助查封手续。否则,即使加贴了封条,犯罪嫌疑人还可以将房产交易过户。扣押车辆的同时,要注意扣押车辆的行驶证照。再者,为了维护犯罪嫌疑人的合法权益,所扣押的财物的数额应仅限于逃税款金额。另外,对于维持涉案企业生产正常运行的生产资料、职工的生活物资也不宜扣押。否则会对涉嫌单位的正常生产和职工的稳定造成不利影响。

(四) 控制犯罪嫌疑人

对于逃税犯罪嫌疑人应视其具体情况,采取强制措施以防止其逃避侦查。对于那些不设店面、随时可能出逃的犯罪嫌疑人应采取拘留等强制措施;对于那些有固定的经营场所,出逃可能性不大的犯罪嫌疑人应尽量采取取保候审等措施予以控制,以尽可能降低侦查工作对企业经营的影响。

三、清查账册、凭证,盘点存货,获取有关书证、物证

税务机关在移送案件的同时,通常随案移交取部分书证、物证。但是由于在行政执法中无权采取搜查、扣押等强制措施,其获取的证据往往并不充分。在立案后仍然需要进一步收集证据,尤其是要搜查、扣押相关账册、凭证等,并对其实施会计检查,对发现的存货进行盘点。

查账的结论要以鉴定意见的形式作出。需要制作鉴定意见的,应当由经县级以上侦查机关负责人批准,聘请专业鉴定机构开展鉴定。对于鉴定意见,要认真进行审查,不能不加分析地采用。鉴定意见中只能就案件事实本身进行鉴定,而不能对案件性质进行鉴定,因此,鉴定意见只能给出应纳税额,而不能对其是否逃税、是否构成犯罪作结论。

对于账册不完整，或者以原始凭证代替账册的纳税人，应当依据税法的规定和纳税人申报纳税的情况，一方面对其凭证、账册进行审查，另一方面，对其库存进行全面盘点，核对其原始凭证与账簿是否相符，账册与盘点情况是否相符。通过审查账簿凭证可以从中发现逃税人进行账外经营，虚报销售的事实。

另外，如果有必要，还应实地考察纳税人的生产经营场所、原材料仓库、成品仓库和销售地点，以帮助推算其生产产量和销售数量。

四、向有关供销单位了解犯罪嫌疑人真实产销情况

有的逃税犯罪嫌疑人不设账目，或账册不全，还有的犯罪嫌疑人在案发后将账册、凭证销毁或藏匿起来，使得查账的方法在这类案件侦查中难以实施。对此，需要围绕犯罪嫌疑人产、供、销活动所必经的各个环节展开调查，以查明其产销的真实情况，并在此基础上固定其逃税事实，核定其逃税数额。具体做法是：一是通过供货单位查实企业购进原材料的真实情况；二是通过供电部门查实企业用电耗能情况；三是通过经销单位查实销售情况；三是通过职工计件工资发放情况印证生产情况；四是通过跟踪资金流向，查证其生产经营的真实情况；五是通过铁路、公路运输部门查其收发货物情况，推断其产销情况。

对于以货易货、收入不记账或少记账、搞账外经营的企业，可以通过跟踪资金流向，查证其生产经营的真实情况。也就是从其银行账户上查资金收入、支出的流向，梳理资金收支的往来单位，再通过有关单位银行账户发现其与被查单位的资金往来情况。采用这种方法，要求侦查人员必须掌握嫌疑人的账户情况。有的嫌疑人在不同的银行多头开户，然后一个账户进出少量资金，应付纳税，用其他账户流动大量资金。如果不掌握这些情况，就不能准确跟踪其资金流向。

另外，还应注意发现纳税人生产经营活动所必经的其他环节，并从中查明其产销真实情况。如有的犯罪嫌疑人为取得客户信任，与客户签订合同时进行公证，对此就可以从公证机构保存的合同副本入手，查明其产销真实情况。

五、询问知情人，讯问犯罪嫌疑人，认定其犯罪故意

逃税案件的知情人一般是涉案企业的经营管理人员，他们作为企业内部人员，往往与犯罪嫌疑人有着盘根错节的关系。有的对犯罪嫌疑人抱同情甚至庇护的态度，认为嫌疑人逃税并没有落入个人腰包，而是为职工谋福利，而且其本身作为企业一员也是受益者。还有的害怕受到牵连，而不愿意作证。对于这些人要事先摸准其心态，有针对性地作思想工作。如不少逃税案件是企业财务人员受法定代表人的指使，设置账外账，或者在账簿上作虚假记载。作为知情人，财务人员出于自身利益的考虑，不愿意作证或者提供有关的证据材料。在这种情况下，就要设身处地为其分析其不作证或对抗侦查的后果，说服其与对逃税承担主要责任的法定代表人划清界限，争取立功。

讯问嫌疑人时要围绕其是否具有犯罪故意提问，要着重解决以下几个问题：一是

嫌疑人是否熟悉财会业务,是否了解税法;二是嫌疑人在账目上不计或少计销售,多列支出的动机、目的;三是不同的嫌疑人如企业负责人、财务人员在逃税犯罪中,各自实施了哪些行为,负有何种负责;四是嫌疑人的悔罪、认罪态度。

第二节 虚开专用发票犯罪案件的侦查[①]

虚开增值税专用发票、用于骗取出口退税、抵扣税款发票犯罪案件在涉税犯罪案件中所占比重一直较高,大要案件屡有发生,犯罪手法亦随增值税征管手段的变化而不断演进,无论认定还是侦查均涉及税收领域的专业问题。

一、从反常现象入手,发现虚开专用发票犯罪

虚开专用发票的实质是开出的发票与实际交易内容不符,虽然不法分子往往会尽力掩盖矛盾,但仍然会表现出一些反常。与从已经侦破的案件来看,不法分子虚开专用发票通常出现以下反常:

（一）购票反常

一旦被认定为增值税一般纳税人后,涉案企业发票用量突然增加,且增幅较大;购票量和用票量大于同类企业,且不是按月购票,而是每个月内频繁购票。

（二）发票使用反常

涉案企业营业初期的"销售额"明显高于申报时预计的销售额,以此大量骗购大面额的发票后,便在购票的第二或第三个月里,集中、大量开票;从企业开具的发票来看,品名繁杂,经营范围较广,进项发票的品名与销项发票的品名却无法对应;发票全部被开往外省市,销售对象没有本省、本市的。

（三）发票作废反常

不仅已经开具的专用发票作废量大,而且从填开的内容上看,常常作废无理由或作废理由不充分。

（四）经营反常

这类企业常常无仓储,无货物,甚至连经营的"门面"都没有,其银行账户没有或很少有资金往来;货物的发出地与销售方的注册地不一致,付款方向也不一致;企业经营的货物并非本地区优势产业,且都销往外省市;进货中舍近求远、弃好求次,而有些企业根本无需进口原材料,却偏偏有海关完税凭证入账并向税务部门申报抵扣;企业注册法定代表人为本地人,但实际经营人员为虚开增值税专用发票案件高发地区人员。

（五）税负反常

这类企业实际税收负担率明显偏低。对于涉嫌"买壳"虚开专用发票的企业而

[①] 为表述方便,本章"专用发票",包括增值税专用发票、用于骗取出口退税、抵扣税款发票,虚开专用发票犯罪,是指虚开增值税专用发票、用于骗取出口退税、抵扣税款发票犯罪。

言,其反常则表现为,企业在法定代表人变更后的销售收入快速飙升,随即申请发票增量。

二、对涉嫌虚开专用发票企业进行外围调查

作案人一般反侦查能力比较强,一有风吹草动,立即毁证并逃匿。因此,发现线索后,未掌握确凿证据前,不宜正面接触嫌疑人。应从涉案企业的工商、税务以及银行等资料入手,摸清其基本情况。虚开专用发票犯罪案件中作案人用于虚开的发票多为真发票,而要取得真发票,大多要先成立企业,办理注册登记,这必然会在该企业的工商注册资料、税务资料(包括税务登记、一般纳税人认定、领购发票等资料)、银行开户资料中留下蛛丝马迹,从而可以寻找到犯罪嫌疑人的有关情况。如通过上述资料查明企业法定代表人、财务人员后,即可着手对其展开进一步调查;对于其登记的经营地点,可上门接触值班人员和物业管理人员,了解情况。

三、围绕"票""货""款",查证购销关系的真实性

查明开票方与受票方之间是否存在真实的购销关系,是认定虚开专用发票犯罪事实是否存在的关键。这方面的调查可以请税务机关协助进行。

(一)看发票与企业基本情况是否相符

结合所掌握的企业基本情况,审查其开出的发票,看开票单位的经营范围、经营内容、生产能力等是否与专用发票所显示的业务相符,如果是超出企业经营范围、经营规模、业务能力的大买卖,则可初步认定存在虚开专用发票行为。

(二)看发票是否与有关购销记录相符

掌握企业虚开的线索后,可通过调取、检查有关计税凭证,如购买原材料的记录:进项专用发票、材料入库单或验收单、付款凭证、材料运费发票等;产品出厂的登记:如成品出库单、提货单、托运单、运费发票、成品库产品发出明细账及销货合同等原始凭证,注意发现与进项发票和销项发票不符的情况,从而初步证实虚开行为。

(三)看发票是否与资金流向相符

核查银行账户的存款和付款情况,注意发现是否存在与其发票记录的购销货物不符的情况。除核查企业的经营账户外,还应注意核查有关主要涉案人员(厂长、出纳、会计、主要业务人员等)的个人账户。

(四)审查中间人账户资金流向

虚开专用发票犯罪案件通常都有中间人为开票方和受票方牵线搭桥,受票方支付给开票方用于制造支付货款假象的"空转"资金也往往经由中间人账户流回受票方。因此,中间人掌握整个虚开的流程,从中间人可得知发票的流向、物流和资金流的情况。在虚开专用发票犯罪案件的侦查中,抓捕中间人至关重要。抓获中间人后,应立即查询其个人账户的信息,如果资金最终经由中间人账户流回受票企业,说明是无货虚开,如果流向实际的原料供应方,说明是票货分离。

(五)询问知情人

询问的对象包括法定代表人、经营负责人(厂长)、部门主管、技术人员、仓库保管

人、业务员、会计、出纳人员等知情人。通过询问，查明参与虚开专用发票的人，实施犯罪的时间地点、手段方法、虚开金额，有何物证、书证等，为揭露虚开专用发票的行为收集证据。

四、开展协查，全面获取虚开专用发票犯罪证据

当前虚开专用发票犯罪案件中，犯罪分子往往采取购销"两头在外"的办法（从外地取得虚开进项发票，其虚开的销项发票也提供给外地企业）逃避打击。一起案件常涉及多个地区，甚至全国各地。对于涉嫌虚开专用发票企业取得的虚开专用发票及其虚开给其他企业的专用发票，应及时提请涉案地侦查机关和税务机关协助调查取证，这是办理虚开增值税专用发票案件的重要环节，在一定程度上决定着案件侦查工作的成败。主办地侦查机关应主动采取措施，推进协作工作。

主办地侦查机关在发给涉案地的协查函中，应提出详尽、具体的取证规格，包括要求代为收集的书证、物证的名称、要求代为询问的证人、询问的内容、案卷装订的方式等。如有必要，应附上协查材料样本。协查函应及可能提早发出，以便协办地侦查机关有充裕时间开展工作，在规定的时限内完成协查。

除把握以上要点以外，在虚开专用发票犯罪案件侦查中，还应注意抓好调查、控制、缉捕犯罪嫌疑人，突破主要犯罪嫌疑人口供，及时冻结涉案账户，保全有关证据，争取税务机关配合等环节，力求做到"人、赃、证"同步到案。

第二十二章 诈骗案件的侦查要点

第一节 诈骗案件概述

诈骗案件是指以非法占有为目的,用虚构事实或隐瞒真相的方法骗取数额较大的公私财物的犯罪行为构成的案件。诈骗案件的犯罪人主观上有非法占有数额较大的公私财物的故意,客观上采取了虚构事实或隐瞒真相的方法,致使被害人产生错误认识而"自愿"交出财物。所谓"虚构事实",是指犯罪人故意编造客观上不存在的虚假情况,骗取被害人的信任;所谓"隐瞒真相",是指犯罪人掩盖客观存在的某种事实,使被害人信以为真,将财物"自愿"交出。犯罪人诈骗公私财物数额较大,达到立案标准,是诈骗案件成立的条件。

一、诈骗案件的分类

(一)根据侵害的客体不同对诈骗案件进行的分类

诈骗案件往往侵害复杂客体,在直接侵害公私财产所有权的同时,也破坏正常的经济秩序或国家机关权威。根据我国现行《刑法》的规定,依据诈骗行为侵害的客体不同,诈骗案件有以下四种类型:

第一类是侵犯公私财产所有权和破坏国家正常金融管理秩序的金融诈骗案件。金融诈骗案件是指以非法占有为目的,用虚构事实、隐瞒真相或者采取其他欺骗手段,使用虚假的凭证骗取数额较大的公私财物的案件。金融诈骗案件是一个类概念,包括集资诈骗案件、贷款诈骗案件、票据诈骗案件、金融凭证诈骗案件、信用证诈骗案件、信用卡诈骗案件、有价证券诈骗案件和保险诈骗案件八个具体犯罪案件。

第二类是侵犯公私财产所有权和破坏国家对经济合同的管理秩序的合同诈骗案件。合同诈骗案件,是指以非法占有为目的,在签订、履行合同过程中,以虚构事实或隐瞒真相的方法,骗取对方当事人数额较大财物的案件。实践中,合同诈骗行为往往与合同纠纷、民事欺诈等行为交织在一起,罪与非罪的界限容易混淆,需要侦查人员根据法律和事实仔细审查和甄别。

第三类是侵犯公私财产所有权和国家机关威信及其正常活动的招摇撞骗案件。招摇撞骗案件,是指为了谋取非法利益,假冒国家机关工作人员或者人民警察进行招摇撞骗的案件。我国国家机关工作人员和人民警察具有公务员的特殊身份,掌握一定的公共权力,其任命或录用都必须经过特定的程序,如果是不具有国家机关工作人员或人民警察身份的人冒充国家机关工作人员或人民警察,势必造成国家机关工作和公安工作的混乱,因此,为了保障国家机关和公安机关的正常活动,对招摇撞骗的犯罪行为予以严厉打击是完全必要的。

第四类是侵犯公私财产所有权的诈骗案件。前三类诈骗案件侵害的是复杂客体，这一类诈骗案件侵害的则是单一客体。根据特殊法优于一般法的原则，骗取公私财物数额较大的行为，刑法另有规定的依据刑法规定定罪处罚，如以非法占有为目的骗取集资、贷款、保险金等行为，分别构成集资诈骗罪、贷款诈骗罪或保险诈骗罪等。此外，用欺骗方法骗取其他非法利益的，如用伪造的证件骗取婚姻登记的行为，不构成诈骗罪。

（二）根据犯罪方法智能程度的不同对诈骗案件进行的分类

根据犯罪方法的智能程度不同，可以将诈骗案件分为传统诈骗案件和新型诈骗案件。

传统诈骗案件是指犯罪人利用被害人防范漏洞或心理特点，主要以当面言辞交流的形式骗取被害人财物的犯罪形式，从犯罪手段、方法上看虽然有时也常常真假难辨，具有相当的迷惑性，但以犯罪人与被害人当面接触、被害人为特定目标等为基本特征。

新型诈骗案件则是犯罪人利用计算机网络或手机、电话等通信设备向社会上不特定的对象散布相关虚假信息实施诈骗，以犯罪嫌疑人与被害人并不当面接触、被害人为不特定的社会公众等为基本特征。这一类诈骗案件由于借助计算机网络或通信技术，被害人遍布社会各阶层、各地区；同时，犯罪人远程控制诈骗行为和获取财物，极大地增加了侦查的困难，因此，日益成为值得关注的犯罪类型。新型诈骗案件又可分为网络诈骗案件和电信诈骗案件。网络诈骗，是指犯罪人以非法占有为目的，利用互联网发布虚假信息或隐瞒真相，骗取数额较大的财物的行为，如网络购物诈骗、网络中奖诈骗、网络炒股诈骗、网络征婚诈骗、网络招聘诈骗及网络赌博诈骗等；电信诈骗，是指犯罪人以非法占有为目的，利用电话、手机等通信设备、网络发布虚假信息或隐瞒真相，骗取数额较大的财物的行为，如电话欠费诈骗、短信诈骗等。

（三）根据犯罪手段的不同对诈骗案件进行的分类

诈骗手段的本质特点是虚构事实或隐瞒真相，但随着社会经济、技术的发展变化，诈骗案件的手段、方法出现变化多端的特点。无论是传统诈骗案件还是新型诈骗案件，犯罪手段都是多种多样的。如在某些金属制品上涂抹金粉、银粉，冒充金银器直接出售骗钱或直接行骗；冒充公安人员、税务人员、医务人员、华侨、境外商人行骗；诡称发现历史文物或宝藏的"寻宝""献宝"诈骗；利用举办研讨会、贸易洽谈会等形式的诈骗；利用电视购物、网络购物等推销假冒伪劣产品的诈骗；代办证件或相关行政手续的诈骗；以"见者平分"为名将被害人的真币换成纸片或以算命等迷信方法骗取财物等"江湖"骗术诈骗；等等。由于诈骗手段具有较为明显的习惯性，因此，运用特定方法从事特定类型诈骗的犯罪人在屡次实施诈骗犯罪时，往往会选择相同或相似的犯罪方法，侦查人员可以根据犯罪手段的特点对案件进行分析串并。

二、诈骗案件的特点

诈骗案件以虚构事实或隐瞒真相为本质特征，因此，无论是否借助计算机网络或

通信设备、网络,诈骗案件都具有如下共同特点:

(一)诈骗犯罪一般都有周密、复杂的预谋活动

犯罪人为了编造能够让被害人信以为真的事实或设置能够获得被害人信任的圈套,需要在实施犯罪之前进行充分的预谋。常见的诈骗预谋活动有:了解特定类型人群(如老年人、网络购物人群等)的心理特点和行为习惯;了解某地风土人情、生活习俗甚至说话口音、表达方式等;伪造文书、证件、金银器物或其他诈骗道具;熟悉犯罪实施地点周围的交通情况、人员类型情况等;同伙之间进行串谋,分工配合,以获取被害人的信任;等等。这些预谋活动或多或少都会留下各种痕迹、物品,成为侦查线索或证据,因此,侦查人员应根据被害人的陈述和犯罪手段特点,深入查找和获取犯罪嫌疑人在犯罪预谋时留下的种种痕迹物品。

(二)犯罪人与被害人一般有不同形式的接触

诈骗案件中,犯罪人一般需要与被害人正面接触,特别是在一些数额巨大的诈骗案件中,犯罪人只有与被害人多次接触才能获得被害人的信任。在短信诈骗、网络诈骗等新型诈骗案件中,被害人与犯罪人可能没有面对面的接触,但一般也需要有一个言语交流的过程,透漏出语音、用语、语气等特点或留下电话号码、网络账号等信息。因此,详细询问被害人,充分了解犯罪人的体貌特征和行为习惯等就成为获取破案线索和证据的重要途径。

(三)诈骗犯罪人大都为流窜作案的惯犯和犯罪团伙

诈骗犯罪人大多年龄偏大,常常是一些具有专业知识或技术专长、社会阅历丰富的中年人;不少犯罪人具有犯罪前科,不但具有一定的犯罪习惯和经验,而且诈骗手段狡诈、善于伪装和应变、迷惑性和欺骗性较强,因而屡屡得手,社会危害性极大。由于犯罪人与被害人有过一定的正面接触,案发后为了逃避打击往往尽快逃离犯罪地,流窜异地继续实施犯罪。因此,诈骗案件的系列性和流窜性特征较为突出。对此,侦查人员在侦办这类案件时应充分利用犯罪情报资料、注重异地协作,特别是在短信诈骗和网络诈骗等新型诈骗案件中,犯罪人远程控制被害人,借助计算机网络或其他通信网络诈骗很多地区的被害人财物,这就要求侦查工作更应做到情报共享、协调行动、相互配合。

(四)诈骗案件有赃物可查

犯罪人获得财物后,不论是直接挥霍享用还是转移、藏匿、变卖等,均会在处理赃物的过程中在相关地区、相关行业或相关人员中或多或少地暴露出人身形象、行为特征或者其他个人信息,这些都是侦查破案的重要线索或证据来源。随着金融机构在人们的经济生活、社会生活中扮演着越来越重要的角色,大量的资金转移、存款或取现、贷款、结算等行为都会在金融机构产生交易记录或相应票证,特别是远程控制实施的网络诈骗、电信诈骗等犯罪行为,不借助银行、邮局等机构的转账、汇款等是无法实现的,因此,侦查人员在侦办这类案件时应注重从现金流转方面获得突破。

(五)诈骗案件往往留有种种书证、物证或电子证据

伪造的文书或物品是犯罪人设置圈套、获取被害人信任的道具,案发后这些道具

往往留在现场或被害人处,侦查人员应注意获取和分析,以确定犯罪人的个人情况和行为特点。在网络诈骗或电信诈骗等新型诈骗案件中,犯罪人借助计算机网络或其他通信网络、设备与被害人沟通、联络,也会留下各种电讯信息,如 IP 地址、电子邮件、聊天工具账号等,这些都是侦查人员发现犯罪嫌疑人、查获犯罪案件的重要依据。

第二节　诈骗案件侦查的基本方法

一、诈骗案件的初步侦查

诈骗案件的初步侦查,主要包括询问被害人和展开现场勘验,充分了解案发情况,并在犯罪情报资料中进行检索和梳理,发现同类案件,以便为准确分析判断案情和采取侦查措施奠定基础。

(一)认真询问被害人,细致了解犯罪人个人情况以及犯罪过程

在接到诈骗案件报案时,侦查人员应细致、全面地询问被害人及相关知情人,查明发案情况。由于诈骗犯罪往往是利用了被害人的弱点才能得逞,因此在询问被害人时应注意了解其心态,注重策略,有针对性地做好思想教育工作,以便了解全部的、真实的情况,注意避免出现被害人基于某种自我保护的心理而有所隐瞒甚至作出虚假陈述。

对于诈骗案件被害人,应着重询问的内容主要有:

第一,被骗的时间、地点和具体经过。

第二,犯罪人的特征。包括姓名(真名、假名或绰号)、年龄、性别、体貌特征、口音、衣着打扮、作案手法、文化程度、职业特点、动作习惯等特征。对于犯罪人个人情况的询问,越具体详细越好。

第三,被害人与犯罪人的交流内容。对于被害人与犯罪人交流内容的询问,同样是越详细越好,具体包括:犯罪人以何种名义接近、接触被害人;犯罪人与被害人接触的时间、地点、场合和次数;犯罪人如何自我介绍,应特别注意查问犯罪人在与被害人闲谈中透露的可能反映应其生活背景或个人情况的信息;犯罪人要求被害人交出财物的理由;犯罪人在与被害人接触过程中实施了哪些行为,与哪些人或哪些部门联系过以及怎样联系;等等。

第四,被骗财物特征。包括财物的名称、数量、型号、价值、产地、新旧程度和突出标记等。

第五,交付被骗财物的时间、地点和方式,如犯罪人提供的账号、被害人转账或交付现金的场所等。

第六,犯罪人是否留下物品或相关信息。包括:犯罪人是否给被害人留下通信地址、电话号码、银行账号、电子邮件;犯罪人是否留下介绍信、名片、合同、收据等;是否有来往的电函、信件等。

(二)及时展开现场勘验,获取查证犯罪的各种痕迹、物品

及时展开现场勘验有助于侦查人员全面了解案件情况,获取认定犯罪的痕迹、物

品,因此,尽管诈骗案件的现场痕迹、物品往往较少,但任何行为的实施都会在现场留下相关痕迹、物品,因此,仍不能忽视对诈骗案件的现场勘验工作。在诈骗案件现场勘验中,不仅要注意发现和收集有形的痕迹、物品,如鞋印、手印、文书、遗留物等,还应注意发现和收集电子信息形式的证据,如现场监控视频信息、计算机网络信息及其他通信信息等。

(三)全面检索犯罪情报资料,梳理、串并同类犯罪案件

诈骗案件犯罪人多为流窜犯罪的惯犯,尤其是利用计算机网络技术和通信技术实施的新型诈骗案件作案隐蔽、涉及范围广、涉案人员众多且常常分布在不同地区。因此,在诈骗案件侦查初期,如果确定为系列诈骗、流窜诈骗、网络诈骗或电信诈骗等,应当注重利用刑事犯罪情报资料以及相关打击犯罪协作机制等发现同类案件,加强协作,以便彻查和深挖犯罪。

二、分析判断案情,确定侦查途径

分析判断案情和确定侦查途径是建立在初步侦查基础上的,主要根据被害人陈述以及现场勘验中获取的物证、书证、电子证据等各类证据作出,同时也是采取侦查措施的基础和前提。

(一)分析和确定犯罪人个人情况

犯罪人使用的诈骗手段能够反映出其个人情况,如专业技术特长、个人经历、生活区域、心理状态、是否惯犯、对被害人和案发点的熟悉程度、兴趣爱好、处理赃物的条件和能力等等,因此,在案情分析时,应着重分析的是:第一,根据被害人和其他知情人员提供的情况,分析和确定犯罪人的年龄、性别、身高、体态、衣着、发型、面部特征等人身形象;第二,了解和分析犯罪人接近、接触被害人的时机、借口和方式等,以便确认犯罪人是否熟悉被害人或熟悉被害人的途径和程度;第三,了解和分析犯罪人骗取财物的数量和种类,由此确认犯罪人的爱好和可能的处理赃物的方式、途径;第四,了解和分析犯罪人在实施诈骗的过程中,其神态、举止是否镇静,行为是否自然,编造的谎言和设计的骗局是否周密等,以此确定犯罪人是偶犯还是惯犯、是否具有某种专业技能以及心理状况等。

(二)分析和确定犯罪人居住、藏匿区域

根据犯罪人的说话口音、方言土语特征,携带物品、遗留物的特征,与犯罪有关的证件、合同、文书的内容,以及犯罪人在行骗过程中暴露出的社会关系和落脚点等情况,分析犯罪人的居住地及可能藏身落脚的地区,由此确定侦查方向和侦查范围。在网络诈骗和电信诈骗等新型诈骗案件中,犯罪人出现了区域化、集中化的特点,即特定地区的某类人员往往使用相同或相类似的手段实施诈骗犯罪,因此,侦查人员在分析、确定侦查范围时应考虑刑事犯罪情报反映出的特定类型诈骗案件的高危人群特征,从而提高侦查效率。

(三)分析和确定主要侦查途径

常用的可供选择的诈骗案件侦查途径主要有:以犯罪人体貌特征为突破口;以诈

骗道具或其他现场遗留物为突破口；以犯罪人的职业、技能、结伙条件等为突破口；以犯罪人收取、转移或使用赃物的方式和渠道为突破口；以犯罪人的动作习惯、作案手段等为突破口；以犯罪人的居住区域、藏匿或逃跑方向为突破口；以查证犯罪前科或检索刑事犯罪情报资料为突破口等等。在上述可供选择的侦查途径中，侦查人员应将最有可能查获犯罪人、破获案件的途径确定为主要侦查途径，但同时也不应完全放弃其他侦查途径，只有这样，才能确保侦查工作的全面性和周密性。

三、采取有针对性的侦查措施，查获犯罪嫌疑人

实践中，诈骗案件侦查常用的侦查措施主要有：

（一）调查询问

对被害人和其他相关知情人进行及时、客观、详细的调查询问是侦破诈骗案件的重要措施，它有助于侦查人员全面了解案发过程和犯罪人情况，弥补现场勘验痕迹和其他物证较少的不足。在诈骗案件侦查中的调查询问，应当注意的问题是：其一，做好被害人及相关知情人的思想工作，特别是当被害人之所以被骗是因为自身贪图小利或企图违法获利的情况下，被害人可能对案发情况有所隐瞒或编造，需要侦查人员认真审查、甄别；其二，全面询问案发过程和犯罪人情况，特别是犯罪人在与被害人交谈中流露出的信息、犯罪人在犯罪过程中的可疑举动等，这些都可能是有价值的侦查线索。

（二）现场勘验

无论是传统诈骗案件还是新型诈骗案件都存在实施犯罪行为的现场，及时、细致、全面地实施现场勘验是成功破获诈骗案件的重要基础。在案件侦查中，现场勘验既要注意及时、细致地询问被害人或其他知情人、目击者，充分了解案发情况，又要注重现场痕迹、物品的发现、固定、提取和分析。诈骗案件现场痕迹、物品包括三种类型：其一，有形的痕迹、物品。如犯罪人的毛发、鞋印、现场遗留物等。其二，视频监控信息。随着视频监控设施的日益广布，在现场勘验过程中，侦查人员应注意提取和保留现场视频监控信息，以便全面掌握犯罪人体貌特征、活动情况及同伙情况等，同时也可以用于核对被害人陈述，防止被害人因自我保护或其他原因编造案情或隐瞒事实。其三，电子证据。在网络诈骗或短信诈骗等新型诈骗案件侦查中，犯罪现场常常是遗留有电子证据的虚拟现场，具有抽象性、不可见性和潜在性，需要侦查人员借助电子技术从计算机存储器等部件中获取电子信息形式的证据。检查相关计算机设备网络空间，记录、封存、存储和备份、分析电子证据的计算机单机勘验和网络勘验等工作在侦查新型诈骗案件中的重要性和必要性越来越突出，应当引起重视。

（三）辨认

在诈骗过程中，犯罪人的人身形象、语音等有所暴露甚至暴露充分，因此，侦查人员可以组织被害人或相关知情人在犯罪人可能出现的场所，如提取现金的金融机构网点、消费娱乐的场所、可能再次实施犯罪的场所或藏身落脚的场所等进行寻找辨认。此外，对于案件中出现的物品，如现场遗留物、查获的赃物等，可以组织相关知情

人或被害人进行辨认,以确认该物品的归属,以便缩小侦查范围或以物找人,及时查获犯罪嫌疑人。

(四) 并案侦查

诈骗犯罪不仅具有连续性和流窜性,而且犯罪人多次实施犯罪时往往使用相同或相类似的手段方法,具有一定的规律性,因此,实施并案侦查有利于缩小侦查范围和明确侦查目标,及时破案。分析串并案件时,侦查人员应着重审查的犯罪条件是:犯罪人的体貌特征是否相同或相似、犯罪人选择的诈骗目标是否为同一类型人员、诈骗手段和方法是否相同或类似、现场遗留的痕迹和物品是否相同,等等。侦查人员不仅要关注本地发生的同类诈骗案件,还应对外地协查通报的及各类刑事犯罪信息反映出的诈骗案件进行分析,确认这些案件与本地发生的案件是否有内在联系,是否需要与有关地区公安机关实施联合侦查。

(五) 控制赃物

犯罪人在诈骗得逞后会对赃物进行转移、藏匿、销售或使用等,因此,侦查人员应根据被骗赃物的数量、种类、性质、特征等,结合诈骗手段、犯罪人个人情况等,分析犯罪人可能的处理赃物的方式、途径和场所,及时布置力量查控赃物,在缴获赃物的同时查获犯罪嫌疑人。必要时,侦查人员应在有关单位、部门的配合下,通过守候监视、跟踪等方法发现和缉拿犯罪嫌疑人。

(六) 鉴定、检验

犯罪人在行骗过程中如果留下书信、公函、字据、合同及其他痕迹、物品,应指派和聘请鉴定人进行笔迹鉴定、指纹鉴定和文书、物证检验,为认定犯罪提供证据。

(七) 查询、冻结汇款、存款

犯罪人骗取现金或将赃物变卖后常常需要以存款、取款、银行转账、汇款等方式转移、藏匿非法所得,特别是利用计算机网络技术和通信技术实施的远程控制诈骗犯罪,犯罪人基本上都要通过银行等各类金融机构的相关业务活动才能真正获得赃款,完成犯罪。因此,侦查人员及时采取查询、冻结汇款和存款,既有利于挽回被害人损失,也有利于查获犯罪人。

(八) 追捕在逃犯罪嫌疑人

诈骗犯罪人多为有一定犯罪经验的惯犯,掌握一定的逃避抓捕或反侦查的伎俩;在远程控制的新型诈骗案件中,犯罪人与被害人、开立账户银行以及存取款银行网点在不同的地方,一旦有风吹草动就闻风而逃,给侦查抓捕工作造成较大的困难。此类犯罪人在在逃期间,为了获得生活来源常常故技重施,继续实施诈骗犯罪,危害社会治安。因此,一旦出现犯罪人在逃的情况,侦查人员应充分利用在逃人员信息数据库及追逃机制实施网上追逃或有重点地实施专案追逃,及时将犯罪嫌疑人抓获归案。

四、加强讯问,深挖犯罪,扩大战果

诈骗案件的犯罪嫌疑人一般都有多次犯罪的历史,在他们身上常常有一些未被揭露的犯罪行为。在犯罪团伙交叉作案的情况下,犯罪嫌疑人知晓其他犯罪同伙的犯罪事实。因此,加强对诈骗犯罪嫌疑人的讯问,既是收集犯罪证据的重要手段,也是发现隐案、深挖犯罪的有效方法。诈骗犯罪嫌疑人对侦查人员已掌握证据的犯罪事实一般很难抵赖,在证据面前往往能够如实陈述。但是,对于侦查人员没有掌握证据的犯罪事实,犯罪嫌疑人一般不会主动交代,因此,侦查人员应根据特定犯罪嫌疑人的个人情况和犯罪轨迹等,充分、合理地使用已掌握的证据,适时出示相关的证人证言、书证、物证,加强政策宣传和法制教育,使其彻底交代全部犯罪事实。此外,讯问犯罪嫌疑人还需与追缴赃物密切联系起来,以挽回或减少被害人的损失,充分实现侦查破案的社会效应。

第二十三章 走私案件的侦查要点

第一节 走私案件概述

走私犯罪是典型的"行政犯",是指故意违反《海关法》等相关法律、法规,逃避海关监管,运输、携带、邮寄国家特定禁止或限制进出境的货物、物品进境或出境;或者在特定水域运输、收购、贩卖国家禁止进出境物品或者没有合法证明的限制进出口货物、物品;或者偷逃国家进出口、进出境环节税;以及直接向走私人买私等破坏国家外贸管理制度和海关监管秩序,达到《刑法》规定的追诉标准,依法应当追究刑事责任的行为。

一、走私犯罪的构成特征

(一)客体特征

以逃避海关监管为主要犯罪行为特征的走私犯罪,侵害了海关监管秩序和国家对外贸易管理秩序。

(二)客观特征

走私犯罪的客观方面主要指存在我国《海关法》第 82 条所规定的违反海关法及有关法律、行政法规,逃避海关监管,偷逃应纳税款、逃避国家有关进出境的禁止性或者限制性管理的走私行为,具体包括:运输、携带、邮寄国家禁止或者限制进出境货物、物品或者依法应当缴纳税款的货物、物品进出境;未经海关许可并且未缴纳应纳税款、交验有关许可证件,擅自将保税货物、特定减免税货物以及其他海关监管货物物品、进境的境外运输工具,在境内销售;有逃避海关监管,构成走私的其他行为。另外,根据《海关法》第 91 条的规定,违反海关法规定进出口侵犯中华人民共和国法律、行政法规保护的知识产权的货物,构成犯罪的,是另一类走私犯罪。实践中走私行为包括如下类别:

(1)普通走私行为。包括通关走私和绕关走私两种。所谓通关走私,即进出关境有相关手续,但采取伪报、瞒报、夹带、伪装等欺骗的手段,瞒过海关的监督、管理和检查,运输、携带货物或物品进出境,或者是通过邮寄进行走私活动。绕关走私,即未经过国务院或者国务院授权的机关批准,从未设立海关或边境检查站的地点运输、携带国家禁止进出境的物品或者依法应当缴纳税款的货物、物品进出境的行为。

(2)后续走私行为。包括保税货物走私和减免税货物走私两种,即进口的货物或者物品是合法的,但未经海关许可并且未补缴应缴税额,擅自将批准进口的来(进)料加工、来件装配、补偿贸易的原材料、零件、制成品、设备等保税货物,在境内销售牟利的;或者未经海关许可并且未补缴应缴税额,擅自将特定减税、免税进口的货物、物品,在境内销售牟利的。

(3) 间接走私行为。行为人虽然并不直接进行绕关、通关或者后续走私活动,但其直接向走私人非法收购走私进口的货物、物品,或者在内海、领海、界河、界湖非法收购、运输、贩卖国家禁止或者限制进出口的货物、物品,或者与走私行为人通谋,为其提供贷款、资金、账号、发票、证明以及为其提供运输、保管、邮寄等方便,通过为走私行为人服务,从中牟利。间接走私实际上是走私行为的延续,依照我国法律规定,在追究其刑事责任时,以走私罪或走私罪共犯论处。

(三) 主体特征

走私犯罪的主体是一般主体,既包括自然人,也包括单位。我国1987年《海关法》首次将单位作为犯罪主体。我国《刑法》规定的13种走私犯罪全部规定了单位也可以构成走私犯罪的主体,单位走私犯罪在目前我国走私犯罪中占有相当大的比例。单位的范围相当宽泛,既包括法人单位又包括非法人单位,并且也未限制单位的性质。

自然人与单位共同走私犯罪,即构成走私犯罪之共犯。根据自然人身份的不同,可以分为单位与单位外自然人共同走私犯罪和单位与单位内自然人共同走私犯罪。

(四) 主观特征

走私犯罪的主观方面只能是故意,过失不能构成走私犯罪。2002年7月8日最高人民法院、最高人民检察院、海关总署联合颁布的《办理走私刑事案件适用法律若干问题的意见》第5条明确规定:"行为人明知自己的行为违反国家法律法规,逃避海关监管,偷逃进出境货物、物品的应缴税额,或者逃避国家有关进出境的禁止性管理,并且希望或者放任危害结果发生的,应认定为具有走私的主观故意。"

二、我国当前走私犯罪案件的特点

(一) 单位仍然是走私犯罪的主要主体

1998年以来,单位走私犯罪案件案值在整个走私犯罪案件案值中所占的比重都超过了80%。

(二) 传统型以偷逃关税为目的的走私犯罪活动将继续存在

由于我国关税、进出境环节税以及外贸管制的存在,传统型以偷逃关税为目的的走私犯罪活动将继续存在。成品油、矿产资源等资源型商品和武器弹药、毒品等违禁物品走私活动仍将继续长期存在。

(三) 走私犯罪集团化、专业化、内外勾结作案现象严重

我国香港地区以及越南、朝鲜沿我边境地区已形成了许多走私集团,且向专业化、职业化发展。这些走私集团组织严密,势力庞大,内部一般都有严格的纪律和分工。在进行走私活动时,为首的头目一般不轻易露面,多数按其内部的分工,由"马仔"出面。一旦暴露,就舍卒保帅,集团内部损失不大。同时,境内也形成了收购、运输、销售的流水作业线,一些人弃农、弃渔专营走私,有的还雇人专门收购、销售走私物品,甚至请了保镖或打手,他们贿赂收买党政、海关、工商等国家干部,打着合法的

招牌,进行走私贩私活动,从而形成了海内外勾结的犯罪集团。另外,还有境外人幕后指挥操纵,内地走私共犯在其安排的时间、地点接货,在其安排的时间、地点卸货,内外勾结,协同作案;作为主犯的境外走私犯使用化名、单线联系,案发后逃避打击,成为漏网之鱼,风声一过再找协作者作案,使得走私犯罪屡禁不绝。

（四）走私犯罪的手段更加隐蔽

1998年全国打击走私工作会议以后,全国展开了一场大规模的打私风暴,大规模、明火执仗的走私犯罪活动得到了有效遏制。但"蚂蚁搬家""水客携带""化整为零"式的团伙走私犯罪活动逐步抬头;同时在进出口贸易渠道采取价格瞒骗、伪报货物品名规格、集装箱藏匿、港澳直通车夹带等更为隐蔽的手法进行走私犯罪活动越来越多;利用国家保税以及减免税等优惠政策进行走私也是目前我国走私犯罪的重要手段,如加工贸易渠道擅自内销、高报单耗、多报残次料、编造假账等。

（五）走私犯罪渠道从沿海沿边向内地扩展蔓延

走私犯罪分子使用走私船只在我国的领海、内海、界河（湖）可航水域进行走私活动,交易完毕之后就迅速驶离现场,逃之夭夭。由于我国的海上缉私力量还相对薄弱,所以在我国的沿海地区海上走私犯罪相当突出。从走私地区看,东南沿海仍然是我国走私活动的重点地区。我国幅员辽阔,邻国众多,内陆边境很长,地理情况也比较复杂,随着边境贸易的发展,陆地边境走私也日益严重,并进一步向内地扩展。

第二节 侦查走私案件的要点

一、走私犯罪案件的一般侦查途径

（一）查缉走私渠道,严密控制有关的重点区域

走私的重点区域是指走私犯罪活动猖獗、频繁的地区,主要是边境口岸。应当在重点区域设立严密的关卡、检查站,建立起一套严密的管理制度,加强管理。

首先,要加强海上边防巡逻缉私。组织缉私巡逻船队,查缉海上走私船;组织海岸巡逻队,发现越境走私分子;根据情报线索堵截、围捕海上走私船和妄图越境的走私犯罪分子。巡查陆路边境线,主要是加强口岸检查、边境巡逻和交通路线查缉工作,堵住走私门户。重点控制进出境关口、车站码头、航空港,发现走私犯罪活动。

其次,对于走私犯罪人可能涉足的厂家、公司、企业,可布置力量,进行查控。对商品贸易、来料加工、合资经营、物资捐赠等实行严格审查,打击以"合法"掩盖"非法"的走私犯罪活动。对走私贩私的地下黑市要严密控制,及时打击。发现走私物品和国家禁止交易的物品,从货物入手追查走私犯罪。同时,还要深挖海关、边防等部门内部的走私犯罪分子,堵塞走私放私的漏洞。

（二）加强情报工作,运用秘密侦查力量,查明内幕

秘密侦查力量是获取走私犯罪情报、控制走私犯罪人及走私货物动态,破获重大走私犯罪集团的重要手段。

第一，收集境内、境外走私情报，掌握走私预谋动态、渠道线路、走私对象等情况，争取将走私犯罪行为消灭在初发阶段。在境外的重点复杂地区及行业布建秘密力量，了解走私物品和犯罪人的线索，争取在境内走私物离岸前和境外走私物品进境时破获案件。

第二，对走私犯罪集团进行内线侦查。对于走私案件应当建立一批秘密力量，针对走私案件的特点进行内线侦查，以便获取充分的证据，破获走私集团等。

第三，运用各种手段，大力开展协作，形成控制体系。走私犯罪案件，往往涉及内地、境外许多地区。侦查部门要及时与有关地区的缉私部门加强联系，互通信息，相互合作。

(三) 通过国际刑警组织和境外警方的协助，查破境外走私集团入境走私或境内外走私集团相互勾结的案件

1. 刑事司法协助模式

走私犯罪侦查机关应按照有关条约和协议的规定，开展刑事司法协助和警务合作。虽然这种方式获得证据适用范围广泛，使用限制较少，但工作成效要取决于我国与境外的国家或地区之间签订的条约或协议，并且受到有关方面法律限制和审批手续繁简的影响。

2. 通过国际刑警组织渠道

国际刑警组织的国际合作中一项重要工作就是证据的收集和送达，在证据收集范围上，除了涉及政治、军事、宗教或种族性质案件的证据不予协助收集外，主要取决于各国法律的规定。

3. 国际海关合作模式

国际海关合作是国家间海关当局，基于国家间签订的行政互助协定，在情报交换、核查、特别监视、关税计征、代为查稽特别协助等方面而给予对方海关当局以帮助，共同打击日益猖獗的走私活动。

二、走私犯罪案件的取证措施

(一) 走私犯罪案件证据的收集、审查、判断

证据是证明和惩罚的依据，要依法收集走私犯罪案件的证据，并加以审查、判断。走私犯罪案件获取证据的措施主要有：

(1) 缉查走私货物、物品。

走私货物、物品是走私案件的重要证据，缉查的途径主要有以下几种：

第一，通过对进、出海关的货物检查，获取走私货物、物品。根据走私对象的种类、特征，通知有关海关、边防部门，加强对进出口船只、车辆、飞机的检查，从中发现私货。由于走私犯罪人运送私货进、出境时，常采取人、货分离的办法，逃避缉查；也有的以欺骗的手法，让他人帮助携带私货入关等。根据走私分子藏私的规律，应采取不同的查私方法。对于有些犯罪线索及犯罪成员，侦查部门应采用"欲擒故纵"的策略，放长线钓大鱼，以求发现新的走私集团。

第二，通过控制中转站、黑窝点，查获私货。从境外走私进来的私货，除被海关查获的以外，大部分都流入内地。根据该走私物品的具体情况，通知车站、码头、运输、仓储、交通场所、旅社等部门注意检查进出货物；对重点复杂场所、黑市交易场所、黑货栈等进行突击性的秘密搜查和公开搜查；加强对陆路、海路和空运的设关检查工作，发现私货的线索；向邻近地区发赃物协查通报，建立起控制赃物的网络。另外，走私犯罪活动始终围绕着走私货物、物品进行，所以对私货的隐藏场所、中转站、交易所进行守候侦查，以便人赃俱获。

第三，通过海上巡逻和重点控制，缉查走私货物、物品。海上边防队伍要加强沿海、内海和领海的缉私力量，争取及时发现走私船只。对于走私严重的沿海、沿边地区、大中城市，要特别做好控制，必要时可随时对其进行清查，查缉私货。对某些行为比较可疑的中外合资、外商独资企业也要布置力量，注意是否有走私犯罪的情况。

（2）收集物证、书证。为了收集走私犯罪的证据，侦查中可对重大走私犯罪嫌疑人的住所、办公场所、落脚点以及可能隐藏私货的黑窝点，依法进行搜查，从中查获赃物和其他罪证。

（3）科学侦查与技术鉴定。办理走私案件，要充分发挥科学技术的作用，扩大收取证据的范围。比如：

第一，在海上查私时，可利用金属探测法、X射线扫描法等现代化的科学技术手段，对进出口货物进行检查，从中发现私货和危险品、违禁品。

第二，对于查获的走私物品中难以肉眼分辨的物品，必须进行相应的鉴定，以确定其性质。

第三，对于与走私犯罪案件有关的伪造的合同、批文、账册、票据、报关单、商品检验证书、身份证、护照等，可以运用紫外线、红外线、分色照相、光谱分析方法来鉴别真伪、确定伪造事实和伪造方法。通过笔迹鉴定确定走私犯罪案件中伪造文书的书写人。同时，提取走私物品及其包装物上的痕迹、指印等，以便与重大走私犯罪嫌疑人的指印和其他痕迹进行同一鉴定，从而破获走私案件。

（4）讯问犯罪嫌疑人。由于走私犯罪是一种严重的刑事犯罪，所以不少走私犯罪分子都是抱着"铤而走险""鱼死网破"的心理，这种心理不仅表现在利用武装押运走私，发现查私人员就武力对抗，或者垂死挣扎，煽动不明真相的群众围攻缉私人员、哄抢被查封的走私物品等方面，还表现为在审讯中气焰嚣张、尖锐对抗；或者避重就轻，消极供述。又由于走私犯罪活动隐蔽，手段日益狡猾，多采取人、货分离的走私方式，一旦被查获，也只是"马仔"落网，而不少走私集团的主犯、惯犯，多半是一些敢于冒险的亡命之徒，他们社会经验丰富，善于伪装、有反侦查手段，一旦被查获，往往咬紧牙关，不肯彻底交代罪行，有的因为"江湖义气"或慑于后台老板的势力，不肯轻易供述走私集团的内幕和后台。但是不管是境外或是内地的走私犯罪嫌疑人都存在畏罪和侥幸心理，即使是极度凶恶的犯罪分子，其表现状态也是极为自私、趋利避害的。针对走私犯罪分子的这些特点，要利用其内部矛盾，加强政策法律教育，瓦解其精神支柱。讯问要注意巧妙运用证据，适当进行旁敲侧击，使其最终如实交代。对于抓获的走私犯罪分子，要尽快组织讯问，弄清犯罪事实，落实证据，搞清犯罪关系。如可以采取边讯问边取证的方法，查清犯罪同伙、走私路线、联络点、窝主等情况，抓住时机，迅速及时地取证破案。对已破案件的犯罪分子要抓住不放，深挖余罪，获取其他犯罪案件线索，扩大战果。

（二）走私犯罪案件的证据规格

刑事案件的犯罪事实存在与否需要证据来证明，这要求侦查人员要按照一定的标准来收集和采用证据，这种标准就是所谓的证据规格，它所要解决的是证明犯罪事实需要什么样的证据以及需要证明至何种程度的问题。

欲证明走私犯罪至少需要证明以下两个问题，即犯罪嫌疑人实施了走私犯罪行为以及该走私行为系故意行为。2002年最高人民法院、最高人民检察院、海关总署《关于办理走私刑事案件适用法律若干问题的意见》对此作出了比较具体的规定。

1. 关于证明犯罪嫌疑人实施了走私犯罪行为的问题

有证据证明发生了走私犯罪事实，须同时满足下列两项条件：

（1）有证据证明发生了违反国家法律、法规，逃避海关监管的行为；

（2）查扣的或者有证据证明的走私货物、物品的数量、价值或者偷逃税额达到《刑法》及相关司法解释规定的起刑点。

具有下列情形之一，可以认为走私犯罪事实系犯罪嫌疑人实施的：

（1）现场查获犯罪嫌疑人实施走私犯罪的；

（2）视听资料显示犯罪嫌疑人实施走私犯罪的；

（3）犯罪嫌疑人供认的；

（4）有证人证言指证的；

（5）有同案的犯罪嫌疑人供述的；

（6）其他证据能够证明犯罪嫌疑人实施走私犯罪的。

符合下列证据规格要求之一，属于证明犯罪嫌疑人实施走私犯罪行为的证据已经查证属实的：

（1）现场查获犯罪嫌疑人实施犯罪，有现场勘查笔录、留置盘问记录、海关扣留查问笔录或者海关查验（检查）记录等证据证实的；

（2）犯罪嫌疑人的供述有其他证据能够印证的；

（3）证人证言能够相互印证的；

（4）证人证言或者同案犯供述能够与其他证据相互印证的；

（5）证明犯罪嫌疑人实施走私犯罪的其他证据已经查证属实的。

2. 关于走私犯罪嫌疑人主观故意的证明问题

行为人明知自己的行为违反国家法律法规，逃避海关监管，偷逃进出境货物、物品的应缴税额，或者逃避国家有关进出境的禁止性管理，并且希望或者放任危害结果发生的，应认定为具有走私的主观故意。走私主观故意中的"明知"是指行为人知道或者应当知道所从事的行为是走私行为。具有下列情形之一的，可以认定为"明知"，但有证据证明确属被蒙骗的除外：

(1) 逃避海关监管,运输、携带、邮寄国家禁止进出境的货物、物品的;
(2) 用特制的设备或者运输工具走私货物、物品的;
(3) 未经海关同意,在非设关的码头、海(河)岸、陆路边境等地点,运输(驳载)、收购或者贩卖非法进出境货物、物品的;
(4) 提供虚假的合同、发票、证明等商业单证委托他人办理通关手续的;
(5) 以明显低于货物正常进(出)口的应缴税额委托他人代理进(出)口业务的;
(6) 曾因同一种走私行为受过刑事处罚或者行政处罚的;
(7) 其他有证据证明的情形。

三、走私犯罪案件的侦查协作

(一) 海关内部侦查协作机制

1. 跨关区办案的侦查协作

我国幅员辽阔,犯罪分子的走私犯罪活动往往会涉及数个关区,甚至有时会利用跨关区作案来逃避侦查,鉴于此种情况,各地海关缉私局之间应当保持密切联系,建立良好的侦查办案协作机制,形成打击走私犯罪活动的合力。

2. 缉私部门与海关内部各部门之间的侦查协作

海关缉私部门要协调好与海关内部其他职能部门之间的关系,要理顺缉私、稽查、监管等业务部门及海关现场之间的关系,使得各部门能够从缉私工作大局考虑问题、分析研究走私形势和动态,解决条块分割、沟通不畅、各自为战的状况。各海关缉私部门要主动承担起组织、指挥、协调和推动关区打私工作的职责,将缉私工作融入海关监管的各个环节,与各个环节紧密衔接、首尾相顾。针对突出的走私活动,适时组织各部门发挥各自优势,部署全关范围的打私活动,协调关区打私力量开展共同打击或联合行动,保持打击高压态势。

(二) 海关外部侦查协作

1. 海关缉私部门要处理好与地方打私办的关系

地方打私办作为政府专门打击走私的职能部门,担负着组织、协调、监督、指导各缉私职能部门开展缉私工作的重任,对大型联合走私行动予以统一指挥。因此海关缉私部门作为某一地区专司缉私职能的执法部门之一,从整体与局部的关系角度出发,必须与地方打私办保持密切的联系,做好配合工作或在案件侦查过程中寻求必要的协助,以解决在当前打私过程中存在的问题。

2. 要处理好与地方执法部门在缉私工作中的关系

海关缉私部门应当与地方执法部门,如公安、工商、金融、税务、烟草专卖、交通运输、海事监管等保持密切联系。主动与上述执法部门开展交流、沟通,对当前打击走私的重点、难点进行通告,争取得到各部门的配合与支持。争取在各部门之间就缉私执法程序、受理案件的范围、交接案件的内容、移交案件的时机时限等方面达成共识。同时建立一系列行之有效的制度规范和配合机制。

(三) 境外协作

走私犯罪必然涉及进出关境。因而,加强侦查走私犯罪方面境内外执法合作具有重要意义。

当前,走私犯罪侦查的执法合作主要渠道包括:外交、国际刑事司法协助、国(区)际警务合作、国际刑事警察组织、国际海关合作等渠道。其中,国际海关合作渠道是海关缉私执法特有的国(区)际执法合作渠道,是我国海关与外国(地区)海关在双边和多边协议框架下,本着"平等互利"和"以我为主,为我所用"的原则,在情报交换、核查、特别监视、关税计征、代为调查及特别协助等方面进行互助合作。我国已先后签订了28个政府间或海关间互助合作协议,适用于53个国家和地区,其中与香港特别行政区海关的合作互助最为频繁和广泛。1986年在联合国禁毒基金的资助下,由海关合作理事会协调组织成立了由13个亚太经社理事会成员参加的亚太(海关)情报联络中心。截至2022年3月底,该中心由韩国承办,有32个成员,包括国家和地区。

第二十四章　毒品案件的侦查要点

第一节　毒品犯罪案件概述

一、毒品犯罪案件的概念

毒品犯罪案件是指违反禁毒法律法规,从事与毒品有关犯罪活动,触犯刑事法律,需要追究刑事责任的案件。

二、毒品犯罪案件的分类

（一）按照《刑法》罪名进行分类

根据我国《刑法》第 347 条到第 357 条的规定,可将毒品犯罪案件分为以下 11 种：

(1) 走私、贩卖、运输、制造毒品案件；
(2) 非法持有毒品案件；
(3) 包庇毒品犯罪分子案件；
(4) 窝藏、转移、隐瞒毒品、毒赃案件；
(5) 非法生产、买卖、运输制毒物品、走私制毒物品案件；
(6) 非法种植毒品原植物案件；
(7) 非法买卖、运输、携带、持有毒品原植物种子、幼苗案件；
(8) 引诱、教唆、欺骗他人吸毒案件；
(9) 强迫他人吸毒案件；
(10) 容留他人吸毒案件；
(11) 非法提供麻醉药品、精神药品案件。

（二）按照客观表现行为进行分类

(1) 经营牟利型毒品犯罪案件。具体包括：走私、贩卖、运输、制造毒品案件,非法生产、买卖、运输制毒物品、走私制毒物品案件,非法种植毒品原植物犯罪案件,非法买卖、运输毒品原植物种子、幼苗案件。

(2) 持有型毒品犯罪案件。具体包括：非法持有毒品案件,非法携带、持有毒品原植物种子、幼苗案件。

(3) 妨害司法机关禁毒活动型犯罪案件。具体包括：包庇毒品犯罪分子案件,窝藏、转移、隐瞒毒品、毒赃案件。

(4) 帮助消费型毒品犯罪案件。具体包括：引诱、教唆、欺骗他人吸毒案件,强迫他人吸毒案件,容留他人吸毒案件,非法提供麻醉药品、精神药品案件。

三、毒品案件的特点

毒品犯罪案件同其他刑事案件相比，具有以下特点：

（一）作案时间、空间跨度大

通常而言，毒品犯罪活动周期较长，时空跨度大。一方面，大宗毒品犯罪活动要经过策划、准备和实施等环节，作案时间较长，一些职业贩毒人员连续实施毒品犯罪的时间更长，作案时间跨度多达数年之久。另一方面，经营牟利型毒品犯罪通常包括购进、运输、中转、交付等多个环节，犯罪流程涉及多个地区甚至多个国家。因此，相比其他普通刑事案件，毒品犯罪案件侦查投入的成本更高。

（二）计划周密、作案手段隐蔽

首先，为避免受到严厉的处罚，毒品犯罪活动通常要经过周密的计划，采用隐蔽的犯罪手段以逃避侦查打击，涉毒群体也在交易地点、接头暗语、藏运方式、交付方式等方面形成了一套隐蔽化、智能化的反侦查行为模式。其次，毒品犯罪通常表现为经营牟利型，犯罪行为一旦被揭露和证实，不仅成本和收益将被追缴，毒品犯罪分子还要面临罚金、没收财产等财产刑的追罚，为防止因罪行败露遭受重大经济损失，他们还会采用洗钱等隐蔽方法转移和掩饰涉毒资产。最后，随着新技术、新业态的快速发展，越来越多的犯罪分子通过互联网发布、订购、销售毒品，使用隐语、暗语交流，通过物流寄递渠道运毒，采用在线支付方式结算，毒品犯罪案件的隐蔽性更加突出。

（三）通常没有固定的犯罪现场

一般而言，刑事案件都有一定的犯罪现场，留有与犯罪相关的各种物证与痕迹，可供证实犯罪与拓展证据线索。毒品犯罪案件往往没有固定的犯罪现场，以贩毒活动为主的大多数毒品犯罪案件具有"点多、面宽、线长"的特点，一般以贩运、携带、买卖等形式进行，难以形成可供勘验的犯罪现场。不过，制毒物品犯罪案件、非法种植毒品原植物案件仍然存在传统意义的犯罪现场。

（四）通常缺乏直接被害人和证人

毒品交易活动的买卖双方均为自愿实施，且均构成触犯法律的不法者。因此，与普通刑事案件相比，毒品犯罪案件通常没有直接被害人，也缺乏被害人、事主及相关人员的报案行为。此外，毒品交易活动的隐蔽性很强，除参与交易的犯罪分子外，通常没有知晓案件情况的证人。毒品犯罪案件缺乏直接被害人和证人，导致被害人陈述、证人证言等直接证据相对匮乏，这对案件证据的收集、审查与认定有一定程度的影响。

第二节　毒品案件侦查的基础工作

一、毒品犯罪情报的搜集

情报信息是主动发现毒品犯罪案件的条件，是控制、经营毒品犯罪案件的前提。

应当依托公安情报信息系统,进行情报的搜集、梳理、研判、分析,以情报信息主导毒品犯罪案件的侦查工作。毒品犯罪情报搜集的主要渠道有:

(1) 使用秘密力量。通过侦查机关物建的秘密力量、派遣的卧底侦查人员,获取毒品犯罪的情报信息。

(2) 情报交流。加强与军队、国家安全部门建立稳定的情报交流机制,加强情报交流;切实加强与司法、监狱的情报合作,从毒品犯罪案件的延伸工作及各类毒品犯罪分子的余罪中搜集情报;禁毒部门在同经侦、治安、边防、刑侦等各警种间以及海关、铁路、民航、林业等行业公安机关间及时分享情报的同时,应加强与邮政、金融、通信、物流等部门的情报交流。

(3) 阵地控制。这里的阵地主要指毒品犯罪分子经常涉足的吃、住、行、销的行业和场所,吸贩毒活动的重点地区,制毒原料的生产销售部门和单位,汽车修理厂、改装厂以及可能被用来运输毒品的物流公司。

(4) 公开查缉。公安机关、海关在日常的查缉工作中直接查获毒品的,应当及时立案侦查,顺线延伸。在公开查缉中未查获毒品,但发现可疑毒品犯罪情形的,应当记录在案,作为资料性线索进行储存。

二、公开查缉

公开查缉是指执法部门在毒品运输的主要通道,依法对特定范围内可能藏匿毒品的人、物、车辆、飞机、轮船等进行公开检查,以期查获毒品、抓获毒品犯罪分子的一项专门工作。根据查缉对象的不同,公开查缉可分为人员检查、物品检查和交通工具检查。

公开查缉的实施主要有以下几个要点:

(1) 查缉路线的选择。查缉路线的确定主要根据情报调研工作以及周边地区公安机关相互交流的情报,结合最新的犯罪动向适时调整,查缉地点尽可能选在位于贩毒通道的交通枢纽,交通要道上。

(2) 查缉站点的选择。查缉站点一般分为固定站点和流动站点。固定站点通常设于交通要道、海关、边检站等一些关键卡口,形成固定网络;流动站点机动性强,查缉时间、地点并不固定。要结合毒品犯罪的动态信息有针对性地进行查缉。在设置查缉站点时应注意以下几点:

其一,要便于停车检查,选择较为宽阔的路面地段,以免造成交通堵塞;

其二,需要视野开阔,便于及时发现所需检查的车辆,尽量避免在道路的进弯处和出弯处设卡;

其三,保障查缉安全,尽量设置在限制车速路段,不在上、下坡路段设卡,否则容易造成车辆起步、停靠困难,威胁查缉人员的生命安全;

其四,隐蔽不被发现,设置查缉站点时应充分考虑地形地势特点,选择隐蔽性好、观察角度适宜的地点。

三、金融调查

金融调查是禁毒部门在银行等金融机构的协助下,对涉毒资金在流通环节中的来源与去向开展调查,达到追缴毒品犯罪的非法收益、发现犯罪线索的目的,以彻底打击毒品犯罪的一种侦查手段。

金融调查具体包括以下两个方面:

(1)涉毒可疑资金的查询、冻结。查询,是指公安机关向有关银行、邮政部门或其他金融机构了解毒品犯罪嫌疑人存、汇款的具体情况,如开户银行账号、汇款人的姓名、地址、汇款金额等。冻结,是指公安机关,通知有关银行、邮政部门或其他金融机构暂时停止对毒品犯罪嫌疑人的存、汇款进行提取和转移。

(2)以扣押、查封、没收等方式追缴毒品犯罪所得收益。扣押是指对于毒品犯罪所得收益中的财物,如有价证券、有形资产、现金等,予以扣押。查封是指对应当扣押但不便提取的财物,如不动产、不便搬运的大宗物品,可予以查封。没收分为直接没收与间接没收:直接没收的范围包括犯罪所得的收益,相当于犯罪收益的价值,以及犯罪对象及工具等;间接没收的范围包括:替代物没收、混合物没收和利益没收。

第三节 贩毒案件的侦查方法

一、贩毒案件概述

(一)贩毒案件概念

广义的贩毒案件是指实施走私、运输、贩卖毒品犯罪行为的案件。只要实施了走私、运输、贩卖毒品这三种行为中的任意一种所构成的毒品犯罪案件,就可称其为贩毒案件。

(二)贩毒案件的特点

1. 隐蔽性强

隐蔽性强是贩毒案件的一个突出特点,且贯穿于贩毒活动的预谋阶段、实施阶段和掩盖阶段整个过程。犯罪分子使用的贩毒手段狡诈多变,通常没有明显、直接的犯罪现场可供发现、勘验,贩毒活动所造成的危害后果是间接、潜在、隐性的。

2. 流动性强

贩毒案件具有很强的流动性。以大宗毒品的走私贩运为例,毒品的购入、走私、运输、中转和分销通常要跨经多个地区,路线长、环节多、涉及面广。在这些案件中,犯罪嫌疑人、交通工具、毒品、毒资始终处于不断的流动之中,毒品的换手交易随时可能发生,这对案件侦查工作造成了实际困难。

3. 对抗性强

贩毒案件中犯罪分子与侦查机关的对抗性尤为突出。一方面,贩毒活动的武装对抗性强。境内外毒品犯罪分子为了对抗执法部门的查缉和抓捕,保证毒品交易安全实现,往往要配置武器来为贩毒活动提供安全保障。另一方面,犯罪分子的反侦查手段突出。贩毒分子经常采用各种反侦查手段干扰侦查视线,阻碍侦查取证进程,加大与侦查机关的对抗程度。

4. 作案周期长

贩毒行为着手实施前需要精心准备与策划,从产生贩毒动机,筹集购毒资金,准备作案工具,选择贩毒路线,到确定作案地点和时机,需要耗费较长的时间;贩毒行为的实施过程包括许多具体的步骤与环节,整个作案周期比较长,对侦查机关的组织能力、侦查指挥与参战人员的耐心和毅力都是一场考验。

二、贩毒活动的渠道与方法

(一)邮路贩毒

邮路贩毒活动从 20 世纪 80 年代末 90 年代初开始出现,触角很快渗透至全国各地,并由起初寄送邮件、包裹逐步发展成为现代寄递业务。邮路贩毒具有人货分离、风险小、成本低的特点,便于用来交付少量毒品,也可通过化整为零、聚少成多的方式快速发送毒品,危害性不可小觑。

(二)物流贩毒

随着现代交通和物流行业的快速发展,贩毒分子纷纷选择利用各种物流渠道走私贩运毒品。物流贩毒具有运毒数量大、隐蔽性强、长途贩运成本低等特点,常为大宗毒品贩运所采用。目前,物流渠道已经覆盖了陆运、水运、空运等全部交通运输种类,但物流企业仍处于缺乏有效监管的状况,物流贩毒的风险仍在不断扩大。

(三)海上贩毒

此处的"海上",既包括一国拥有主权的内水、领海、毗连区、经济专属区等水域,也包括该国上述水域附近的公海水域。海上贩毒路线覆盖全球,运毒数量较大,是跨国实施走私贩毒活动的首选。我国海岸线长,管辖海域广阔,东南海域及沿海港口、澳口容易成为海上贩毒的交易或中转地点。

(四)网络贩毒

网络贩毒是利用互联网通信技术,在网络虚拟空间中实施毒品交易的一种贩毒模式。与传统贩毒模式相比,贩毒人员可以在网络虚拟空间中搜索和联络不特定的交易对象,通过使用虚拟身份、隐语暗语来做掩饰,具有更强的隐蔽性和危害性。随着在线支付和寄递手段的广泛普及,网络贩毒也开始呈现信息发布、交易洽谈、毒资支付、毒品交付的全程网络化,并实现了人货分离、钱货分离,侦查打击难度更大。

三、贩毒案件的侦查要点

(一)情报先行,多渠道收集案件情报信息

公安机关禁毒部门应当想方设法、积极主动地收集和扩展线索。具体应通过以下五个方面进行:一是根据办案实际需要选建缉毒线人,发挥人力情报资源的优势和特点;二是加强禁毒部门与其他执法部门、情报部门的沟通与协作,分享有价值的贩毒线索；三是加强与金融机构的联系与合作，发掘涉毒资金流转特征，建立涉毒反洗钱监测预警机制；四是通过开展禁毒宣传教育，增强群众发现和识别贩毒犯罪的能力，鼓励群众积极提供贩毒线索；五是通过国际警务合作渠道与国际、区际组织以及相关国家和地区开展禁毒情报交流合作。

（二）堵卡设伏，针对性查获贩毒案件

在边境沿线、交通枢纽、咽喉要道及毒品贩运的必经之地，应当设立固定的缉毒警务站，对来往毒品重灾区的可疑车辆和行人进行检查，以查获贩毒案件。对于那些绕道深山密林、山间小道进行贩毒的毒贩，还要临时设卡或设伏，以截获毒品。此外，毒品走私重点地区的海关应强化缉毒力量建设，并加强与地方公安机关的协作，合力侦破大宗毒品走私案件。

（三）多措并举，查证贩毒案件事实

1. 外线侦控，摸清贩毒组织情况

公安机关对于通过各种途径获取的贩毒情报，在确定其真实性和可靠性以后，可视案情运用外线侦查手段实施侦控。实践中主要是通过调查访问知情群众、跟踪盯梢、守候监视等手段来查明贩毒集团人员、贩运路线、藏毒窝点、毒品伪装手段等。

2. 内线侦查，揭露幕后组织、策划者

贩毒案件的高度隐蔽性决定了外线手段的局限性，为此，必须针对贩毒案件的特点实施内线侦查。必要时，侦查人员可以"买主""老板"身份化装打入，与毒犯周旋，促其暴露，最终落入警方圈套。

3. 组织突审，及时固定并扩大战果

为了深挖犯罪抓获幕后毒枭，对于已抓捕的贩毒运毒人员，要尽可能当场进行讯问和指认，查明接头点、落脚点、贩运工具及路线、联系方式等情况，查获居于幕后的毒贩，寻机查获与之实施交易的上家或下家。

（四）控制下交付，铲除整个贩毒链条

在走私、贩卖、运输毒品案件侦查中，可适时采用控制下交付措施，以期彻底摧毁整条毒品贩运链条。侦查部门在决定实施控制下交付前，必须取得相关国家或地区执法部门的同意，并做好特定情形的应急预案。实施控制下交付期间，应对毒品运送进行严密监控，确保毒品始终处于侦查视线之内，并保障参与行动人员的人身安全。

四、几种特殊贩毒案件的侦查方法

（一）零星贩毒案件的侦查

1. 零星贩毒案件的概念和特点

零星贩毒活动是相对大宗贩毒活动而言的，是毒品流通渠道中的最后一个环节，是毒品最终到达吸毒人员的必经环节。零星贩毒案件具有交易数量较少、贩毒人员多为以贩养吸人员、交易地点分散隐蔽、交易过程短暂便捷等特点。

2. 零星贩毒案件的侦查途径

侦办零星贩毒案件，主要通过以下途径：

(1) 收集零星贩毒活动的情报。应当根据实际情况从纵向和横向两个方向展开。纵向来看,可从吸毒人员入手,顺藤摸瓜,逆向摸清毒品零售商、分销商甚至批发商的相关情况,步步为营收集证据与线索。横向来看,应做好阵地控制,向歌舞娱乐场所、旅馆、出租房、快递等行业和场所布建信息员,并与治安管控、社区警务部门保持密切联动,及时发现零星贩毒案件线索。

(2) 询问吸毒人员。抓获吸毒人员后应做好细致的询问笔录,掌握向其销售毒品人员的姓名、绰号、相貌特征、住址等情况,记录毒品种类、数量、价钱、交易次数、交易的时间和地点等情况,为侦办零星贩毒案件准备线索。

(3) 开展清查行动。针对经常发生聚众吸毒、零星贩毒行为的场所,可以采取定期或不定期的方式开展突袭清查。在清查行动中,通过查获吸贩毒人员、收缴藏匿毒品、摧毁吸贩毒窝点,集中侦破一批吸贩毒案件,有力地震慑当地吸贩毒活动的活跃态势。

(二) 特殊人群贩毒案件的侦查

1. 特殊人群贩毒案件的概念

这里所称的"特殊人群"主要是指残疾人、孕妇、哺乳期妇女、未成年人、老年人,以及患有性病、艾滋病等严重疾病的患者。这些特殊人群由于生理上具有的特殊情形,不具有完全刑事责任能力或者无法被看守所收押。毒贩们往往利用这些特殊情形作为"挡箭牌",引诱、欺骗、强迫特殊人群参与走私贩运毒品的具体实施环节,为贩毒案件的侦查制造困难。

2. 特殊人群贩毒案件的侦查措施

针对特殊人群贩毒这一棘手难题,需要采取有效措施,侦查打击与预防治理并重,从根本上遏制特殊人群贩毒现象的发生,具体如下:

(1) 加强情报研判,查获幕后组织、策划者。针对毒贩利用特殊人群参与贩毒,侦查机关应当针对"特殊"情形这一显性特征下手,逐层挖掘出整个特殊人群贩毒的始作俑者。具体而言,侦查机关应对参与贩毒的特殊人群开展外线跟踪和背景调查,发现其招募和管理人员,循线找寻幕后的组织、策划者,最终将整个贩毒团伙一网打尽。

(2) 改善羁押条件,缓解收押打击难题。特殊人群贩毒问题严重地区的公安机关应当设法完善看守所等羁押场所的功能,尽可能实现能够羁押某些特殊人群的条件,缓解因收押难造成的打击难题。同时,公安机关可根据《刑事诉讼法》关于在指定居所监视居住的规定,对符合条件的嫌疑人适用监视居住措施,避免其脱管继续实施犯罪。

第四节　制造毒品案件的侦查方法

一、制造毒品案件概述

(一) 制造毒品案件的概念

制造毒品案件是指违反国家有关毒品管理规定,对毒品或毒品原植物进行加工、提炼、配置以得到毒品,或者利用化学原料合成毒品的案件。毒品的制造有两种形式:一是从一种毒品形态转换为另一种毒品形态;二是提高同一种毒品的纯度。

(二)制造毒品案件的特点

1. 预谋性和组织性

制造毒品一般都需要预谋过程,犯罪分子要预先筹集资金、物色技术人员、选定厂址、进行招工和准备原料等,相对来说有一个较长的准备过程。制毒的生产周期短,涉及的人员较多,分工细密,具有一定的工序流程。

2. 伪装性

无论复杂还是简陋的加工场所都需要进行伪装。有的制毒人员以投资建设为名套取化工厂经营手续,利用专业的化工厂房设施生产加工毒品。有的制毒人员则将制毒加工窝点设在私人住宅、仓库、车库甚至货车里。

3. 技术性

随着现代化工技术的发展,制毒技术不断优化升级,不少毒贩掌握着制造高纯度毒品的技术能力。为了逃避国家对毒品的管制和打击,一些毒贩还会通过修饰化学结构方式来创制新的毒品种类。

二、制毒案件的侦查方法

(一)现场勘验

制造毒品案件不同于其他毒品案件,具有明显的犯罪现场可供勘验。

1. 中心现场的勘验

对制毒加工场所的内部勘验,应当着重查找下列问题:现场是否有毒品原植物、毒品成品、毒品半成品、易制毒化学品,用于制毒的设备、器皿,用水用电异常情况,生产销售的单据和账本等。

2. 外围现场的勘验

对制毒加工场所的外部勘验,应着重注意下列问题:场所周围废气、废液的排放情况,制毒废料、废旧器皿的扔弃情况,周围地貌的腐蚀情况,动植物受污病患与死亡情况等。

(二)调查访问

调查访问主要包括对化学品公司的调查走访和对加工场所周围群众的调查走访。

1. 对化学品公司的调查走访

化学品是非法制造毒品的必需原料,其来源直接或间接来自化学品公司,调查走访化学品公司是发现和查获制造毒品案件的重要途径之一。

2. 对周围群众的调查走访

制毒犯罪产生的各类污染非常严重,必定会对周边环境产生危害影响。禁毒部门应当对化工企业、物流仓库等单位的周围群众进行调查走访,找出排污异常情况。此外,禁毒部门还应注意收集社区居民反映的一些污染情况,从通过调查走访排查出利用民用住宅实施制毒的案件。

(三) 对犯罪嫌疑人的背景调查

侦查人员发现制毒案件的犯罪嫌疑人后,应当对其展开背景调查,进一步扩展线索,证实其与制毒案件的关联。背景调查包括:嫌疑人的职业、受教育背景、主要家庭关系等情况,是否有违法犯罪前科,是否具备一定的化学知识,是否有渠道接触制药、化工类的生产经销,是否订购过化学原料与设备,是否拥有或租有厂房、仓库、商产房等。

(四) 突袭制毒加工场所

侦查部门通过情报收集和侦查取证,基本掌握了制毒犯罪案件的事实与证据,便可适时对制毒加工场所实施突击行动。突袭行动的目标是抓获全部涉案犯罪嫌疑人,获取足够证据证实制毒案件的事实,最大程度地打击惩处制毒犯罪人员。因此,突袭行动的时机要选择在毒品或半成品制成时,要在制毒窝点与组织头目落脚点同时采取抓捕行动。为确保制毒现场罪证不被破坏,侦查部门应当邀请通晓相关知识的专业技术人员一并到场。

(五) 突审犯罪嫌疑人

人数较多的大规模制毒团伙,供应链条下端不止一个买家,团伙头目通常也不会出现在制毒现场。因此,在突袭制毒加工场所后,应当立即控制全部犯罪嫌疑人,防止通风报信。同时,侦查部门应立即组织力量突审犯罪嫌疑人,讯问其犯罪目的和动机、成员分工、毒品种类、制毒工序和配方、制毒原料与设备的来源、犯罪组织头目及毒品销售下家情况等。

第五节 制毒物品案件的侦查方法

一、制毒物品犯罪案件概述

(一) 制毒物品案件的概念

制毒物品犯罪案件主要有两种类型:

(1) 非法生产、买卖、运输制毒物品案件。非法生产、买卖、运输制毒物品案件,是指违反国家规定,非法生产、买卖、运输醋酸酐、乙醚、三氯甲烷或者其他用于制造毒品的原料或者配剂的案件。如果行为人明知他人是用于制毒而仍向其提供上述物品的,构成制造毒品的共犯。

(2) 走私制毒物品案件。走私制毒物品案件,是指违反国家规定,非法携带醋酸酐、乙醚、三氯甲烷或者其他用于制造毒品的原料或配剂进出境的案件。

(二) 制毒物品案件的特点

1. 数量规模大

我国是一个化学品生产和使用大国,包括易制毒化学品在内的各类化学品的生产、供应、销售数量庞大。国外贩毒集团与境内不法分子相互勾结从我国走私制毒物品活动日益猖獗,国内制贩合成类毒品的犯罪团伙对制毒物品的需求也在增加,促使非法生产、买卖、运输制毒物品和走私制毒物品的数量规模不断扩增。从破获案件来看,缴获的制毒物品数量较大,往往以吨计算。

2. 种类多样化

国家规定管制的易制毒化学品种类多样,包括可用于制毒的主要原料和化学配剂,前者例如麻黄碱、伪麻黄碱、1-苯基-2-丙酮、羟亚胺、邻氯苯基环戊酮、胡椒醛、黄樟素、麦角酸等,后者例如苯乙酸、醋酸酐、三氯甲烷、乙醚、甲苯、丙酮、高锰酸钾、硫酸、盐酸等。此外,一些不法人员为规避国家的管制制度,不断开发和使用尚未被列管的化学前体,这也促使国家管制的易制毒化学品种类不断扩张。

3. 善于伪装

由于制毒物品普遍识别难度高,犯罪分子在走私贩运制毒物品时,通常采用改换包装物、杂物掩盖、伪报品名、掺入有机溶剂等伪装方式,以逃避公安机关和海关的查缉措施。有的犯罪分子办理运输或进出口许可手续后,却将制毒物品转卖给没有相关资质的人员甚至制毒犯罪人员。

二、制毒物品犯罪案件的侦查途径

(一) 公开查缉

公开查缉的内容包括:化学品的种类、数量、包装,是否有专门机关所发的生产经营许可证、使用许可证和运输许可证等。

(二) 进出口核查

海关核查进出口制毒物品时,要查验报关单上货物的种类与货物是否一致、是否有制毒物品许可证、出口合同、进口国政府主管部门出具的最终用途的有效合法使用证明,如是经第三国转口,是否有第三国的有效转口证明等。

(三) 检查、鉴定

犯罪分子在实施制毒物品犯罪时常常去掉其原包装物,改头换面伪装运输。面对查获的可疑物品,不管有无包装物,是否进行了伪装,要通过科学的检验和鉴定加以确定,为事件定性提供有力依据。

(四) 讯问犯罪嫌疑人

讯问制毒物品案件嫌疑人时,应特别注意对嫌疑人主观犯意的审查,尤其是在途中被截获的案件。讯问应包括犯罪的目的和动机,制毒物品的来源、数量、价格、包装、去向,供货人和买主的身份背景、联系方式、交接情况,其他犯罪嫌疑人的情况等。

第二十五章　计算机网络犯罪案件的侦查要点

第一节　计算机网络犯罪概述

计算机网络技术的发明与发展,使人类的生产力水平得到了一次新飞跃,它为人类带来无限的便利,大大加快了人类社会现代化的进程。但随着计算机网络技术的发展和在社会各领域的广泛运用,计算机网络犯罪也伴随而生。计算机网络犯罪是一类与杀人、抢劫等传统犯罪迥异的新的犯罪形式,这种新型犯罪已对世界各国的公共安全及群众的生命、财产安全造成越来越严重的影响。我国自从1986年发现首例计算机网络犯罪以来,计算机网络犯罪逐年呈上升趋势。如根据公安部统计数据,2020年,在"净网2020"专项行动中,全国各级公安机关共侦破网络犯罪案件5.6万起,抓获犯罪嫌疑人8万余名。可以预见,随着我国现代化、信息化进程的快速推进,这类犯罪仍会居高不下,因此加强对此类犯罪形式侦查对策的研究非常必要。

一、计算机网络犯罪的概念

计算机网络犯罪是行为人违反国家关于计算机网络安全的有关法律规定,以计算机网络作为犯罪工具或犯罪对象,故意实施的危害计算机网络安全或者利用计算机网络危害社会,应当受到刑罚处罚的行为。对计算机网络犯罪的概念进行理解时,必须把握以下几点:

(1)计算机网络犯罪属于集合型的犯罪名称。我国刑法中并不存在计算机网络犯罪这一类罪名,与"严重暴力犯罪""流窜犯罪""经济犯罪"一样,是为了深入研究此类犯罪的需要,而根据其具体特点进行的归类划分。

(2)计算机网络犯罪与其他传统犯罪本质的区别在于计算机网络犯罪中的核心要素是计算机信息系统及犯罪行为人具有的计算机、网络相关知识。无论是利用计算机作为犯罪工具,还是将计算机信息系统作为犯罪对象,都离不开这一核心要素。利用计算机、网络作为犯罪工具要求犯罪行为人必须具备计算机、网络相关知识,而将计算机信息系统、虚拟网络作为犯罪对象则直接说明了计算机信息系统、虚拟网络是否遭到非法侵害,决定了是否构成计算机网络犯罪。

(3)对以计算机、网络硬件资产为对象实施的犯罪不属于计算机网络犯罪的范畴。以计算机、网络硬件资产(如显示器、硬盘、主板、中央处理器等)为对象进行的犯罪并不是真正意义上的计算机网络犯罪,如盗窃计算机及其附属设备、抢劫计算机硬件设备等,应归属于传统的盗窃犯罪和抢劫犯罪。

二、计算机网络犯罪的特点

（一）主体的智能性

计算机网络犯罪主体的智能性主要体现在两个方面：一是行为人往往有计算机网络知识的背景，有的甚至是这一领域的专业人才。他们熟悉计算机运行的原理，掌握多种计算机语言的编程技巧，精通业务知识，并能利用制度和程序上的漏洞进行各种犯罪。因此，国外的许多学者称计算机网络犯罪为白领犯罪。虽然近年来，计算机网络犯罪主体呈现出年轻化及非专业性的趋势，但掌握一定的计算机网络知识仍是此类犯罪主体基本的犯罪技能。二是犯罪手段所体现出的智能性，计算机网络犯罪使用的手段层出不穷，如常见的意大利香肠术、特洛伊木马术、逻辑炸弹、活动天窗、非法侵入网络等，每种手段都充分体现出了高科技的特点。如据统计，"净网2020"专项行动中，全国各级公安机关侦办黑客攻击及新技术犯罪案件近一千八百起，抓获犯罪嫌疑人近三千名。

（二）犯罪的专业性

随着科技的不断进步，社会分工越来越细，计算机网络犯罪的专业化程度也越来越高。围绕某一类犯罪活动，犯罪嫌疑人有专门开发木马软件的，有专门提供交易平台的，也有专门收集个人信息的等。正是因为有了精细化的分类，再加上精细化程度的提高，于是就产生了专业化的犯罪团伙。比如，黑客攻击破坏犯罪寄生了专门制作木马、提供"免杀"服务、贩卖木马、控制"肉鸡"、贩卖流量、实施攻击、资金支付等若干犯罪团伙；网络诈骗犯罪寄生了利用钓鱼和木马等黑客手段非法获取、贩卖账号密码等用户信息，投放商业广告、发送欺诈信息、实施诈骗、转移资金、洗钱等犯罪团伙；网络赌博犯罪寄生了制作、贩卖赌博网站代码，以及支付结算等犯罪团伙。这些犯罪团伙因为精细化程度的提高，其破坏力与社会危害性也日益剧增。

（三）行为的隐蔽性

与传统犯罪相比，计算机网络犯罪的隐蔽性很强，主要表现为：一是计算机网络犯罪是通过操作计算机实现的，作案的目标也是计算机系统内的数据信息，犯罪行为人实施犯罪后不会对计算机硬件造成外观损坏，因此作案后现场不易被人发现，即使被人发现，也可能被认为是计算机的故障。二是计算机网络犯罪行为人有的是专业技术人员，有的甚至是系统开发的直接参与者，因此犯罪行为既可以在程序开发过程中实施，也可以在日后使用过程中进行，具有隐蔽性。三是计算机网络犯罪实施的过程与传统犯罪相比非常短暂，有的几分钟甚至几秒钟即可完成。如对计算机信息系统中数据的删除、修改都只要一个简单的键盘命令即可完成，为侦破增加了难度。四是实施犯罪不受时空的限制。计算机与网络技术的发展，使信息交流跨越时空，加快了信息交流的速度，加大了信息容量，同时利用计算机实施犯罪涉及的国家和地区相应增加，尤其是在目前网络化情况下，作案范围一般不受时间和地点的限制，作案人可在任何时间内，选择任一地区，甚至任一国度作案。犯罪行为的实施地与犯罪后果的出现地可以是分离的。

(四) 后果的严重性

计算机网络犯罪后果的大小完全取决于计算机信息系统在社会中的作用,即社会的信息化程度越高、社会中计算机网络的普及程度越高、社会资产的信息化程度越高,计算机网络犯罪的后果越严重。目前,计算机网络已经在社会各领域广泛普及,网络不仅仅与个人的生活息息相关,也与国家安全、社会稳定、经济发展等密切相关。计算机网络犯罪的危害领域、涵盖范围也越来越广泛,造成的危害后果也越来越严重。据 CNCERT(国家互联网应急中心)监测,2020 年 CNCERT 协调处置各类网络安全事件约 10.3 万起,全年累计检测并通报联网信息系统数据库存在安全漏洞、遭受入侵控制,以及个人信息遭盗取和非法售卖等重要数据安全事件 3000 余起,涉及电子商务、互联网企业、医疗卫生、校外培训等众多行业机构。如 2020 年 3 月至 7 月,"响尾蛇"组织隐蔽控制我国某重点高校主机,持续窃取多份文件。又如,近年来,依托大数据、云计算、区块链、移动 APP 等互联网技术和工具,互联网金融实现多样化的资金融通、支付、交易、信息中介等业务。由于黑客攻击的趋利性,互联网金融已成为黑客的重要目标。据 CNCERT 监测,2020 年,区块链领域共发生安全事件 555 起,其中 DeFi、数字钱包、资产交易平台位居前三,占比达 3 成之多。互联网金融系统承载大量的用户身份信息、信用信息、资金信息等敏感隐私数据,在存储、传输等过程中一旦发生泄露、被盗取或被篡改等情况,都会使各方蒙受巨大损失,甚至影响经济和社会稳定。计算机网络犯罪,不仅可以造成巨大经济损失,还可以造成政治、军事方面的重大损失,甚至给国家安全带来极大威胁。

三、计算机网络犯罪的手段和类型

(一) 常见计算机网络犯罪的手段

计算机网络犯罪的手段种类繁多,从表现形式上大体可将其分为以下五类:

(1) 非法制造和传播破坏性程序。主要是非法制造、传播计算机病毒。计算机病毒是人为编制和传播,并能自我复制的一组计算机指令或程序代码,它通过破坏计算机系统的功能或数据而使计算机不能正常工作。计算机病毒一般储存于各种存储介质中,如软磁盘、硬磁盘、光盘、内存,通过软磁盘、光盘等可移动的存储介质和网络将自己不断复制到另外的计算机系统中,在特定的时间或条件下运行发作,具有隐蔽性和潜伏性。计算机病毒隐藏在计算机硬磁盘的引导区或者制造假坏区后隐藏其中,病毒对计算机的破坏主要表现为:大量侵占计算机资源空间,破坏计算机的软件资源,破坏计算机的硬件设备,干扰计算机的正常工作。

(2) 非法侵入系统。指行为人在没有经过授权的情况下,利用各种手段对计算机系统进行各种非法操作,采用正确口令、通行字等进入系统,获取系统信息而达到犯罪目的。非法侵入系统的犯罪手段比较多,包括活动天窗、超级指令、冒名侵入、窃取口令、密码破译等,而且随着计算机网络化进程的快速推进,其破坏性也越来越大。

(3) 非法截取系统信息。此类犯罪中,犯罪行为人事先并不对计算机系统的程序进行改变,而是在计算机网络系统外部,利用各种设备从计算机系统的通信线路上直接截取信息,或者用特殊装置截获放大电磁波进行分析,以非法获取信息。手段包括电磁波检波、线路截取、线间入口等。

(4) 非法修改系统信息和数据。手段包括数据欺诈、意大利香肠术、特洛伊木马术等。利用此类手段的犯罪行为人一般都有正式的系统授权,有的就是系统工作人员,为了达到犯罪目的,利用工作之便,对系统信息和数据进行非法篡改。

(5) 利用计算机网络作为犯罪工具。如设立用于实施传销、赌博、诈骗、传授犯罪方法、制作或者销售违禁品、管制物品等违法犯罪活动的网站、通信群组;发布有关制作或者销售毒品、枪支、淫秽物品等违禁品、管制物品或者其他违法犯罪信息;为实施传销、赌博、诈骗等违法犯罪活动发布信息等。

(二) 常见计算机网络犯罪的类型

从侦查实践看,除刑法明文规定的非法侵入计算机信息系统罪、破坏计算机信息系统罪、非法获取计算机信息系统数据、控制计算机信息系统罪、提供侵入、非法控制计算机信息系统程序、工具罪、拒不履行信息网络安全管理义务罪等危害计算机信息系统安全犯罪外,常见的以计算机网络为犯罪工具的犯罪行为主要有以下几类:

(1) 网络攻击破坏。如2017年5月12日下午,"WannaCry"勒索软件蠕虫在互联网上大范围传播,我国大量行业企业内网大规模感染,包括医疗、电力、能源、银行、交通等多个行业均遭受不同程度的影响。当前,我国联网工业控制系统和设备已成为黑客攻击破坏的重要对象。2020年2月,针对存在某特定漏洞工控设备的恶意代码攻击持续半个月之久,攻击次数达6700万次,攻击对象包含数十万个IP地址。

(2) 网络淫秽色情。如利用互联网开设网络淫秽色情、手机淫秽色情网站等,收取会员费用,并通过在网站显著位置链接广告、出售部分网站等其他方式进行牟利。其他还有利用QQ群、微信群等通信群组传播淫秽色情信息、利用网络售卖淫秽色情物品、组织淫秽色情表演等。

(3) 网络诈骗。网络诈骗案件为多发类型,作案手法主要为网络购物、中奖、贷款、积分兑换、兼职、购物退款、冒充身份、交友征婚、机票改签以及彩票、股票虚假信息类诈骗案件。

(4) 网络盗窃。主要是通过网络技术窃取他人电子化财物,包括网银盗窃、第三方支付平台盗窃、充值卡代金券等货币等值数据盗窃、网络服务盗窃等。

(5) 网络销售违禁品、管制物品。如网上制售假发票和非法出售发票、网上贩卖假币、网上销售管制刀具等。

(6) 网络暴力。即违反法律对个人人格的保护规定,通过网络散播威胁性、毁谤性语言对他人造成心理伤害或者煽动对他人实施身体上的伤害等。

(7) 其他。主要包括网络赌博、网络传销、网络窃取国家秘密、利用网络侵犯知识产权、利用网络侵犯公民个人信息等。

第二节 计算机网络犯罪案件的侦查方法

计算机网络犯罪案件侦查与传统型犯罪案件侦查一样,需要采取现场勘验、扣押、鉴定等侦查行为。但是,计算机网络犯罪的特殊性决定了上述侦查行为在实施时又有所不同。主要表现为:一是传统犯罪的现场勘验、搜查对象是物理空间,而计算机与网络犯罪现场勘验、搜查的对象主要是虚拟空间;二是虽然现场勘验均需由技术人员进行,但技术人员所具备的专业知识和技能有所不同;三是传统犯罪的扣押、鉴定对象是有形的实物,而计算机网络犯罪扣押、鉴定的对象主要是电子数据;四是从线索获取看,传统犯罪多从现实社会中获取线索,而计算机网络犯罪线索的获取更多通过网络空间。这里简要介绍计算机网络犯罪案件侦查的一般性方法。侦查过程中,由于案件表现形式多样、情况各异,需要具体问题具体分析,寻找最适合的侦查方法。

一、现场勘验

计算机网络犯罪案件的现场一般是指被侵害的计算机系统和利用其实施犯罪的计算机系统,以及它们所处的空间场所。犯罪人在作案时有两种情况:一种是在被侵害的计算机系统所处的空间对其实施犯罪行为,犯罪人会在键盘、鼠标等输入设备和相关物品上留下痕迹物证;一种是通过网络中远程计算机系统或终端,对目标系统进行侵害,犯罪人的进出路线仅仅是通信线路,有关信息反映在网站节点上,并不会在被侵害的计算机系统所处的空间留下诸如足迹、手印这样的传统痕迹。这两种不同情况表明,在计算机网络犯罪案件现场中,除了传统犯罪痕迹外,更要注意发现、提取电子数据物证,这也是计算机网络犯罪案件现场勘验与传统犯罪现场勘验一个重要区别。因此,计算机网络犯罪案件的侦查技术人员必须掌握一定的计算机知识,这样才能在现场勘验工作中有的放矢,提取到有效的物证。

(一)现场勘验的任务

(1)调查了解发现犯罪的过程和发现后的处理情况。计算机网络犯罪的发现,有的是因为系统运行中的一些异常情况,一般距离犯罪的实施间隔时间不长;有的是因为年终汇总报表时发现数据有误,这时距离犯罪的实施时间较长。了解发现犯罪的过程和发现后的处理情况,有助于侦查员准确判断事件性质和正确实施现场勘验。

(2)发现提取计算机系统及相关设备中的电子数据证据以及现场中的传统痕迹物证。计算机网络犯罪案件现场与传统犯罪现场的重要不同点,就是其存在电子数据证据,这些证据记录了犯罪人在计算机系统中所进行的非法操作,这也是对此类犯罪嫌疑人定罪量刑的主要依据。此外,有些计算机网络犯罪案件现场存在大量的犯罪人因为操作计算机而留下的手印、足迹等传统痕迹物证,技术人员对这类痕迹物证同样要注意提取。

(3)调查了解计算机系统的开发、运行、管理、使用、维护情况。计算机网络犯罪案件中涉及的计算机系统是勘验的重点,其开发、运行、管理、使用、维护等情况是分析判断案情、寻找发现犯罪嫌疑人的有力依据,因此,必须在现场勘验阶段调查了解清楚。

(4)对现场及现场勘验情况进行全面记录。记录现场勘验及犯罪现场的情况是现场勘验的一项重要工作内容。记录时，要注意结合此类现场的特点，以现场中计算机及其附属设备为重点描述对象，对它们的联结情况、位置、状态等都应记录清楚，对现场中提取的电子数据证据的数量、内容等也应详细记录。

（5）分析案情并确定侦查的方向和范围。现场勘验和调查访问结束后，要结合计算机网络犯罪案件的特点，对案件的各项情况进行分析，准确地划定侦查的范围，确定侦查的方向，为后续的侦查工作奠定基础。

（二）现场勘验的要点

（1）按照确定的范围迅速对现场进行保护。侦查部门接到报案后，应立即组织警力对发案区域进行现场保护，禁止嫌疑人接触数字化设备，防止嫌疑人采用隐蔽手段故意破坏证据、调查人员无意中破坏证据及正在运行的系统破坏证据。保护的重点是受侵害的计算机系统及其相关设备。特别是对现场中的其他存储介质，如软磁盘、U盘、光盘、外接硬磁盘等要注意保护，防止带静电的物体靠近，破坏介质上存储的数据。

（2）搜查证物。内容包括：检查与目标计算机互联的系统，搜查电子数据证据存储设备及其配套设备，收集现场的各种文件材料，努力发现所有可能与案件相关的证据和设备。

（3）固定易丢失证据。易丢失证据是指在关闭电源之后或者在运输过程中可能丢失的信息。如果到达现场时犯罪行为正在发生（如系统正在对外实施攻击、群发垃圾邮件，或者犯罪嫌疑人正在使用该计算机），或者从案件发生到调查人员抵达现场期间系统未曾重新启动（如嫌疑人刚刚离开网吧，系统尚未重新启动），则应当提取易丢失证据。提取的内容一般包括时间信息、屏幕上显示的内容、系统运行状态等。

（4）现场在线勘验。现场在线勘验是指在现场不关闭计算机的情况下搜查计算机中的内容。一般情况下，不得在未关闭计算机的情况下直接分析计算机上的内容，必须直接切断计算机电源，将有关证据提交给专门的技术人员实施离线分析（克隆存储介质后在数据备份上进行分析）。如果案件情况紧急（如需要立即从计算机中获得重要的案件线索）或者无法关闭系统（如关闭系统将可能造成重大损失），则允许在现场直接查看计算机中的内容，但要最大限度避免造成破坏。

（5）提取证物。提取证物的目的是提取出由侦查人员带回的证物。在提取易丢失证据或现场在线勘验之后，必须立即关闭电子设备的电源。同时，做好现场设备连接状态记录，克隆存储介质，提取外部设备以及证物的存储和运输等工作。

（6）需要注意事项。由于计算机网络犯罪现场中情况复杂，处理时专业性强，必要时可以聘请计算机专家在现场勘验人员的指导下协助进行工作。另外，有些计算机系统涉及国家机密，在现场勘验过程中要注意保守秘密，对系统结构、系统内的数据等重要情况不能向外泄露。具有下列情形之一的，可以采取打印、拍照或者录像等方式固定相关证据：无法扣押原始存储介质并且无法提取电子数据的；存在电子数据自毁功能或装置，需要及时固定相关证据的；需现场展示、查看相关电子数据的。

（三）证据资料分析技术

在勘验取证的基础上，侦查人员可以对所获取的相关证据资料（如磁介质、系统备份、数据备份等)进行技术分析,从而发现作案人是在何时、采取何种手段、从哪些方面对网络系统进行了哪些侵害,从中选取有价值的侦查线索。实践中,对相关证据资料进行技术分析的手段多种多样,其中常用的有以下几类:

(1) 对比分析技术。将系统中原始备份的程序、数据等与系统当前运行的程序、数据进行对比,寻找发现差异,确定是否被他人修改,如被非法修改,则应将修改过的程序和数据作为证据进行提取。

(2) 日志分析技术。日志指一种在服务或者程序运行过程中产生的,能够说明该服务或者程序的状态信息的记录,日志包括正常的、错误的状态参数,它往往以"时间+记录"形式的文本文件出现。涉及计算机信息系统的日志格式多样、数据庞大、单一片面,需要将多个系统的各类日志结合起来进行分析,才能够更好地反映出用户活动的情况。快速准确地提取和分析日志,是决定案件侦办效率的重要因素。

(3) 数据恢复技术。数据恢复是指通过一定的技术手段,将原本保存在服务器硬盘、台式机硬盘、笔记本硬盘、移动硬盘、存储磁带库、U盘、数码存储卡等电子设备上丢失的数据进行抢救和恢复的技术。当存有重要证据的存储介质出现损伤,造成数据查不到、无法读取甚至丢失时,侦查人员可使用数据恢复技术读取到在正常状态下不可见、不可读、无法读的数据,从而为案件侦破提供有力的证据。

(4) 残留数据分析技术。文件存盘以后,实际的长度要小于或等于所占用的簇的大小,空出来的这部分磁盘空间中会保存有原来存储的某些文件数据。通过对这些数据的分析,可以了解原来磁盘上存储的内容。

(5) 嗅探分析技术。为了侦查攻击的来源、恶意软件的连接、数据被窃取的方向,侦查人员需要对计算机或其他网络设备传输的网络数据进行嗅探分析。嗅探分析技术是侦查人员常用的一种计算机网络犯罪侦查技术。嗅探主要使用嗅探工具进行,通过全面抓取网络动态传输的数据,结合恰当的协议解析,能最真实的还原这些数据传输的状态、目的、途径等。

(6) 数据挖掘技术。数据挖掘是指从大量的数据中通过算法搜索出隐藏于其中的有价值信息。常用的数据挖掘技术方法有决策树方法、关联分析方法、聚类分析方法等。如在计算机网络犯罪案件的侦查中,针对犯罪嫌疑人实施犯罪时采用的技术手段、作案时间、社交账号及内容信息等要素,可以利用关联分析方法来分析它们之间的逻辑关系,进一步缩小范围,最终确定目标。

(7) 社交网络分析技术。互联网高速发展的同时,基于网络的各种通信工具层出不穷,给广大网民提供了交流、沟通的平台,也给不法分子带来了极大便利。侦查人员可以通过对相应通信工具网站数据库进行分析,发现许多有助于侦查的信息。

二、调查访问

计算机网络犯罪案件中,调查访问的对象主要是与计算机网络系统有关的管理人员、操作人员、维护人员等,这些人员对计算机网络系统的运行、管理、操作等情况最为熟悉,有的还是犯罪行为的第一发现者。因此,必须围绕以下内容进行重点调查：

（1）计算机网络犯罪案件的发现经过。即何人、何时、何地发现的犯罪；发现的具体过程；发现时曾对计算机网络系统进行过何种操作；当时还有何人在场；此犯罪已导致或将会导致的犯罪结果等。

（2）计算机网络系统的主要功能及安全情况。即受侵害的计算机网络系统的主要功能；系统有何薄弱环节；以前是否遭受过类似侵害及受侵害的情况。

（3）计算机网络系统的日常管理情况。包括计算机网络系统的使用人员和其他有条件接触计算机网络系统的人员情况、使用系统的时间、系统值日值班情况、日常的工作规定，计算机系统的口令管理、访问系统的授权范围、系统的网络类型、系统软件来源及升级情况、终端用户情况等。

（4）计算机网络系统使用单位和研发机构的内部人员情况。重点调查内部人员与单位之间及内部人员之间的矛盾冲突，发案前研发机构内部离职人员及系统研发人员的情况。

（5）发案前后计算机网络系统内及系统所在地点出现过的可疑情况。如发案前是否系统内的记录无故被修改、删除；发案前是否有工作人员无故工作超出正常时间；报表出现数据不平衡等。上述异常情况有些属于操作不当引起，而有些则是犯罪行为实施的结果，调查这些情况有助于准确判断案情，发现线索，推进侦查。

调查访问务必要做好保密工作，控制知情人范围，一旦泄密很可能导致行为人毁灭证据逃避侦查的严重后果。

三、分析案情

（一）确定犯罪动机

此类案件中，分析判断犯罪动机的主要途径有：

（1）根据犯罪后果进行分析判断。犯罪后果与犯罪动机有时有必然的内在联系，结果的指向越单一，动机的分析就越明确。

（2）根据犯罪目标和对象进行分析判断。犯罪的目标和对象有时也能反映出犯罪行为人的犯罪动机。

（二）确定犯罪时间

实践中，分析判断犯罪时间的方法包括：

（1）通过系统访问登记记录进行判断。系统被访问时，访问人必须进行系统访问登记，登记记录可以为分析判断犯罪时间提供一定的依据。

（2）通过文件目录表中的记录内容进行分析。系统中每个文件在生成、修改后，计算机网络会自动记录下文件操作完成的时间，这对于分析判断犯罪时间也是一个有力的依据。

（3）根据系统出现异常情况的时间进行分析。通过调查，侦查员可以掌握系统出现异常情况的具体时间，虽然不能完全确定犯罪的具体时间，但对缩小犯罪时间的范围也能起到一定作用。

(4) 通过数据库审计报表和查询日志进行分析。一般规章制度比较健全的单位,会定期对数据库中的相关数据进行审计,工作人员的每次查询都会有记录,侦查人员可以利用这些历史数据材料,进行分析和判断。

(三) 确定犯罪地点

分析判断犯罪地点,对缩小计算机网络犯罪案件的侦查范围,发现寻找犯罪嫌疑人有重要作用。主要的分析途径有:

(1) 利用追踪程序进行网络追踪。对于利用网络在异地进行犯罪的案件,可以利用专业的网络追踪程序,对正在实施非法侵入行为的犯罪行为人进行追踪,通过追踪程序发现其具体的上网地点。

(2) 通过网络服务器上的登录记录进行分析判断。以追踪钓鱼网站的建站者为例,通过网站的 IP 地址,可以查询到其所在地区,以及网络服务的提供商,从提供商入手可以进一步获取该 IP 持有者的详细信息。

(3) 通过系统中防火墙对可疑操作的记录进行分析判断。网络防火墙一般会记录网络使用中的各种统计数据,尤其对网络上的可疑操作的信息进行详细记录,通过此记录也可以对犯罪地点进行分析。

(四) 确定犯罪手段

对犯罪手段的分析一般可以从以下方面入手:

(1) 非法侵入系统的方法。一般情况下非法侵入系统的方法有:内部人员利用工作便利取得;多次尝试入侵取得;外部人员欺骗取得等。对犯罪人侵入的方法要通过调查访问和一定的技术手段解决。

(2) 系统数据变动的情况。系统中数据变动情况能间接反映犯罪人的犯罪手段。

(3) 与犯罪结果相关的可疑情况。犯罪人最终的犯罪目的有的是通过利用对计算机网络系统实施犯罪行为后在其他方面实现的。因此,在研究犯罪手段时,也要注意一些与犯罪结果有关的可疑情况,如新增设的账户及账户内资金的流动情况等。

四、查寻犯罪嫌疑人

(一) 从计算机网络应用范围查寻

侦查员可以通过网络系统的结构来进行分析,单机系统的计算机系统受到侵害,犯罪人必然要在现场实施犯罪行为,因此可以通过谁在犯罪时间内接触过受侵害计算机系统来进行常规排查,寻找犯罪嫌疑人。而多用户系统则可以通过调查访问并结合一定的技术手段,在多个终端机之间进行排除,缩小范围进行排查。此外,局域网、广域网和互联网的覆盖范围更大,需要依靠技术手段来发现可疑线索。

(二) 从系统访问权限查寻

计算机网络系统中,对于访问者是有权限级别限制的。授权权限高的人员可以对系统进行重要数据的查询并能对数据进行修改、删除等维护,而授权权限低的用户只能查询一般性数据或只能查询不能进行修改。因此,侦查人员也可利用这一特点进行排查,寻找犯罪嫌疑人。尤其要注意从现有掌握系统核心机密的人员及以前曾在本单位工作过现已离开的掌握核心机密的人员中进行排查。

(三) 从现场的传统痕迹和其他物证入手查寻

在已确定的实施犯罪的现场,侦查人员要注意在室内地面、计算机操作台、键盘、机箱、软磁盘上收集传统的犯罪痕迹和其他物证,如手印、足迹、毛发等。尤其是有明显破坏痕迹的现场,更应注意对痕迹进行固定、提取,运用传统痕迹和其他物证在有条件的计算机网络犯罪案件中仍不失为查寻犯罪嫌疑人的有效途径。

(四) 从服务器系统保留的相关信息中查寻

在利用互联网非法侵入的案件中,犯罪人往往会利用远处终端计算机(一般是在家中)通过网络服务器接驳到互联网中,侦查人员可以通过对服务器中保留的信息进行搜寻,利用犯罪时间进行排除后,通过网络提供商查出可疑 IP 地址,查寻犯罪嫌疑人。

(五) 通过电子追踪技术,确定非法指令的来源

电子追踪是指当计算机系统遭遇非法入侵时,利用特定的网络追踪软件对非法指令进行网络追踪,查找非法指令的来源地,直至找到犯罪人。如在美国发生的国家情报系统遭到黑客入侵的案件中,就是利用这一技术找出了犯罪人,侦破了案件。

(六) 网络调查访问

网络调查访问是指侦查人员通过调查犯罪嫌疑人的网上活动轨迹,来确定他的大致活动范围。侦查人员可以对犯罪嫌疑人经常去的聊天室、论坛或者社区进行确定,然后向那些与犯罪嫌疑人经常互动、比较熟悉的网友了解情况,查证与案件有关的事实。在现实生活中,知情人员往往害怕犯罪嫌疑人打击报复,或者碍于情面不愿意配合侦查人员的调查活动。但是在网上,大家很多时候都不用真实姓名,注册的信息真假未知,所以经常会畅所欲言。侦查人员可以隐藏自己的真实身份,以普通网友的身份进入犯罪嫌疑人常去的网络场所,更好地收集犯罪嫌疑人的相关信息。

(七) 网上守候

网上守候是指侦查人员对没有足够证据证明其有罪的犯罪嫌疑人或者是对穷尽现有侦查模式不能确定其是否有罪的犯罪嫌疑人,采用网上守候的方式,对可疑的账号和站点进行持续监视,以获取线索或证据的侦查措施。在进行网上守候的时候,先要对犯罪嫌疑人的活动范围、犯罪行为、犯罪手段等相关信息有一个详尽的收集,并且最好能掌握犯罪嫌疑人的作案特点、癖好、喜欢用的软件等,这样就可以对症下药,在守候的过程中,及时发现异常状况,获取案件线索,把主动权掌握在自己手中。

五、控制赃款、赃物

在以经济利益为目的的计算机网络犯罪案件中,赃款、赃物对案件定性、量刑有重要影响。因此,及时控制赃款、赃物不仅有利于最大限度减少受害人损失,而且也有利于证据保全,保证诉讼活动顺利进行。如在办理证券从业人员利用计算机网络技术非法透支炒股案件时,要特别注意及时提取和收缴赃款,否则行为人很容易在全

国各地任何一家证券商那里进行交易和提取现金。这种情况下极易造成赃款、赃物的转移和流失,给受害人带来巨大损失。此类计算机网络犯罪案件侦查中,一旦确定了犯罪嫌疑人的开户账号或取款方式,要立即冻结账号或者布置蹲点守候,力争最大限度挽回受害人损失,及时抓获犯罪嫌疑人本人或同案犯。

六、讯问犯罪嫌疑人

抓获犯罪嫌疑人后,要立即对其进行讯问。计算机网络犯罪案件中,犯罪人一般年龄较小,以青少年居多,计算机网络知识丰富,有熟练的计算机网络技能,且大多数涉案人员没有传统犯罪的前科。针对这一特点,侦查人员在讯问时需要注意以下几点:

(1) 掌握必要的计算机网络知识。由于被讯问对象的特殊性,侦查机关应尽量挑选对计算机网络知识比较精通的侦查人员参加讯问,即便侦查人员不懂计算机网络知识,也要根据案件的具体情况,事先做一些相关的准备工作,掌握一些计算机网络领域的专业术语、行业规范和运作特点,必要时可以请计算机网络专家协助进行讯问,这样才能在讯问过程中掌握主动。

(2) 仔细研究案情,制订讯问计划。计算机网络犯罪案件是一类特殊的案件,讯问之前侦查人员必须要研究透案情,对已掌握证据的质和量要做到心中有数,对讯问步骤、方法和可能会出现的问题及解决对策要进行预先的研判,制订出详细的讯问计划,尤其要选择好突破口,争取一招制敌。

(3) 注意运用讯问技巧展开心理攻势。虽然在计算机网络知识方面侦查人员可能不如犯罪嫌疑人精通,但侦查人员可以利用犯罪嫌疑人较为年轻,社会阅历浅,没有传统犯罪前科,属于白领技术人员或学生的特点,充分发挥侦查人员自身的优势,展开心理攻势,综合运用讯问技巧,扬长避短,确保讯问活动顺利进行。如针对恶作剧型计算机网络犯罪,可以对这类犯罪嫌疑人进行法律教育,及时告知宽严相济的刑事政策,鼓励他们坦白交代问题,争取从宽处理。又如针对挑战智力型计算机网络犯罪,讯问之初,适当对犯罪嫌疑人计算机网络技术表现出赞赏,适当恭维,打消对方的抵触情绪。

第二十六章 洗钱案件的侦查要点

第一节 洗钱犯罪案件概述

依照国际刑警组织的定义,洗钱是为了隐藏或掩盖非法获得收益的来源以使其具有合法来源的任何行为和企图。联合国反洗钱法律范本采取列举方式,将以下行为列为洗钱行为:为了隐藏、掩盖财产的非法来源或者协助参与上游犯罪的犯罪分子逃避法律制裁,而转换或转移财产的;隐藏或掩盖财产的真实本质、来源、所在地、处置、转移或所有权的;任何人明知财产系犯罪的收益,而取得、拥有或使用该财产的。而且,作为洗钱犯罪构成要素的知道、故意(动机)或目的可通过客观事实环境推定。我国1997年修订的《刑法》第191条首次规定了洗钱犯罪。有关洗钱犯罪的侦查、起诉和审判是刑事司法领域的重点之一。

一、洗钱犯罪的特点

洗钱的目的是为了掩盖非法收益,从而不危及希望从犯罪活动中获益的犯罪分子的安全。因而,洗钱行为一般具有方式多样性、过程复杂性、对象特定性及活动国际性等特点。

(一)方式多样性

为了逃避监管和追查,洗钱犯罪分子往往通过不同的方式和渠道对犯罪所得进行处理。长期的洗钱活动发展出了多种多样的洗钱工具,例如,利用金融机构提供的金融服务,利用空壳公司,伪造商业票据等。经济方式的创新也使洗钱方式不断翻新,更为隐蔽,如网上交易。专业的洗钱组织更是越来越熟练地对各种洗钱手段和方式加以组合运用。

(二)过程复杂性

要实现洗钱的目的,主要方式之一就是改变犯罪所得的原有形式,消除可能成为证据的痕迹,为犯罪所得及其收益设置伪装,使其与合法收益融为一体。这就迫使洗钱者采取复杂的手法,经过种种中间形态,采取多种运作方式来洗钱。

(三)对象特定性

洗钱对象是资金和财产,这些资金和财产无一例外地与犯罪活动紧密相连,例如,来源于毒品、走私、诈骗、贪污、贿赂、逃税等犯罪。一般来说,只有非法所得才有清洗的必要。

(四)活动国际性

随着经济、科技的飞速发展,世界上人员往来、商品运送、资金流动、信息传播、服务的提供日益国际化,导致了犯罪活动的国际化。在追逐非法经济利益的跨国犯罪

活动中,犯罪所得的转移成为一个关键问题,直接导致洗钱活动日益具有跨境、跨国的性质。其具体表现可归结为:

(1) 犯罪行为可以是在与上游犯罪相联系的若干国家领土上进行。

(2) 在有几个人参与的犯罪活动中,有时会发生共同犯罪或共谋在一个国家领域外进行的情况。

(3) 如果犯罪有实际结果产生,有时会出现犯罪结果在一个国家,而犯罪活动却是在不同国家进行的情况。

二、洗钱的基本步骤

犯罪分子充分利用经济全球化的便利,快速地将资金从一个国家转移到另一个国家。应用于金融交易方面的信息和通信技术的发展,使得轻松、快捷地向地球任何地方转移资金都成为可能。数以亿计的资金以计算机符号的方式每天 24 小时、每周 7 天在流通,并反复地转移以防止被执法部门发现。由于全球许多金融中心都采取了反洗钱措施,犯罪分子将目光转向了那些没有监控机制或监控机制不完善的国家。

(一) 实施洗钱犯罪所必需的三个基本要素

(1) 以避开上游犯罪所在国的财政部门或其他管理部门有效监督的形式将资金存入各类金融机构。

(2) 建立能够用来隐瞒存入金融机构资金的来源和受益人的"屏幕公司"(国内或国外)。

(3) 将现金转移出上游犯罪所在国,并存入其他没有严格、完备的金融业务法律的国家或地区,以便随后电汇回上游犯罪所在国或对洗钱行为默许的国家或地区。

一旦非法资金业已被存入一家金融机构,该笔资金将被经电汇的形式迅速地转移到世界的任何角落。

(二) 洗钱的基本步骤

(1) 部署。包括把非法资金存入金融机构以便把其变为无纸存单;把赃款走私到上游犯罪所在国境外而只申报一部分或根本不申报;或者使用在上游犯罪所在国的商业机构作为屏障,以解释其巨额现金储蓄;或者贿赂银行的管理人员,以免于银行的审查。

(2) 分层。即洗钱者伪装交易的层次,以迷惑司法机关。他们可以把非法资金从上游犯罪所在国电汇到有严格银行保密原则的国家,或使用在其他国家的"屏幕公司"来得到汇款。这些公司可能归其他国家的大公司所有,其目的是为了制造多家银行的安全保密避难所和繁复的周转层次,以至于赃款无法被追查。

(3) 同化。一旦非法资金经过了足够的"屏幕公司"或秘密层次使用,则不必担心被查获。洗钱者可能把赃款伪装成从外国公司得到的"贷款",投回上游犯罪所在国;或者把赃款伪装成给不存在的商业顾问的"工资"。非法资金可用来购买企业、地产、黄金或其他财产。到这一阶段,非法资金已同化入合法的经济运作之中。

第二节 洗钱犯罪的侦查要点

加强对洗钱犯罪的侦查,其意义不仅仅限于打击洗钱犯罪本身,对于打击和预防其上游犯罪也是至关重要的。

基于洗钱犯罪的特点,侦查该种犯罪必须将传统的侦查措施和对策与针对该种犯罪的专门侦查措施和对策相结合。

侦查洗钱犯罪的措施和对策包括:

(1) 对重点区域、行业的控制。重点区域如秘密贩毒交易地,毒品走私多发区域的边界等;重点行业如各类金融机构,金银、珠宝首饰店,房地产公司等。

(2) 对重点嫌疑对象实施监控。重点嫌疑对象如某些可能与各类犯罪集团有联系的金融系统工作人员,贩毒、吸毒嫌疑对象,经济收入反常者等。

(3) 收集并分析各类情报信息。如毒品交易的动向,售毒资金的流向,外国投资人的身份、背景等。

(4) 查核金融记录。查核金融记录是侦查洗钱犯罪的关键。因为巨额非法资金只有通过金融机构才能高效率地转移,而且通过多家金融机构来清洗隐蔽性最强。金融账目和各类记录量大而复杂,查证的任务繁重,但可以通过其他措施逐步缩小查证的范围。查账追踪首先要注意结合行为人实施金融业务的次数和涉及金额的绝对数量。其次要注意在不同区域、不同国家之间进行汇兑、转账业务的证明材料,尤其是要验证汇款人的账户、受益人的账户和交易额,分析汇款人与受益人之间的关系。

(5) 揭露虚假、隐蔽的商业活动。洗钱者在有些商业活动中,买卖双方达成协议,虚称的交易额往往高于实际交易额,而以虚称的交易额进行纳税登记。这样,虚称的交易额与实际交易额之间的差额就为犯罪组织提供了一个表面上合法的收入来源。对于某些通过虚假商业活动来掩盖洗钱的行为,可以通过概率分析、抽样分析和隶属关系分析的方法来揭露。例如,"屏幕公司"对洗钱资金的申报可能导致正常销售和费用的概率不平衡:费用和申报的收入相比明显偏低。这就是典型的洗钱行为与正常的销售之间的相对固定的关系。应用抽样调查手段,可以通过计算在一定的时期内的顾客数量与销售额之间的关系,来推断全部业务的实际总量与虚报总量的关系(如百货公司的业务)。用于洗钱的商业部门通常有相同的所有权或其他联系,常常在犯罪组织的控制之下。那么,应通过收集"屏幕公司"和其他商业部门的文件、记录和账目表册等,来揭示可疑商业活动的规律。还应注意"屏幕公司"和其他商业部门之间的所有权形式,并结合分析金融记录,来追查公司之间的可疑资金流动,进而查出真正的"后台老板"。

(6) 建立和运用秘密力量。与侦查毒品犯罪和其他黑社会性质的组织犯罪一样,在侦查洗钱犯罪的过程中,秘密力量的建立和运用有着极其重要的作用。因为,在有关毒品洗钱犯罪的情报和线索的收集过程中,只有充分发挥秘密力量的作用,才能保证侦查范围和目标的明确性;而且在侦查过程中要大量运用秘密侦查手段,这些秘密侦查手段往往只有依靠秘密力量具体实施,才能最终实现侦查目的。

(7) 加强与税务、海关等部门的协作。有些洗钱犯罪的实现往往伴随着违反税务和海关法律规范,而且税务或海关进行日常的业务调查时,经常能够发现有大规模的可疑经济活动的存在。这些可疑的经济活动往往是洗钱犯罪的线索。况且,公安机关在侦查取证过程中,也必然需要税务、海关等部门的配合。例如,最简单的洗钱行为——携带赃款过境,一般情况下首先是经海关检查发现的。

最后,还应注意把侦查洗钱犯罪与侦查其上游犯罪结合起来。例如,侦查毒品洗钱犯罪可以从侦查贩毒组织售毒资金的流向入手顺向侦查;侦查毒品犯罪又可以通过查证黑钱入手逆向追查毒品犯罪活动。又如,侦查贪污、贿赂犯罪亦可以从查证犯罪嫌疑人的巨额财产的来源入手,进一步查清贪污、贿赂犯罪的事实。可见,这些侦查活动可以相互促进,侦查结果可以相互为用。

第二十七章　黑社会性质组织犯罪案件的侦查要点

第一节　黑社会性质组织犯罪案件概述

黑社会性质组织犯罪案件是指组织、领导和参加以暴力、威胁或者其他手段，有组织地进行违法犯罪活动，称霸一方，为非作恶，欺压、残害群众，严重破坏经济、社会秩序的黑社会性质的组织的犯罪行为构成的案件。其主体特征、主观特征和客观特征如下：

一、黑社会性质组织犯罪的主体特征

在犯罪主体方面，黑社会性质组织人数众多，具有一定的组织性。

(一) 黑社会性质组织犯罪人数众多

人数众多，一般认为是三人以上，否则谈不上"有组织"。我国目前的黑社会性质组织犯罪主要表现为利用血缘、地缘等为纽带形成一定的组织，在相对固定的地域范围内称王称霸，为非作恶，"各自为政"，特别是我国黑社会性质组织犯罪在数量上、发展速度上以及组织化程度上存在不平衡的现象，缺乏大范围的黑社会性质组织串联的客观条件，因此，不同地区之间的黑社会性质组织一般没有联系，难以形成联盟。但是，随着黑社会性质组织日益发展壮大，必然要求向外发展，扩大势力范围，黑社会性质组织之间相互联盟无疑是一个发展趋势。

从黑社会性质组织犯罪成员具体情况看，我国的黑社会性质组织成员大多为"两劳"释放人员、农民以及其他社会闲散人员。具有前科劣迹的"两劳"释放人员，由于犯罪恶习较深、犯罪经验较多，彼此之间臭味相投，很容易结成团伙，并在犯罪过程中逐渐形成黑社会性质组织。

(二) 黑社会性质组织犯罪具有一定的组织性

1. 骨干成员固定

黑社会性质组织犯罪是一种相对稳定、持久的犯罪形式，其成员不是为了实施某一次犯罪而临时纠集起来的，他们对于按照什么样的结构形成什么样的组织、以什么样的步骤实施犯罪，犯罪组织的发展方向、目标等都有一定的计划性和长远打算，为此，必须有固定的骨干人员专门致力于发展壮大犯罪组织，管理犯罪组织的内外事务，组织、策划、指挥犯罪组织实施犯罪活动。

2. 犯罪活动的实施具有整体性和协调性

黑社会性质组织想要长期存在并日益发展，必须要有权威人物发布命令，号令成员；要有"神机妙算"的"军师"为犯罪活动出谋划策，要有内部"执法者"维护组织的规章制度；要有对外联络和贿赂有关官员的"公关者"，还要有具体执行任务的"基层人

员"。特别是当黑社会性质组织度过了原始积累时期,向合法事务进行渗透时,无论是组建具有合法形式的经济实体,还是向合法经济实体投资,或者是实施其他高科技犯罪,如计算机犯罪、破产诈骗及其他金融犯罪等,都更需要具有专门知识和特殊技能的人员,各成员"各负其责,各司其职",彼此联系和分工配合。可以说,由于价值观念近似,犯罪目标相同,犯罪心理稳定且具有默契,所以各成员之间的犯罪行为具有互补性和协调性,成为一个有机的犯罪整体。

3. 黑社会性质组织的结构具有层次性和系统性

从水平方向看,黑社会性质组织犯罪的首领、头目居于核心地位,他们深深地隐藏在组织内部,一般不直接参与犯罪的实施,当遇到侦查时,能够有充足的时间去应对和活动,万不得已时抛出几个无关紧要的外围人员掩护自己。他们的外围是骨干分子,他们负责在内外之间沟通协调,在实施犯罪和抗拒侦查打击时,根据首领、头目的意图及客观情况灵活应变。最外围的则是一般参加者。从垂直方向看,组织内部形成金字塔式的权力机制:处于金字塔最顶端的是首领、头目,他们拥有极大的权威,下级成员无不对其顶礼膜拜;处于中间的是骨干分子,他们积极组织、参与犯罪活动,凭借较强的犯罪能力和丰富的犯罪经验建立自己的权威和地位;最下层则是一般参加者。不管是上层人员还是下层人员,作为犯罪系统的组成部分之一,他们的活动都会对整个犯罪组织产生影响,从而形成并一步步加深他们之间以及他们与犯罪组织之间相互依存的关系。借助组织的力量,他们可以以某种合法的形式向经济领域渗透,或者扩大犯罪收益,或者将犯罪收益"合法化",同时他们可以以集体的力量抗拒侦查,或者抱成一团,使侦查难以突破,或者用强大的经济实力拉拢、腐蚀有关官员,寻求政治庇护。当然,不同的黑社会性质组织,其组织化程度有所不同。有的黑社会性质组织处于原始积累阶段,主要从事一些赤裸裸使用暴力的犯罪,虽有一定的组织行为和结构层次,但成员之间的联系不十分紧密,相互的分工配合不尽协调、科学,系统功能的优势发挥不充分;有的黑社会性质组织则有较高的组织化程度,既实施暴力,又实施隐蔽的贿赂腐蚀行为,既有一定的经济实力,又有有关政府机构的保护,能充分发挥协调扩大的系统效应。

4. 黑社会性质组织内部具有一定的亚文化氛围和规章制度,以约束和控制其成员

黑社会性质组织往往具有特定的犯罪亚文化氛围,通过组织名称、入伙规则、活动仪式、隐语暗号及象征符号等营造出神秘感、神圣感,或者形成一种纽带,稳定和强化成员之间的组织关系。除了用一定的价值观念或亚文化氛围对其成员进行"柔性"控制外,黑社会性质组织还常常通过成文的规章制度,或约定俗成的帮规帮约对其成员予以"硬性"控制。黑社会性质组织的犯罪亚文化的共同点是:崇尚暴力和江湖义气,维护内部等级制度;其帮规、帮约的共同性是:组织成员要对组织及首领、头目绝对忠诚;成员之间要"以诚相待、团结互助";对组织的内部结构和活动情况要严格保密;对违反帮规帮约的成员予以严酷惩罚;等等。

二、黑社会性质组织犯罪的主观特征

黑社会性质组织犯罪的主观方面表现为以下特征:

(一)黑社会性质组织犯罪犯意坚决,犯罪目标明确

黑社会性质组织成员,特别是骨干成员大多是刑满释放人员,这些人员反社会心理强烈,犯罪心理稳定,并且以犯罪为职业,对实施犯罪有一个长期的、宏观的打算。首先,这些人员能够有意识地改变和提高犯罪手段、方法,自觉地"优化"和"整合"组织结构形式。考察有组织犯罪的发展轨迹可以发现,在形成有组织犯罪的初期,犯罪收益全部直接分配给犯罪的参与者;随后,犯罪组织改变这种坐地分赃的形式,将一部分犯罪收益集中起来,统一管理,用于购买犯罪工具、增强犯罪组织的武装力量,作为犯罪组织的活动费用,包括贿赂腐蚀政府官员的必要投入,以及奖赏犯罪实施中的立功者、抚恤犯罪实施中的伤亡者及其家属等,逐渐形成黑社会性质组织。其次,黑社会性质组织在实施具体犯罪之前几乎都要进行充分的密谋,反复研究,制订行动方案。事前周密的预谋无疑大大提高了黑社会性质组织的犯罪能力和抗打击能力。再次,在实施犯罪的类型和活动领域方面,黑社会性质组织犯罪人也往往通过分析研究,以促进犯罪组织的发展壮大和犯罪收益的逐步扩大。因此,可以说,黑社会性质组织犯罪是一种"理性化"的犯罪。

(二)黑社会性质组织犯罪的基本目标是追求经济利益

黑社会性质组织犯罪的基本目标是追求经济利益。我国历史上的帮会组织,基本没有政治主张和政治立场,虽然不同形式、不同程度地参与了政治斗争,但只是政治斗争的工具。当前的黑社会性质组织犯罪,从其具体的犯罪类型来看,大多是贩毒、赌博、非法经营、组织卖淫、敲诈勒索等能产生巨额非法利益的犯罪;从其存在和发展的条件看,黑社会性质组织必须拥有一定的经济实力,特别是建立保护伞更需要雄厚的经济基础,经济利益既是黑社会性质组织犯罪的目的,又是黑社会性质组织存在和发展的前提和基础,尽管这些组织利用贿赂手段向政府渗透,但他们的根本目的不是要推翻或取代政府,只是希望政府不要查处他们的犯罪活动和犯罪组织。随着物质欲望不断被满足,也由于权力与金钱的微妙关系,黑社会性质组织将会逐渐开始追求权力,确立势力范围并为保有既有的势力范围而与其他犯罪组织发生争斗、火拼,但他们所追逐的这种权力毕竟是一种非法的权力,所形成的组织体系充其量只是一种"地下社会"。

当然,当黑社会性质组织犯罪发展到高级阶段,已经形成典型意义的黑社会组织犯罪时,不排除黑社会组织可能会为了进一步追求合法权力而介入政治,直接或间接地掌握政治权力,当今意大利黑手党操纵政治选举就是例证。但是,我国目前的黑社会性质组织犯罪就其发展阶段来说,大多处于初级发展阶段,经济实力不雄厚,拉拢腐蚀的政府官员级别也不高,而且受到我国政治体制、社会制度以及传统观念的制约,在一定时期内,黑社会性质组织不会意图掌握或直接获取政治权力,追求经济利益仍将是其犯罪的基本目标。

三、黑社会性质组织犯罪的客观特征

黑社会性质组织犯罪的客观方面表现为以下两方面:

(一)黑社会性质组织犯罪有组织地使用暴力和实施贿赂腐蚀

黑社会性质组织犯罪最基本的手段是使用暴力。暴力是最有效的原始积累手段。抢劫、敲诈勒索、强买强卖等犯罪离不开暴力手段,对于能带来巨额非法收益的贩毒、赌博、走私武器、控制卖淫、放高利贷等犯罪更需要以暴力为后盾。对于黑社会性质组织整体来说,暴力对内是联系各个成员之间的纽带,对外是对抗侦查的铠甲,也是建立并保护自身势力范围,以及与其他黑社会性质组织争夺势力范围的武器。

黑社会性质组织犯罪的另一基本手段是贿赂腐蚀。与公开张扬且容易激起公愤的暴力行为相比,贿赂手段具有更隐蔽、更安全的优点,因此黑社会性质组织出于稳定发展和自我保护的考虑,需要以贿赂为手段建立强大而严密的外在保护网。通过贿赂腐蚀,黑社会性质组织可以从腐败官员那里得到诸多的好处,如公安机关故意放松对黑社会性质组织犯罪案件的侦查,篡改或帮助毁灭有关证据;检察机关放弃对黑社会性质组织犯罪的起诉,或以较轻罪名起诉;审判机关以证据不足等理由对黑社会性质组织犯罪不予定罪,或在法定量刑幅度内从轻处罚;监狱机关在黑社会性质组织成员关押期间给予多方照顾;司法行政机关给关押的黑社会性质组织犯罪成员违法报请减刑、假释等。当然,对待政府官员,黑社会性质组织也并不总是只使用贿赂手段。对一些正直的、不为利益所动的官员,黑社会性质组织就进行恐吓,当恐吓仍不见效时,黑社会性质组织就会考虑使用暴力。

(二)黑社会性质组织犯罪活动领域主要涉及经济领域

黑社会性质组织犯罪追求经济利益的基本目的决定了其犯罪活动主要集中在经济领域,而且随着犯罪能力的提高和经济水平的发展,活动范围无论是广度还是深度都有较大拓展。为了更快地以钱财聚敛钱财,黑社会性质组织开始涉足合法经济领域。黑社会性质组织在经济领域的活动方式主要有以下三种:其一是向合法的经济实体投资入股,以达到清洗赃钱的目的;其二是通过贿赂有关部门成立形式合法、实质非法的经济组织;其三是采用暴力非法垄断。

黑社会性质组织涉足经济领域的另一目的,是可以将大量犯罪收益的非法本质掩饰起来,即洗钱。通过洗钱,既可以最终实现犯罪目的,又能减少被发现和侦破的危险。随着犯罪规模越来越大,洗钱也越来越必要和频繁。黑社会性质组织犯罪与洗钱密切联系,许多洗钱犯罪本身就是一种黑社会性质组织犯罪,而且黑社会性质组织犯罪严重的社会危害性也与洗钱密切相关。可以说,只要黑社会性质组织存在,其涉足经济领域,从事非法经济活动,既是必需也是必然。

第二节 黑社会性质组织犯罪案件的侦查方法

侦办黑社会性质组织犯罪案件主要采取以下侦查方法:

一、采取多种方式及时发现和识别黑社会性质组织犯罪案件线索

黑社会性质组织犯罪活动范围较广,实施的犯罪种类较多,因此,及时发现和识别其犯罪线索的方式和途径也是多种多样的。由于黑社会性质组织犯罪具有相当的隐蔽性,侦查人员在发现和识别其犯罪线索时应保持高度的警惕性和敏锐性。

(一)充分发动群众,获取案件线索和证据

获取黑社会性质组织犯罪案件线索,在很大程度上依赖于群众的检举、揭发和控告,实践证明,群众是否被发动起来,是否踊跃提供案件线索和证据,直接关系着能否顺利侦破黑社会性质组织犯罪案件。

公安机关应向群众表明政府打击黑社会性质组织犯罪的决心和能力。从实践情况看,广大群众看查处黑社会性质组织犯罪是否彻底,不仅看首要分子是否被查处,更要看"保护伞"是否暴露出来、是否被严肃处理,因此,要表明政府打击黑社会性质组织犯罪的决心和能力,充分调动群众的积极性,还要注意深挖"保护伞",严厉查处党政机关内部的腐败分子。此外,公安机关可以通过多种形式建立与群众的联系和交流,如设立举报信箱、举报电话,有条件的还可以在互联网上设立电子举报箱,以便更快捷地接受群众举报。

由于黑社会性质组织犯罪案件中的证人、知情人等常常慑于黑社会性质组织的淫威而有较多的思想顾虑,不敢大胆向公安机关提供有关情况,因此,侦查人员要主动深入到群众中,采取有针对性的策略和方法,或者广泛走访,或者个别询问,或者正面疏导,或者侧面询问,取得群众的配合和支持,发掘案件线索情况。

(二)梳理重点案件,从中发现黑社会性质组织犯罪案件线索

黑社会性质组织为追求巨大的非法经济利益,大多借助组织的力量实施组织卖淫、聚众赌博、贩卖毒品、敲诈勒索等犯罪活动,因此,认真梳理涉枪、涉毒、涉赌等重点刑事案件以及寻衅滋事、打架斗殴等治安案件,可以发现黑社会性质组织犯罪的蛛丝马迹。一些利润高、管理不力、经营秩序混乱的行业,往往是黑社会性质组织犯罪滋生和蔓延的温床。因此,侦查部门应商请其他各警种充分发挥各自的职能,对这些行业、有关场所进行定期调查摸底,及时掌握有关动态,收集发生在这些行业、场所的黑社会性质组织犯罪案件线索并及时传递给侦查部门。各地公安机关的侦查部门对辖区内的有关行业、场所要做到底数清楚,控制严密,对情况复杂、问题突出的单位要重点控制,采取公开与秘密相结合的手段使其始终处在控制之中,及时发现黑社会性质组织活动迹象和犯罪线索。

二、精心策划,审慎行动,有策略地开展侦查

(一)严密组织,明确分工,加强协作,提高办案效率

首先,作为一种有组织的犯罪,黑社会性质组织犯罪隐蔽性、智能性和组织性的特点十分突出,这就要求侦查部门在侦破黑社会性质组织犯罪案件时也必须有较强的组织性,要由经验丰富、政治可靠、业务能力强的侦查人员组成专案组,要内部分工

明确、合理,如分为走访调查组、审讯组、收集情报资料组等。各个工作小组要密切联系,协调配合,形成合力,所有情况要由指挥人员审核、汇总,然后进行集体研究、分析,制订下一步工作方案,以确保侦查工作有条不紊地展开。

其次,黑社会性质组织犯罪案件往往侦办时间长、涉及面广,需要大量的人力、物力、财力的支持,需要协调各方面的关系,因此,侦查部门在侦办黑社会性质组织犯罪案件中要争取工商、税务、物价等部门的支持和配合,要与纪检、监察部门密切协调,严惩参与黑社会性质组织犯罪或为黑社会性质组织犯罪通风报信、充当"保护伞"的党政干部、司法工作人员;还应与检察院加强配合,对一些重大、疑难案件,检察院提前介入,取得统一认识,依法从重从快处理。

再次,黑社会性质组织一般具有较强的侦查应变能力,具有一套行之有效的反侦查体系,并在政府和司法机关内部布有眼线、耳目,能迅速了解侦查进展情况,一旦侦查秘密泄露,将会造成犯罪人闻风而逃,威胁、收买证人,伪造、毁灭证据或托人说情、给侦查人员施加压力等严重后果,因此,在黑社会性质组织犯罪案件侦查过程中,侦查人员必须严格保守秘密。

最后,要围绕领导、组织、参加黑社会性质组织犯罪调查取证,形成证据链,保证办案质量。在侦办黑社会性质组织犯罪案件时,侦查人员要注意把个案与整个黑社会性质组织犯罪联系起来,对案件材料进行梳理排列,查找个案与个案之间的逻辑关系和中间环节,以及犯罪活动的来龙去脉、犯罪人的相互关系等,以有关法律规定和司法解释明确的黑社会性质组织的本质特征为依据和指导,注重收集首要分子、骨干成员组织、领导黑社会性质组织以及指挥、策划犯罪活动的证据,将各个犯罪嫌疑人和各起案件作为一个有机整体办理,以保证办案质量。

(二)采取技术侦查手段,组织内线侦查

黑社会性质组织由于组织严密,组织策划者往往深藏在幕后,且其成员多是一些有前科劣迹、犯罪经验丰富的人员,这就要求调查取证工作十分扎实,因此发现黑社会性质组织犯罪迹象和线索后,关键是要秘密展开侦查,收集确凿证据,必要时充分运用技术侦查手段,建立秘密探查力量以及"内外结合""公秘结合""拉出来、打进去"等侦查谋略,掌握黑社会性质组织成员的人身情况、落脚藏身的窝点、主要罪行及其证据以及"保护伞"的有关情况。在黑社会性质组织犯罪案件侦查中实施内线侦查,可以在黑社会性质组织内部选择能够被说服教育、为我所用并有相应活动能力和条件的成员,作为秘密探查力量,也可以选择能够贴靠和周旋于黑社会性质组织核心的侦查人员或秘密探查力量,打入犯罪组织内部搜集犯罪证据。在实施内线侦查时,要注意内线侦查和外线侦查密切结合,以及时印证内线情报,发现和扩大新的线索,为内线侦查提供新的途径并制止现行犯罪活动,获取犯罪证据等。

(三)分化瓦解,充分利用犯罪组织之间和犯罪组织内部的矛盾,打开缺口,铲除犯罪组织

分化瓦解在侦查黑社会性质组织犯罪案件中是一项行之有效的策略。侦查人员

可以利用不同犯罪组织之间的矛盾或同一犯罪组织内部成员之间的矛盾,也可以利用秘密探查力量施用计谋制造、激化、扩大犯罪团伙之间或同一犯罪团伙内部成员之间的矛盾,实施分化瓦解,打开缺口;在讯问犯罪嫌疑人时也应注意利用犯罪嫌疑人之间的仇怨关系或其他利害关系矛盾,或充分利用刑法关于立功、自首等规定对犯罪嫌疑人进行分化瓦解。

三、严密组织抓捕行动,强化追逃工作

抓获全部涉案犯罪嫌疑人,既是核实和充实证据,分清罪责,深挖余罪扩大战果的前提条件,也是彻底摧毁黑社会性质组织的必要条件。黑社会性质组织犯罪案件由于涉案人员众多,首要分子和骨干成员隐藏较深,且常常有"保护伞"通风报信。因此,对黑社会性质组织犯罪嫌疑人实施抓捕,既要防止一些犯罪嫌疑人闻风而逃,又要防抓捕时机不成熟造成大抓大放。在对涉案人员实施抓捕之前,应注意准确掌握抓捕对象的活动规律和藏身落脚点的情况,制订周密的抓捕方案,将所有涉案人员一网打尽,以免造成工作的被动或陷入长期的、大范围的追逃。实践中,对犯罪嫌疑人实施抓捕,可以使用秘密探查力量全方位贴靠,也可以在调查取证工作取得实质性进展的基础上组织集中搜捕。

四、与其他国家机关密切合作,深挖"保护伞",摧毁黑社会性质组织的经济基础

(一)深挖"保护伞"

深挖"保护伞",既是调动群众积极性的必需,也是扫除侦破工作障碍的关键,因此,在侦办黑社会性质组织犯罪案件中,要将"打黑"和"反腐"密切联系起来,坚持将外打邪恶与内肃不纯相结合,摧毁黑社会性质组织的"保护伞"。这就需要公安机关与纪检、监察、检察等部门互通情报,密切协作。

(二)追缴赃款、赃物,摧毁黑社会性质组织的经济基础

黑社会性质组织实施的经济犯罪往往造成巨大的财产损失,侦查工作不仅要使犯罪人受到严厉制裁,还要积极追缴赃款、赃物,将犯罪造成的损失降低到最低限度。同时,赃款、赃物还是黑社会性质组织犯罪的重要证据,从这个意义上说,追缴赃款、赃物也是调查取证的重要内容。

黑社会性质组织的日益壮大离不开经济条件,有了相当的经济实力,黑社会性质组织才能更加牢固,才有更大的发展空间,才有可能建立"保护伞"。因此,在侦办黑社会性质组织犯罪案件过程中,侦查机关必须重视查实犯罪组织的财产,查封、追缴其违法所得,特别是对黑社会性质组织开办的企业、娱乐场所等经济实体,一经查实要及时会同有关部门予以查封,在经济上剥夺其再犯能力。同时,在日常工作中应与工商、税务等职能部门加强经济领域内的管理及协调配合,一方面从中获取黑社会性质组织犯罪的线索,另一方面,采取各种有效措施,加大对黑社会性质组织在经济领域内违法犯罪的查处力度,彻底摧毁其赖以生存的经济基础。

五、异地关押,加强讯问工作

(一)异地关押,异地审讯

面对有犯罪前科、反侦查能力强的黑社会性质组织犯罪嫌疑人,采取异地关押和异地审讯措施,可以使其感到孤立无援,造成一定的心理压力,丢掉幻想,如实交代其罪行。

(二)注重策略,加强讯问工作

在讯问黑社会性质组织犯罪嫌疑人时,利用犯罪嫌疑人的心理弱点,在适当时候使用证据,迫使其就范,是最常用和最有效的讯问策略。为此,讯问人员在讯问犯罪嫌疑人之前,要注意研究犯罪嫌疑人的个性和在押期间的心理状态,了解犯罪嫌疑人的社会交往情况、生活经历和生活环境,掌握犯罪嫌疑人的社会经验、技能特长及其思想倾向,明确犯罪嫌疑人在犯罪组织中的地位和作用,等等。只有这样,才能全面、准确地认识犯罪嫌疑人,并据此制订出有针对性的讯问策略和方案,选择恰当的突破口,获取犯罪嫌疑人的供述和其他罪证。

第二十八章 职务犯罪案件的调查与侦查要点

第一节 职务犯罪案件的调查与侦查概述

一、职务犯罪的概念

所谓职务犯罪,是指依法履行公职的人员利用所行使的公权力实施的犯罪。即具有一定公职身份的人利用其公职身份的便利实施的犯罪行为。但通常所称的职务犯罪并非仅限于行为人直接利用职务实施的犯罪,其中也有部分犯罪主体并非公务人员,如行贿、介绍贿赂、利用影响力受贿等行为人和职务犯罪案件共同犯罪中的从犯,有的不是或部分不是公务人员,只因其行为与职务犯罪行为相对合或有密切的内在联系而在司法实践中约定俗成地被统称为职务犯罪。"职务犯罪"案件原本并非法定名称,我国《刑事诉讼法》中的表述是"由人民检察院直接受理的"或"由人民检察院立案侦查的"案件。直到2018年3月20日第十三届全国人民代表大会第一次会议通过的《监察法》,在总则第3条关于国家监察职能的表述中明确规定:"调查职务违法和职务犯罪"。至此,"职务犯罪"这一概念正式成为一种类罪的法定名称。

二、职务犯罪的种类

我国《刑法》分则第八章规定的贪污贿赂罪、第九章规定的渎职罪、第四章中的职务侵权等犯罪,在《监察法》第11条中统称"职务违法和职务犯罪",将其概要地表述为:"贪污贿赂、滥用职权、玩忽职守、权力寻租、利益输送、徇私舞弊以及浪费国家资财"等职务违法和职务犯罪。2018年4月16日,中央纪律检查委员会、国家监察委员会印发《国家监察委员会管辖规定(试行)》,列举了国家监察委员会管辖的六大类88个职务犯罪案件罪名及相应立案标准(详见我国《刑法》的对应规定),其中六大类88个职务犯罪案件罪名如下:

第一类贪污贿赂犯罪。贪污贿赂类犯罪共涉及我国《刑法》的条文24条,包括17个罪名,分别为:(1)贪污罪;(2)挪用公款罪;(3)受贿罪;(4)单位受贿罪;(5)利用影响力受贿罪;(6)行贿罪;(7)对利用影响力的人行贿罪;(8)对单位行贿罪;(9)介绍贿赂罪;(10)单位行贿罪;(11)巨额财产来源不明罪;(12)隐瞒境外存款罪;(13)私分国有资产罪;(14)私分罚没财物罪;(15)非国家工作人员受贿罪;(16)对非国家工作人员行贿罪;(17)对外国公职人员、国际公共组织官员行贿罪。

第二类滥用职权犯罪。滥用职权类犯罪共涉及我国《刑法》的条文15条,包括15个罪名,分别为:(1)滥用职权罪;(2)国有公司、企业、事业单位人员滥用职权罪;(3)滥用管理公司、证券职权罪;(4)食品监管渎职罪;(5)故意泄露国家秘密罪;

(6)报复陷害罪;(7)阻碍解救被拐卖、绑架妇女、儿童罪;(8)帮助犯罪分子逃避处罚罪;(9)违法发放林木采伐许可证罪;(10)办理偷越国(边)境人员出入境证件罪;(11)放行偷越国(边)境人员罪;(12)挪用特定款物罪;(13)非法剥夺公民宗教信仰自由罪;(14)侵犯少数民族风俗习惯罪;(15)打击报复会计、统计人员罪。

第三类玩忽职守犯罪。玩忽职守类犯罪共涉及我国《刑法》的条文11条,包括11个罪名,分别为:(1)玩忽职守罪;(2)国有公司、企业、事业单位人员失职罪;(3)签订、履行合同失职被骗罪;(4)国家机关工作人员签订、履行合同失职被骗罪;(5)环境监管失职罪;(6)传染病防治失职罪;(7)商检失职罪;(8)动植物检疫失职罪;(9)不解救被拐卖、绑架妇女、儿童罪;(10)失职造成珍贵文物损毁、流失罪;(11)过失泄露国家秘密罪。

第四类徇私舞弊犯罪。徇私舞弊类犯罪共涉及我国《刑法》的条文15条,包括15个罪名,分别为:(1)徇私舞弊低价折股、出售国有资产罪;(2)非法批准征收、征用、占用土地罪;(3)非法低价出让国有土地使用权罪;(4)非法经营同类营业罪;(5)为亲友非法牟利罪;(6)枉法仲裁罪;(7)徇私舞弊发售发票、抵扣税款、出口退税罪;(8)商检徇私舞弊罪;(9)动植物检疫徇私舞弊罪;(10)放纵走私罪;(11)放纵制售伪劣商品犯罪行为罪;(12)招收公务员、学生徇私舞弊罪;(13)徇私舞弊不移交刑事案件罪;(14)违法提供出口退税凭证罪;(15)徇私舞弊不征、少征税款罪。

第五类重大责任事故犯罪。重大责任事故类犯罪共涉及我国《刑法》的条文11条,包括11个罪名,分别为:(1)重大责任事故罪;(2)教育设施重大安全事故罪;(3)消防责任事故罪;(4)重大劳动安全事故罪;(5)强令违章冒险作业罪;(6)不报、谎报安全事故罪;(7)铁路运营安全事故罪;(8)重大飞行事故罪;(9)大型群众性活动重大安全事故罪;(10)危险物品肇事罪;(11)工程重大安全事故罪。

第六类公职人员其他犯罪。公职人员其他犯罪共涉及我国《刑法》的条文19条,包括19个罪名,分别为:(1)破坏选举罪;(2)背信损害上市公司利益罪;(3)金融工作人员购买假币、以假币换取货币罪;(4)利用未公开信息交易罪;(5)诱骗投资者买卖证券、期货合约罪;(6)背信运用受托财产罪;(7)违法运用资金罪;(8)违法发放贷款罪;(9)吸收客户资金不入账罪;(10)违规出具金融票证罪;(11)对违法票据承兑、付款、保证罪;(12)非法转让、倒卖土地使用权罪;(13)私自开拆、隐匿、毁弃邮件、电报罪;(14)职务侵占罪;(15)挪用资金罪;(16)故意延误投递邮件罪;(17)泄露不应公开的案件信息罪;(18)披露、报道不应公开的案件信息罪;(19)接送不合格兵员罪。

第二节 职务犯罪案件的查处体系

职务犯罪案件的查处,已依法形成具有特定规范模式的两大查处体系。

一、职务犯罪案件的调查体系

我国《监察法》第3条规定:"各级监察委员会是行使国家监察职能的专责机关,

依照本法对所有行使公权力的公职人员（以下称公职人员）进行监察，调查职务违法和职务犯罪，开展廉政建设和反腐败工作，维护宪法和法律的尊严。"由此可见，各级监察委员会是职务犯罪案件的调查主体，而在《监察法》公布实施之前，人民检察院对职务犯罪依法具有唯一的侦查权。检察机关内设反贪污贿赂和反渎职侵权等部门职司这些案件的侦查，即最高人民检察院设反贪污贿赂总局和渎职侵权检察厅；地方各级检察院分设反贪污贿赂局和反渎职侵权局，各级检察机关还专设职务犯罪预防机构。而在《监察法》实施后，全国各级检察机关紧随反贪污贿赂、反渎职侵权、预防职务犯罪等职能向各级监察委员会的转隶，4.4万余名检察人员整体平稳地顺利转隶至监察机关。这一大批侦查人员的转隶，及时有效地充实了各级监察机关的调查力量。

二、职务犯罪案件的侦查体系

我国《刑事诉讼法》第3条规定："检察机关直接受理的案件的侦查、提起公诉，由人民检察院负责。"第19条第2款规定："人民检察院在对诉讼活动实行法律监督中发现的司法工作人员利用职权实施的非法拘禁、刑讯逼供、非法搜查等侵犯公民权利、损害司法公正的犯罪，可以由人民检察院立案侦查。对于公安机关管辖的国家机关工作人员利用职权实施的重大犯罪案件，需要由人民检察院直接受理的时候，经省级以上人民检察院决定，可以由人民检察院立案侦查。"此外，该法第170条规定人民检察院依法审查监察机关移送起诉的案件，认为需要补充核实的，应当退回监察机关补充调查，"必要时可以自行补充侦查"。综上所述，检察机关是前述案件的法定侦查主体。

三、强化调查与侦查的科技网络体系

职务犯罪通常呈现官商勾结、跨境涉外、"联网"作案、"科技"匿迹等现象。在2018年我国《监察法》颁布实施和《刑事诉讼法》修订之前，检察机关在长期侦破这类案件的过程中，有针对性地依法逐步推进科技强侦网络体系的构建：一是注重侦查队伍的综合素质和专业化建设，造就了大批侦查专家和办案能手；二是加强侦查工作的规范化、法治化建设；三是提高敏锐发现案件线索及快速处置能力；四是强化侦查一体化机制及其在串案窝案、大案要案、跨域涉外个案侦查中的组织、指挥和协调功能；五是积极推进侦查模式转向科技强侦，注重依法运用技术侦查措施有效侦查犯罪和追捕在逃犯罪嫌疑人；六是切实防止办案安全事故；七是在依法办案中努力实现综合效果；八是推进侦查与预防职务犯罪机制的一体化建设。随着改革开放的不断深化，检察机关及时针对不同时期职务犯罪易发多发领域及其犯罪的辐射性、群体化、跨区域等特点，结合查处的案件认真深入总结发案规律和侦查经验，有效运用查微析疑、滚动深挖、除恶务尽的方法把在侦案件查深查透，根据涉案的犯罪诱因、隐患等情形分别以提出法律案、检察建议等方式推进有关法制的健全，针对办案中发现滋生犯罪的"温床"与社会各界联手打造致力于斩草除根的"防火墙"。如全国检察机关普遍建立行贿犯罪档案查询系统，集中整合立案侦查并判决生效的各种贿赂罪案及行贿行

为的信息,形成档案库并受理对外查询。该系统可作为行政审批、招标投标、资金拨付、组织人事、行政执法、司法处罚等方面的必经程序,为有关部门提供翔实可靠的实证以防范、遏制贿赂犯罪,尤其是作为政府采购和招标审查的必经关口将有行贿犯罪记录者拒之"门"外,有效地降低了工程建设领域官商勾结、权钱交易的几率。在有效预防相关行贿犯罪发生的同时,该系统也起到了教育公职人员远离行贿的诱惑的作用,警示潜在行贿人勿入"黑名单",同时,检察机关也充分利用该系统显示的情况定期分析贿赂犯罪态势,加强犯罪预警和优化侦查预案。实践证明,行贿犯罪档案查询系统是具有司法监督属性的一种犯罪防范手段。

综上所述,检察侦查史上的成功经验,在新的历史时期对监察调查工作可供参照、以资借鉴。

第三节 职务犯罪案件的查处要点

职务犯罪案件的被调查人、嫌疑人通常利用现代高新科技手段作案,犯罪的智能化程度高、反侦查能力强、录供取证的难度大。因此,务必把握查处要点。

一、调查与侦查的基本流程及要求

职务犯罪案件的监察调查与检察侦查,务必遵循《监察法》和《刑事诉讼法》的规定,严格按照查案程序和办案流程的要求,依法循规地查办案件。与此同时,还要具体贯彻执行调查、侦查机关本系统各自的相关规范和程序。如:

监察机关调查涉嫌职务犯罪案件时,首先要遵循中央纪律检查委员会、国家监察委员会立案相关工作程序规定的要求,统一规范立案(包括以事立案、对单位立案)、交办案件、指定管辖、结案等规范及相关程序。

检察机关在侦查中适用刑事诉讼法规定的各项侦查措施,同时也要严格执行最高人民检察院的有关规定,而且人民检察院具有监督侦查的法定职能,自行侦查案件更要带头以身作则依法侦查、文明办案。

在监察调查或检察侦查中,采取讯问、询问、留置或拘留、搜查、调取、查封、扣押、勘验检查等措施前,应出示证件或出具书面通知,由二人以上进行。对讯问、搜查、查封、扣押等重要取证工作,应对全过程进行录音录像留存备查。

监察调查人员与检察侦查人员务必全面、客观地收集、调取被调查人和犯罪嫌疑人有罪或无罪、罪轻或罪重的证据,切实做到重证据、重调查研究、不轻信口供,严禁以非法方法收集证据;严格依法采取强制措施。

讯问职务犯罪嫌疑人过程实行全程同步录音、录像并在讯问笔录中注明,讯问前务必履行各项法定手续和告知程序,并在法定时限、地点和要求内进行,讯问后要将笔录交被调查人、犯罪嫌疑人核对或向其宣读并在无误后签名捺手印,不得强迫任何人证实自己有罪。

监察、检察机关应当严格遵循法定期限查结、侦结案件。监察机关对查明涉嫌职务犯罪的制作起诉意见书,连同案卷材料、证据一并移送人民检察院审查起诉;检察机关对侦结案件写出侦查终结报告,并根据拟定处理意见制作起诉意见书或不起诉意见书、拟撤销案件意见书,由侦查部门负责人审核,报检察长批准或检察委员会决定,撤案还需报上一级人民检察院审查。

二、及时受案和初查与立案

监察机关、检察机关应根据法定管辖的规定依法受理职务犯罪线索并审查决定是否立案。

(一)搜集涉案线索

职务犯罪案件线索通常来源于公民举报、监察或检察机关自行发现、有关机关或者部门移送、犯罪嫌疑人自首等渠道。监察或检察机关还应在日常工作和办案中深挖细查犯罪线索,通过宣传发动鼓励公民举报职务犯罪。此外,从研判媒体网络信息和对相关新闻的缜密分析中捕捉涉案线索,是信息时代及时发现隐形职务犯罪的重要案源。监察、检察机关内设的相关职能机构在主动收集、受理和深入排查涉嫌职务犯罪线索的同时,应当依法快速处置并及时启动后续程序。

(二)核查、初查与立案

监察机关对监察对象的问题线索应由内设职能部门监督管理,按照有关规定提出处置意见,经审批后分类办理。对需要初步核实的线索,应成立核查组,初步核实后提出处理意见,报监察机关主要负责人审批。对涉嫌职务违法犯罪需要追究法律责任的,按照《监察法》之规定办理立案手续。

人民检察院对案件线索进行审查后认为有犯罪事实需要初查的,报检察长或检察委员会决定。初查应当秘密进行,不得采取技术侦查和强制措施,不得查封、扣押、冻结初查对象的财产;需要公开初查或接触初查对象的,应当报检察长批准。经审查或初查认为有犯罪事实需要追究刑事责任的,应当制作立案报告书报检察长批准后予以立案;对其中犯罪嫌疑人尚未确定的,可以依法作出以事实立案的决定。

三、制订查处计划及采取应对谋略

立案后应根据受案和初查掌握的案情制订调查或侦查计划,迅速启动查处程序,果断地依法控制涉案资料、信息以保全证据,及时因案施策开展调查或侦查。

(一)制订调查或侦查计划

应深入研究受案及初查所获材料和信息制订查处计划,尽可能准确地确定工作方向,并根据案件所涉及的地域、行业、单位和有关人员确定调查或侦查范围。对于案情性质不够清楚、主攻方向难以确定并存在多种可能性的案件,应把几种可能性都考虑在查处计划之中,确定较大的模糊域(即调查或侦查活动应涉及的模糊区间),相应地拟定各种应采取的调查或侦查措施和应变策略。应针对嫌疑人的个性特点、犯罪心理特征、作案手段以及作案前后有无制造假象、毁证匿赃和携款潜逃等情况,确定具体的调查或侦查方法和步骤。调查或侦查计划通常包括下列主要内容:

(1) 已知案情及其初步判断;
(2) 提出调查或侦查方向、确定调查或侦查目标、界定调查或侦查范围;
(3) 列出应查明的主要问题,完成各项具体调查或侦查任务的期限和要求;
(4) 全案调查或侦查的步骤、方法、措施、时间及注意事项;
(5) 组织领导、力量安排和职责分工;
(6) 物质、技术保障措施;
(7) 保密措施及办案制度和纪律要求等。

(二) 保全证据及管控涉案资料、信息

涉嫌职务犯罪的被调查人或职务犯罪嫌疑人通常利用职权或合法经手、管理公共财物、账务之便作案,一旦警觉罪行将会败露,其直接控制下的主要证据及涉案资料随时可能转移、隐匿、销毁,重大案件还会发生作案人携款潜逃或自杀等情形。因此,务必首先采取有效的保全防范措施,再根据调查或侦查取证的需要适时复制、调取或查封可能作为证据的各类涉案物品和资料。通常是在立案后或对被调查人、犯罪嫌疑人采取强制措施的同时对可能隐匿证据、转移赃款赃物的地点及其人身和涉案场所进行搜查并扣押有关证据。对采用传讯、查封、扣押等措施时机不成熟的,应严密、周全地布控,在被调查人、犯罪嫌疑人着手销毁、隐匿证据或匿藏、转移赃款赃物之时相机出击,出其不意地有效制止其反调查、反侦查行为,力争同时发现、保全和提取证据。对查封、扣押的涉案物品、资料,应由专人专管,严防失窃和流散。

(三) 因案施策随机应变

职务犯罪是典型的智能犯罪,调查和侦查中要特别注重灵活机动地运用谋略对策。如:

(1) 避实击虚。职务犯罪的顽固堡垒貌似固若金汤,但只要觉察出虚有其表之处选准案件的突破口予以致命一击,就会使犯罪营垒土崩瓦解。如贿赂罪案的行贿人、法人(单位)行贿的知情人、介绍贿赂人、其他涉案人及犯罪嫌疑人的知情亲友等,在调查或侦查具体案件时都会从中找到可供选择的突破口,只要攻其不备地突击个案的薄弱环节,就能迅速地破获案件。

(2) 包抄合击。调查或侦查职务犯罪大案要案及涉案人多的案件,通常先扫外围后攻坚,即先扫除其外围防线,分别先查其知情人、共同犯罪人、污点证人、其他涉案人等的涉案情节,然后再运用在握证据和重要线索等有利条件合力攻坚,集中调查或侦查重点嫌疑人的犯罪行为,迫使主犯在其犯罪网络分崩离析的情形中就范。

(3) 声东击西。公开调查或侦查已曝光的案情或涉案事项吸引犯罪嫌疑人的关注点,为防止其对抗调查或侦查尚未曝光的重要线索创造有利条件,以查此掩彼的方略深入查清更为严重的犯罪事实,迂回觅取关键罪证核实主要案情进而突破全案。

(4) 欲擒故纵。其重点是在有效监控中借故懈怠,佯装疏忽地"放纵"被调查人或犯罪嫌疑人,使其放松戒备静观其变,内紧外松地监视其串供毁证、藏赃匿迹的行踪和各种涉案活动情状并相机取证,在以静制动中敏锐地捕捉破案的有利时机,或当机立断地"抓现行"及时破获案件。

（5）跨界联查。对涉案地广、案涉面大和跨境涉外的职务犯罪大案要案，应充分利用监察机关、检察机关上级领导下级的体制特征和便利条件，由各涉案地监察委员会、检察院共同的上级监察、检察机关统一指挥协调查处工作，充分发挥一体化的整体优势和综合功能实行异地联查、统一行动、同步取证，使分散于不同地域的犯罪嫌疑人无法订立攻守同盟对抗调查和侦查，行之有效地及时破获跨域涉外的网络型、群体性的窝案串案和案中案，事半功倍地以快制胜。

调查与侦查谋略不胜枚举，综上可见，查处职务罪案要因案用谋、随机应变、智取罪证和依法办案。

四、应用科技手段获取和鉴定证据

职务罪案中的串供毁证、翻供翻证、拒供伪证等现象屡见不鲜，加之调查或侦查工作常常遇到以权抗法的干扰，故通过强化科学技术的应用、提高证据的科技含量来揭露和确证犯罪势在必行。

（一）科技鉴定

凡涉及专门性的问题应尽可能依法进行科学技术鉴定，以获取科技证据并用科技方法固定和保存证据。如对涉案账务进行司法会计鉴定；对涉案物品进行产品或商品鉴定；对有关的劣质建筑进行工程技术鉴定；对涉案的物质进行物证技术鉴定；等等。

（二）电子科技

在尽可能依法收集涉案视听资料证据的同时，要注重运用电子科技收集、固定证据。如对搜查、扣押、询问、讯问等活动依法依规调查、进行同步录音录像，用技术手段如实记录侦查过程和科学固定相关证据，既有利于防止侦查人员刑讯逼供和违法办案，又可以防止被调查人、犯罪嫌疑人翻供和证人翻证。

（三）测试技术

依法利用科学测试技术等现代侦查技术手段为调查、侦查破案服务。如利用心理测试技术对被调查人、职务犯罪嫌疑人进行测谎，为综合判断其口供是否真实提供佐证，也可为确定调查、侦查方向提供参考依据。

五、依法讯问和询问

讯问和询问是监察调查与检察侦查工作中的常用方法。

（一）讯问被调查人、犯罪嫌疑人

我国《监察法》第 20 条第 2 款规定，监察机关可以讯问涉嫌职务犯罪的被调查人，要求其如实供述涉嫌犯罪的情况；我国《刑事诉讼法》第 166 条规定，人民检察院对直接受理的案件中被拘留的人，应当在拘留后的 24 小时以内进行讯问。无论是调查讯问的监察官还是侦查讯问的检察官，在讯问前要全面熟悉已知案情，深入了解被调查人或犯罪嫌疑人的特点，系统拟制针对性强的讯问提纲。讯问中要高度关注以下重点：

(1) 涉嫌职务犯罪的被调查人或职务犯罪嫌疑人在受讯中的共性表现。他们在受讯中一般要经历四个共性的典型阶段：一是对抗阶段。在被查之初大多采取沉默、巧妙辩解等方式"软"对抗，但也有的激烈地反驳问话或者采取自伤等"硬"方式对抗。二是试探阶段。经过监察官或检察官的法制教育与谈话，他们通常认为对方似乎确实掌握了自己犯罪的有关证据，可能会通过改变语气和供述内容来主动缓和气氛，如佯作深刻反思状并貌似痛疚地用避重就轻、以明掩暗、认错饰罪等方法来应对讯问，同时密切偷窥办案人员的表情，试探讯问人掌握其犯罪情况的程度。三是部分交代阶段。当他们认为讯问人已经掌握了自己犯罪的有关事实时，则会部分交代自己判断对方已知的事实。例如他在事前已听说某监察官或检察官找过张三或讯问时提到过的李四，就会判断这两个行贿人"出卖"了自己，故会交代接受张三、李四贿赂的情形。四是全面交代阶段。在被全面击溃心理防线后，他们会为了争取"坦白从宽"的条件而改变"挤牙膏式"的答问方式，大多会交代全部犯罪事实。

(2) 针对涉嫌职务犯罪被调查人、嫌疑人在讯问中的个性表现，采用特殊的讯问策略方法。除上述共性特征外，由于不同的人因性格、阅历及具体案情不同，在接受讯问过程中会因人而异地表现出形形色色的个性特征，务必结合具体案情全面深入考察，有针对性地采取切实可行的讯问方略。职务犯罪是职权滥用与智能作祟的恶性融合行为，案发前行为人及其涉案人都形成了反侦查的顽固堡垒，反审讯的对抗心理极其顽固。因此，讯问时要充分运用谋略突破口供和深挖犯罪，切忌简单核实案情和证据，必须采用一些特殊的讯问对策，如引而不发、点而不露地使用有力证据，强攻硬取或旁敲侧击地攻破犯罪嫌疑人的侥幸心理；运用模糊语言斗智，克顽制胜；分别同步讯问共同犯罪人，从各方供述的蛛丝马迹中寻找破绽，深入分析矛盾、揭露伪供、突破攻守同盟；对畏罪心理重而反侦查能力低的犯罪嫌疑人可单刀直入地讯问，辅以法制教育促其消除顾虑交代犯罪事实；对顽抗狡辩、反侦查能力强的犯罪嫌疑人，要严肃地用以法制权的气势教育对方，用有力的证据和有价值的材料揭露谎言，打消其侥幸心理进而突破口供；对受国家培养教育多年良知未泯的偶犯，讯问时应特别注重循循善诱、晓之以理、教之以法，郑重告知坦白与抗拒的不同后果，政策攻心促其坦白交代走从宽之路；对智能高又有一定修养的被调查人、犯罪嫌疑人，应彻底揭露其作案的思想根源及行为的社会危害，以诚相待、动之以情，促其认罪服法；对共同犯罪、法人犯罪案件因事先串供串证而众口同供的，应分别让其充分佯供诡辩、尽其表演，然后抓住破绽以其矛攻其盾，或运用在握证据对其关键性谎言以致命的一击，迫其在无法自圆其说的窘境中就范。

(3) 针对在"问"与"答"的互动中被调查人、嫌疑人的细微反应，对讯问进行校正和调整。综上所述，在讯问中要结合被调查人、嫌疑人的阅历、案情和当时的特定情境、语境等情形，在"问"与"答"的互动中密切关注他们的微反应[①]状态，进一步获取解

---

① "微反应"即心理应激微反应的简称，是有机体在某种环境刺激作用下因客观要求与应付能力不平衡而产生一种适应环境的紧张反应的微表情、微动作、微语义等微型状态。某些特殊经历的人在某种特定环境中所产生的微反应如眨眼、转睛、抖肩等小动作，一定程度上体现出当时其内心的真实反映。

读其面部表情、肢体动作、语义情绪等方面的信息,以利于准确识别其真实的心理状态及口供的真伪,并全面结合案情和在握证据深入分析判断所发现的新情况、新问题、新机遇,迅即校正讯问的"主次、轻重、缓急",及时调整提问的"次序、详略、技巧",尽可能促使犯罪嫌疑人如实供述案情。

(4)讯问过程应注意的问题。无论监察官调查讯问还是检察官侦查讯问,都应自始至终、坚持不懈地向被调查人、犯罪嫌疑人进行法制宣传教育。要通俗易懂地说明我国长期坚持"坦白从宽、抗拒从严"的宽严相济的刑事政策,尤其要告知在依法治国的新时期这项政策已经具体载入了现行《刑事诉讼法》,早已成为我国法定的"认罪认罚从宽制度",并尽可能地列举典型案例来充分加以说明。要通过深入浅出的法制宣传教育,感化职务犯罪嫌疑人,促其认罪服法,痛改前非,争取重新做人。因此,整个讯问过程应当注意:

一要充分准备、有的放矢;
二要对症下药、攻心为上;
三要引而不发、不逼不诱;
四要深入浅出、循序渐进;
五要选准火候、示证促供;
六要审时度势、随机应变;
七要抓住焦点、一追到底;
八要情法结合、柔刚互济;
九要文明审讯、以理服人。

(二)询问证人、被害人

监察委员会的调查与人民检察院的侦查,都应当及时询问证人、被害人,并告知其履行作证的法定权利与义务。询问应当个别进行,询问地点应根据证人、被害人的主客观情况和当时当地的客观条件而定,可以在现场,也可以到证人、被害人所在单位、住处或他们提出的地点进行;必要时还可以通知其到当地监察委员会或人民检察院提供证言。除特殊情况外,可以吸收他们协助调查,但不得向其泄露案情,决不能采取羁押、暴力、威胁、引诱、欺骗以及其他非法方法获取证言。

六、勘验检查与搜查扣押

监察机关、检察机关对于发现与查案有关的场所、物品、人身、尸体等,应当持依法签发的勘查证进行勘验或检查;经依法批准,还可以对犯罪嫌疑人以及可能隐藏罪犯或者犯罪证据的人的身体、物品、住处、工作地点和其他有关的地方进行搜查,并严格依法进行查封、扣押、冻结、保管、处理涉案财物。

(一)现场勘查

职务犯罪案件的现场勘查应注意:一要正确研究现场种类。务必从与犯罪活动的联系程度分清中心现场和外围现场;从实施犯罪的顺序分清第一现场、第二现场等;从完损状况分清原貌现场和变动现场等。在中心现场遭到破坏或被伪装的情况下,更要仔细勘查外围现场,以求获取重要证据;在原貌现场遭到破坏、原貌状态被改变、痕迹及其他物证遭到破坏时,仍要进行细致的勘查,尽力查寻现场上仍未被破坏和未变动的部位及地方,觅获重要证据。二要准确判断事件的性质。现场显示的事件性质大多清楚,但也有的事件需要通过勘查才能清楚。三要注意发现和收集犯罪痕迹和其他物证。对犯罪现场的各种与犯罪有关的痕迹、物品,要充分运用科技手段来发现和收取并妥善保存,为调查和侦破案件提供更多的线索和证据。四要注意了解和研究被调查人、犯罪嫌疑人在现场的活动情况,诸如作案人数及其特点、在现场的行为状况、主观责任、周围群众耳闻目睹的情况等。

(二)人身检查

为了确定被害人、被调查人或犯罪嫌疑人的某些特征、伤情或生理状态,可以对人身进行检查提取指纹信息,必要时可以指派、聘请法医或医师进行人身检查和采集血液、尿液等生物样本;检查妇女身体由女工作人员或者医师进行。对被调查人、犯罪嫌疑人拒绝检查的,监察官或检察官认为必要时可以强制检查。人身检查不得采用损害被检查人生命、健康或贬低其名誉、人格的方法,并为其个人隐私保密。

(三)侦查实验

进行侦查实验禁止一切足以造成危险、侮辱人格或有伤风化的行为,必要时可以聘请有关专业人员参加,也可以要求被调查人、犯罪嫌疑人、被害人、证人参加。实验时应注意以下要点:一是实验的自然条件如时间、温度、光线、风力等应同事件发生时的条件相近似;二是实验的地点应尽可能在发案原地进行,只有无法在原地进行时才考虑另选相近似地点;三是实验时尽可能使用原工具和物品(使用前要拍照,并证明实验的情况),无法用原物的应以同类物代替;四是实验宜反复多次以防结果的偶然性。

(四)搜查扣押

调查和侦查职务犯罪案件的搜查应高度注意不引人注目的部位和物品,冷静观察、细心搜索、发现破绽、查获证据。搜查时应同步进行录音录像,全面记录和多方固定证据。对搜查发现可以作为证据使用的各种物品、文件、违禁品及涉案财物等,应依法采取查封、调取、查询、冻结、扣押等措施。采取这些措施除要严格遵循法定程序、履行法定手续和符合法定要求外,还要特别注意以下事项:

一是搜查方案要周密部署。即根据已知案情对搜查的时间、地点、任务、要求、应变措施等等,都要事先周密部署并制订出切实可行的搜查方案。如在搜查准备方面要事先查清被搜查地点的具体方位或被搜查人的准确住址及周围环境,以确保到时迅速隐蔽地前往突击搜查,防止被调查人、嫌疑人及其家属或其他涉案人闻风而事先转移赃证;在搜查对象方面要明确和注重查获赃物或证据及各类涉案材料;在搜查顺序方面应当先难后易、先重点目标后一般目标;在应急预案方面如发现赃款赃物已经转移或可能原地藏匿,应有根据线索和合理判断及时扩大搜查范围或进行突击性重复搜查的对策;在搜查策略方面要暗中注视在场被调查人、嫌疑人或其家属的心理活动状态,并通过听其言、观其行、察其神来寻觅、捕捉和判断新的搜查目标、线索和方向;在搜查要求方面要做到查微析疑,不放过任何蛛丝马迹,尤其对烟灰尘土多、光线阴暗、空气污浊等不引人注目的地方要精搜细查,同时对在场的被搜查人或其家属应晓之理法,鼓励其主动交出一切赃证和涉案物品。由于职务犯罪嫌疑人大多是有职权者甚至身居要职,故搜查前还要安排必要的备用警力和交通、通信工具,一旦搜查受阻或遇其利用权势无理取闹刁难搜查人员时,应果断地依法强行搜查,并对妨害搜查者及时依法强行带离搜查现场,如情节恶劣构成妨害公务犯罪的应依法追究其刑事责任。

二是搜查时机要因案而定。在通常情况下应事先做好充分准备然后相机进行搜查,要注重搜查行动的突击性和保密性;但对因意外的机遇突然发现可能隐藏犯罪证据或赃款赃物的人身、物品和其他涉案地点时,即便毫无准备也必须及时依法进行应急搜查;而在执行逮捕、拘留的时候,遇有可能随身携带凶器、隐藏危险物品等紧急情况时不另用搜查证也可以进行搜查。总之,搜查行动要以快制胜,搜查方法要细中求精,搜查谋略要疑中取实,搜查方向要随机应变,搜查过程要察言观色,搜查捷径要攻心巧取,搜查目的要取赃获证。

三是查扣物品要认真细致。无论在监察委员会的调查还是在人民检察院侦查中,查扣(包括查询、调取、查封、扣押、冻结等等)能证明被调查人、犯罪嫌疑人有罪、无罪或者犯罪情节轻重的各种财物和文件(包括涉案的财物、券证、卡折、票币、电子设备及各种物证和文件、账证、单据、邮件、电报、视听资料、电子存储介质及各类书证等),大多是伴随搜查而进行扣押,但也有在勘验等其他侦查活动中进行的查扣。查扣时务必审查判断拟扣押的财物、文件是否涉案和能否证明被调查人、犯罪嫌疑人有罪、无罪或犯罪情节轻重,对无此作用和与案无关的不能扣押;对当时难以判断和不能立即查明是否与案件有关的可疑财物和文件,可以先行查扣并及时审查依法处理。如果持有人拒绝交出应当查封、扣押的财物和文件,可以强制查扣。查扣要依法进行,切实做到认真细致、程序严格、手续完备。查封不动产及其附属物和大型机械、设备、交通工具等财物,可以扣押其权利证书,经拍照或录像后原地封存;扣押动产种类物包括与案件关系重大的财物和文件,要详细注明其名称、产地、型号、规格、编号、成色、质数量、完好度、包装等主要特征,有的要当着被扣押人面密封后专管。此外,扣押邮件、电报、信件等书证时要注意查明其内容的时效性;扣押债券、股票、国库券之类的计息证券时,应注明证券的发放时间、编号或其计息标准和方法等;扣押货币、支付凭证、金银珠宝和珍邮、古玩、高档字画等贵重物品时,要尽可能注明编号、种类、面值、数量、金额及其所具有的各种特征和标记,对当时无法鉴别真伪或质量和价值的,要与其持有人当面密封并加密封标记注明封标编号。整个查扣过程和被扣押的财物、文件应当进行摄像或拍照,及时进行逐件清理查核,联系全案进行深入细致的分析研判,从中发现新的线索或破绽并顺藤摸瓜、一追到底查清其来龙去脉,以证明犯罪和印证案件事实或佐证案情。

七、清查会计资料核实款物

职务犯罪案件的监察调查与检察侦查大多需要清查有关会计资料和核实涉案款

物,在侦查中要针对作案手段采用相应的查账技术与甄别账务真伪的具体操作方法。

(一)常用的基本查账技术

通用的基本查账技术主要有:

一是核查法,对相关会计资料进行查对复核;

二是审阅法,对有关涉案会计资料的内容及所反映的经济活动是否合理、合法、真实进行审查;

三是普查法,对发案单位的财会业务范围进行全面审查;

四是抽查法,对发案单位财会业务进行局部审查;

五是顺查法,视案情需要按照会计工作顺序进行查账;

六是逆查法,根据需要采取同会计工作顺序相反的审查方法;

七是盘查法,核实账面与实物是否相符的审查方法;

八是询查法,在查账的同时向有关单位和有关人员调查询问核实情况的审查方法;

九是外查法,对利用资金账外循环、收支不入账、有意乱账、隐匿或销毁收支凭证等手段进行作案的,应从外围的业务和经济往来单位的账据、凭证中查清涉案的收支项目与数额,从中找出问题。

(二)甄别账务真伪的方法

在清理账务和核实款物的同时应当甄别会计资料的真伪,通用的一些具体操作技术方法如:

(1)核对涉案单位的"银行日记账"与开户行的对账单;

(2)核对涉案单位的"应收应付、预收预付"往来明细账与债权债务单位的逐笔相应账目;

(3)制作"买卖收支"往来明细对账清单用以查证利用收入不记账、少记账或虚记支出、多记支出等手段作案的行为;

(4)制作"经费与实物"账目明细对照清单从经费账与实物账的对照清查中发现矛盾进而查证作案的行为,包括从票物印证上去查对,从核实品名上去查对,从数额比较上去查对,从账物余额上去查对,等等。

八、申报特殊查办措施

职务犯罪不仅本身就是滥权渎职的行为,而且具有以权抗法反调查、反侦查的特性,常规措施和手段越来越难以应对其邪恶的伎俩,不少案件需要采用特殊查办措施。特殊措施可以取得特殊功效,但也容易发生侵权行为,故法律规定要慎用,必要时应当履行严格的申报手续。其申报范围主要包括:

(一)技术调查、侦查

我国《监察法》第 28 条第 1 款规定:"监察机关调查涉嫌重大贪污贿赂等职务犯罪,根据需要,经过严格的批准手续,可以采取技术调查措施,按照规定交有关机关执行。"同样,我国《刑事诉讼法》第 150 条第 2、3 款规定:"人民检察院在立案后,对于利用职权实施的严重侵犯公民人身权利的重大犯罪案件,根据侦查犯罪的需要,经过严格的批准手续,可以采取技术侦查措施,按照规定交有关机关执行。""追捕被通缉或者批准、决定逮捕的在逃的犯罪嫌疑人、被告人,经过批准,可以采取追捕所必需的技术侦查措施。"

（二）异地羁押

需要异地羁押涉嫌职务犯罪被调查人或嫌疑人的,应当层报管辖地和拟羁押地共同的上级监察委员会或人民检察院审核,报该上级机关负责人批准后,商拟羁押地有关部门异地羁押。

（三）实施边控

需要限制涉嫌职务犯罪被调查人、嫌疑人出境的,立案调查的监察委员会或立案侦查的人民检察应当按有关规定呈报至本系统的省级机关批准后,由省级机关向有关出入境边防检查机关交控;需要在全国范围内采取边控措施的重大案件,由省级机关呈报国家监察委员会或最高人民检察院批准后,商公安部办理。

（四）电子监控

执行机关对被监视居住的犯罪嫌疑人、被告人可以采取电子监控、不定期检查等监视方法对其遵守监视居住规定的情况进行监督;在侦查期间,可以对被监视居住的犯罪嫌疑人的通信进行监控。

（五）通缉追捕

对在逃的依法应当留置的被调查人,由监察机关决定在本行政区域内通缉;对应当逮捕的职务犯罪嫌疑人在逃或已被逮捕脱逃的,经检察长批准在本行政辖区通缉。通缉范围超出本行政管辖区的,报请有权决定的上级监察、检察机关决定。各级监察、检察机关决定在本辖区内通缉犯罪嫌疑人,由公安机关发布通缉令追捕归案。

（六）国际合作

我国《监察法》第六章对反腐败国际合作专章作出了具体规定。该法第50条规定:"国家监察委员会统筹协调与其他国家、地区、国际组织开展的反腐败国际交流、合作,组织反腐败国际条约实施工作。"由此可见,国家监察委员会是统筹协调反腐败国际合作的法定机关,全面负责组织协调有关方面加强与有关国家、地区、国际组织在反腐败执法、引渡、司法协助、被判刑人的移管、资产追回和信息交流等领域的合作,并在加强对反腐败国际追逃追赃和防逃工作的组织协调等工作中,督促有关单位做好相关工作:

一是对于重大贪污贿赂、失职渎职等职务犯罪案件,被调查人逃匿到国(境)外,掌握证据比较确凿的,通过开展境外追逃合作,追捕归案;

二是向赃款赃物所在国请求查询、冻结、扣押、没收、追缴、返还涉案资产;

三是查询、监控涉嫌职务犯罪的公职人员及其相关人员进出国(境)和跨境资金流动情况,在调查案件过程中设置防逃程序。

北大法学·教材书目·21世纪系列

"教材书目·21世纪系列"是北京大学出版社出版的法学全系列教材,包括"大白皮""博雅""博雅应用型"等精品法学系列教材。教材品质精良,皆由国内各大法学院优秀学者撰写,既有理论深度又贴合教学实践,是国内法学专业开展全系列课程教学的最佳选择。

教师反馈及教材、课件申请表

尊敬的老师:

您好!感谢您一直以来对北大出版社图书的关爱。北京大学出版社以"教材优先、学术为本"为宗旨,主要为广大高等院校师生服务。为了更有针对性地为广大教师服务,满足教师的教学需要、提升教学质量,在您确认将本书作为教学用书后,请您识别下方二维码,填写相关信息并提交,我们将为您提供相关的教材、思考练习题答案及教学课件。在您教学过程中,若有任何建议也都可以和我们联系。

我们的联系方式:
北京大学出版社法律事业部
地　　址:北京市海淀区成府路205号　　联系人:孙嘉阳
电　　话:010-62752027　　　　　　　　传　真:010-62256201
电子邮件:bjdxcbs1979@163.com
网　　址:http://www.pup.cn
北大出版社市场营销中心网站:www.pupbook.com